書生論政

丘宏達教授法政文集

丘宏達 著
陳純一 編

三民書局

國家圖書館出版品預行編目資料

書生論政：丘宏達教授法政文集 / 丘宏達著;陳純一
編.－－初版一刷.－－臺北市: 三民, 2011
　　面；　公分

　ISBN 978–957–14–5567–9　（平裝）

　1.法律 2.憲法 3.政治 4.文集

580.7　　　　　　　　　　　　　　　　　100017000

　　　　　© 　書生論政
　　　　　　　──丘宏達教授法政文集

著 作 人	丘宏達
編　　者	陳純一
責任編輯	王怡婷
美術設計	石佩仟
發 行 人	劉振強
著作財產權人	三民書局股份有限公司
發 行 所	三民書局股份有限公司
	地址　臺北市復興北路386號
	電話　(02)25006600
	郵撥帳號　0009998–5
門 市 部	(復北店) 臺北市復興北路386號
	(重南店) 臺北市重慶南路一段61號
出版日期	初版一刷　2011年10月
編　　號	S 586070

行政院新聞局登記證局版臺業字第○二○○號

有著作權·不准侵害

ISBN　978-957-14-5567-9　　（平裝）

http://www.sanmin.com.tw　三民網路書店
※本書如有缺頁、破損或裝訂錯誤，請寄回本公司更換。

追念愛國學人典範丘宏達老師

　　認識丘宏達老師四十年，雖然從未正式修過他的課，但在我這個私淑弟子心中，一直把老師當做永遠的導師。因為我不論是在治學、做人與處事上，受到老師的薰陶指導甚多，老師的專業知識與愛國情操，也是我一生的榜樣。民國九十一年（二○○二），老師的門生故舊為了慶祝他六秩晉五華誕，合出一本國際法論集，當時我在臺北市府服務，也寫了一篇文章「永遠的丘老師」，表達我對他的尊敬。如今老師雖然離開我們，但他的道德、文章、事功所留下的典範，永遠是有志學習法律或國際關係學子寶貴的資產。

初識丘師：冷靜、博學、不媚俗

　　第一次親炙丘老師的風采，是在民國六十年（一九七一）。那年我在臺大法律系念三年級。當時中華民國與日本之間發生了釣魚臺列嶼主權爭議。來自臺灣與香港的留美學生首先發難，在全美各地舉行保衛釣魚臺的示威遊行。國內臺大、政大校園也群起響應，學生貼出大幅抗議海報、掛起四層樓高譴責日本、美國的白布條標語，一時風起雲湧，備受社會關注。當時臺灣還在戒嚴時期，這是多年來第一次出現大型校際學生運動，政府當局也頗為緊張。四月中，臺大研究生協會邀請哈佛大學法學博士、當時在政治研究所擔任客座副教授的丘老師，就釣魚臺爭議發表演講。消息傳出，校園轟動。

　　當天晚上，臺大法學院荷花池旁的大教室擠滿了人，還有人站著，鬧哄哄的在等待主角的出現。突然間，大家靜下來，看到一位氣宇軒昂、英

姿勃發的年輕學者走上講臺。主持人介紹完畢，老師就單刀直入的問在臺下的學生：「你們為什麼要保衛釣魚臺，它的歷史、地理、地質，你們知道嗎?」臺下一片默然。他又鏗然的繼續質問：「如果不瞭解這些，你們要如何保衛釣魚臺?」他這一番毫不媚俗的話，完全不同於一般的演講者，吸引了大家注意，令人印象深刻。

知識報國：保衛釣魚臺

然後，丘老師告訴聽眾：「爭取主權並不是光喊口號、發動遊行就可以辦到，而是要勤做學問，讓抗爭有堅強的理論基礎。」這些話對當時滿腔熱血的青年學子來說，真是當頭棒喝，讓我們在激情中冷靜下來。

接著，丘老師有條不紊地將釣魚臺的地理、歷史、地質一一說明，再深入分析其中所牽涉的國際法與國際政治問題，以及我國與日本立場的比較。後來我才知道，當時老師對於釣魚臺議題已經進行了將近一年的研究。他搜尋到日本明治十八年（一八八五）外交文書的密件以及中國、日本與歐洲在十八、九世紀出版的東亞古地圖，成為反駁日方主張最有利的證據。一直到今天，日方仍然難以辯解。從此以後，我的腦海裡常常縈繞著老師帶給我的啟發：愛國之心彌足珍貴，但唯有掌握知識，才能發揮愛國的力量。

民國六十三年（一九七四）我赴美留學後，曾親赴丘府請益，與老師的互動漸增，更了解老師治學與報國的貢獻。我深受老師早年成名之作「中國國際法問題論集」（民國五十八年，商務版）的影響，因此我的博士論文「怒海油爭：東海海床劃界與外人投資的法律問題」也涉及到釣魚臺爭議、兩岸關係、與美、日、陸、臺關係，部分內容並在丘老師的協助下在美國馬里蘭大學出版。而論起老師對國家的貢獻，除了有關我國領土（包括臺灣、香港與釣魚臺等）、中共與國際法、國際地位、兩岸關係等問題的深入研究，以及長期主持出版斐聲國內外的中文版《中國國際法與國際事務年報》與英文版 Chinese (Taiwan) Yearbook of International Law and Affairs 之外，最為外交圈津津樂道的，莫過於三十多年前我國在與美國斷交後，老

師在美國國會制定「臺灣關係法」的過程中爭取到「雙橡園條款」的一段往事。

中美斷交：雙橡園危矣！

民國六十七年（一九七八）十二月十五日夜九時，美國總統卡特在電視上宣布將在次年一月一日與中共正式建交，並與中華民國斷交、廢止一九五四年「中美共同防禦條約」和撤回駐臺美軍。

消息傳來，舉國震驚，全球矚目。這是民國六十年（一九七一）我國失去聯合國代表權之後，在外交上最大的挫敗。外交部馬上緊急應變，其中之一就是將我駐美大使寓所——華盛頓的「雙橡園」——以十美元的代價，賣給一個對我國友好的美國民間團體「自由中國之友協會」(Friends of Free China Association)，以免國家財產落入中共之手。

這樣的安排引起中共的不滿，他們企圖以「政府繼承」為理由，向美國國務院爭取雙橡園的所有權。而美國國務院則採取折衷論，認為中華民國在民國三十八年（一九四九）十月一日中共建政之前取得的財產，應視為「中國」(State of China) 的財產；美國承認中共代表中國之後，這些財產的所有權即應一併移轉給中共。而在一九四九年十月一日之後取得的財產（包括當時我國在美國聯邦準備銀行存放的六十億美元外匯存底），當然繼續由中華民國所有。

雙橡園 (Twin Oaks) 是一棟具有一百二十多年歷史的喬治王朝式宅邸，座落在華府西北區的一座小丘上，占地十八・一英畝（七・三公頃），有二十六個房間，建築古色古香，庭園花木扶疏，景緻優美。這棟夏日別墅，是著名的國家地理學會 (National Geographic Society) 創辦人賀八德 (Gardiner G. Hubbard) 律師於清光緒十四年（一八八八）所建。我國在民國二十六年（一九三七）即由王正廷大使租用為大使寓所，民國三十六年（一九四七）由顧維鈞大使自發明電話的貝爾 (Alexander G.Bell，為賀氏大女婿) 的女兒購得。民國三十二年（一九四三）一月十一日我國與美國廢除百年不平等條約、簽訂平等新約時，就是由駐美大使魏道明在此與美方簽

署。從民國二十六年（一九三七）到民國六十八年（一九七九），前後四十二年間一共有九位中華民國駐美大使以此做為官邸。在華府，雙橡園不但是歷史名宅（一九八六年被華盛頓特區指定為古蹟），也是華府外交圈著名的社交場所，對我國的意義非比尋常。

我政府在斷交前夕將雙橡園出售給美國民間團體的作法，當時的美國國務院似不認同。照過去往例，一旦中共提出訴訟，國務院很可能在訴訟中以「法院之友」（amicus curiae）的身分提出反對意見。而由於美國憲法規定外交權屬於行政部門，歷來聯邦法院對國務院以「法院之友」身分提出有關美國外交事務的意見，通常都會尊重。因此，中共如果提出訴訟，美國國務院又提出上述觀點介入，我方勝訴的機會確實不大。

有鑑於過去我國與日本等國斷交時無法保存外交財產的痛苦先例，同時基於上述美國法院的傳統，我外交部對於能否保住雙橡園，不樂觀。可是，丘老師不作此想。他找出了一九五〇年代英國、一九三〇年代美國的類似案例作為依據，透過國會友人與駐外單位的配合，達成了搶救雙橡園的艱鉅任務。這一段歷史，值得我們再三回味。

中英斷交：民航機投共？

讓我們先看英國的判例。在民國三十八年（一九四九）十月一日中共建政之後，民國三十九年（一九五〇）一月五日英國承認中共之前，我政府已在民國三十八年（一九四九）十二月十二日將停留在香港機場的七十多架中央、中國兩家國營航空公司的民航機，賣給美國陳納德將軍經營的民航空運公司（Civil Air Transport, Inc. CAT），英國承認中共後，中共透過這兩家已變節投共的公司，向香港法院控告民航空運公司，主張買賣契約因英國承認中共而溯及失效，飛機應該是中共當局的財產。

本案一路上訴到香港最高法院，都是中共勝訴，判決飛機產權應由中共繼承。香港當時是英國殖民地，依照英國法律，殖民地的案件可以上訴到英國的法院。本案在民航空運公司上訴到英國樞密院的司法委員會（Judicial Committee of the Privy Council, 此為英國海外殖民地法院可以提

出上訴的最高司法機構）時，出現大逆轉。樞密院認為：由於買賣契約是在英國承認中共之前完成，在國際法上，英國對於中共在過去未被承認時期的行為，得經由承認而回溯使其生效，但並不能使原先被英國承認的中華民國政府所為的合法行為（出售飛機）由於嗣後英國承認中共而回溯使其無效，因此判決飛機屬於民航空運公司。這是國際法上有關承認效力著名的經典判例。

知識救國：雙橡園安啦！

除了這個有名的判例之外，丘老師還引用了更早的一些與美國承認蘇聯有關的判例撰寫說帖，透過參議員杜爾 (Bob Dole)、海契 (Orrin Hatch) 等國會議員向美國國會提案修正卡特總統所提的「臺灣授權法」。經過激烈辯論，在參議院外交委員會中，以四十九票對三十六票通過加入一條外交圈稱為「雙橡園條款」的條文。該條特別規定在一九七八年（民國六十七）十二月三十一日之前臺灣統治當局（即中華民國）在美國取得的財產所有權，不受美國承認中共的影響。這個條文最後終於成為「臺灣關係法」的條文（第四條 b 項 (3) 款 (B) 目），在民國六十八年（一九七九）三月正式通過參議院。四月初卡特總統簽署「臺灣關係法」時，對「雙橡園條款」還罕見地表達了保留之意，可見其重要性。但他畢竟不敢將通過的法案退回參議院覆議。臺灣關係法，乃正式生效。「雙橡園條款」改變了傳統國際法上政府承認的慣例，影響深遠，一方面雙橡園是歷史名宅，對我國政府及僑胞具有重大歷史與象徵意義，保住了雙橡園，對我國當時民心士氣與僑胞的向心，甚有鼓舞作用；二方面，美國國務院因為這個條文而不再表示反對雙橡園產權的歸屬，中共也未提起任何類似的訴訟。中華民國在美國的財產，乃得以確保。幾年後，雙橡園經過一番波折，終於物歸原主，回到我國手中。近三十年來，再度成為我駐美代表處舉行慶典活動與宴客的重要所在，恢復了這一座歷史名宅的往日風華。丘老師的貢獻，令人感念追懷不已。

功在國家，名留青史

　　丘老師的文章，一向兼具理論與實務，他是先看到了國家遇到的困難，然後思考出一個解決的方案，並建構堅實的理論基礎，再提出建議。丘老師是一個務實的行動派，並不要求自己的主張一定要全盤被採納，但他竭力用專業知識幫助政府規劃出可能更有利於國家利益的方案。例如他對中華民國各類領土問題的研究，嚴謹周詳，極具學術與實務價值，到今天還是經典之作。釣魚臺主權爭議是如此、臺灣地位問題是如此，雙橡園產權問題何嘗不然。「搶救雙橡園」的故事，生動地說明了一個知識份子如何愛國、如何報國的感人過程，為學人報國，留下了典範。

　　在我未曾擔任總統之前，我自認已經受益於丘老師的言教身教良多，我擔任總統之後，更深深體會丘老師對國家的貢獻，每每思及都感念良深。

　　我就任總統之後，丘老師的健康狀況已大不如前，必須長期住院療養。民國九十八年（二〇〇九）七月，我特別頒授一等景星勳章給丘老師，以表揚他過去長期對國家的貢獻，並請我國駐美袁代表健生代為頒授。這是非公務員能夠得到的最高勳獎。當天我還特別以越洋電話向他致賀。當時丘老師聽力還好，我說的他都聽得懂，但說話已有困難，勉強慢慢說了幾句，聲音越來越低沈，停下來就開始泣不成聲，我也不禁泫然。一位在大學四年級就能出版風行一時的學術專著「條約新論」❶的早慧青年、一位榮獲一九七四年美國國際法學會年度著作獎的傑出法學家❷、一位在美國國會聽證會上多次為中華民國慷慨陳辭、仗義執言並深受國會議員尊敬的國際事務專家、一位曾協助審查多項行政院關鍵法案的前政務委員、一位

---

❶　本書民國48年出版，陳澤祥助編，由當時駐美大使葉公超題字，聯合國副秘書長胡世澤及新聞局長沈錡作序，並由其國際法老師彭明敏教授指導。全書二百多頁，都二十餘萬言，在往後二十多年中，一直是這個領域主要的參考書。而丘老師當時年僅二十三歲，正在軍中服預備軍官役，其法學造詣之深，可見一斑。

❷　得獎著作為 *People's China and International Law*《人民中國與國際法》，一九七四年美國普林斯頓大學出版，二巨冊，迄今仍為研究中共與國際法的經典之作。

曾在倫敦世界國際法學會 (International Law Association) 以首位華人會長身分演說的傑出學者，也禁不起幾年病魔的耗損，實在令人浩嘆、讓人不捨。斯人也而有斯疾，上天對待這樣一位正直、好學、愛國的學人，是不是太不公平？每思至此，難忍錐心之痛。

老師是內子美青和我結婚時的介紹人，民國九十九年（二○一○）美青訪美時，特別去療養院探望老師，讓老師知道他的學生們有多麼想念他、尊敬他。

今年四月，老師離開我們，我再頒褒揚令，並請總統府資政、前國家安全會議秘書長蘇起教授赴美代我出席在華府近郊舉行的追思會，並在會上頒贈給丘師母謝元元女士，以表彰政府對於這一位忠於國家、忠於人民、忠於知識之偉大學者的肯定與崇敬。他的去世，真正是國家、人民、與學界重大的損失。

雖然我沒有辦法再像以前一樣，親自向老師請益，但是每當我閱讀丘老師的文章時，那一張憂心國事、冷靜沈著的臉孔又會浮現在眼前。我希望讀者在閱讀本書時，不要只從法律學或政治學的角度來領略，而應去理解文章寫作的時代背景：當時中華民國正面臨哪些挑戰，而丘老師是在何種動機之下，提筆為文，寫下這些實事求是的篇章。

大學者 小故事

最後，追憶幾則老師的小故事。老師一生愛狗如痴，對愛犬 Fluffy 尤其鍾愛無比。Fluffy 往生後，丘老師思念愛犬，不但首度寫詩哀悼，還將愛犬的骨灰擺在書房，朝夕相處。人犬之間，感情深厚，一至於此，令人動容，也足見丘老師之至情至性。我十二年前與內子收養了流浪狗馬小九，丘老師聞訊甚感欣慰，對我頗為嘉許。有次回臺，還要求到舍下探望小九並拍照留念，對我能學他養狗，似乎頗覺「孺子可教」。

老師旅美四十多年，始終持用中華民國護照，未入美國籍，在旅美華人圈中極為罕見。他回國參加活動時，常常在名冊備註欄內註記「中華民國後備軍人」！國軍或許不一定需要他效勞，但他那一種對國家、對土超乎

尋常的熱愛，令人永難忘懷，也讓我們後輩敬佩、感動不已。那些一心規避兵役的年輕人，若知悉此事，應覺汗顏。

　　本書紀錄了老師一生關心國事的精華文章，當然是不足以讓我們了解老師的學問於萬一。但若讀者能從中學到知識、得到啟發，我相信是丘老師在天之靈最欣慰的事。

馬英九

民國一百年九月

緣起——宏達和我的心願

　　先夫宏達畢生致力於國際法之研究及教學，大學三年級即完成他的第一本著作——《條約新論》，國內大學法律系曾將該書作為重要教學用書達數十年之久。教學、寫作、編書是宏達一生的志業，每每樂此不疲，是以中英文論著為數甚豐。除了熱愛研究之外，他對國內外局勢的發展及演變，更是關心不已，無論是在　蔣經國總統時代，或是李登輝總統時代，他總是竭其所能地對國事加以分析建言或針砭呼籲。許多建議當時都曾被政府採納推行。

　　在陪伴宏達治病養病的過程中，每環顧宏達於家中所留下的等身著作，輒為其滿腔熱血、一心報國的執著態度，引以為傲，也為他不能再繼續從事所熱愛的工作而悲痛惋惜。看到他日走下坡的病體，憂傷之餘，也讓我開始思考，還能再為宏達做些什麼有意義的事？

　　宏達乃一介書生，一向淡薄名利，留下來的珍貴資產，無外就是他的作品，歷年來他所出版的學術論文及書籍，都已列入國內外圖書館目錄，可由讀者隨時點閱查考；惟尚有大量發表於各報章雜誌期刊，對攸關中華民國外交、領土爭議、兩岸、中美關係及民主法制發展等議題，提供專業且宏觀的論點，這些為數龐大的文字，如未能及早收集整理、編輯成書，勢將隨時間之流逝而不知所終，進而失去見證整個時代發展的機會，不免遺憾。

　　當時宏達雖已說話困難，但當我告訴他此一憂慮和想法時，他不住地點頭，表示贊同。經與政治大學陳純一教授討論後，立即請舍弟謝方著手聯絡，委請遠景基金會副執行長孫揚明先生暨其令媛孫聞詩小姐、北美事

務協調委員會主任委員邵玉銘先生暨其令媛邵梅儀教授、聯合晚報社長項國寧先生、楊力宇教授與政治大學賴昱誠同學等，分頭協助蒐尋，找出五百餘篇文章。復請陳純一教授百忙中撥冗詳閱每篇內容，精選具代表性的文字一百篇，整理歸類，打印校對。宏達好友楊力宇教授建議以「書生論政」做為書名。我認為宏達是個典型的中國書生，對國家社會有著強烈的使命感，「書生論政」確實是一個合適的書名，宏達也曾點頭同意。現承三民書局董事長劉振強先生慨允協助出版事宜，更蒙馬英九總統百忙中為書寫序。宏達一生的愛國報國理念，終得完整呈現。

　　對上述所有幫忙出力的好友們，我要在此致上最深的感謝。此項工作之籌備與進行，宏達生前即已知曉，在他熱愛奉獻的中華民國建國百年大慶之際，此書得以付梓問世，更別具意義。

　　宏達即使未能親見此書之完成，相信他的在天之靈也必為此感到無限安慰。

謝元元　謹記

民國一百年八月

編者序

　　本書收錄丘宏達老師法政文章一百篇。

　　這是一本見證時代的書。這一百篇文章，發表的時間橫跨民國五十六年至九十三年。由於民國六十八年以前的重要文章多已集結成冊出版，所以本書主要內容是來自於民國六十九年至九十三年之間的聯合報、中國時報、中央日報等報紙，以及遠見、交流、時報雜誌、時報新聞周刊、中華文化復興月刊、中國憲政等雜誌。涵蓋的議題反映了中華民國在這一段期間所面臨的各項重大挑戰，包括中華民國的憲政與國會改革、兩岸關係、國際關係、大陸問題、領土問題與國際法等議題。

　　這是一本高瞻遠矚的書。這一百篇文章，丘老師論戒嚴、談中央民意代表改選，是當年率先提出改革建言的學者之一；丘老師主張兩岸外交休兵，彼此互不否認，並呼籲兩岸結束敵對狀態，如今看來，是多麼有前瞻性；丘老師很早就開始關心中國大陸的法治建設與人民權益，顯然當時就預期到今日中國大陸面對的核心問題。

　　這是一本滿懷使命感的書。這一百篇文章，無論是針砭時事或是建言國是，處處可見憂國憂民的情懷與捨我其誰的氣魄。丘老師文筆勤快，議論廣泛，若無深厚學問為基礎，何以為之。尤其是關於一個中國原則與國統綱領的分析，中華民國法律地位與對外關係的說明，國際法上承認制度與統一模式的介紹，臺灣澎湖與外蒙地位的主張，以及釣魚臺主權的研究，直到今天，依舊是眾所公認的經典之作。

　　這是一本深具智慧的書。這一百篇文章，內容鞭辟入裡，擲地有聲。本書編輯工作始於丘老師生前，當時的想法是將丘老師的重要文章加以蒐集保存，並希望薪傳智慧。在中華民國發展的過程中，丘老師有著不平凡的成長經歷，他的風範與精神值得後人師法與尊崇。藉著丘老師的文字，

我們當能看得更高，望得更遠。

　　丘老師生前雖然未能看到本書付梓出版，但經由朗讀選錄的文章，丘老師回顧過往，有欣慰，有傷感，當時情景，今猶歷歷在目。昔日王安石推崇歐陽修「生有聞名於世，死有傳於後世」，今日丘老師亦如是。丘師母選擇「書生論政」為書名，又是多麼傳神而有深意。

　　本書承蒙三民書局劉董事長振強先生鼎力支持，以及丘師母的鼓勵，謝方先生居間聯繫，遠景基金會副執行長孫揚明先生暨其令媛孫聞詩小姐、北美事務協調委員會主任委員邵玉銘先生暨其令媛邵梅儀教授、聯合晚報社長項國寧先生、楊力宇教授、政治大學賴昱誠同學、臺北大學彭雅立同學與東吳大學李念寧同學等多人協助蒐集資料與細心校對，才得以順利出版，謹在此一併致謝。

陳純一　謹誌

民國一百年九月

書生論政
丘宏達教授法政文集

目次

壹、憲政改革

一、修憲與法律現代化

二、戒嚴與解嚴

三、國會改革

貳、兩岸關係

一、大陸政策

二、國統綱領與結束敵對狀態

三、九二共識與一個中國原則

參、國際關係

一、外交政策

伍、中國領土問題

陸、國際法相關問題

柒、其　他

壹、憲政改革

一、修憲與法律現代化

奠定長治久安的
幾個值得注意的問題*

　　執政黨最近宣布，決定在短期內「解嚴」及開放「黨禁」，國內外均表示讚揚，因為要使中華民國臺灣地區維持長期安定及突破國際孤立，這是不可避免之事。「解嚴」一事更代表觀念上的突破，至少默認在可預見的將來，我國政府與中共政權將處於隔海對峙、和平鬥爭與競賽的狀況（假定我方能繼續維持臺海軍事均勢），所以我國政府必須將各機構正常化以奠定長期對峙的基礎。在此種改革情況下，未來幾年甚為重要，現就個人觀察所及，提出幾個值得朝野注意及考慮的問題，供讀者參考。

黨內外應有的共識

　　蔣經國總統提出反對黨成立的三個原則——遵守憲法、反共、與臺獨劃清界限，幾乎所有有識之士均認為是合情合理的原則。即使不論民族大義與中華歷史傳統，試問在目前及將來的國內外情勢下，臺灣有「獨立」或「自決」的可能嗎？美國在一九八二年八月十七日與中共簽訂的公報中明白表示：「美國政府非常重視其與中國（中共）的關係，並重申……無意執行『兩個中國』或『一中一臺』的政策。」美國不支持，還有其他國家敢支持臺灣「獨立」或「自決」嗎？至於在聯合國，中共係擔任安全理事會的常任理事國，更不可能來支持臺灣「獨立」或「自決」。此外，中共早已揚言在先，臺灣如獨立將出兵攻打，如有「內亂」亦將出兵「平亂」。所以如果新黨之政治動向是朝向「自決」或所謂臺灣前途由「住民共同決定」之變相「自決」，勢必昇高臺海之緊張局勢，而危及臺灣之經濟與社會安定，因為在中國大陸的任何政權（不論是否由中共執政），均無法坐視中國境內

---

* 原文刊載於《聯合報》，第二版，民國七十五年十一月十二日。

（包括臺灣）任何地區朝向分離主義演變而不加干涉。

執政黨與在野人士均必須在法律範圍內活動，執政黨目前對在野人士的一項有力指責，即是不守法；特別是到法院鬧事。此點在野人士必須注意，因為即使在美國也有法律禁止到法院鬧事（見美國法典第七十三章「妨礙司法」第一五○七條規定，意圖干涉、妨礙或阻礙司法而在法院或法官、陪審員、證人、或法院公務人員住宅附近示威、遊行者，得處五千美元以下罰金或一年以下有期徒刑，或二者併罰。）當然執政黨也有不少不當的活動，值得注意，特別是許多黨政不分之事（如用辦公時間去參加黨的會議），也必須改進，如此才能令在野人士心服。

不少執政黨人士對成立反對黨一事，仍持保守態度，認為會妨礙社會安定，但實際上在野人士從事政治活動已有多年，事實上也有組織，只是不稱黨而已，目前只不過給以黨之名，倒不必多加憂慮。

開明措施化暗為明

由於臺海雙方長期對峙的關係，雙方不可能不發生接觸，在國際學術、體育、文化活動上，執政黨已採取了較開明的措施；但對於通商、通郵、探親及離散家庭的團圓問題，至今仍未能充分面對現實。執政黨應循法律程序，對這些問題作出明確合理的規定。少數人士認為，一旦開放與大陸作某種限度來往，會影響所謂「心防」，這種看法恐不太實際，因為事實上雙方人民已在作有限度來往，目前法律與行政命令根本無法阻止這種來往，還不如化暗為明，以法律規定合理並確實可以接觸之範圍，任何人超越法律規定的範圍來往，依法懲處。

掌握臺海軍事均勢

「戒嚴」與「黨禁」解除後，我國在美形象當可以逐漸改善，對外工作人員可以將時間與精力放在軍售、經濟關係方面，而不必浪費無數精力

去解說「戒嚴」與「黨禁」二項吃力不討好又無甚效果之事。在軍售方面，由於「八一七公報」的限制，美對臺軍售之量與質均受限制。在量的方面，由於美方以一九八〇年之八億三千萬元為基數，每年減二千萬，今年減到七億二千萬元，近年來美方通貨膨脹率又低，所以量之影響在可預見的將來不大。比較值得憂慮的是在質的方面，特別是新式戰鬥機的供應。據外國刊物報導，美方提議將現在 F-5E 敵機合作製造合約延長（今年到期），對 F-5E 則改良其性能，但我方拒絕，所以美方決定移轉技術給我國自製高級戰機，並已拒絕中共抗議。據說到一九八九年新製戰機就可以出廠。（見《航空與太空技術週刊》，一九八六年三月三十一日，頁三一及《遠東經濟評論》，一九八六年八月二十八日，頁二十六。）

上述計劃如能順利完成，當然可以解決維護臺灣長期安全問題，但製造飛機牽涉高度技術，是否會一切順利進行不無疑問，到時如飛機造不出來，我國國防將發生問題。因此比較可靠之辦法是，一面延長 F-5E 的合作製造並對其作必要改良，以保證戰機之長期供應，另一方面從事自造高級戰機。這點立法院國防委員會恐要召集有關官員認真討論，因為目前臺海制空權仍在我方掌握之下維持均勢，所以太平無事，萬一不能維持此種局部優勢，中共有可能想用軍事威脅來壓迫我方接受其統一條件。有人認為到一九八九年造不出飛機時再向美方購買不遲，這種想法不無商榷餘地，因為雷根總統將於一九八八年底任期屆滿，新總統是否會賣飛機（或再批准合作製作）給我國不無疑問，特別是中共到時極可能再大肆對美施加壓力的話。

在中美經濟關係方面，由於我國對美貿易順差太大，多達一百多億美元，如不設法解決或至少給美國人一個想認真解決的態度，對我國將甚為不利，特別是目前美國民主黨已控制參眾二院，一般均認為許多保護主義的立法將陸續出現，雷根總統恐怕也擋不住。目前我國的策略仍是以保護國內一些落後工業為主，但將來如遭致美國貿易報復，對我國損害將甚大；所以在策略上必須有棄卒保車之做法，放棄一些落後工業，使有潛力之工業才不會被美方選為報復的對象。在關稅方面必須大幅度減少，事實上進

口貨如便宜大家買得多，在稅收方面不會有什麼損失。不過財經官員作風保守，又受特權利益集團包圍，消費大眾並無有力團體來保護其利益，恐怕任何建議都聽不進去，立法院之有關委員會必須注意此事。如等到美方真正實施貿易報復措施為時即晚，更給美方一個錯誤印象，與我方談判無用必須硬來才有效果。

改善僵硬外交政策

在我國目前與中共長期對峙的情況下，如何在一個中國的原則下確保及加強我國國際地位，是值得重視的問題，目前僵硬保守之外交政策必須改變。以亞洲開發銀行的會籍為例，其會員國四十七個中只有三個承認我國政府（南韓、所羅門群島及東加王國），在此情況下想要亞銀對我國行文用我國國名恐怕是不太可能的，任何不承認我國之會員也無法同意亞銀如此的做法。因此在美國努力下只能做到我國一切權益不變，對亞銀行文仍用中華民國，但亞銀對我國行文則用「中國臺北」，我國卻不接受。將來雷根政府任滿，美新政府萬一受中共撥弄將我國會籍排除，到時後悔莫及。在國際組織中我國必須積極爭取有代表實際控制地區之資格，而不要好高騖遠作些不切實際的主張，最後弄得連代表實際控制地區的資格都被取消。

在與其他國家之關係上，必須設法建立在一個中國的原則下，外交領事或官方的關係，但絕不要去干涉對方與中共的關係，這是完全不切實際的。只有在這個情況下，我國才能增進與其他各國的各種關係，逐漸突破國際孤立。

民主化欲速則不達

在執政黨領導之下，中華民國的臺灣地區各方面均較大陸進步得多，目前更進一步開放政治活動以積極實行民權主義，如果這種開放政策實行成功則將對整個中國的民主自由化發生積極的影響。如果開放之後造成政

治、社會、經濟混亂，最後導致中共出兵，則中國將永無實現民主自由之可能，因為中共可以臺灣失敗之創振振有詞對全中國人民說中國就是不適合西方式之民主。所以朝野人士必須有這種認識，不可各走極端影響安定。

其次，我國面臨中共武力威脅、國際孤立及由於歷史上遺留下來的一些困難問題，目前並無可能立刻將民主化的程度提升到英美的程度，所以民主化之程度不可能太快，如果在野人士操之過急恐怕反而有「欲速則不達」之結果。事實上由歷史來看，英美之民主也是漸進的，所以基礎深厚，持久不變，例如美國建國後過了五十年才確立了法院可以審查法律違憲的制度，到了一九六五年民權法通過後各族人民才真正享有民權。

最後，執政黨的老大作風必須改革，有些人士即對於整個國情都不瞭解，在「恐共病」之陰影下，任何新意見或建議均不能接受；對一定要發生或面臨之事採取能拖一天算一天之態度，這種作風與態度對整個執政黨不利，任何問題如有可能發生就要先改，不可以等到各方壓力均來時才不得不改革。

我國法律現代化的瓶頸與展望[*]

　　中華民國政府在大陸時期就制定了現代化的法律與法制結構。三十八年十二月八日中央政府因與中共作戰失敗遷臺後，這些法律繼續在臺灣地區施行。不過，由於與中共的內戰及中共對臺武力威脅，在施行上受到附加在憲法上的動員戡亂臨時條款及戒嚴的影響，使法律與法制的正常運作，遭受相當限制。

憲法正常運作受到限制

一、政府體制部分

　　我國憲法大體上採取內閣制，由行政院向立法院負責，但為求政局穩定，行政院不能解散立法院，而後者只能要求行政院變更政策，不能強迫行政院長辭職。總統是居於比較中立的地位，但根據動員戡亂時期臨時條款規定總統得設置動員戡亂機構。在此規定下，由於總統不對立法院負責，而實際上又掌握大權，變成帶有總統制體制的性質，但採用總統制的國家，總統幾均由人民直接選出，我國卻不是如此，所以事實上有憲政獨裁的情況存在。

二、人身自由、結社權部分

　　臺灣地區因面臨中共入侵威脅，在三十八年五月二十日宣告戒嚴。在戒嚴令下，未經許可不能作政治性的集會與結社（例如組黨），並且若干案件被告人非具軍人身分亦送軍法審判。而軍法審判程序，大體上與一般刑

* 原文刊載於《中國時報》，第二版，民國七十七年九月十三日。

事審判程序相似，但不能上訴到最高法院，是一重大缺點。

三、內亂、外患罪部分

我國刑法中已有對內亂、外患罪作明確規定，但在三十八年又制定懲治叛亂條例，其中若干條文過於含糊不清，例如第六條規定：「散佈謠言或傳播不實之消息，足以妨害治安或動搖人心者，處無期徒刑或七年以上有期徒刑。」事實上此種行為甚難客觀認定，由軍法機關認定，更難以令人信服。

法制原則有賴朝野維護

以上所討論幾方面，所幸對一般人民影響尚不大，至於民法及民事訴訟法則未受動員戡亂、戒嚴的影響，在臺繼續實施。

雖然處於動員戡亂時期，但法制的基本原則仍有賴朝野共同維護及開展，其舉舉大者即司法獨立的問題。

我國憲法第八十條規定：「法官須超出黨派以外，依據法律獨立審判，不受任何干涉。」這就是「司法獨立」的原則，政府遷臺以後，這方面的發展大致均朝這個方向進行。

首先，遷臺之前，司法院只管轄最高法院，而高等法院及地方法院均由行政院的司法行政部監督，政府拖了三十年到六十九年才將高等法院以下各級法院移屬司法院。

其次，要求法官獨立審判必須對其生活有相當保障，因此法官待遇不斷提高，目前初任之法官待遇已相當於大學資深正教授。

第三，戒嚴時期將一部分罪行排除在司法權外，而將人民交軍法審判，不但違反憲法第九條，而且也妨害司法獨立。七十六年七月十五日解嚴以後，這個問題已隨之解決。

雖然政府遷臺後不斷朝向「司法獨立」的方向改進，但事實上仍有許多值得研討改進之處。首先，軍法審判仍在行政院國防部監督之下，有違

憲法第七十七條「司法院為國家最高司法機關」之規定。改進方式應先規定所有國防部軍法覆判局判決的案件，應可以上訴最高法院，然後再研究民主國家的軍法審判制度，逐漸改進。

應擬辦法規範法官入黨

第二，法官參加政黨的問題，應參照民主國家之例，研究管制辦法。

第三，一般認為若干有政治性的案件，仍有政治干涉司法審判獨立的情況存在。

第四，民主國家也禁止人民聚眾要挾干涉審判或在法庭鬧事，我國方面目前尚無有效法令取締或處罰此種行為。

第五，法官受金錢影響裁判一事，各方謠傳甚多，應設法加強調查及取締處罰此種行為。在防止流言方面，似可以考慮法官財產登記制度。

當然「司法獨立」並不能完全保障法院判決的正確，必須法官本身素質有相當水準，才能作成正確的判決。臺灣地區目前的法院判決，有些遭受批評主要是由於法官工作量過多，忙中難免有錯。其次是由於法官對某些特殊的法律，如專利、商標、環境保護等，了解不夠造成判決錯誤。第三，法官本身基礎法學訓練與實務工作的準備不夠。現將改進意見簡述於下：

第一，法官工作量過重，應仿效英美法系制度，增設助理人員；或將在司法官訓練所結業前的學生或候補推事人員擔任法官助理人員若干年，使其亦獲得在職訓練，雙方均有利。

第二，專門性的法律愈來愈多。因此應提供法官隨時進修及到國外考察及學習的機會。

第三，目前法官培養的過程過於草率，沒有什麼實務經驗就可以擔任法官，因此判決的正確率受到影響。應將司法官訓練所年限改為三年，其中二年在所訓練，第三年到法院實習，期滿改任候補推事，不得單獨辦案，只能協助正式法官辦案，至少三年，才能正式擔任推事。

上訴最高法院案件太多

　　第四，我國目前上訴到第三審法院（最高法院）的案件太多，此外，第三審應是只就第二審法條適於之事實部分看有無錯誤，而不得再涉及事實。但我國最高法院往往以某些事實未調查清楚為由將案件發回更審，在實際上涉及事實審議，一個案件有時發回多次，延誤結案時間。這些問題都必須研究改進，以避免西諺所謂「延遲的正義等於拒絕正義」。

　　今後法制改革的進程與展望在立法部分主要包括下列諸項：

一、原有法律的修定。

二、制定法律以實現三民主義中民生主義政策。

三、經常性的立法工作。

四、立法程序與規劃的改進。

五、訓政時期法律的整理與修改。

　　總之，沒有現代化的法律即無法將國家現代化的，日本就是一個明顯例子。

　　在臺灣地區由於在三十五年後適用了以歐洲大陸法系為主要淵源的中華民國民刑法、商法及訴訟法，這些法律是規範一個工商業化的社會，所以有助於臺灣地區工商業的發展。在憲法方面，三十六年公布的中華民國憲法是一個現代民主國家的憲法，所以也有助於民主憲政在臺灣的推行。

　　不過，在臺灣地區現代化的過程中，有一個重要問題，就是能不能夠只引進西方關於工商農業的民、刑、商、訴訟等法律，而不要引進西方以民主自由為基礎的憲法？從臺灣經驗看來，恐怕不太可能，臺灣地區民主憲政的進展與現代化經濟發展有密切關係，二者相互相依互為影響使二者都快速發展。

推展民主促進經濟發展

　　在臺灣地區，早期民主化的範圍只限於地方自治──縣市長及地方議會的定期改選，由於有現代化的民、刑、商法為基本法律架構與規範，工商農業仍有長足的發展，但經濟快速發展與教育程度的提高後，這種有限度的民主已不能滿足人民的需要，因此自一九六〇年代中期以後，在政治上逐漸有不穩的情況，這種情勢如果繼續下去，必然造成政治上不安定而影響到經濟的發展。所幸執政黨逐漸採取開放的政策，雖然步履太慢，但至少減少了緊張情勢的繼續升高。

　　目前經濟能持續性發展的國家幾乎都是民主國家，就可以說明這個道理。在孫中山先生的三民主義學說中，建國過程透過訓政時期建立地方自治後，就是進入憲政，由人民定期真正選舉代表參加管理政府，這樣才能使整個政府取得合法性，其所制定的法律才能有效執行，建立真正的民主與法治，促進長期經濟發展。

對當前憲政危機的幾點看法[*]

國家統一後，先修憲制定適用臺灣地區的條款。

最近由於國民大會一個審查會初審通過國民大會每年自行集會一次，並要行使創制、複決權，另外增額代表又要將任期延長三年到一九九六年，引起政治風暴，現就這幾個問題略述個人意見如下：

國民大會每年集會一次之臨時條款修正案違反憲法第三十條的規定，該條規定，只有在補選或彈劾總統或副總統時、立法院提出修憲案時，或國民大會代表五分之二以上請求召集時，才能分別由立法院院長（前二項情形）或總統（後二項情況）召集臨時會。而國大每年集會與動員戡亂無關，所以不應列入動員戡亂臨時條款中。

其次，關於創制、複決權的行使問題，這二權是所謂直接民權，必須要由人民直接行使，由國民大會來行使根本就不通。因此憲法在第二十七條規定必須「俟全國有半數之縣市曾經行使創制複決兩項政權時，由國民大會制定辦法並行使之。」此種規定的理由是縣市可以行使創制、複決兩權時人民才能指揮其國大代表照人民的意願投票，這樣才符合直接民權的意義。所以臨時條款中有關創制複決的規定本來就不通，現在有人想真正來行使，當然激起民怒，何況已有少數資深國代聲稱行使複決權的目的是要阻止立法院通過強制退職條例，並不是為了公益。

第三，增額國代要求延期到一九九六年（民國八十五年）以便選舉第九任總統，這也是不通之論，因為他們既已參加過選舉一任總統，怎能再想不經選舉就再參與選舉下一任總統，這是完全不合民主政治的原則的。臺灣地區沒有不能舉辦選舉的理由，所以資深國代不必改選之理由不能適

[*] 原文刊載於《聯合報》，第七版，民國七十九年三月二十二日。

用於增額國代，何況如下所述，目前選舉總統的方式恐怕無法再拖到下一屆。

據個人看法，目前憲法在施行上有幾個問題，必須解決：

第一，是動員戡亂的觀念，這已與政府所宣示的自由、民主、均富、統一中國的政策不合，應該修改。

第二，憲法施行至今已發現有許多不合時宜的地方應予修改或補充，但憲法是代表全中國的象徵，如果在臺灣修改，容易引起誤會為造成「兩個中國」或「一中一臺」，增加臺海的緊張局勢，有礙臺灣地區絕大多數人要求過安定和平的生活並與大陸發展互利關係的願望。所以應以臨時條款的方式制定一些適用在臺灣地區的條款，俟將來國家統一後才修改整個憲法。但上述的臨時條款與目前的動員戡亂臨時條款的目的不一樣，本文所述之臨時條款是以充實民主憲政真正回歸憲法為目的，但又考慮到實際的臺灣情況。

最後個人認為，目前朝野應停止紛爭，在總統選舉後，各黨派自行研究充實憲法之臨時條款，在一九九二年（民國八十一年）中央民意代表改選時提出為每一黨派的政見，而執政黨必須承諾下次選舉時將三百七十五個增額國代一次選出（而不是分二次），然後召開臨時國民大會，討論修訂充實憲政的臨時條款問題。其中最值得研究的是總統的選舉方式，一九四六年制憲時，因當時全國文盲甚多，交通電訊不便（更無電視）所以採用由國民大會間接選舉的方式，目前臺灣地區已無此種情況，所以似可以考慮由人民直接選舉。如果仍由國民大會代表選舉，則在選舉國大代表前各黨派就必須先推出候選人，而每一代表的候選人必須說明他支持誰當，當選後必須投那人之票（如美國法律上是間接選舉但事實上是直接選舉）。目前方式由國大代表隨自己之意投票是不合民主原則的。

當前我國憲政上的三個重大問題[*]

最近朝野對我國憲政實施上有相當大的爭執，因此本文就三個重大問題略微表示個人淺見如下。

資深中央民意代表的退職問題

自去年初中央民意代表退職辦法制定後，由於退職人數不如理想，因此引起人民普遍不滿。如果國民大會閉會後，資深民代能夠順應民意踴躍退職，這當然是最理想的解決方式，如果不能做到這點，除了加強執行退職條例外，也要經法律途徑來處理這個問題。第一，依法務部民國七十七年一月七日法 77 律 023 號函釋各級民意代表已入外國籍者，應依國籍法施行條例第十條撤銷其職位。所以內政部應立刻將這些人撤銷其中央民意代表資格，如此可以減少國大五、六十人及立委數人。

第二，臺灣地區並無不能辦理選舉之事實，且增額中央民代已在臺灣地區舉辦過選舉數次。所以臺灣地區民國三十六年選出及民國五十八年選出之中央民代應終止其代表資格。如此可以減少國代及立委十餘人。

第三，中央民意代表出缺遞補辦法（即當選人出缺時，由落選人依得票次序遞補）為舉世所無之荒謬制度，現遞補辦法已被立法院廢止，所以遞補之國大代表已喪失其資格，應立即撤銷其職位。

第四，地區選出之民意代表，不能遷離選區，否則喪失資格，這是民主國家的通例。因此，資深民代中已取得外國居留權者，應一律撤銷其資格。

以上幾項，如果是大有為的政府，立刻可以由內政部執行，如有關的資深民代反對，他們可以提起訴願再訴願及行政訴訟或請求大法官會議解

---

[*] 原文刊載於《中國時報》，第四版，民國七十九年四月四日。

釋，依民主國家的通例，行政機構的決定，在被法院推翻以前均應認為有效。如政府不敢做，則可以就以上四個問題請大法官會議儘快解釋，一旦作成解釋就立即生效。

經過上述辦法整理過的國大將只有三百多人左右，其中八十位左右為增額國代，仍需加強其代表性（見下節）。立法院則增額立委將會超過半數。

修憲與召開臨時國大會議的問題

由於最近政治上的問題，此次國大未能討論與修訂臨時條款，因此有人建議在國是會議以後再召開臨時國大，此種建議有商榷的餘地。因為即使經過上述辦法整理後的國大，增額代表也只佔不到三分之一，且由於若干增額代表參與企圖延長自己任期的提案，其形象已大受影響，由這些代表來討論修訂臨時條款，恐難滿足民意。此外如果幾個月後又要召開臨時國大，有些資深代表（還在上述整理範圍內的），恐怕又要藉口不退職引起人民反感。

所以個人認為總統應根據臨時條款第一條，經行政院會議之決，發布緊急處分令，宣布提前舉辦增額國代之選舉，並將國家安全會議已決定的三百七十五個增額國代名額一次選出，由這些代表與整理後的資深代表共同開會來修訂臨時條款。

在民國六十七年底因中美斷交，蔣故總統經國先生曾頒布緊急處分令暫停選舉，並未引起憲法上的爭議。現在由於人民憤激要求加速改革國會，如不快做，恐會引起動亂，因此提前選舉應是符合避免「國家或人民遭遇緊急危難」的行使緊急處分權的條件，如有疑問可送大法官會議解釋。

如此組成的國民大會臨時會議才有民意基礎。

臨時條款、基本法或第二共和的問題

為了符合自由地區人民的願望與加強對大陸的號召，以求早日實現國

家統一，回歸憲法與充實憲政必然涉及到對憲法的修改與充實。其方式個人認為以臨時條款為宜。並以「自由民主均富統一中國時期臨時條款」取代現在的「動員戡亂時期臨時條款」。因為憲法有代表整個中國的意義，在臺修改極易引起海外華人與大陸方面的誤會，認為在製造「二個中國」或「一中一臺」，增加臺海情勢的緊張，不符兩岸人民要求積極發展互利關係的願望。

至於有人建議用基本法來代替憲法，此種建議值得商榷，因為它是由西德之基本法引申而來。德國一九一九年制定的威瑪憲法，在希特勒當權後由國會通過授權法而事實上終止，戰後德國中央政府被解散，由外國佔領，因此西方各國同意其佔領地區成立德意志聯邦共和國時，由於尚未統一，所以暫定基本法表示國家統一後再制定全德憲法。我國憲法與中央政府從未被終止與解散過，所以實不宜用基本法來取代憲法。

另外有人建議成立第二共和，也是值得商榷之建議。外國發生第幾共和問題都是由於發生大動亂。如法國一八四八年革命推翻路易菲力浦皇帝後建立第二共和，但不久總統路易拿破崙建帝國，一八七一年普法戰爭失敗後又在一八七五年改建第三共和。第二次世界大戰時法國戰敗投降而使第三共和告終。戰後一九四六年成立第四共和，到一九五八年因阿爾及利亞軍事叛變而終結此一共和，由戴高樂將軍建立第五共和。至於韓國的幾個共和也是因軍事政變而建立。我國並無此種情況，所以實無必要來弄第二共和，不但製造政治上的紛擾，且會引起大陸及海外華人的疑懼，認為是製造「二個中國」或「一中一臺」。

結　論

最後個人認為任何充實憲法或政治改革均不能違反「國家統一」與「一個中國」的原則，這點總統與行政院長也一再強調過，希望朝野均能對這點有共識，否則必然引起動亂。

有關憲政體制的幾個問題*

　　憲政體制是國是會議的兩個重要議題之一，本文的目的在就此一問題所牽涉到的觀念或制度問題，作一說明。

一、基本法問題

　　回歸憲法與充實憲政是許多朝野人士歷年來的主張，但一旦李登輝總統先生提出要回歸憲法時（並作必要的修改），又有人主張要將整個憲法廢棄（表面上是用凍結的方式），而提出以基本法來代替憲法，等於要制定新憲，此種看法實值得商榷。所謂基本法的觀念是由西德的基本法而來。德國在一九一九年制定威瑪憲法，不幸在一九三三年希特勒以民主方式取得政權，建立納粹獨裁政府，後由德國國會通過授權法授予希特勒一切大權，使威瑪憲法事實上終止。一九四五年德國戰敗，中央政府被解散，由美、英、法、蘇四國佔領，其後由於冷戰的關係，西方要將其三個佔領區合併成立一個政府，由於蘇聯佔領區不允許自由選舉，蘇聯在其佔領區另成立一個政府，造成兩德政府的情況。西方佔領區成立的德意志聯邦共和國政府，由於全德尚未統一，所以不用憲法而用基本法，表示全德統一後再制定全德憲法。我國憲法與中央政府從未被終止或解散，所以與德國情況不一，所以實不宜用基本法來代替憲法。其次，由於基本法是在法律上承認國家分裂的情況，造成兩個德國的基礎，我國憲法如改用基本法等於在法律上承認分裂的事實，奠定了兩個中國的基礎，必然會引起中共的疑懼，升高雙方的緊張局勢，違背了大多數臺灣人民要降低臺海緊張局勢而發展

* 原文刊載於《聯合報》，第四版，民國七十九年六月二十四日；《聯合報》，第四版，民國七十九年六月二十五日。

雙方互利關係的願望。第三，中共對港澳用基本法，我們也去用此名稱，有可能會在國際上造成誤會。主張廢棄（凍結）憲法的人有人認為我國憲法是為三十五省制定，現在只有一省，所以不能適用，必須另立新憲（用基本法名義），並舉例說，像一件大衣服（適用三十五行省）不能適用到變小的人（臺灣一省）。此種說法，值得商榷。憲法的施行與領土增減關係不大，例如成文憲法最悠久的國家美國，最初只有十三州，但後來增到五十州仍用同樣憲法。當然憲法由於適用範圍縮小是可以修改的，但絕無要廢棄整個憲法的道理。

　　另有人認為憲法有許多條文未能實行，所以不如廢棄（凍結）另立新憲（基本法），這種說法，個人不能同意，正因為憲法有許多條文未能實行，我們必須研究原因來使其能實行，僅僅更改文字或以另一種方式表達就能實行嗎？且現在真正實行憲政的國家，均是逐漸成長，並非制定憲法公布後就能馬上實行。以美國為例，憲法公布後，最先有財產者才能投票，以後廢棄此種限制，但只限於男人有投票權，黑人與女人均不行，內戰後黑人取得投票權，一九二〇年女人才取得投票權，但南方各州限制黑人民權的各種法律到了一九六五年民權法通過後才取消，真正給所有成年人選舉權，進入了真正憲政時代。

二、第二共和問題

　　有人建議要成立中華民國第二共和國，這也是值得商榷的看法。外國發生第幾共和，都是由於政變、革命或大動亂。現舉數例如下：

　　法國──一八四八年革命推翻皇帝路易菲力浦後建立第二共和，但不久總統路易拿破崙改建帝制而告終。一八七一年普法戰爭後路易拿破崙被推翻，到一八七五年改建第三共和，一九四〇年法國被德國擊敗而使第三共和告終。一九四六年德國戰敗後，法國改建第四共和，一九五八年阿爾及利亞法軍叛變而使此共和告終，由戴高樂將軍建第五共和迄今。

　　土耳其──一九六〇年軍事政變推翻依法選出的政府，次年另立新憲，

代替一九二四年的憲法。成立了所謂第二共和。

韓國——一九六〇年李承晚政府被推翻，另立新憲成立第二共和，不到一年又被軍人推翻，在一九六三年建立第三共和，到了一九七二年軍人總統想連任另制所謂維新憲法，成立第四共和；一九八〇年軍人又政變制定新憲成立第五共和；一九八六年軍人總統被迫下臺後又成立了現在的所謂第六共和。

最後再就想以基本法或第二共和形式來凍結憲法另外再制新憲的可能性來說，我國總統並無這種權力。我國憲法第四十八條規定總統就職時的誓詞說：「余謹以至誠，向全國人民宣誓，余必遵守憲法……如違誓言，願受國家嚴厲之制裁。謹誓。」所以要總統來廢棄（凍結）原憲法，必然引起政治上大風波。

憲法為國家的根本大法，實不宜輕易廢棄，不斷制憲，政局必然無法安定。例如，中共建「國」至今已有五部憲法（一九四九年之共同綱領，一九五四，一九七五，一九七八，及現行一九八二年制定之憲法），政局始終不安。反觀美國，自一七八九年憲法生效後，只加了二十六條，而其中第一至十條是所謂權利法案，在一七九一年即已補充入憲法，所以事實上自一七九一年以來，美國憲法只修改了十六次。政局不穩之國家始不斷制憲，如土耳其、韓國，或其他第三世界國家。

我國憲法自一九四七年生效後，國家進步甚快，人民生活富裕，所以並無另立憲法之必要。但憲法實施至今，是有些不合時宜之處，應該修正或補充。

現就這方面的幾個重大問題在下幾段分別說明。

三、總統制、內閣制與雙重領導制（也稱半總統制、混合制或複合制）

一般認為各國政府制度可以分為總統制（如美國及南美許多國家）與內閣制（如英國及歐洲有些國家），因此我國憲法是採那種制度，學者討論

甚多。事實上有不少國家是兼採二者,所以西方學者稱為雙重領導制或半總統制,國內所熟知的是法國第五共和的制度,但事實不只有法國一國,如僅從憲法的條文來看,在歐洲有(依憲法上規定總統權力大小排列,權力大者在先):芬蘭、冰島、葡萄牙、奧地利、法國及愛爾蘭等六國。但憲法的條文與實際運作情況不一定相符,所以如以總統實際上權力大小來分,其次序為:法國、芬蘭、葡萄牙、奧地利、愛爾蘭及冰島。而奧、愛、冰三國由於實際上運作像內閣制,所以有些西方學者,不認為是雙重領導制。至於第三世界國家,如僅從其憲法條文來看,則有許多國家採取雙重領導制,中東及北非有十四國、撒哈拉沙漠以南國家有十六國、南亞有八國及南美二國。

雙重領導的好處是有助於政局安定,如芬蘭及第五共和的法國就是其例。當然僅僅在憲法條文上定立雙重領導制(或任何制度)並不能保證政局安定,這是眾所周知的。

採用雙重領導制總統是不是一定要由人民直接選舉,這並無一定的答案。例如,芬蘭是公認的雙重領導制,但其總統一直是間接選舉的。不過我國與芬蘭國情不一,芬蘭從未發生總統選舉人要挾候選人必須給以各種變相特權與不當待遇之事件。由於我國國民大會過去選舉總統時,均發生不當獲利之事件,人民反感甚深。個人在海外主持海外國是座談四次(波士頓、紐約、華府及聖路易),幾乎所有的人均主張總統直接選舉。

採取雙重領導制度的國家,總統所掌握的權力,主要在國防與外交方面。法國第五共和憲法第十五條規定:「共和國總統是軍隊的統帥。總統主持最高國防會議和國防委員會。」在此必須注意,即使採完全內閣制,而總統為虛位元首之義大利憲法,也在第八十七條中規定,總統「統帥武裝部隊,擔任依法成立的國防最高委員會的主席……」義國的國防最高委員會的副主席是內閣總理,總統將軍政授予國防部長,軍令授予參謀總長。國防會議成員為國防部長、外交部長、工業部長、內政部長、財政部長與參謀總長,每年會議二次,以祕密方式舉行,總統有權邀請其他人員以顧問或諮議名義列席。所以總統的軍事權即使在內閣制國家也是被確認的。

　　由於總統在國際上代表國家，所以在外交上也有相當權力。例如，法國第五共和憲法第十一條規定總統可以將條約提交公民投票；第五十四條規定總統可以要憲法委員會決定國際協定是否違憲。

　　在行政權方面，在雙重領導的體制下，是由內閣總理處於主導地位，特別是人事權。例如，法國第五共和憲法在第八條第二項規定：「共和國總統根據總理的建議，任免政府的其他成員。」但在芬蘭，總統的任命權較大。

　　此外，雙重領導下總統的緊急權大小不一，如第五共和的法國憲法第十六條規定在緊急情況總統只須與總理、兩院議長和憲法委員會磋商後，就可以採取必要措施；但議會如在休會就自動集會，且不得被解散。葡萄牙一九八二年憲法第一百四十一條則規定較嚴，總統採取緊急措施時，必須先經議會同意，如議會在休會則必須召集開會，如這也不可能，則須經議會的常務委員會同意。

四、對我國憲政體制修改的具體建議

　　內閣制為英國首創，其後為歐洲各國所仿效。在英國，自十九世紀以來，發展出兩黨制度——所以實行內閣制仍能維持社會安定。但在歐洲各國幾乎都是多黨制，所以在若干國家造成政局不安。其中法國第三共和期間（一八七五－一九四〇），因政局不安使國家幾乎癱瘓。後來第二次大戰開始不久，就被德國擊敗。

　　我國制憲當時，為了維持政局安定，不採行政院可以解散國會（立法院），或立法院可以倒閣（行政院）的歐洲內閣制；並使總統處於比較超然的仲裁者的地位，而賦予否決權。所以我國的總統並非虛位元首，但也不處理日常政務，其地位相當於德國威瑪憲法的總統（一九二〇－一九三三希特勒上臺前）。在學理上，西方學者將我國體制列為雙重領導制。由於這種制度有助於維持政治穩定（但臨時條款要廢除），所以個人認為應予以維持，但行憲以來發現的缺點則應予以補充或修改，現將個人看到的幾點，說明於下：

㈠立委兼任部會首長問題

法國第三及第四共和就採用議員可以兼任部長之制度，由於不少議員想過部長癮，因而部會首長變動甚快，影響政局安定。第五共和憲法廢除了這種制度（第二十三條），政局就安定得多。我國的從政者，也難免有人人想做部長的傾向，如果立委可以兼部長，政局必然不安。且立委兼任部會首長將排斥其他有才智或專業人才擔任部會首長，更使代表利益集團的立委有機會介入行政，必然引起人民不滿。

㈡行政院長的任期問題

憲法上並未規定行政院長的任期，但近年來已發展出新總統就職時，行政院必須總辭的實踐(在先總統蔣中正先生期間就曾發生新總統就任後，行政院長不辭職事件)，換句話說，行政院長的任期不應超過六年此點應納入憲法規定。目前各方提出的問題是立法院三年改選一次，是否應將行政院長的任期改為三年，與立法委員相同，這點似可研究考慮。

㈢總統的緊急權問題

憲法第四十三條對總統的緊急命令權範圍限於「天然災害、癘疫或國家財政經濟上有重大變故」，實在太小。臨時條款第一條則擴大範圍至「為避免國家或人民遭遇緊急危難」，此點應併入憲法第四十三條。

㈣行政院長的人事權

我國憲法既然規定行政院為最高行政機關，則行政系統的政府官員，自應由行政院長提請總統任命，但憲法對此未有規定，將來容易引起糾紛，因此似應補充加入。

㈤總統發布那些命令不必行政院長副署

我國憲法規定行政院為國家最高行政機關，所以總統的命令應經行政

院長副署。這一點目前還未發生過問題，但如總統要任命新行政院長時，而原來的行政院長如不副署，就不能任命，勢必造成政治上的僵局。因此似應仿效法國第五共和的憲法，明定那些總統的命令不必行政院長副署。按法國第五共和憲法，下列總統之行為不必由總理或有關部長副署：

1. 任命總理。總統根據總理提出的政府辭職，免除其職務（第八條第一項）。
2. 將條約或法律草案提交公民投票（第十一條）（我國無此種制度）。
3. 解散國會（第十二條）（我國無此種制度）。
4. 採取緊急措施，但必須先徵求總理，兩院議長及憲法委員會的意見（第十六條）。
5. 總統給國會的咨文（第十八條）。
6. 總統要憲法委員會決定國際協定是否違憲（第五十四條）。
7. 任命憲法委員會委員（第五十六條）。
8. 法律公布前提交憲法委員會審議（第六十一條）。

㈥總統不簽署法令問題

通常議會通過的法律或行政首長（如總理或我國的行政院長）提請任命的人事案，總統均應簽署，在內閣制或雙重領導制的國家很少會發生問題，但也不是說沒有可能發生總統拒絕簽署的問題。純內閣制的國家如義大利就發生過總統拒絕簽署法律之事件，經根據總統意思修改後才簽署。所以我國憲法應對此一問題作一規定，以免將來發生糾紛。

㈦國家安全會議問題

我國憲法對國家安全會議（或類似的國防會議）未有規定，只規定在臨時條款，因此應仿效雙重領導制的國家如法國或內閣制國家如義大利，將此類組織納入憲法本文。

㈧考試院問題

國父所主張的考試權為五權之一，只是由獨立的機構來主持考試，但制憲時卻將「任用、銓敘、考績、級俸、升遷、保障、褒獎、撫恤、退休、養老等」事項列入考試院職權。這些權都是行政權，弄入考試院不但違反國父遺教，且事實上又不可行，現在必須設立人事行政局一事就可以了解。因此，考試院除考試外，其他職權應一律劃歸行政院。

㈨行政院與立法院的關係

依現行憲法第五十七條規定，立法院對於行政院之重要政策不贊同時，得以決議移請行政院變更之。行政院對於立法院的決議，得經總統之核可，移請立法院覆議。覆議時，如經出席立委三分之二維持原決議，行政院長應即接受該決議或辭職。

此一規定，甚為不妥，因為變成總統與三分之一的立委就可以支持一個已失去立院絕大多數支持的行政院長留任，違反民主政治與責任政治的原則。所以應修改為覆議案只須全體立委（而不是出席立委）的二分之一多數就可以推翻總統的覆議。在此情況下，行政院長應辭職或經總統核可後解散立法院，解散重選後的立法院如果仍有多數反對行政院長，他必須辭職。且為避免解散權的濫用，應規定同一行政院長在任期內只能解散立院一次或一年內不得二次解散立法院。

憲改程序需落實
國是會議　符合民意[*]

動員戡亂終止後，修憲過渡時期條款應考慮限期修法、
總統權限、國家安全等重大問題。

　　中華民國八十年中最大的問題是憲政改革問題，對憲政改革的實質問
題（如總統與行政院的關係等）問題還不大，最大的問題是憲政改革的程
序問題。在民國七十九年六月底到七月初的國是會議的基本共識之一是，
將來憲法的修改必須由具有民意基礎的機構來擔任，但如何落實這個共識
是個相當困難的政治與法律問題。

新選國代修憲面臨四大難題

　　在理論上只需總統依據動員戡亂臨時條款第十一條宣布終止動員戡
亂，就可以回歸憲法舉辦第二屆中央民意機關選舉，由選出新的國民大會
來修憲。但這個辦法有下列問題：

一、依據憲法臺灣地區最多只能選出國大代表不到六十人（其中約四十人
　　為地域代表），人數過少。

二、動員戡亂終止後則臨時條款也一併終止，依此條款設立的機構如國家
　　安全局、人事行政局等均失去法律根據，將在政治上造成重大變動，
　　影響安定。

三、憲法第四十三條規定的總統的緊急命令權將無法行使，因為該條規定
　　須由立法院制定緊急命令法，總統才能發布緊急命令，而此法迄未制

---

[*] 原文刊載於《聯合報》，第四版，民國七十九年十二月三十一日。

定。目前總統的緊急處分權則因動員戡亂臨時條款的取消而失去根據。在此情況下，遇有緊急狀況，總統將無法採取緊急措施來維護國家與人民的重大利益。

四、依戡亂等名目而制定的各種法令，包括選舉罷免法均將因戡亂時期的終止而失去效力，造成法律上真空的混亂狀況。

　　基於上述困難，有人主張總統依臨時條款第一項緊急處分權，提前在民國八十年舉辦國民大會代表的選舉（依臨時條款規定應在民國八十一年底舉行），由其在民國八十一年開始修改憲法。此一辦法，其問題是依大法官會議釋字第二百六十一號解釋，第一屆國大代表由大陸選出者（即通稱資深代表）仍可任職到民國八十年底，在此期間內，他們可以五分之二多數要求召集臨時會，推翻上述總統的決定自行修憲，也可以要求大法官會議來解釋總統上述緊急處分令的合法性。萬一總統上述命令被推翻，就無法用此方式修憲。

過渡時期條款包括六項重點

　　在上述情況下，執政黨目前想採用的修憲方式是二階段式。先由現在組成的國民大會召開臨時會，通過動員戡亂終止後的過渡時期條款，再由依此條款選出的國民大會代表在民國八十一年修憲（此時原有資深代表均已退職），這樣在修改憲法實質內容方面，是由新選出具有民意基礎的國代擔任的，以符國是會議共識及民意。

　　在過渡時期條款中，個人認為應包括下列幾項：

一、戡亂時期制定的法令應在六個月內整理完畢儘快終止，其必須保留或修改者，在立法院決定前暫准繼續有效，但六個月要檢討一次。

二、動員戡亂臨時條款第五條規定：「總統為適應動員戡亂需要，得調整中央政府之行政機構、人事機構及其組織。」此項應廢除，但依此條款設立或調整的機構，在立法院未制定法律規範前暫准繼續存在。

三、授權立法院制定省自治法，立刻辦理省長民選。

四、修改憲法第二十六條國代名額為三百七十五人，第六十四條立委名額為一百五十人及第九十一條監委名額為五十四人，以便辦理第二屆中央民意代表的選舉。

五、臨時條款第一條對總統的緊急處分權，授權過大，總統經行政院院會議決後就可以發布，立法院只能以決議推翻總統的緊急處分令，但對此決議總統又可以否決，而立法院又需以三分之二多數才能推翻總統的否決。另一方面，憲法第四十三條對總統的緊急命令權又限制過嚴，只限於在立法院休會期間才能依緊急命令法行使，且緊急命令法迄未制定，所以根本無法行使。因此折衷二者建議過渡時期條款如下：

「為避免國家或人民遭遇緊急危難，國家遇有天然災害、癘疫或國家財政經濟上有重大變故，須為急速處分時，總統得經行政院會議之決議，發布緊急命令，為必要之處置，但須於發布命令後一個月內提交立法院追認。如立法院不同意時，該緊急命令即失效。」

國安會議應大幅修正後保留

六、臨時條款第四條規定：「總統得設置動員戡亂機構，決定動員戡亂有關大政方針，並處理戰地政務。」依此條設立了國家安全會議，此一條款應大幅度修改後保留。因為總統制國家如美國設有國家安全會議，內閣制國家如義大利也在憲法第八十七條中規定，總統「統率武裝部隊，擔任依法成立的國防最高委員會的主席……」，義國的有關法律規定，國防最高委員會的副主席是內閣總理、總統將軍政授予國防部長，軍令授予參謀總長。國防會議的成員為國防部長、外交部長、工業部長、內政部長、財政部長與參謀總長，每年會議二次，以祕密方式舉行，總統有權邀請其他人員以顧問或諮議名義列席。混合制（學理上稱為雙重領導制）國家如法國，其第五共和憲法在第十五條規定：「共和國總統是軍隊的統帥。總統主持最高國防會議和國防委員會。」我國的國

家安全會議的職權過大，包括「大政方針」等於太上政府為各界所批評，且將行政院長地位降與參加會議的各部會首長一樣，實在不妥。因此國安會之功能應只限於國防、情報、大陸政策等相關之國家安全問題，一般政務不宜包括在內。此外，為貫徹責任政治，應明定行政院院長為國安會副主席，以便對立法院負責。基於上述認識，在過渡時期條款中，建議規定如下：

「總統為國家安全會議主席，行政院院長為副主席，國家安全會議的組織以法律定之，在未完成立法程序前，目前之國安會暫准繼續存在。」至於戰地政務應立刻廢除。

如全面修憲將造成重大動亂

如果資深國大在民國八十年五月將召開的臨時會中，能順利通過上述八個條款，對國家就作出了重大貢獻；但如果想修改全部憲法，恐非民意所允許，將造成重大政治動亂，所以希望資深國代以國家為重，不要受少數人的煽動，在政治上作出不智之舉，對國家、人民及自己均無好處。

終止動員戡亂時期的意義[*]

　　民國三十六年國共和談破裂，中共拒絕參加制憲國民大會，並四處擴充勢力，因此同年七月四日國民政府委員會第六次國務會議通過處字第七二二號「厲行全國總動員戡平共匪叛亂訓令」，這是動員戡亂時期的由來。同年七月十九日國民政府又頒布「動員戡亂完成憲政實施綱要」，決定了一面戡亂及一面行憲的政策。三十六年底公布實施憲法選出第一屆行憲後國民大會代表並在三十七年召開第一次國民大會，當時由於戡亂正在進行，所以國民大會通過「動員戡亂時期臨時條款」，擴大總統權限，凍結憲法上有關總統戒嚴與緊急命令的規定，使總統行使緊急處分權時，不必依憲法第四十三條提請立法院通過或追認，但立法院仍可依憲法第五十七條第二項，以決議移請行政院變更或廢止。使立法院的監督權大為減低，而與德國威瑪憲法第四十八條的規定相似，而在一九二〇至一九三二年間，德國總統依此條發布緊急命令達一百九十七次，而僅有二次，針對三項緊急命令措施，國會曾通過決議，表示異議。

　　其次，由於宣布「動員戡亂」而使民國三十二年抗日戰爭期間頒布的國家總動員法得以繼續實施，而該法規定政府在必要時可以限制人民各種權利，不必經立法程序；使憲法第二十三條規定人民之權利只能以法律限制成為具文。

　　第三，政府遷臺後，又修改臨時條款，取消憲法規定總統只能連任一次的規定並由總統設國家安全會議，決定國家大政方針後，交由主管機關執行；而在國安會中行政院長的地位降為與其他國防部長、財政部長等一樣，因此與憲法上由行政院長主導國家最高行政的規定不符。

---

* 原文刊載於《聯合報》，第四版，民國八十年五月二日。

事實上，戡亂活動自民國五十一年以來就已實際上停止

在事實上，戡亂活動自民國五十一年以來就已實際上停止，但中共仍不斷叫囂要武力攻臺，所以臺海的緊張狀態仍存在。但在因民國六十八年中共方面停止對金馬炮擊，雙方自此處於事實停戰的狀態，中共復又宣布了和平統一的政策，我政府方面則先宣布以三民主義統一中國，後又改用民主、自由、均富統一中國的提法。在此種情況下，原來宣布戡亂的原因已不存在，且自民國七十年以來兩岸來往日益密切，所以許多人認為應該儘早結束動員戡亂，才能回歸憲法，在臺灣地區充實民主自由的憲政體制，才能影響大陸，促成中國早日統一。如果在臺灣地區都不能實行民主憲政，則怎麼能夠在民主、自由、均富的基礎上統一中國呢？

李總統宣布在五月一日終止動員戡亂，在我國憲政史上有重大意義，因為在這種情形下才能真正實行民主憲政，並且隨同動員戡亂時期的終止，根據國民大會通過的中華民國憲法增修條文，將在年底舉行國民大會代表的選舉，同時大陸選出的資深代表也將全部退職，所以自明年一月一日起，我國政府將建立在充分的民意基礎上，對內對外均有重大影響與意義。

在對內方面，將回歸憲法，然後再修憲，如果一切順利，明年中以後憲政改革將全面完成，從此將成為（至少在架構上）真正的民主國家。任何爭執均應循合法程序解決，而由選舉決定那個黨可以執政。人民如果選錯人或選錯黨，其後果自己負責。

在國際上，有些國際上的壓力，執政當局可以援引民意機關對抗

在國際上，有些國際上的壓力，執政當局可以援引民意機關對抗，不像以前美國等國認為反正行政機關可以控制立法機構（雖然事實上並非如

此），所以談判時不斷施壓力給我方。另外，立法機構也可以加強行政機構的談判本錢，如立法規定任何對中華民國人民、團體簽證刁難的國家，其人民及公司一律不得參加六年國建投標等。

但我國臺灣地區實行真正的民主憲政後，在對內及對外關係上也會有相當困難。因為政府施政必須以民意為基礎，而人民多以自己的利益為主要考慮，所以在西方民主國家，最後是將議會變成各種利益集團分配利益的場所，而不顧到整個國家利益。例如，人民希望政府提供許多服務（如全民保險），但又不願加稅。各種建設希望不加稅而用公債等方式將負擔移到下一代人頭上。而中產階級具有強大的力量及在議會中的代表，最能增加及維護其利益；而弱勢團體，如殘障、少數民族、窮人則其利益或福利往往被犧牲。

在兩岸關係上，由於動員戡亂時期的終止，等於在法律上停止內戰，中共自不能再視為叛亂團體，共產黨員就可以來臺，解決了兩岸交流上的一個大問題。由於大陸上各界人士幾均為共產黨員，以前不能來臺，使兩岸交流大受限制。李總統並在終止動員戡亂時期的記者招待會上將中共政權定位為「中共當局」或「大陸當局」，這是比較中性的提法；並且也承認中共為統治大陸的「政治實體」，這樣就將我方對中共的政策，建立在務實的基礎上。

劃時代且有歷史意義的決定，我國真正進入民主憲政體制，使兩岸關係能有進一步的發展

總而言之，終止動員戡亂時期是個我國劃時代且有歷史意義的決定，使我國真正能進入民主憲政的體制，並使臺海兩岸關係能有進一步的發展，以早日實現在民主、自由、均富基礎上國家統一的目標。

二、戒嚴與解嚴

我國戒嚴問題的回顧與分析[*]

一、前　言

　　「戒嚴」一詞在我國古籍上已有，大體上是指由於軍情緊急，用軍隊及軍法維持社會秩序確保該地區之安全。在光緒三十四年八月初一（一九〇八年九月）頒發的憲法大綱中也明文規定皇帝有「宣告戒嚴之權。當緊急時，得以詔令限制臣民之自由。」民國元年三月十一日公布的中華民國臨時約法中，在第三十六條規定：「臨時大總統得依法律宣告戒嚴。」同年十二月十五日法律第九號公布戒嚴法，其中第一條規定：「遇有戰爭或其他非常事變對於全國或一地方須用兵備警戒時，大總統得依本法宣告戒嚴或使宣告之。」戒嚴之地域分為二種，一為警備地域；二為接戰地域（第二條及第三條），在戰爭或非常事變時，各地司令官可以臨時宣告戒嚴（第四條及第五條），但需呈報「大總統及其所隸屬之長官」（第七條）。國民政府成立後，在民國二十三年一月二十九日公布戒嚴法，此法並於三十七年五月十九日及三十八年一月十四日修正，對戒嚴地域也分為接戰地域及警戒地域二種，但規定較民國元年之戒嚴法詳細，限制也較多，將戒嚴情況限於「戰爭或叛亂之發生」（第一條），而不包括「非常事變」。民國三十六年十二月二十五日開始施行之憲法中，更在第三十九條規定：「總統依法宣布戒嚴，但須經立法院之通過或追認，立法院認為必要時，得決議移請總統解嚴。」

　　在臺灣地區，於民國三十八年五月十九日臺灣省警備總部依戒嚴法第

---

[*] 原文刊載於《中國時報》，第二版，民國七十五年十月二十一日；《中國時報》，第二版，民國七十五年十月二十二日；《中國時報》，第二版，民國七十五年十月二十三日。

三條規定，宣布戒嚴，次年三月十四日立法院通過「宣布全國包括海南島、臺灣一併劃作接戰區域實施戒嚴。」唯自一九五八年秋，中共進攻金門失敗以來，臺海迄無戰事，在一九七九年一月一日以來中共更宣布取消單日砲擊金門之政策，在此情況下，是否有在臺灣地區繼續戒嚴之必要，引起國內外人士之注意及批評，國外反政府之人更以臺灣長期戒嚴為口實，大肆攻擊政府，對我國國際形象有重大不利影響。日前執政黨已決定解除戒嚴，本文就此一問題的來龍去脈做一分析。

二、大陸法系與英美法系上有關戒嚴觀念簡析

據美國學者羅西特 (Clinton L. Rosister) 之研究，戒嚴法之適用情況是對付外敵入侵或叛亂；實行之結果是停止人民之民權 (Civil Right)，用軍事法庭處理一般犯罪、用軍人替代警察。施行戒嚴法之目的在恢復秩序及正常時期之政府。美國憲法中並未規定戒嚴一事，也無類似我國之戒嚴法存在，但一般認為此一權力為「主權之內在性質，即每一個政府有權採取任何必要措施自保」。在實踐上，不但聯邦政府有權可以戒嚴，州政府也可以戒嚴；惟由於戒嚴人民權利受到限制時，法院可以決定所採之措施是否與緊急情況相當，如果過當法院可以將其取消一部分。雖然法院經常尊重行政當局危機之判斷，但是法院也曾對一些戒嚴措施認為不當。這類案件多半牽涉到州的戒嚴。

美國的戒嚴分第二級，一為預防性 (Preventive)，另一為處罰性 (Punitive)，後者相當於軍政府統治，依據一八六六年米立根案 (Ex parte Milligan, 71 U.S. (4 Wall.) 2 (1866)) 判決，如果普通法院仍存在並正常運作時或僅有入侵的威脅時，不得實行第二級戒嚴。一九四六年最高法院在二個案子中 (Duncan V. Kahanamoku and White V. Steer, 327 U.S. 304 (1946)) 宣布美國政府在日本偷襲珍珠港後，並無憲法上之權力，在夏威夷實行軍政府統治。事實上在一九四二年日本在中途島海戰失敗後，夏威夷就無被入侵之危險，依米立根案判決就不應實行第二級戒嚴，但法院卻等到戰後

才判決，顯然是要避免妨害行政當局之進行戰事。

第一級戒嚴為對某些人採取預防性之逮捕及拘留，但仍受法院拘束，即法院可以決定其是否適當。在一九三〇年代初期經濟大恐慌時，各州州長不時宣告此類戒嚴，在一九三四年有二十七州、在一九三五年有三十二州調動國民衛隊戒嚴。

英國戒嚴制度據我國學者劉慶瑞教授研究，大致如下：

「英國之制，議會沒有預先制定一種戒嚴法，凡遇必要之時，始由政府臨時請求議會制定法律，授與政府以應變之權，俾能採取一切必要的措施，例如一九一四年的『國土防衛法』(The Defense of the Realm Act)，一九三九年的『緊急權力法』(The Emergency Power Act) 等是。萬一緊急危難發生倉卒，不能坐待議會通過法律時，政府得採取法外手段，以維持社會秩序，同時得於事後請求議會通過一種赦免法，以免除政府的違法責任。」

必須注意，英美學者或法學家對於戒嚴法雖然認為有必要，但均認為此法有專橫武斷之性質，此點必須注意。下列就是對戒嚴法之幾種說明：

英國威靈頓公爵 (Duke of Wellington) 說：「戒嚴法不多不少只是指揮軍隊之將軍的意志，事實上是等於沒有法律。」

英國學者芬拉森 (Finlason) 在其所著《戒嚴法》一書中說：「戒嚴法具有專斷與不確定之性質，因此『法律』一詞不能適當地〔用來表示〕此種法律。」

美國法院在某一個案件中說：「戒嚴法存在於當軍事當局處理政務或對國內人民或民政當局行使某種程度之控制時。」

歐洲大陸各國不用戒嚴法一詞，來應付戰爭或叛亂發生時之軍人介入管理民政及限制人民自由之情況，而用「被圍狀況」(State of Siege)，但其實施內容與英美法上之戒嚴相似：暫停民權、以軍事法庭來審判人民犯罪、軍人替代一部分警察任務。但重大不同點為，大陸法系各國幾均事先制定法律規定何種情況可以宣布被圍狀況及其監督之程序。此制源自法國，法國一八四八年十一月四日之第二共和憲法在第一〇六條規定：「應制定一個

法律規定何種情況下可以宣告被圍狀況及採取此種措施之形式與後果。」次年八月九日法國制定此種法律。第三共和憲法中未對被圍狀況有所規定，在一八七八年另定一被圍狀況法，但一八四九年法律不與後者牴觸部分仍有效。一八七八年法律規定宣告被圍狀況之程序，一八四九年法律規定宣告後之後果。法國制度下對宣告被圍狀況限制甚嚴，在議會集會期間必須以法律宣告，議會休會期間總統可以經國務會議勸告後宣告，但二日內議會自動復會。在議會被解散改選時，不得宣告，但如此時有對外戰爭，總統在經國務會議勸告後，可對被敵人威脅之國土地區宣告被圍狀況，但應盡早召集議會集會。在一九五八年的憲法中賦予總統相當大的緊急權，因此上述對宣告被圍狀況之限制，事實上已無法限制總統宣告被圍狀況之權力。

　　我國戒嚴制度是仿效大陸法系之法國制度，但又用英美法上之名詞(Martial Law)，因此在英美法系國家極易引起不良形象。

　　最後必須注意，在一九二〇年德國之威瑪憲法第四十八條中，給予總統廣泛的緊急權，而當時德國總統也引用此條來應付「被圍狀況」，例如國內之叛亂。第四十八條全文如下：

　　「如果一個邦不能履行國家憲法或法律規定之義務，總統可以借助軍隊強迫其履行。

　　如果在德國公共安全與秩序受到嚴重妨害或危險，總統可以採取必要措施來恢復公共安全與秩序，必要時可用軍隊干涉。為達此目的，他可以暫時停止一部或全部下列各條規定之基本權利；第一一四條（人身不可以侵犯）、一一五條（住宅不可侵犯）、一一七條（通訊秘密）、一一八條（意見與表達自由）、一二三條（集會自由）、一二四條（結社自由）及一五三條（財產不可侵犯）。

　　所有根據第一項及第二項所採取的措施，總統應立即通知國會。國會要求時，所採取之措施應立刻撤回。

　　在遭遇危險之情況，邦政府在其領土內可以採取與第二項性質相同的

暫時措施。此項措施總統或國會要求時，應立刻撤回。國家法律將制定本條〔施行〕細節。」

　　此一條款在威瑪時期（一九二○──一九三四）不斷被引用，而在此期間內從未制定施行細節。法國第五共和憲法上之總統緊急權與此相似，而似更大。

　　法國第五共和憲法第十六條規定：「當共和制度、國家獨立、領土完整或國際義務之履行遭受嚴重與立即的威脅和憲法上之政府當局正規運作中斷時，共和國總統經正式諮詢內閣總理、國會二院議長及憲法委員會後，得採取應付情勢所必要之措施。他應以咨文將所採取之措施通知全國。此等措施必須是意欲使憲法上之政府當局在最短之可能期間內能行使其所賦予之任務，且此等措施必須諮詢憲法委員會。國會〔此時當然〕集會。國民議會〔下院〕在總統行使緊急權時不能被解散。」此一憲法中並無國會可以停止總統緊急權之規定，因此總統權限實際上較威瑪憲法第四十八條為大。

三、戰後若干國家實施戒嚴的情況

　　因為各國法律系統不一樣，大陸法系國家如歐洲及拉丁美洲國家如前所述，採用「被圍狀況」，英美法系國家則頒布戒嚴法 (Martial Law)。另外有些國家宣布處於「緊急狀態」(State of Emergency)，然後頒布法律應付緊急情況，內容與我國所謂戒嚴相似。

　　各國實施戒嚴、被圍狀況或緊急情況下的法令不一，實施的程度也不同。但是，大多數的國家都是在緊急情況下，以國家安全為理由，實施戒嚴法、被圍狀況法或緊急法令，對逮捕、拘禁、審判法院、宵禁、人身保護狀、言論及新聞自由、選舉、結社、聚眾、罷工或經濟自由等等項目上加以限制。

　　各國戒嚴法、被圍狀況或緊急狀況的實施時間長短及立法審核方式也

不一樣。目前除了約旦自一九四八年始宣布處於緊急狀態，實施戒嚴法至今，其時間較中華民國臺灣地區為長外，其他國家實施戒嚴法、被圍狀況或緊急狀況法律少則以月計算，多則在十年左右。例如菲律賓自一九七二年起實施戒嚴八年，土耳其若干地區自一九七一年實施戒嚴至今已十五年，巴基斯坦自一九七七年至一九八五年達八年，印尼在五〇及六〇年代實施戒嚴達八、九年之久，智利自一九七三年起至今事實上實施戒嚴長達十三年，茲將若干國家實施戒嚴、被圍狀況或宣布處於緊急狀況情況以表列如下：

地　區	國　家	時　間	說　明
亞　洲	菲律賓	1972.9–1981.1	馬可仕總統取消戒嚴後，以其他法律取代，除了人身保護狀外，馬可仕保留了戒嚴時的大部分法令
	巴基斯坦	1977.7–1985.12.30	巴基斯坦前後共宣布多次戒嚴，此次為最長的一次
	印　尼	1957–1966	在六〇年代中期政變之後取消戒嚴法
	韓　國	1979.10–1981.1	韓曾先後宣布戒嚴多次，最近的一次在朴正熙總統被殺後實施，前後共四五六天
	印　度	1975.6–1977.3	印度曾多次宣布戒嚴，最近一次在一九七五年六月，一九七七年三月甘地夫人辭職後，新政府取消戒嚴
	泰　國		在一九七九年取消戒嚴法法令第二十二條有關逮捕拘禁的權力，至今在名義上戒嚴法第四條仍有效，禁止五人以上的政治集會，但事實上許多政治集會並沒遭到當局顯著的干涉

斯里蘭卡（前稱為錫蘭）	1979 至今		由於種族暴亂活動及塔米爾人獨立運動叛亂，一九七九年實施臨時反恐怖主義法，一九八二年此法成為長期法律，授權政府可以不用拘捕證逮捕嫌犯並長期扣留不交審判。一九八二年宣布「緊急狀態」至今，警察可以對嫌犯作預防性逮捕
孟加拉	① 1975–1981 ② 1982.3.24		在一九八二年三月政變後再度實施戒嚴法
土耳其	1971 至今		一九七一年至一九八四年全國六十七個省中有半數以上實施戒嚴，現已減到九個省戒嚴
敍利亞	1963 至今		自一九六三年宣布處於「緊急狀態」，一九六五年設立戒嚴法庭
約 旦	1948 至今		法律上而言，約旦自一九四八年即處於戰爭狀態，戒嚴法在一九七三年時被政府重申，但實際上自一九四八年即開始實行
馬來西亞	1950 至今		未用戒嚴名稱，但其國內安全法規甚為嚴厲，此種法律授權政府可以顛覆或其他活動為理由對嫌疑人作預防性的逮捕。公務機密法及叛亂法可用來對付批評或反政府分子

地　區	國　家	時　間	說　明
非　洲	中非共和國	① 1982.2–1982.4 ② 1982.8.17–1982.9	先後二次宣布戒嚴
	甘比亞	1981 至今	自一九八一年宣布處於緊急

			狀態
埃 及	1981.9 至今		自沙達特總統死後處於緊急狀態，一九八二年十月四日重新展期一年至一九八三年十月四日，但一再展期至今
南 非	1968.6.12 至今		宣布全國進入緊急狀況，治安人員得不定期拘留人犯，未經核准不得有政治性集會，禁止顛覆言論等

地　區	國　家	時　間	說　明
中南美洲	智 利	1973 至今	一九七三年宣布「緊急狀態」，一九八〇年雖公布憲法但人民權利限制如前，一九八五年一至六月又宣布「緊急狀態」，解除後，人民權利限制大致如前，美國不時指責智利政府不尊重人權
	薩爾瓦多	1980.12 至今	自一九八〇年十二月起處於「被圍狀況」(state of siege)
	瓜地馬拉	1982.7–1983.8	宣布處於「被圍狀況」(state of siege)
	尼加拉瓜	1983.3 至今	在一九八三年三月宣布處於「緊急狀況」(state of emergency)
	秘 魯	1983 至今	在全國二十六省中有十九個省宣布進入「緊急狀態」，以便進剿毛派叛軍

地　區	國　家	時　間	說　明
東歐共產國	波 蘭	1981.12–1983.7	波蘭受蘇俄影響實施戒嚴達十九個月之久

必須注意，有些國家雖未宣布「戒嚴」、「被圍狀態」或「緊急狀態」，但實際上對人民權利之限制遠較上列國家更為嚴格，只是不用上述戒嚴名詞罷了！如中共及所有共黨國家，伊朗、伊拉克、以色列侵占的約旦河西岸地區，南葉門等，就是顯著的例子。

四、中共對臺灣實施戒嚴之看法

中共認為，只有統一以後，戒嚴法才有可能被取消，因此號召臺灣人民響應統一，現將一九八三年中共對臺廣播中二次有關戒嚴法之說明摘要於下：

㈠中共中央人民廣播電臺一九八三年四月二十日談「統一祖國以後臺灣人民的政治權利能否得到保障？」中說：「在目前的情況下，臺灣人民的一切正當的政治權利和民主要求都是難以實現的，因為臺灣當局可以藉口什麼中共威脅、臺獨的叛國陰謀等，來維持它的戒嚴法，在那個害人的戒嚴法的箝制之下，臺灣人民恐怕是有被鎮壓的自由，而不會有說話的自由、當家做主人的自由，你說是不是？聽眾朋友：我想只有祖國統一了情況才會改觀，因為祖國統一之後，所謂『中共威脅』的神話消失了，所謂『臺獨的問題』也不存在了，國民黨當局的那個戒嚴法，也就沒有理由再維持下去了。」

㈡同一電臺一九八三年五月二十三日談「對設立『特別行政區』和有關『政策』粗淺看法」中又說：「將來國家統一以後，臺灣成了我們國家的一個特別行政區，到那個時候，所謂中共威脅臺灣這個藉口恐怕就難以存在了，他們（指我國政府）那個寶貝戒嚴法恐怕也只好收起來了。」

此外，在一九八三年三月二十六日美國亞洲學會年會中國統一問題討論會中，中共學者趙全勝也攻擊戒嚴法，該文後刊於同年十月出版之《亞洲觀察》月刊中。

五、臺灣地區人民對戒嚴的態度及戒嚴對人民權利之影響

　　一般人民對臺灣地區戒嚴對人民權利有何影響一事，政府及民間迄未對此一問題作一客觀詳細之研究，以下三項民意調查報告，只能作為參考，因其調查方法似未符合國際學術水準：

㈠一九八一年十月，《綜合月刊》刊登一文，最早提出戒嚴問題，內容是以電話訪問二百人，以了解其對戒嚴之看法，有一百五十六人回答，文中未說明訪問地區範圍，但恐怕只限於臺北市，其結果如下：百分之九二點三一知道有戒嚴一事，百分之七點六九不知此事；百分之十點九的人認為受過戒嚴法限制，百分之八十九點一的人認為沒有；百分之六十四點一的人認為應繼續戒嚴，百分之十點九的人認為應解嚴，百分之二十五的人無意見。

㈡根據一九八一年國立政治大學新聞研究所之調查，只有百分之十一點一的人認為戒嚴法之施行對日常生活和自由有些或有顯著不利影響，而有百分之八十八點九的人認為無顯著或無影響。

㈢另據近兩年來國內報紙選民之調查，大多數的選民仍贊成「戒嚴法是為了保護大多數善良人民的安全，對好人沒有影響，不應該隨便廢除。」

　　除調查民意外，另外必須對依據戒嚴法政府頒布之各項法規，與憲法或法律有關人民權利之規定比較，才能客觀認定是否有影響。據個人研究，依據戒嚴法頒布之各種法規共有十多種，其中影響人民權益較鉅者有下列幾種，現將其牽涉憲法或法律部分分別說明於下，必要時並另加說明：

　　（註：原有之「臺灣省戒嚴時期取締流氓辦法」已於民國七十四年由立法院通過「動員戡亂時期檢肅流氓條例」取代，符合憲法規定，因此未列在內。）

六、臺灣地區解除戒嚴之問題

　　臺灣地區目前內有臺獨及共諜潛伏，外有中共外交孤立及軍事威脅，在此情況下為維護國家安全，人民無法享有憲法上規定所有之自由權利，是可以了解的。但採用戒嚴之手段來維護國家安全，在國際形象上有嚴重不良之影響，終究不宜。現執政黨毅然宣布將於近期內解嚴，當係基於下列的考慮：

　　首先，臺海自一九五九年以來就無戰事；每年有一百多萬外人或華人來臺觀光；也有同樣數目在臺之人由於經商、公務或觀光出國；政府又以臺灣安定繁榮安全號召海外華僑及外國人來臺投資。在此情況下，與戒嚴法第一條規定「戰爭或叛亂」時才可以戒嚴之條件已不符合。

　　其次，如前所述「戒嚴」一詞在國外，特別是在英美法系就表示專橫武斷之軍事統治，雖然我國對戒嚴法之內容施行甚少，但除了少數來過臺灣的外人稍能了解實況外，均受此一名詞之影響而對我國有不良印象。

　　第三，在國際上反政府的人士只須說臺灣戒嚴三十多年一句話說可以損及我國形象，而我方則需費盡口舌才能稍微使外人了解我國實際情況，而許多場合根本沒有解說的機會。

　　第四，如前所述，目前長期戒嚴之國家多為落後國家，且除約旦外，均無我國之長久，繼續戒嚴對國家形象有嚴重損害。

　　第五，最近國內選舉時戒嚴問題一再被提出，且國內年輕選民日多（三十四歲以下者據說已達選民半數），彼等在安定環境中成長，所受教育又是極力宣揚民主自由之價值，因此愈來愈不能了解長期戒嚴一事。

　　目前，執政黨已宣布將於適當時機取消戒嚴，並將制定國家安全法以維護國家安全，實為明智之舉，亦為民主政治革新的重要里程碑。姑不論未來是否要制定國家安全法，現就制定該法及其他有關解嚴之事，提出若干建議和值得研究的問題如下：

第一，非軍人不受軍法審判的原則應予確立，不得有任何例外。

第二，軍事審判法中規定案件經國防部軍法覆判局判決後即告確定，應修改為：覆判後應可上訴最高法院。蓋只有最高法院的判決才能算是終局的審判。

第三，戒嚴法第八條規定，軍法機關之判決，在解嚴之翌日起可依法上訴。由於我國長期戒嚴，許多軍法判決案件早經執行完畢或正在執行；如何上訴，值得研究。個人認為，此類案件凡符合刑事訴訟法得提起非常上訴者，應規定由最高法院檢察署提起非常上訴；其誤判者，應依冤獄賠償法予以賠償。

第四，出入境管理，包括對臺海兩岸離散家庭團聚和臺灣地區居民向海外移民的問題，應有合情合理的規定。

第五，果真要制定國家安全法，則制定該法的過程中，立法院應邀請有關機關及各界人士發表意見，作為立法之參考。

法規名稱	牽涉憲法或其他法律部分及說明
戡亂時期臺灣地區入境出境管理辦法（第一條規定是依戒嚴法制定），民國六十一年九月八日修正公布	憲法第十條：「人民有居住及遷徙之自由」。此一辦法最使人民不滿者為，拒絕出入境申請時，並無有效申訴及公平決定之程序
臺灣地區戒嚴時期軍法機關自行審判及交法院審判案件劃分辦法（第一條規定依戒嚴法第八條制定），民國五十六年九月四日修正公布	憲法第九條：「人民除現役軍人外，不受軍事審判。」軍事審判所依據之程序規定於軍事審判法，而依該法不得上訴於最高法院，違反憲法第七十七條：「司法院為國家最高司法機關，掌理……刑事……之審判……。」
臺灣地區戒嚴時期出版物管制辦法（第一條規定依戒嚴法第十一條第一款制定），民國五十九年五月二十二日公布	憲法第十一條：「人民有言論、講學、著作及出版之自由。」本辦法查禁刊物標準含糊，且由軍人執行，影響學術自由及發展甚巨。查禁之後也無申訴及客觀認定之程序；國外寄入之刊物或校對稿，如查禁沒

	收也不通知收件人。管制出版品應依出版法規定辦理
臺灣省戒嚴期間防止非法集會、結社、遊行、請願、罷課、罷工、罷市、罷業等規定實施辦法(本辦法第一條規定依戒嚴法規定制定)，民國三十八年三月二十日臺灣省警備司令部頒行	憲法第十四條：「人民有集會及結社之自由。」 本辦法最為人攻擊者為禁止組織政黨；民主政治為政黨政治，不准組黨有違民主政治基本原則。唯執政黨已於日前原則決定開放政治結社

解嚴以後我國面臨的
幾個重要法律問題*

　　總統在十四日頒布解嚴令，我國在十五日凌晨起便將解除戒嚴，憲政發展進入了一個新的時期，本人將就此後憲政發展所面臨的一些重要法律問題，分過渡、中程及長程三方面略為說明個人意見。

儘速完成集會結社立法

　　解嚴以後人民依據憲法可以組黨及遊行示威，但人民團體組織法及集會結社法迄未完成修正或另行立法，所以呈現一真空狀態。據個人看法，組黨一事恐無法令可以禁止，政府不宜再加干涉。至於遊行示威如果擾亂秩序可依刑法及違警罰法來處理，但後者業經司法院大法官會議解釋為違憲，如果過份引用此法恐怕又會引起政治糾紛。所以只有適用刑法有關部分處理較為妥當。此外，人民要過安寧之生活也是一種基本人權，所以如有人藉口遊行示威鬧事，妨害人民安寧及人民之商務或其他權益，人民自可以依民法侵權行為向妨害其權益之人提出控告，要求賠償。但根本上，政府及執政黨應趕快將人民團體組織法、集會結社法及替代違警罰法的社會秩序維護法，完成立法手續，才是正途。

　　此外國民大會代表遞補辦法完全不合民主原則，已有執政黨立委提案要廢除，所以最好立刻廢除，此事實質意義雖小但形式意義頗大，如果執政黨對此種合情合理、影響又不大之改革仍不願做，勢必使其支持者失望，大增反對者之聲勢。在過渡時期，在野人士必須認識到執政黨有百分之七十選民支持，在不支持執政黨之選票中，還包括有些是抗議票；所以在過渡時期，上街鬧事恐無助於人民增加對在野人士之支持。絕大多數人民雖

* 原文刊載於《中國時報》，第二版，民國七十六年七月十五日。

然希望擴大民主參與，但更希望過一個安寧之生活以發展個人自己的事業。

民主自由潮流不可抗拒

　　民主化與自由化是目前中華民國不可以抗拒的潮流，因此許多不合潮流的法律必須加以修改，因此執政黨應訂立中程（一至三年）修法計劃。如民國三十一年制定的國家總動員法在第一條規定的立法目的中說：「國民政府於戰時為集中全國之人力、物力、加強國防力量，貫徹抗戰目的，制定國家總動員法。」抗戰已勝利結束四十二年，而民國四十一年簽訂的中日和約結束中日戰爭，狀態迄今亦已三十六年，但現在仍在引用這個法律，怎能令全國人民心服。民國十八年公布，於民國二十六年修改的陸海空軍刑法第十六條規定：「背叛黨國，……」，行憲以後背叛國民黨最多由該黨開除黨員黨籍，根本不觸犯到刑法，這種條文完全不合憲法。法律中類似上述情況一定還有，執政黨應自行主動找出後修改，不要每樣不合憲法之處，一定要有人大鬧或告洋狀後才修改，這種做法只有鼓勵鬧事。此外，遴選海外立、監委辦法，各方批評甚多，因此也必須改革，全世界民主國家從無選舉連候選人是誰都不公布的，由被監督之機構（行政當局）來決定監督機構（立法院）之民意代表的。

　　至於長程（三至五年）修法計劃，有相當實權之總統（如我國），將來由人民直接選舉恐是不可以避免之趨勢，但我國憲法規定由國民大會選舉，改為直接由人民選舉恐有困難，特別是執政黨恐怕絕不願意。折衷辦法只有修改選舉辦法。據個人意見，可考慮下述辦法：①各政黨必須在總統任滿前四個月提出候選人名單；②國大代表在各政黨總統候選人公布後一個月或二個月內舉行選舉，競選人須公開承諾將選何人為總統，當選後必須照其承諾投票不得更改或棄權，否則喪失其國大代表資格。③資深國代必須在各政黨宣布總統候選人時公開說明其將選何黨之候選人為總統，由中央廣播電臺，其他海外報刊及國防部大陸工作人員通知大陸同胞，後者之贊成與反對之意見，均可以寄海外特設信箱，整理後分送各省資深國大代

表參考，根據大陸同胞意見，在定期改選之國代選舉日，資深國代正式宣布承諾將選何黨候選人當總統，不得更改。總統投票應為記名投票，以示向選民負責，選舉後並將投票詳細經過向大陸同胞說明。

中央民代問題亟待解決

除總統選舉外，中央民意代表問題，也必須研擬辦法改革，不能一拖再拖。由於我國國策目前是以三民主義統一中國，但在法律上仍是「動員戡亂時期」，如何使既定國策在法律上、實際上符合一致，也必須早日解決，拖下去一定又將成為政治上的大問題，執政黨應該研擬妥當辦法在下次國民大會時提出。

戒嚴法對戒嚴期限並未規定,因此必須修改規定除實際作戰期間外(不包括戰爭狀態)，戒嚴一次最長限為六個月，期滿自動終止，除非立法院同意延長，以免將來又發生長期戒嚴之情況。無論中外行政當局多半喜歡有緊急權在手，有人批評就說是備而不用，連號稱最民主的美國也是如此。例如，一九三三年美國國會為了使總統能應付國際經濟危機，將戰時適用之「對敵通商法」規定在國家緊急狀況時也可以適用，而什麼是國家緊急狀況由總統決定及宣布，羅斯福、杜魯門（以上民主黨）及尼克森（共和黨）總統先後四次宣布緊急狀態，但宣布時均重申其前任之緊急狀態繼續有效，造成自一九三三年起美國一直處於國家緊急狀態，直到一九七六年國會才通過緊急狀態法，將所有緊急狀態在一九七八年終止，並規定以後實施緊急狀態六個月後國會將討論並得予終止。此外,除實際作戰期間外，戒嚴期間軍法判處死刑案件均不得執行。除了戒嚴法問題外，憲法第四十三條所指之緊急命令迄未制定，所以也必須早日參考各民主國家之法例，研擬草案送立法院討論、制定。

解嚴過程適足引為教訓

「人無遠慮，必有近憂」，目前我國政治上遭遇之一些困難，幾乎都是由於執政黨想拖一天算一天，不作長久打算及不肯面對現實而來，所以此次解嚴一事之經過，希望執政黨獲取教訓，任何事有問題就需要解決，絕不可拖，拖對執政黨及其主持之政府均不利，對中華民國更是不利。

積極推行地方自治
經濟建設影響大陸*
——金馬繼續戒嚴實無必要

海峽兩岸紅十字會十九日同時宣布，馬祖、金門皆可為兩岸遣返作業的交接點。金、馬久為「接戰地域」，但不止指定為遣返交接點，此事之談判亦在金門進行，其開啟「接觸」之先河自不待言，然於各種開放政策下，所謂戰地戒嚴是否亦需調整、利弊得失如何？正好及時討論。

民國七十六年七月十五日臺灣地區解嚴時，未將金馬包括在內，雖有金馬人民紛紛表示意見要求解嚴，迄未獲政府同意。近日因為遣返大陸客發生死亡問題，有人提議由金馬遣返，才為各界注意，現將此問題分析於下。

我國目前國策是以自由、民主與均富的政策來影響大陸，達到統一的目標；金馬接近大陸，原應積極在當地推行民主政治及從事經濟建設，才能對大陸發生影響。但目前在戒嚴與戰地政務的情況下，政治不民主，經濟不能發展，對大陸人民造成反宣傳。而金門對岸的廈門及馬祖對面的福州，雖無民主但卻積極尋求外人及臺灣人民去投資，其繁榮的程度已大大超過金馬。所以在金馬繼續戒嚴根本就違反國策。

其次，總統在就職演說中已說明將儘快結束動員戡亂時期，所以金馬的戰地政務不久就要結束。戰地政務的觀念是以武力反攻大陸為基礎，目前政策早已改變，所以戰地政務根本沒有存在的理由。

第三，中共如要攻金馬，必須調動大軍到福建沿海，以目前的科學偵察儀器及我國在大陸工作的情報人員，不可能不事先知道。日夜戒嚴緊張過度實無必要。同時中共若真要攻金馬，以目前之駐軍也無法有效阻擋，何況攻佔金馬在形勢上會造成「兩個中國」，中共不會笨到這點常識都沒有。

---

* 原文刊載於《聯合報》，第二版，民國七十九年九月二十一日。

第四，要阻擋中共對金馬用兵，最好的辦法還是大量號召外人及華僑在金馬投資建設，並闢為觀光區，這樣中共一用兵就會引起國際糾紛及海外華人的反對。

基於上述理由，個人認為金馬應立刻取消戰地政務及解除戒嚴，實行完全的地方自治，如縣長民選，兩地的縣議會可以舉行聯席會議代行福建省議會的職權，省主席的任命要經此一聯席會議同意，且省府應立刻搬回金門。另外，取消一切旅行、投資、觀光及任何臺灣地區未有之限制。目前在外的金馬籍的僑民就有三、四十萬，必須號召他們投資金馬。

將金馬情況正常化後，雙方遣返人民可以兩地為基地，將來再看情況發展其他關係。

三、國會改革

關於充實中央民意機關問題之分析[*]

一、前　言

　　第一屆國民大會代表，立法委員及監察委員於一九四七年（民國三十六年）分別在大陸選出，但一九四九年（民國三十八年）底大陸為中共占據政府遷臺而無法舉行全國性選舉；遂不得不採用變通的辦法，由原有代表及委員繼續行使職權。此種因國家遭遇緊急狀況而延長國會任期之爭，在外國史上也有例子，遠者如英國史上之「長期國會」，於一六四〇年召集，因內亂停止職權數次；一六六〇年復會然後再解散。近者如一九三五年選出的英國國會因第二次大戰於一九三九年爆發，直到歐洲戰場停戰，德國投降後，方於一九四五年改選，任期長達十年。

任期長久遭致批評

　　我國的情況則因一九四七年選出之代表及委員（以下簡稱中央民意代表）任期至今已近四十年，為中外歷史上從未有之現象，因而引起許多批評。且當時選出之代表目前平均年齡已達八十歲，本來十年間，由於人數日益減少，必然發生不能行使職權之問題，所以如何充實中央民意機關一事，成為朝野關切之問題。

---

[*] 原文刊載於《中國時報》，第二版，民國七十五年四月十八日；《中國時報》，第二版，民國七十五年四月十九日。

二、大陸選出之中央民意代表繼續行使職權之法理根據及其問題

遷臺後不久，立法委員三年任期即告屆滿。當時執政黨認為立法權不能中斷，因此採用每年由行政院建議總統咨請立法院同意繼續行使職權的辦法，延長任期。至於國民大會代表之任期到一九五四年也將屆滿，不過憲法第二十八條第二項規定:「每屆國民大會代表之任期至次屆國民大會開會之日為止。」因此在解釋上可以認為由於第二屆國民大會代表無法選出，所以仍由第一屆代表行使職權，政府乃採用此種解釋作為國人代表繼續行使政權的根據。一九五四年監察委員之任期亦將屆滿；為求這個問題與立委任期問題得到徹底解決，因此行政院在一九五四年一月二十一日將此一問題送請司法院大法官會議解釋，同年一月二十九日大法官會議發布釋字第三十一號解釋如下:

「憲法第六十五條，規定立法委員之任期為三年，第九十三條規定監察委員之任期為六年，該項任期，本應自其就職之日起，至屆滿憲法所定之期限為止。惟值國家發生重大變故，事實上不能依法辦理次屆選舉時，若聽任立法監察兩院職權之行使，陷於停頓，則顯與憲法樹立五院制度之本旨相違。故在第二屆委員，未能依法選出集會與召集以前，自應仍由第一屆立法委員監察委員繼續行使其職權。」

憲法條文受到曲解

從此，大陸選出之中央民意代表在大陸未光復前，繼續行使職權，終於取得了法理上之根據。

不過，自政治上看，上述安排實有嚴重之不良後果。第一，在國大代表方面是根據憲法第二十八條將現有代表延至次屆，在次屆未選出前則上屆可以繼續行使職權。內政部根據這點，曲解為在此情況下，國民大會的候補代表可以遞補死亡或因案註銷之代表，一直到現在仍是如此。候補制

度完全不合民主政治原則，為舉世所無，內政部卻以行政解釋，將此種不合理之制度延續至今。所幸在立監委方面，由於憲法沒有此種條款，內政部無從曲解。

　　其次，臺灣地區並無不能單辦選舉之情況，而當時之執政當局卻將立監委選舉也一併停止，使臺灣地區菁英分子無從由選舉參與中央民意機關，造成政治上之不滿情緒。第三，民主政治的基本原則為定期改選民意代表，上述延長任期之辦法，雖然在法理上勉強說得過去，但在政治上卻愈來愈難以自圓其說；所以，自一九五〇年代中期以來，不斷有人提出改革之建議，如開放臺灣地區中央民意代表之選舉等，可惜執政黨均未予理會。

多人主張定期改選

三、一九六九年之增補選

　　由於一方面此種阻礙臺灣地區菁英分子參與中央民意機關的辦法日益引起不滿；另一方面一九六五年聯合國排我案首次達到四十七對四十七票之情況，形成外交危機，同時助長國內改革之呼聲；因此，一九六六年二月十九日第一屆國民大會第四次會議中，國大代表張知本等多人提案增列憲法臨時條款，主張定期改選臺灣自由地區之中央民意代表，並依人口增加情況增加名額。其提案理由如下：

　　「查依憲法第十七條之規定，選舉權為人民之基本權利，我中央治權機關公職人員之依選舉產生者，任期早已屆滿，限於實況久未改選，遂使此一部選舉權，迄未能行使。此在陷區同胞，受匪迫害，固屬無法自由表達其意志，然在自由地區或光復地區之國民，殊無久不選舉之理由。尤其年輕一代，漸趨成長，其在社會各方面多所建樹之優秀人士，更屬今後復國建國之中堅力量，如以民意機構久未改選而無法容納，實為國家之嚴重損失，且亦有失民主政治之真義。至於人口自然增加，則亦當設法依其比額予以增選，以符規定。故在現能進行增選之地區，或光復地區能舉行選

舉時，我國民大會應授權上述機構，適時有權決定舉辦是項選舉，以期開創政治新機，增強民意的代表性，使整個民主政治益趨正軌，實屬切要。」

此種溫和之改革建議執政黨仍不能完全接受，只能接受增選或補選因人口增加或因故出缺者，至於原有臺灣地區選出之國大代表及立監委員則仍不改選。所以最後通過之臨時條款如下：

「總統為適應動員戡亂需要，得調整中央政府之行政機構及人事機構，並對於依選舉產生之中央公職人員，因人口增加或因出缺，而能增選或補選之自由地區及光復地區，均得訂頒辦法實施之。」

這個條款通過後，又過了三年才舉行增補選舉，退出國民大會代表十五人，立法委員十一人，及監察委員二人，此一增補選不但人數甚少，且規定這次選出的民意代表也不必定期改選，完全違反民主政治之原則及憲法之規定。這種改革當然無法滿足海內外民意。

增額選舉各方滿意

四、一九七二年憲法臨時條款修訂後之增額選舉

一九七一年十月二十六日我國被排出聯合國，政府面臨嚴重外交危機，國內遂掀起要求改革之高潮。所以，次年召開之第五次國民大會再度修訂臨時條款，規定授權總統增加中央民意代表名額，並且定期改選增額代表，國外僑民需選出之立監委，則授權總統制定辦法遴選。在一九七二年底舉行了增額選舉，選出國大代表五十三人、立委五十一人（其中海外遴選十五人），次年又選出監委十五人（其中海外遴選五人）。此次選舉中，直接選出之立委不過三十六人，尚不足當時立委總額的十分之一，當然不能滿足各方之希望。

一九七八年底，我國遭遇遷臺以來最大的外交挫折——美國與中共建交而與我國斷交，國內再度掀起改革之要求，因此，行政院決定提升國家建設研討會之地位，改由行政院主持，並面對現實，設立政治外交組，討

論國人所關切之政治問題。一九七九年夏天的國建會中，海內外代表紛紛提出充實中央民意機關之看法，由孫院長呈報總統核示後，在國建會閉幕時宣布將酌增中央民意機關增額代表名額，一九八○年底舉行增額選舉，名額方面立監委幾乎增加一倍，國大代表約二分之一倍。此次選出國大代表七十六人、立委九十七人（內含海外遴選二十七人）、監委三十二人（內含海外遴選十人），各方對此結果較為滿意。

五、我國中央民意機關之現狀及其問題

我國中央民意機關之現狀大致如下：

	國民大會	立法院	監察院
大陸選出之不改選代表（一般稱之為資深代表）	九一七人（內五百多人為由候補代表遞補者）	二百四十四人	四十人
一九六九年選出之不改選代表（一般稱之為中古代表）	十五人	九人（再選出十一人，但一人死亡，一人因案註銷）	二人
定期改選之代表	七十六人	九十八人（其中海外遴選二十七人）	三十一人（其中海外遴選十人，但一人死亡，僅剩九人）
總　　數	一千零八人	三百五十一人	七十三人

說明：資深代表人數計算止於一九八五年底，目前人數略有減少。

以上民意代表之情況，綜合各方理性意見有下列問題：

㈠立法院（實際上相當於民主國家之國會）中，定期改選之立委只佔立委總額百分之二十八，其中還包括遴選的二十七人，如果除去這些非由選舉產生之立委，則只佔總額百分之二十。定期改選立委中，又有十六人為職業團體選出（此一問題詳下節），地域選出的只有五十五人，佔全體立委總額百分之十六。在此情況下，自由地區選民無法透過定期改選之

立委，有效參與中央立法權之行使。

遴選立監委未反映民意

㈡由職業團體選出民意代表之制度，各國已不採納。因為職業代表為了本業之利益必然力爭到底，不肯輕易折衷妥協，易造成議會內部之激烈衝突；其次，職業團體多數傾向保守，為遷就既得利益，而反對改革，忽視全國全民之利益；第三，職業代表制過份強調經濟之作用，而現代國家還有政治、外交、國防等重大問題；第四，職業代表制增加選務困難，且易造成每票價值不等之效果，有違民主原則（此一問題可參閱一九八五年十月中央選舉委員會出版之《職婦團體代表選舉制度之研究》，特別是該書第二章法治斌教授所撰有關此一問題之比較研究）。

㈢遴選海外立監委問題各方批評尤多。首先是遴選機構之不合理，如行政院之僑委會為對立法院負責之機構，而竟能參與決定遴選，其他參與決定遴選者之人幾均屬行政機構的官員，完全不合民主原則；其次，選出之海外立監委，絕大多數每屆會期報到後就返回僑居地，絕大多數時間均不參加院會，形同虛設（像已故遴選監委王爵榮先生及現任遴選立委謝墨賢先生認真執行職務者是極少之例外）；第三，遴選之海外立監委照理應代表海外民意，但在海外幾乎沒有人知道（除其親友外）這些人住在那裏，如何與其連絡或請其為所代表之人服務。

中央民代不宜大幅增加

㈣國民大會代表原為無給職，不支薪水，遷臺後政府為顧到實際生活之困難，給予待遇，但在臺定期選出之代表及原在臺灣地區選出之不改選代表也援例一併支領待遇，增加國庫負擔。

㈤民意代表不能遷出選區，是民主政治的一個基本原則，由於大陸為中共佔據，中央民意代表遷來臺灣繼續行使職權係屬不得已之情況，但仍是

在本國國土內。現在據說有九十一位國大代表已在遷臺後改入外國籍，另有不明數目之代表取得外國永久居留權，這些人在法理上是否還能代表大陸選民，頗堪質疑。

六、改進與充實中央民意機關之建議

　　由以上分析可知，我國中央民意機關確實有許多問題，現就個人意見，提出改進建議與充實辦法，在提出前先作幾點基本的分析如下：

㈠我國由於歷史上之原因，目前中央民意機關人數高達一千四百餘人，與實際管轄面積及人口（三萬六千平方公里及一千九百萬人）不成比例，且造成了一個反常現象，即中央民意機關人數超過省及院轄市級民意機構人數總和的八倍以上，所以任何改革辦法均應考慮到這個情況，不能為一時之需要，對國家造成不良的長期後果。由於中央民意代表均支部長級待遇（約六萬餘元），人數過多影響到使所有政府中高級人員之待遇均無法提高，極不利於吸收人才（特別是專技人才）到政府裏工作。所以，大幅度增加中央民意代表名額一事，如陶百川先生等所提出的，個人認為值得商榷，此外，中央級民意代表人數不宜超過省及院轄市民意代表總人數太多。

㈡大陸選出之代表人數會自然減少，且仍在任者也有許多無法行使職權者。以立法院為例，資深代表二百多人中只有不到一半的代表經常出席院會，在十年內，立法院恐怕均將以定期選出之代表為主，所以，現在不宜大幅增加定期改選代表的名額。

加強施政吸引人民嚮往

㈢對於大陸選出代表凋謝後，我國政府如何能再繼續代表大陸一事，必須面對現實來解決。個人認為能否代表大陸的主要關鍵在於臺灣地區的中國人是否對政府施政滿意，如果滿意，便可吸引大陸上的中國人之嚮往，

則我政府就可認為是代表大陸人民。至於是否任命若干人士為大陸代表只是個次要問題，因為，如此作法只有象徵性的意義。有人主張給在臺的大陸籍人士予以保障名額，選出代表以代表大陸，並且他們還可以保障在臺大陸籍人士之權利。此一方式，個人認為弊多於利，因為在臺之大陸籍人士既不准到大陸旅行考察民意，又不准與大陸通信，如何知道大陸民意，不知大陸民意情況如何代表大陸人民？其次，目前在臺省籍衝突日益減少，主要原因是大家平等，現在弄出保障名額的特權情況，必然增加省籍衝突，對大陸籍人士反而不利。目前大陸籍人士不易當選各級民意代表的一個主要原因是執政，往往提名一些不孚眾望之省籍候選人，這類候選人須由大陸籍選民支持才能當選，但在大陸籍人士聚居的地區反而不提名任何大陸籍候選人。此種現象在臺灣省議會之選舉中特別顯著，七十七人中只有一位大陸籍人士，儘管大陸人在臺灣省（不包括高雄及臺北二院轄市）佔總人口數達十分之一。

㈣政治是理想與現實的妥協，許多象徵性之人事物均有必要；為了表示我國並未放棄恢復大陸人民自由之奮鬥目標，且為避免中央政府之地方化，以致墮入中共將我國政府變成地方政府之陰謀，未來之中央民意機關中，仍應有代表大陸之代表。據個人意見，應於選舉舉行前十年內來臺定居之大陸人士中，選出若干人來代表大陸民意，因他們離開大陸不久，尚熟悉大陸情況。

定期改選名額應予擴大

基於以上了解，建議中央民意機關充實辦法如下：

㈠中央民意代表中，大陸選出之代表已入外國籍或已在國外取得永久居留權者，限期取消外國籍及居留權，並須回國定居，否則註銷名額。國大代表候補辦法即行廢止。

㈡國民大會定期改選之代表自七十六人增至一百二十人，其中五人應為最

近十年來臺大陸人士之保障名額（分別代表大陸東北、西北、西南、東南及華中五區），二十七人為海外遴選代表（辦法詳後），將來大陸選出之不改選代表與定期改選代表總數降至二百四十人以下時，則隨時增加定期改選之代表以補足至二百四十人。定期改選之代表均為無給職。

㈢立法院定期改選之委員自目前之九十八人增至一百二十人（約相當於臺灣省議會，臺北市議會及高雄市議會總人數三分之二），其中五人應為最近十年來臺大陸人士之保障名額（分別代表大陸東北、西北、西南、東南及華中五區），將來就以此名額（一百二十人）為立法院之總額。

㈣監察院定期改選委員已有三十二人，因此不必增加名額，將來以此為監察院委員總額。

㈤任何大陸地區一經光復,在三個月內依憲法所定名額選出中央民意代表，原有大陸該地區選出之代表應立即在選舉後解職。

㈥職業代表由於有憲法上之規定，取消恐有困難，只有予以改進。據個人意見，農民、漁民、工人、教育四個團體不必修改，商業及工業團體因為出身大規模工商業之人士擔任中央民意代表者已有不少，應改為由中小企業團體及中小商業團體選出，以符合民生工業原則。另外應考慮加入消費者保護團體及環境保護團體之代表，以保障多數人民之權益。

㈦目前遴選海外中央民意代表之方式各方批評甚多，應請學者專家及社會人士共同研究改善辦法。個人提出下列幾點作參考：

1.參與遴選之候選人必須有其海外遴選區域內僑民一千人至五千人之推薦（視區域僑民人數而定），始得列入遴選名冊。

2.遴選之候選人簡歷及政見應先行公布，其遴選區域內之僑民可將其對候選人之意見提交遴選委員會參考。

3.外交部、新聞局、僑委會及任何涉外政府單位不得參與遴選之決定。

4.遴選委員會應主要由社會公正人士組成就海外遴選區域內僑民對候選人意見分析統計後，再作決定，且一切程序均應公開。

5.遴選之代表應擬定服務海外僑民之辦法，其出席會議及發言情況，應由所屬民意機構整理妥當，隨時提供其選舉區域內之僑民參考。

大陸人士應有相當代表

　　最後必須說明，有關大陸在臺人士及其後代之參與中央民意機關問題，執政黨應加以注意。如果這些人不能有與其人數相當之代表選出，將來必然會影響社會安定，許多臺籍開明及有遠見之人士已注意到這點。所以，執政黨必須在增加之定期改選名額中，每一大選舉區中至少輔導一位大陸籍人士出來競選（如此在全臺可以選出十多人）。此種輔選事務最好由黨內臺籍幹部主持，因大陸籍人在臺多達三十多不同省籍，由大陸籍幹部主持極易引起省籍糾紛，所以宜由臺籍幹部主持輔選，以減少糾紛。

如何強化中央民意機關的代表性及功能*

第一屆國民大會代表、立法委員及監察委員（以下簡稱中央民意代表）於民國三十六年分別在大陸選出，但民國三十八年底，大陸為中共佔據，政府遷臺而無法舉行全國性選舉；遂不得不採用變通的辦法，由原有代表及委員繼續行使職權，任期至今已將近四十年，為中外歷史上從未有之現象，因而引起許多批評。且當時選出之代表目前平均年齡已達八十歲，未來十年間由於人數日益減少，必然會發生不能行使職權之問題。

代表性問題最嚴重

我國中央民意機關確實存有許多問題，其最嚴重的是代表性，為任何政治學理論所難以給予合理之解釋，因而有許多強化其代表性的建議紛紛提出，現分別簡述於下：

一、現有資深代表一律停止任職，在臺全面改選，廢除海外遴選及大陸代表名額，此為民進黨人士之主張。此種強化之建議沒有被採納之可能，因為任何強化之建議必須經由現存之民意機構，特別是國民大會與立法院的通過，可以想像這在目前及可預見的將來是做不到的。

二、陶百川先生在一九八六年三月建議以下列辦法充實及改造中央民意機關：

「第一，現在就應規定三個中央民意機關成員的上限，例如立委定為三百名，監委定為七十名，國大代表定為四百名，以兩次選舉把它選足，以後即以此為其上限。

---

*原文刊載於《中國時報》，第二版，民國七十六年五月六日。

第二，立法院以三年為限，舉辦兩次增額選舉，國民大會和監察院以六年為限，也舉辦兩次增額選舉，選足我所建議的新名額。

第三，資深委員和代表，仍與新選人員共同繼續行使他們的職權。（以後俟資深代表自然消失後，就全由增額代表行使職權。）

第四，……國大代表可以分為四類：第一類是自由地區代表，這是最重要的；第二類是婦女和職業團體代表；第三類是海外僑民代表；第四類是大陸地區代表，第四類代表由自由地區的選民，就各同鄉會或各黨派所提的候選人，依保障名額來投票產生，但人數不得超過全部代表的三分之一，而自由地區的代表也佔三分之一，海外和婦女及職業團體代表，合佔三分之一……。」

三、國民大會憲政研討委員會，在一九八七年二月二十七日所舉行的第七十八次綜合會議中，通過「如何充實中央民意代表機構維護憲政體制」，其要點如下：

如何充實中央民代

第一，「原由大陸選出的中央民意代表因故出缺，除國大代表原有候補人依法辦理遞補外，應制訂辦法補選之。」

第二，「在自由地區增加中央民意代表名額，定期舉行選舉，其須由僑居國外國民選出的國大代表、立法委員及監察委員，事實上不能辦理選舉者，得由總統訂定辦法產生之。」

第三，「大陸未光復地區中央民意代表之缺額，得在自由地區選舉之。補選名額以本條款本次修正公布日起實有人數出缺名額為準，其候選人以具有原產生單位資格者為限。但國大代表原以縣（市）為產生單位者，改以省（市）為產生單位；監察委員應由總統訂定辦法，由國民大會選舉之。」

第四，「第一屆中央民意代表，係屬全國人民選舉所產生，依法行使職權，其增選補選亦同。大陸光復地區次第辦理中央民意代表之選舉。」

（這段表示現有資深代表繼續任職）

第五，「增加名額選出與缺額補選之國民大會代表每六年改選，並於每屆總統任職前六個月完成之，立法委員每三年改選，監察委員每六年改選。」

四、據說中國國民黨研讀中的「充實中央民意機關」案，已獲初步結論，對設置大陸代表名額，以不超過各民意機關三分之一為原則，其產生方式有下列三種意見：1. 照政黨在選舉中得票的比例來分配一些席位；2. 在自由地區直接選舉；3. 授權總統遴選。上述意見以按政黨在選舉中的得票比例分配最受重視。

五、學者意見中，與上述陶百川先生及國大憲研會類似者，本文不再贅述，只就不同點簡述之：

咸認人數不能太多

第一，關於中央民意代表（國代、立委及監委）的總額問題，不論是臺省籍或外省籍學者咸認人數不能太多，否則無法發揮現代議會政治的運作及議事功能。例如陳慶教授認為總額應限於三百二十席（臺灣地區選出二百人，海外七十人，大陸五十人），至於國代及立、監委各應分配多少名額則並未詳細說明。田弘茂教授認為，民意代表名額應限於四百人（國代二百人，立委一百五十人及監委五十人）。本人則認為，中央民意代表總額應逐步限為三百九十二人（國代二百四十人，立委一百二十人及監委三十二人）。

第二，在大陸及海外代表方面，高英茂主張「以政黨得票比例分配的方式來解決，比如改革後的中華民國國會議席以四百席計，三百席可由小選區直接選出，另一百席為全國選區，以普選所得的票數比例來決定。譬如：國民黨得票百分之七十，則可指派七十名國會議員；『民進黨』得票百分之三十，則可指派三十席，在遴派人選時，自可包括大陸省籍人士及海外僑民。這樣在選舉時，便可紓解對省籍問題的注意力，也同時解決飽受

各方批評的海外遴選問題。」田弘茂主張「在『改制』後，監委第一屆（六年）以及第一和第二屆立委（三年一屆）選舉，可保障大陸籍人士四分之一的代表名額；其餘由臺灣地區本籍人士選出。第三屆開始，便不再分省籍，一視同仁。國大代表則長期保障非臺灣省籍三分之一的名額，作為照顧現實的折衝。」

　　高資敏則主張「以遴選的方式選出大陸省籍的代表，這些選舉出來的代表有發言權，但沒有投票權。」本人則認為「立法院定期改選之委員自目前之九十八人增至一百二十人（約相當於臺灣省議會、臺北市議會及高雄市議會總人數之三分之二），其中五人應為最近十年來臺大陸人士之保障名額（分別代表大陸東北、西北、西南、東南及華中五區），將來就以此名額為立法院之總額。」

　　「國民大會定期改選之代表則自現在的八十四人增至一百二十人，其中五人仍為最近十年來臺之大陸人士保障名額，二十七人為海外僑民代表……。至於監察院定期改選委員已有三十二人，不必再增加名額，將來以此為監察院總額。」

　　「至於認為只有最近十年由大陸來臺人士才能夠出任代表大陸的中央民意代表，是因為只有他們才和在大陸的人民有過接觸。至於居住在臺灣的大陸省籍居民，每一選區可以選出一名代表，大約可產生六名代表，在臺北市和高雄市大陸省籍選民較多，也許可以選出一名以上的代表。總的來說，前述保障名額和選出來的代表總數，比率上，大致與大陸省籍在臺的人數相符。」至於海外遴選之代表，本人主張一定要有選區僑民一千至五千人的推薦才能列入候選人名單中，且名單必須向海內外公布；遴選委員會應主要由社會公正人士組成，並應有外交部、新聞局、僑委會及任何政府涉外單位不得參與遴選的規定。

　　第三，對現任資深代表之問題，田弘茂主張「一、建立中央民代七十歲的退休制度，但兼具彈性應用。如以七十歲為上限，則目前的資深國代只剩下約一百三十人，資深立委約十六人。七十歲以上的資深國代和立委，可以根據彈性原則，舉凡每年參加會期開會日數在一半以上者，仍可繼續

任職到七十五歲。其餘的不足數額,四分之三由普選產生,四分之一則由海外華僑和婦、職團體『選』出;監院資深委員全部已超過七十歲,除少數有議事能力者外,全部改選。二、退休人員若在退休之前兩年內有積極議事的紀錄,當局可成立『中央諮議委員會』之類的機關,聘其為委員。繼續為國家大事提出建言。年齡超過退休期限,而議事又不積極者,全部退休,由政府現有的津貼辦法比照公務人員補助其生活。」本人主張為,「中央民意代表中大陸選出之代表,已入外國籍或已在國外取得居留權者限期取消外國籍及居留權,並須回國定居,否則註銷名額。目前國大代表候補辦法即行廢止。」至於要求資深代表來修改憲法、臨時條款或法律將其自己強迫退休之事,本人認為在政治上恐怕是十分難做到的。

沉疴不能拖得過久

中央民意代表機關已到非改不成的時候,而沉疴拖得愈久對執政黨愈不利,現綜合上述分析,本人提出改造之建議如下:

一、所有中央民意機關人員應不超過四百人,因人數過多不易發生議事功能,且由於中央民意代表均支部長級待遇(連同變相加薪之助理費用,每月約有八萬餘元),如人數過多,增加政府負擔,影響所及將使政府中、高級人員的待遇均無法提高,極不利於延攬人才至政府部門工作(特別是專業人才)。另國大代表應恢復為無給職之情況,只在開會時比照立、監委就實際工作日子,酌支待遇。

二、設置大陸代表一事,不宜採用遴選方式,可以下列之一方式或兼用數種方式行之:

第一,以政黨得票比例來分配一部分席位給大陸代表,但其所佔全部代表(包括直接選舉者)比例不可以太大;候選人名單也必須先公布,不得秘密作業。

第二,過渡時期可給予大陸在臺人士保障名額,但以六至十二年為限。

第三，不設置在臺之大陸人士代表大陸之保障名額，但國民大會與立法院可設大陸最近十年來臺人士保障名額若干人。此一方式之好處是克服選舉上之困難，因在臺之大陸人士已在臺定居，脫離大陸選區，其代表大陸一事，實無學理上之根據。至於在臺大陸人士之參與競選，應由國民黨自行調整提名方式，不應提不孚眾望之大陸人士或用大陸來臺選民之選票去支持不孚眾望之臺籍人士。

第四，設立若干不具投票權之大陸各省代表，可以發言，但無投票權，臺籍人士對大陸有深切了解者亦可以擔任此類代表。

三、現任代表欲其自行修法通過解職或辭職恐有實際困難，但可以下列辦法解決之：

第一，國大代表遞補辦法立刻廢除，所有中央民意代表中非自海外選出者，如有外國國籍或外國居留權者，限期（如二個月內）放棄，否則一律解除職務。

第二，中央民意代表願意退休者，改聘為各民意機關顧問，並支領原有待遇。

四、海外代表遴選辦法必須修改，除辦理事務性之遴選業務外，任何行政機關不得參與決定遴選，且候選人必須先公布。此外，亦可採政黨分配名額的方法，但候選人也必須先公布。具有外國籍之海外代表如以中華民國護照入境（不得用外人簽證入境）並公開參與宣誓者，可以投票，否則無投票權。

五、監察委員選舉改為直接選舉，可採用大選區，以省、院轄市為單一選區。

增設代表務須謹慎

最後希望執政黨認真注意，增設大陸代表一事必須慎重處理，如果給在臺大陸人士超過其在臺人數比例之代表，必然加深省籍糾紛；影響所及將使執政黨在未來中央民意代表的選舉中得票率下降，反而有害於法統之

維繫。因為如果自由地區執政黨主持之政府愈來愈不能得到人民支持，怎麼還能向大陸號召人心呢？至於執政黨堅持之「全國惟一合法政府」一事，也應修改為「代表全中國人民爭取自由、民主與均富生活方式之政府」，才能符合實際情況，目前之說法在國內外均難令人信服。

政治是理想與現實的妥協，但二者如果相差太遠，必然對執政集團不利。在歷史上，南北朝中的南朝不在內政上改革圖強，而在形式上設所謂僑置州郡（將淪陷北朝之州郡形式上保留下來），最後不能發揮任何作用，反之，周文王先將自己統治區域治好，使境外人民都嚮往其統治，最後還達到「以百里而興」統一中國之目標，這些史實，值得執政黨注意。

如何強化國會的代表性及功能*

因應情勢需要延長任期

　　第一屆中央民意代表因大陸為中共佔據，政府遷臺而無法舉行全國性選舉；遂不得不採用變通的辦法，由原有代表繼續行使職權，任期至今已將近四十年，因而引起許多批評。加上當時選出之代表目前平均年齡已達八十歲，未來十年間由於人數日益減少，必然會發生不能行使職權之問題。

　　此外，由於中央民意代表不必改選，等於不必向臺灣地區選民負責，不能發揮民意機關之應有功能。因此，如何充實及加強中央民意機關的功能是朝野均關切的問題。

　　政府遷臺後不久，立法委員三年任期即告屆滿，當時執政黨認為立法權不能中斷，因此採用每年由行政院建議總統咨請立法院同意繼續行使職權的辦法，延長任期。至於國民大會代表之任期到了民國四十三年也告屆滿；不過憲法第二十八條第二項規定：「每屆國民大會代表之任期至次屆國民大會開會之日為止。」因此在解釋上可以認為，由於第二屆國民大會代表無法選出，所以仍由第一屆代表行使職權；執政黨主持下的政府就採用此種解釋，作為國大代表繼續行使政權的根據。到了民國四十三年，監察委員之任期也屆滿，為求這個問題與立委任期問題得到徹底的解決，行政院在當年一月二十一日，將此一問題送請司法院大法官會議解釋，同年一月二十九日，大法官會議發布釋字第三十一號解釋。如下：「憲法第六十五條，規定立法委員之任期為三年，第九十三條規定，監察委員之任期為六年，該項任期，本應由其就職之日起，至屆滿憲法所規定之期限為止。惟值國

*原文刊載於《聯合報》，第二版，民國七十六年五月六日。

家發生重大變故，事實上不能依法辦理本屆選舉時，若聽任立法、監察兩院職權之行使，陷於停頓，則顯與憲法樹立五院制度之本旨相違。故在第二屆委員，未能依法選出集會與召集以前，自應仍由第一屆立法委員、監察委員繼續行使其職權」。從此，大陸選出之中央民意代表在大陸未光復前繼續行使職權，取得了法理上之根據。

候補制度不合民主原則

不過，從政治觀點上來看，上述安排有嚴重之不良後果。首先，在國大代表方面，是根據憲法第二十八條將現有代表任期延至次屆，在次屆未選出前則上屆可以繼續行使職權。內政部根據這點，曲解為在此情況下，國民大會的候補代表可以遞補死亡或因案註銷之代表，一直到現在都如此。候補制度完全不合民主政治原則，為舉世所無，而內政部卻用行政解釋，將此種不合理之制度延續至今。

其次，民主政治之基本原則為定期改選民意代表，上述延長任期之辦法，雖在法理上勉強說得過去，但在政治上卻愈來愈難以自圓其說；因而自一九五〇年代中期以來，不斷有人提出改革之建議。

增額立委人數比例不高

在此情勢下，我國中央民意機關，目前遂有下列問題：

一、立法院（實際上相當民主國家之國會）中，定期改選之立委只佔立委總額的百分之二十八，其中還包括遴選的二十七人，如果除去這些非由選舉產生之立委，則只佔總額的百分之二十。且定期改選之立委中，又有十六人為職業團體選出，地域選出的只有五十五人，佔全體立委總額百分之十六。在此情況下，自由地區選民無法透過定期改選之立委有效參與中央立法權之行使。

二、由職業團體選出民意代表之制度，各國早已不採納，因為職業代表為了本業之利益，必然力爭到底，不肯輕易折衷妥協，易造成議會內部之激烈衝突。其次，職業團體多數傾向保守，常為遷就既得利益，而反對改革，忽視全國全民之利益。第三，職業代表制過份強調經濟之作用，而現代國家尚有政治、外交、國防等重大問題。第四，職業代表制增加選務困難，且易造成每票價值不等之效果，有違民主原則。

海外遴選引起各方批評

三、遴選海外立、監委問題，各方批評更是多。首先是遴選機構之不合理，如行政院之僑務委員會為對立法院負責之機構，而竟能參與決定遴選；另其他參與決定遴選者亦幾乎均為行政機構的官員，完全不合民主原則。其次，選出之海外立、監委，絕大多數於每屆會期報到後就返回僑居地，絕大多數時間均不參加院會，形同虛設（像已故遴選監委王爵榮先生及上屆遴選立委謝學賢先生與卜少夫先生認真執行職務者是極少之例外）。第三，遴選之海外立、監委照理應代表海外民意，但在海外僑民幾乎沒有多少人知道這些人住在那裡？如何與其聯絡？遑論其為所代表之人服務。第四，候選人名單並不事先公布，使海外僑民有表達意見的機會，所有遴選作業完全祕密，此種選舉的程序亦為舉世所無。

四、國民大會代表原為無給職，不支薪水，遷臺後，政府為顧到實際上生活之困難而給予待遇，但在臺定期選出之代表及原在臺灣地區選出之不改選代表也援例一併支領待遇，增加國庫負擔。

五、民意代表不能遷出選區是個基本原則，由於大陸為中共佔據，中央民意代表遷來臺灣繼續行使職權是個不得已之情況，但仍是在本國國土內，然而現在據說有九十一位國大代表已在遷臺後改入外國籍，另有不明數目之代表取得外國永久居留權，這些人在法理上根本不能代表大陸選民。

六、資深代表在理論上是代表大陸選民，但因政府不准與大陸人民聯絡之政策，根本不能反映其大陸選區人民的意見。

七、監察委員由省、市議會間接選舉，容易造成賄選。

代表總數應不逾四百人

由上可知，中央民意代表機關已到了非改不可的時候，而沉痾拖得愈久對執政黨愈不利，現綜合上述分析，提出改造之建議如下：

一、所有中央民意機關人員應不超過四百人，因人數過多不易發生議事功能，且由於中央民意代表均支部長級待遇（連同變相加薪之助理費用，每月約有八萬餘元），如人數過多，增加政府負擔，影響所及將使政府中、高級人員的待遇均無法提高，極不利於延攬人才至政府部門工作。另外，國大代表應恢復為無給職之情況，只在開會時比照立、監委就實際工作日子，酌支待遇。

二、設置大陸代表一事，不宜採用遴選方式，可以下列之一方式或兼用數種方式行之：

㈠以政黨得票比例來分配一部分席位給大陸代表，但其所佔全部代表（包括直接選舉者）比例不可以太大；候選人名單也必須先公布，不得祕密作業。

㈡過渡時期可給予大陸在臺人士保障名額，但以六至十二年為限。

㈢不設置在臺之大陸人士代表大陸之保障名額，但國民大會與立法院可設大陸最近十年來臺人士保障名額若干人。此一方式之好處是克服學理上之困難，因在臺之大陸人士已在臺定居，脫離大陸選區，其代表大陸一事，實無學理上之根據。至於在臺大陸人士之參與競選，應由國民黨自行調整提名方式，不應提不孚眾望之大陸人士或用大陸來臺選民之選票去支持不孚眾望之臺籍人士。

㈣設立若干不具投票權之大陸各省代表，可以發言，但無投票權，臺籍人士對大陸有深切瞭解者亦可以擔任此類代表。

監委採大選區直接選舉

三、現任代表欲自行修法通過解職或辭職恐有實際困難，但可以下列辦法
　　解決之：

　　㈠國大代表遞補辦法立刻廢除。所有中央民意代表中非由海外選出者，
　　　如有外國國籍或外國居留權者，限期（如二個月內）放棄，否則一律
　　　解除職務。

　　㈡中央民意代表願意退休者，改聘為各民意機關顧問，並支領原有待遇。

四、海外代表遴選辦法必須修改，除辦理事務性之遴選業務外，任何行政
　　機關不得參與決定遴選，且候選人必須先公布。此外，亦可採政黨分
　　配名額的方法，但候選人也必須先公布。具有外國籍之海外代表如以
　　中華民國護照入境（不得用外人簽證入境）並公開參與宣誓者，可以
　　投票，否則無投票權。

五、監察委員選舉改為直接選舉，可採用大選區，以省、院轄市為單一選
　　區。

立委參與立法計畫制訂

　　至於在加強中央民意代表機關之功能方面，有下列建議：

一、行政院各部會應每年提出立法計畫，並先行與立法委員會商後再正式
　　提案。行政院應由副院長（或增設副院長一人），各部會應由政務次長
　　或相當於政務次長之各委員會副主管，與立法院或其有關委員會經常
　　就法案的制訂與提出聯絡。

二、立法院設立「立法事務研究署」，負責研擬各種問題及法案以供立委參
　　考或以備諮詢。該署除本身有高水準之研究人員外，也可委託國內外
　　學者或研究機構研究問題。

三、立法院圖書館應大幅擴充,使其成為全國最具規模之社會科學圖書館,圖書館本身也應有高水準之研究人員。

最後希望執政黨認真注意,增設大陸代表一事必須慎重處理,如果給在臺大陸人士超過其在臺人數比例之代表,必然加深省籍糾紛;至於執政黨堅持之「全國唯一合法政府」一事,也應修改為「代表全中國人民爭取自由、民主與均富生活方式之政府」,才能符合實際情況,目前之說法在國內外均難令人信服。

政治是理想與現實的妥協,但二者如果相差太遠,必然對執政者不利。在歷史上,南北朝中的南朝不在內政上改革圖強,而在形式上設所謂僑置州郡(將淪陷北朝之州郡形式上保留下來),最後不能發揮任何作用。反之,周文王先將自己統治區域治好,使境外人民都嚮往其統治,最後達到「以百里而興」統一中國之目標,這些史實,值得執政黨注意。

貳、兩岸關係

一、大陸政策

檢討兩岸互動關係、 釐訂具體大陸政策*

我國政府自去年開放到大陸探親,近日又准透過紅十字會與大陸通信,各方均表讚譽,五月間政府各單位將檢討對大陸政策,各方均希望能在不妨害國家安全的情況下,能對大陸政策作進一步的調整,本文即就此問題作一分析與建議。

讓大陸政策更具體可行

首先,個人認為任何政策必須能面對現實,尋找合理的對策,而不是弄來自我安慰或滿足某些人的恐共情緒或拖一天算一天的想法。

其次,政策必須有可能施行,如不能執行就不要去定,最壞的情況是弄些不切實際之政策,並頒些無法執行的法令,最後造成法令成具文,破壞法治精神或造成人人在法律上不平等的狀況,引起人民不滿。

以往我國在開放大陸探親以前的大陸政策,就是犯了以上二個毛病,造成人民普遍不滿。探親的開放應只是一個開始,應進一步的逐漸調整,形成一個整體的大陸政策,而不是有人鬧事就頭痛醫頭,腳痛醫腳的作法。

現就具體問題建議如下:

目前以探親名義到大陸觀光的甚多,政府與其採鴕鳥政策,不如正式認可准許到大陸觀光,納入正軌,但可以做必要的限制,以免妨害國家安全。

如不願正式開放觀光,在親等限制方面應酌予放寬,如到五親等。此外,捐助榮民到大陸探親辦法應繼續辦理,不宜草草辦完一次就算了。

---

* 原文刊載於《中國時報》,第二版,民國七十七年五月四日。

透過香港管道擴大通信

現在規定由紅十字會轉信辦法，過於麻煩，且只准二十公分之信，掛號也不收。在中日戰爭期間（一九三七－一九四五）與日本佔領區尚可以通郵，大陸為我國國土反而二邊不能通郵，實悖常理。現在通郵可以透過香港，所有與大陸信件規定一律寫寄香港轉大陸某地不得書寫中共國名，其郵資以寄香港為標準，如香港郵局要酌加費用，可以增加在寄香港資費部分，再與香港郵局每年結算。此種辦法下，根本不必與中共郵局直接來往，並不構成與其官方接觸，希望我國行政當局能想通這點，不要用目前這種過於麻煩的通信方式。

在書刊方面，據說新聞局已考慮准許學術性書籍進口，如果確實，為一明智之舉。許多人認為大陸學術落後，在某種範圍內，可能是事實，但在若干方面，有其長處，特別是在整理資料與編譯方面，開放進口對我國有利。

其次，不論是要推行三民主義統一中國或了解大陸情況以確保臺灣安全，都必須使國人了解大陸之真實情況，必須加強與大陸學術交流，現提出具體辦法如下：

兩岸學術交流有助了解

一、非涉及國家安全或中共對臺統戰之書刊，各學術單位或個別學者可以自行進口。

二、與國外學術機構合作辦理學術研討會時，不要反對對方邀請大陸學者參加。

三、在臺舉行國際學術會議時，如大陸學者為會員，應准其來臺參加，對其學者不可作宣傳或誘其留臺，一切以平常心對待。

四、在大陸舉行之國際性會議，如我國學者為會員，應准參加。

五、研擬妥當辦法使研究中共問題之學者與專欄記者,得到大陸短期考察,
　　以增加了解大陸情況。

　　必須注意,中共當局對我國學術發展甚為注意,有關我國貿易投資法
令,均已編輯成冊供財貿幹部參考;編有《臺灣科技報導》,將我國重要科
技論文分別編入,公開發行;舉行數次臺灣書刊展覽,以提高大陸各界對
臺灣書刊之興趣等,所以中共目前是頗有計畫的吸收我國學術研究成果。

　　我國近年來與大陸貿易額日增,近來且有不少人到大陸投資,政府對
這種現象可說是毫無對策,除了一再強調不准直接貿易及投資,不時再捉
幾個倒楣的商人處刑來自我安慰。與大陸貿易是個無法逃避的問題,因此
必須理性處理此一問題。個人建議如下:

一、大陸貿易必須正式列入政府對外貿易計畫中,在統一以前由國貿局統
　　一管理。
二、召集工商業者、學者專家、民意代表認真制定對大陸貿易及投資的合
　　理管理辦法,違者依法處罰,不可以像現在的無政府狀況,亂成一團,
　　守法者倒楣。
三、對大陸投資問題必須詳加研究,並將西方各國商人在大陸投資的經驗
　　及遭遇到的困難,客觀提供國內商人參考。目前國內一窩蜂想到大陸
　　投資之風氣,令人擔憂,一九八〇年代初期西方商人也是如此,結果
　　許多人遭受損失。

提供商情避免貿然通商

四、政府應與學術界及工商界合作,定期(如每週)提供大陸商情(包括
　　投資貿易等),供國內商人參考,並且定期舉辦研討會討論大陸貿易投
　　資問題,使商人對大陸貿易及投資有客觀認識,而不至於期望過高,
　　造成損失。

　　以往我國對大陸所有法令均採全盤否定的態度，拒絕面對現實，現在由於雙方加強來往，已不能不面對雙方人民來往衍生的一些法律問題，法務部現已邀集學者研究這些問題，是正確的作法。這個問題的解決，牽涉甚多，在本文中無法作詳盡討論，只能提出幾點原則作參考：

一、中共政權所發一般民事證件，如婚姻、戶口、國籍、出生證等，應認為有效，其他中共無政治性之法令也可以比照辦理。

二、大陸人民仍為我國人民，因此我國人民如到大陸有詐騙、傷人、殺人等行為，回臺後仍應依我國法律起訴處罰，其已在大陸服刑者可抵充一部分。

三、大陸罪犯逃到臺灣一律遣送出境，或在臺審判、服刑後再遣返，政治犯則看所犯罪刑是否國際公認之罪刑（如劫機），如是仍要在臺服刑後才准居留。

預防交往衍生法律問題

四、商務糾紛是最大的問題，但如能勸導商人與大陸簽約時一律規定糾紛由香港法院審理，可以解決部分問題。但目前我國與香港互不承認對方法院判決（見司法院六九院臺廳一字第〇三九三八號文），所以此種判決無法在我國執行，但由於英國與中共有外交關係，若於香港法院判決在中共區可以執行。此點似應研究出一個妥當辦法。

　　我國目前對中共法則了解太少，應加強蒐集資料委託學者研究。

　　大陸政策牽涉甚多，由於篇幅有限，若干問題如體育、藝術、影劇等均無法討論到。最後個人認為對大陸的政策必須要能面對現實，制定出一個具前瞻性、全盤性與合理的政策。在制定政策時當然應考慮國家安全，但發個命令不准直接貿易或投資，事實上又不能執行，就可以保障國家安全嗎？目前亂成一團的對大陸貿易及投資的政策，我看對國家安全危害甚大，政府必須早日合理解決這個問題。

它不應該是鴕鳥式的！ *
——我對大陸政策的具體建議

　　民國六十八年在面臨中共突然改變政策，提出「三通四流」之情況下，政府以三不政策——不談判、不接觸及不妥協——來對付是正確的，因為中共此種政策的突然改變，必定經過長久的研究與討論，因此我政府也必須有相當的時間來研擬合理有效的對策。但引起批評的是，宣布此政策後，卻因循地拖下去，而未能針對變動的情勢來作相對的調整。

反應不夠明快

　　當然，如果說自一九七九年三不政策施行以來，完全不曾依情勢變化調整，也非事實。例如，在三不政策之下，准以中華臺北名義參加各種中共也參加的國際體育活動及准許留學生、旅外學者及僑胞在國外與中共人員接觸，參加有中共參加的非政府間國際會議，允許間接通商和最近開放探親等。不過，每次在作彈性解釋三不政策時，反應均不夠明快，往往出現民間領先開路，再由政府追認的情況。此外，在禁止直接通商部分，由於直接與間接之間，並無明確的界限，同樣的行為，有些人正因此受司法審判，有些人卻相安無事，形成法律上的不平等。尤有進者，在多數情況下，商人唯利是圖，往往不理會直接通商的禁令；一些有親友在大陸的人也不理會不准探親的限制，造成人民普遍藐視法令的狀況，妨害法治的推行。所以，目前的大陸政策必須認真檢討與改進。

---

* 原文刊載於《聯合報》，第二版，民國七十七年六月十七日。

加深省籍觀念

國家安全是在制定大陸政策時應考慮的最重要因素，但是目前的政策能維護國家安全嗎？我看不然。首先，在探親方面，因為有親等限制，許多臺籍人士無近親在大陸，不能合法前往。在臺灣光復前，臺籍人士尚可以回大陸掃墓訪親（不論親等），中央政府遷臺後反而不可以，這種措施只會加深省籍糾紛。有人說可以偷偷去大陸探親，只要不出事反正不會查究，這種做法就更壞了，因為臺籍同胞本來有守法的傳統，現在鼓勵他們去玩法，根本與法治的精神背道而馳。

其次，在所謂加強敵我意識與心防方面，有親可探之人去了大陸就守得住敵我意識及堅強反共心防，沒有親可探的人去了，就會減少敵我意識與反共心防？此種政策區分一方面可說是基於人道的方便，一方面卻隱含情緒的判斷，反共必須以理性為基礎，如出以情緒的考量，則中共更可利用民族主義為號召，製造最高及有效的情緒，來削弱我國人民之反共心防和敵我意識，此所以政策必須以理性為基礎，其理甚明。

第三，政府必須使民眾了解大陸情況，到了大陸才不會為中共統戰所惑，但目前對大陸的研究及新聞報導常著重壞的一面，且在若干部分言過其實。因此造成人民對大陸期望低落，結果到了大陸之後覺得比想像中好，不由令人懷疑政府對大陸的分析與報導。另外，由於此地研究大陸問題的人不能去大陸實地考察，其分析往往也不易取信於人民。

幾個基本原則

第四，與大陸通商問題，目前是只准間接通商，不准直接通商及投資，事實上此種政策也無法嚴格執行，法令形同具文。同時，政府不能對人民提供前往大陸貿易與投資的客觀資訊，人民如貿然前往，極可能遭受重大損失。

　　第五，對大陸採取漸進開放的政策，原期以中共減少在國際間孤立我們為條件，但政府常常拖到民間壓力擋不住時才准許開放，不能採取主動與前瞻性的做法，最後反出現賠了夫人又折兵的局面，如此下去，中共可能不必作任何讓步就能夠逼使我方回應其三通四流。更嚴重的是，中共認為略施優惠即可誘惑我人民來達到其三通四流之目的，而不必付任何代價。

　　第六，大陸政策應配合以自由、民主、均富為基礎，作為統一中國的目標，要達到這個目標，必須加強接觸，使大陸人民知道我們進步情形，在國外，當我們批評中共時，中共官員或學者往往表示歡迎到大陸去看，而我們若無法作同樣回應，便造成宣傳上不利之狀況。

　　個人認為大陸政策必須在維護國家安全的前提下，建立在幾個基本原則上：第一，使國人了解大陸之真正情況，以免到了大陸為中共統戰所惑。在大陸貿易和投資方面，國人現在期望甚高，與中共一九七九年開放後，前幾年西方國家的商人心態相似，這是相當危險的，必須以客觀合理的方式使人民評估前往大陸貿易與投資的風險，才不會在將來遭受損失。第二，政策必須合理，不合理之政策無法有效執行，如以往禁止探親即是一例。第三是可行性，凡是不可行的政策，最好不要宣布。第四是必須有助於以自由、民主、均富統一中國的國家總目標。

幾項具體建議

　　根據以上原則，提出對大陸政策的具體建議如下：（其中政府已經進行的措施不再重複）

一、對大陸社會、政治、經濟、貿易等方面，提供客觀合理的資訊，要做到這點，必須准許研究人員及傳播媒體記者到大陸作短期考察，定期舉辦研討會提供人民參考。也可以邀外國專家或從事商務的人員提供其經驗，使人民赴大陸前心理先有準備。

二、有限制的開放到大陸觀光考察，第一步可先自放寬探親做起，並准人民到大陸掃墓及尋根。目前政策造成臺籍人士不能合法去大陸的情況，

必須改善。

三、採取限額方式（如每年准二千人），准許大陸人民來臺探親，原來在臺設籍者有優先權。

四、採取個案方式，決定大陸學者、學生可以來臺參觀訪問或觀察選舉，及民主運作（如省市議會和中央民意機關）之方式。

五、公務員不涉國家機密者，准許赴大陸探親，公立大學教員除校長、院長、系主任及涉及機密研究工作者外，也應准許前往大陸探親。

六、召集工商界研究管理與大陸的貿易投資方式（如國內所需原料不准外銷大陸、高科技移轉的限制），訂定辦法約束，違反者處刑及巨額罰金，從嚴執法不得有例外，提供客觀資訊供商人參考，以免對大陸貿易期望過高，將來遭受損失。

七、制定法律，釐定因兩岸來往衍生的法律問題。

八、通郵，目前透過國際紅十字會的辦法過於麻煩，應予以簡化。

九、在大陸舉行之國際會議，應准派代表前往參加，在臺舉行之國際會議也應准大陸非官方代表前來參加。

十、行政院設立大陸事務委員會，聯繫各部會有關大陸事務，並主持對大陸政策的檢討改進工作。

前瞻進取政策

十一、各學校大陸問題課程，必須重新檢討，提供對大陸的客觀知識及現況，必須了解，中共任何事情都可以變，包括共產主義（許多西方人士認為中共根本已不在施行共產主義），但共產黨的獨裁不會變，因為中共本身是一個龐大的封建利益集團，所謂四個堅持中黨的領導（即獨裁）要有所改變，立刻牽涉到這個利益集團的特權。國內的反共教育，如不能客觀說明這個問題，仍以共黨意識形態為批判對象，根本無法令人信服。

十二、廢除共軍投誠獎金辦法，目前辦法使人誤會共軍起義人員是為錢而

　　來，西諺所謂「自由無價」，獲得自由就是最大的獎金，但對於投誠的人，可以酌給安家費用及介紹工作，另制定法律，各公私機關不得歧視起義人員。

　　以臺灣目前的實力與成就，相對中共竊據的大陸，我們沒有理由悲觀而制定退縮、鴕鳥式的大陸政策，坐視中共頻頻掌握機先，我們必須在信心、毅力、現實與不妨害國家安全的基礎上，制定一個前瞻性、進取性的大陸政策。

蛻變臺北為東亞
經貿中心以帶動兩岸和平統一[*]

古人說：「人無遠慮必有近憂」，我國目前面臨的許多問題，幾乎都是由於以前沒有「遠慮」引起，因此對國家的發展前途必須有前瞻性的看法與規劃。本文的目的在從我國臺灣地區的未來情況及我國所具備的條件作建議與分析。

未來對美關係不能過分樂觀

從現在到公元二千年我國將面對幾個危機：

一、中美關係——在一九八二年八月十七日簽訂的美國與中共的臺灣軍售公報中，已對臺軍售質量作了限制，質不能提高，而量每年以二千萬元之數減少，此外，公報中第七條規定：「為了使美國售臺武器這個歷史遺留的問題，經過一段時間最終得到解決，兩國政府將盡一切努力，採取措施，創造條件，以利於徹底解決這個問題。」所以美國對中華民國的軍售，能繼續多久，是個問題。美國雖已允諾以軍事技術移轉我國以製造全天候戰機及軍艦等，但能支持多久也是個值得研究的問題。有些人認為中美之間有了臺灣關係法，就可以高枕無憂，對中共任何和平統一的建議，均可不予理會或加以駁斥，這恐怕是不太實際的想法。因為美國似乎無意長期支持我國「不戰、不和、不談」之政策，使臺灣問題隨時會在美國與中共之間造成嚴重糾紛。而且從美國看臺灣地區的戰略地位，雖在維持東亞局部穩定方面有其作用，但仍無法與中共相比，所以我國如想用戰略價值的因素來尋求美國的長期支持

[*] 原文刊載於《中國時報》，第二版，民國七十七年七月二十九日。

恐無可能。

國內與兩岸間問題皆待調整

二、與中國大陸的關係──目前我國與大陸的關係是一種不穩定的關係，
對內政府忽視兩岸來往的一些重大法律問題，造成民怨。對大陸，對
於雙方共同關切的事項也沒有一種具體的解決方式或提議。特別是中
國統一的目標不可能很快達到，如仍先解決一些過渡時期的實際問題，
恐怕是無法忽視的。中共將來的領導人是不是願再維持目前此種和平
的局面？我國如何在自由、民主及均富的基礎上有效推行統一中國的
政策？都值得認真考慮。而且，人民要與大陸貿易及來往也是無法阻
止的事，將來大陸可能成為我國除美日以外的第三大貿易對象，政府
還能繼續採目前的鴕鳥政策嗎？

三、國內問題──這方面問題甚多，但將來可能造成嚴重問題的有：①農
業保護及補貼政策，一方面可能會造成財政上的重大負擔，另一方面
限制農產品進口會遭受其他貿易國家的報復。②國防預算所佔國家資
源比例過大，影響對一般人民社會福利計劃的推行，而國防預算中陸
軍人數過多，又將其中三分之一的軍隊集中金馬。此種戰略甚值得檢
討，因為未來臺海作戰勢必以海空軍為主，一旦戰事發生可以動員陸
軍後備部隊，不必維持大量常備陸軍。③國內的臺獨活動如日益猖獗，
必然激起中共升高臺海緊張局勢，影響安定。④外省人第二、三代的
合理分配政治及經濟權力問題，此事如不能妥善解決，必然造成社會
不安。

四、各國貿易保護主義──我國與各國貿易，除日本及中東產油國外，都
是出超；而我國關稅雖已減低一些（但主要項目如汽車等均仍高），但
又設了一些非關稅障礙，所以事實上是施行保護主義。在此種情況下，
必然會遭受各國貿易報復。

五、我國國際地位問題──目前的外交政策如果繼續下去，到了公元二千

年在國際上將完全孤立，必然影響國內人心及政經發展。

建設臺灣成為東亞經貿中心

　　從現在到二十一世紀，如上所述，我國將面臨許多國內外的困難問題，其中部分是操之在我，只要改變不合理的大陸及外交政策就可以解決一部分困難。在內部經濟問題方面，一部分當然是可以自我調整，但有些問題無法由我國片面解決。在國家安全方面，美國的政策很顯然的是給臺灣一段相當長的時間逐漸調整與大陸的關係，從而解決所謂「臺灣問題」，而不是支持臺灣永遠與大陸分裂；另一方面美國希望在這段期間內使中共逐漸改變其制度，使臺海雙方的問題得以和平解決。

　　在這種情況下，我國的安全問題不能全以武力為基礎，而需使蘇聯、中共、美國、加拿大、西歐、東歐及若干第三世界國家都認為臺灣地區由我國政府控制，對它們都有利，更是各國在東亞及東南亞貿易及投資不可以缺少的基地，一旦發生戰爭或被某個國家佔去必然危害到各國的利益。在中共方面，也要使它有這種認識，並了解臺灣地區此種發展趨勢，有助於中國統一，並使臺海雙方差距縮短。要做到這點，必須將臺灣地區變成東亞金融與貿易中心。在這方面，我國臺灣地區有下列優良條件：

一、地理上適中的地位，並有優良港口及倉儲設備。

二、香港將為中共接收，專業人員及高級行政人員將大批流失，能否維持其目前地位甚有疑問，我國臺灣地區可以取代其地位。

三、新加坡原有資格取代香港地位，但因其執政黨大開倒車，採取許多反民主及不合理之限制自由措施，國際形象欠佳，且高壓政策下國內可能會有動亂。

四、日貨因佔地理上距離近、修護方便的優點，使歐美貨物無法在東亞、東南亞與其競爭，但如自臺灣發貨及從事修護就可以克服這種困難，並且臺灣每年工科畢業生達萬人（這是香港及新加坡所無法相比的），

歐美公司聘用我國工科人才從事修護工作不但有費用較省、快速的優點，且東南亞工商業由華人控制者甚多，用華人從事修護更是方便。至於對中國大陸而言，如與日本相比，更是居於有利的地位。在這方面如可打破政治上的禁忌，就可以使臺灣成為歐美對中國大陸、東南亞及蘇聯亞洲部分之貿易及投資中心。

調整心態與大陸作和平競賽

五、由於臺灣地區理科畢業生甚多，且在外華人科學家甚多，因此歐美國家可以在臺從事高科技研究發展產品，由於薪水較歐美為低，在臺發展研究費用較省且有高級人力資源。

六、臺灣地區游資及外匯甚多，所以各國在此從事貿易金融上周轉不發生問題。

　　如能逐漸將臺灣變成東亞自由貿易地區及金融中心，則我國與北美及歐洲就有共同利益——加強雙方對日貨的競爭能力及方便各國對中國大陸投資與貿易。在中共方面也會覺得臺灣地區之此種地位對其有利，將此地區和平破壞對其不利並會妨害各國與其貿易及投資的關係。

　　要想達到上述目的，我國必須有新的觀念與做法。首先在基本國策方面，必須面對現實修改，我國政府必須認識到目前中國境內二個政權長期和平競賽的局面，在統一以前必有一段相當長的時間是隔海對峙之情況，對雙方在此期間內的關係必須有妥當安排，目前對中國大陸之政策必須修改。其次，國防政策必須修改，常備陸軍必須大幅度減少，海空軍必須加強戰力及裝備；金門馬祖駐軍減少，並開放為國際觀光及投資區，廣召外人及華僑前來投資及觀光；這樣中共萬一要進攻金馬，立刻會造成國際糾紛及海外華人之反對。第三，經濟自由化與國際化必須加速進行，國內各種受保護的產品或行業，限期逐漸撤銷保護，以後任何新產業或新事業的保護應有限期（最多不應超過五年或六年）。在農業方面，在若干方面可以

酌予長期保護。第四，對第三世界國家加強聯繫，並鼓勵他們來臺學習及利用臺灣地區為中介從事對東亞之貿易，使其利益與我國結合在一起。最後，我們必須加強與大陸人民來往，使他們了解只有在民主自由均富的制度下才能改善生活，如此他們才會迫使中共逐漸走向民主自由均富的方向。

爭全中國幸福化解兩岸對峙

當十億大陸人民了解我國政府與人民在臺灣地區的奮鬥與努力，是為了他們的幸福時，他們就會積極反對中共攻臺（除了臺灣獨立的情況外），這才是臺灣安全的最大保障。此外，臺灣地區人民與大陸人民加強來往後，可以了解到大陸之地大物博，如能在自由民主均富的制度下與臺灣資金與技術結合，臺灣地區人民才會有光明的前途，能在一個廣大的天地中一展所長。

註：本文係丘宏達教授為 21 世紀基金會研究發展計劃撰寫之論文

大陸政策與突破外交孤立*
──論必須有整體性的兩岸關係政策

　　籌備中的國是會議，有關大陸政策部分，因政治立場的迥異，而有較為激進的統獨之爭，然而務實的作法應先從兩岸關係的調整，尋求外交困境的突破。

　　中共對臺政策可以分為二大部分，第一部分是加強臺海兩岸的三通四流；第二部分是在國際上加強對臺灣地區的圍困與孤立，逼使其接受「一國兩制」。而我國政府的對策以往是一概拒絕，提出所謂「三不政策」，事實上那是做不到的，而且徒增兩岸猜忌；況且在「三通四流」方面，由於臺灣地區民間的壓力，中共幾乎等於已經達到目的；剩下只有直接通商、直接投資與直接通航三項，但民間壓力要求政府對這三項也開放，如果不能妥當研究對策，中共的「三通四流」將在本年內完全達到目的，這是我國對大陸政策的一大危機。

不能賠了夫人又折兵

　　由於以往的大陸政策未能將對大陸加強來往的措施，與要求中共在國際上減少對臺灣地區的壓力聯在一起，開放而無所得，臺灣等於賠了夫人又折兵。因為中共不必付任何代價就可以達到三通四流的目的，它何必減少對臺灣地區的國際上的圍困與孤立。

要求中共作四點讓步

　　解決之道在將大陸政策與中共孤立臺灣地區的活動聯在一起，政府要

---

* 原文刊載於《聯合報》，第二版，民國七十九年四月八日。

正式宣告一個明確的政策，即中共必須在下列幾個方面讓步才能開放與大陸直接貿易、直接投資與直接通航。

一、不反對臺灣地區以適當名稱參加政府間國際組織。
二、不反對臺灣地區以適當名稱參加國際多邊公約。
三、不得阻撓臺灣地區與其他地區通航。
四、不得阻撓臺灣地區人民到其他各國申請簽證。

　　至於一般要求政府更開放與大陸來往的人民,希望也將壓力轉向中共,不宜只要求政府讓步,而不理中共在國際上繼續孤立我國的政策。臺灣若能突破中共孤立,加入國際組織,即有利於臺灣商人獲得國際的保障,進行長期投資,不必再因政治風險過高局限於短期投資。

孤立臺灣反不利統一

　　在中共方面也希望其了解,它自認得意的一面加強與臺灣三通四流而同時又在國際上孤立臺灣的政策,正好助長臺灣的臺獨勢力。因為臺灣地區的人民一出國就遭遇到簽證刁難、缺乏外交保護;政府又無法簽訂有效條約保障人民權益,也不能享受到國際多邊條約的保障,引起臺灣地區人民普遍不滿,並認為中華民國政府所遵循之「一個中國」的政策,並未帶給人民利益,反而處處受制,紛紛要求政府修改此一政策。此外,主張臺灣獨立的人更振振有辭,認為必須宣布獨立才能打破此種在國際上受歧視的局面。有人甚至認為既然中共將臺灣地區的中國人視為二等國民,在國際上予以歧視、打擊,不如不做中國人,另外宣布建國獨立。所以中共想用「一個中國」的原則在國際上圍困臺灣迫其接受「一國兩制」的安排,結果是適得其反,使臺灣地區的部分中國人認為不如完全脫離中國,反助長了臺灣獨立運動的勢力。

　　至於中共排斥臺灣地區參加國際政府間組織的理由,也是不符中共自己的現行政策的。一九八八年十二月十九日中共外交部發言人對排斥臺灣

地區參加國際政府間組織之理由，提出下列說明：

「早在一九七一年聯合國就通過決議，恢復了中華人民共和國的合法席位。據此，聯合國已把臺灣從其所有機構中驅逐出去，聯合國系統的機構絕不能與臺灣發生任何聯繫。這一原則也應適用於其他政府間國際組織。個別政府間國際組織，例如亞洲開發銀行，在我國政府與有關國際組織協商同意後，允許臺灣當局以『中國臺北』的名義參加。這只是一種特殊安排，絕不能被認為是可以普遍適用於其他政府間國際組織的模式。」

中共應檢討排斥政策

上述理由是不通的，因為在一九七一年時中共是由四人幫集團當權，採行的對臺政策是「武力解放」，在這種情況下，怎麼可能容許雙方在同一國際組織議事呢？自一九七九年一月一日以來中共自己宣稱對臺政策是「和平統一」。據中共一九八五年七月中共福建省委對臺工作辦公室宣傳處，發自黨委的一個「全黨都來做對臺工作（對臺政策和臺灣形勢宣傳題綱）」密件中說，「這是一個很大的轉變……是方針的轉變……（中共）中央再三考慮，下決心把『和平統一祖國』作為既定國策和長期的戰略方針提了出來，而不再採用『一定要解放臺灣』這個包含以武力為主，爭取和平解決的方針。」

由於這種戰略的轉變，才能解釋為什麼中共願在亞銀中同意臺灣地區有代表權，並邀至北平開會。事實上，只有臺海雙方均在國際政府間組織出席會議共同議事，才能增加瞭解，減低雙方之緊張局勢，積極走向和平統一的目標。

臺海兩岸關係發展
與民族主義及臺灣安全問題*

冷戰結束,共產集團互解,但世局並沒有變得更平安。當前的共產國家只剩南斯拉夫、越南、北韓、古巴和中共。若就目前的情況來看,南斯拉夫的例子值得我們注意,即現存共產政權在遭遇到國內困境時,訴諸民族主義往往是解決其政治困難的方式之一。在中國大陸情況也是一樣,以往中共有幾次遇到國內重大困難時,就找藉口對外用兵以解決內部矛盾。

中共與民族主義

如一九六二年中共大躍進失敗後,就在中印邊界對印度用兵。一九七九年四人幫垮臺後中共內部有很大的經濟困難,就對越南用兵。當然印度與越南的當時政策也極不智,在中共內部遭遇困難時,在邊界上還對中共作侵擾的活動,認為有機可乘撈點小利益,不料正好給中共藉口用兵。其中越南可能就以為其當時與前蘇聯有同盟條約的關係,所以有恃無恐,但中共真的出兵打越南時,蘇聯根本不敢出一兵一卒援助越南。

目前臺灣與大陸的情況,在某種程度上類似,共產主義在全世界(包括中國大陸)已無號召力,中共自己也承認共產主義不能適用到香港或臺灣,所以承諾所謂的「一國兩制」。中共要想武力攻臺,唯一的號召只有民族主義,認為臺灣的人想搞獨立,分裂國土,所以中共一再聲稱如臺灣獨立就要用兵。而在臺灣還有人在想中共攻臺時,聯合國會出兵,這點是完全不可能的,因為聯合國出兵必須經安全理事會通過決議,中共是安全理事會的常任理事國,可以行使否決權,這種對中共出兵的決議根本不可能通過。除此之外,像一九九○年聯合國安理會決議認定伊拉克非法侵占科

*原文刊載於《聯合報》,第四版,民國八十四年九月十八日。

威特，要求其退出。伊拉克不遵命，安理會通過制裁的決議時，只是「授權」聯合國會員去執行，剛好有美國願意出兵，由美國號召其他國家共組聯軍將伊拉克逐出科威特。在此必須注意，美國有二億五千萬人，而伊境不過一千多萬人，大小不成比例，但還要經過複雜的程序，美國才得以出兵。

美國鑒於越戰的教訓，要美國總統下令出兵支持臺灣獨立與中共作戰，只要稍微了解美國政治現況的人士，都知道是不大可能的。在中共目前已有洲際飛彈的情況下，美國會為少數臺獨分子挑起的臺海大戰，而與中共作戰危及其本國人民的安全與福利嗎？

臺獨與臺海戰爭

民族主義固然可以被中共用來號召全中國人民作為攻臺的藉口，但其運用是以臺獨分子在臺灣掌握政權為前提。只要中華民國政府堅持中國必須統一的立場，並積極務實推動在民主、自由、均富的基礎上的統一工作，民族主義也可以是保衛臺灣的最有效的政策。中共國家主席江澤民先生最近說過「中國人不打中國人」，所以我們只要堅持中國人的立場，不背棄民族大義與國家統一的目標，中共就無法出兵攻臺，如其萬一喪心病狂出兵攻臺，就會激起所有中國人的反對而危及其政權；只有大陸上絕大多數的中國人反對中共攻臺，這才是臺灣安全的最大保障。

臺灣與大陸互相依存與互利的關係是眾所周知的，這種情況還會繼續下去，中國（包括臺灣與大陸）將在二十一世紀初期成為世界最大的經濟體，加上雙方所保有的現代化武力，中國將成為美國以外的另一超級強國，使自清朝中葉以來中國人一再想要達到復興中華的目標得以實現。要實現這個目標，臺灣與大陸必須維持和平的狀態共同努力從事各方面的建設，不可以訴諸武力，否則一旦發生大規模武裝衝突，雙方的經濟建設必將倒退幾十年，且人民間結下的仇恨將使內戰傷痕久久不能平復，使中華民族久久不能復興，這才是中國人（包括臺灣人民在內）的最大悲哀！

兩岸與民主發展

　　為了使臺灣與大陸之間維持長期的和平關係，個人認為應該設法採取下列步驟：

一、中國人之間不應用武力解決爭端，雙方應立即無條件開始談判結束敵對狀態，對所有的爭端與不同意見均應坐下來，冷靜的探討合理並可為雙方接受的可能解決方式。

二、臺海雙方的交流必須再加強，以增加了解，臺灣方面應取消一切限制中共中、高級官員訪臺的一切規定；臺灣的官員也應均可以到大陸了解實況。由於臺灣地區小，對大陸人民來臺觀光可以有合理的人數限制，但不能禁止。

三、雙方現在由於簡體字與正體字的不同，造成文字用法的不一致，翻譯外國人名、地名也均不同，所以應由雙方派員協商解決這個問題，以後譯名由一個雙方組成的機構統一擬定，供全中國使用，以求達到文字上的真正統一。

四、雙方在科技、文化及各種研究領域加強合作，以避免人力財力的浪費。例如，中共在高科技方面發展較進步，臺灣在實用科技方面較進步，均可以互相幫忙（包括互相派員到對方觀察或共同研究）。

五、在國際組織及會議中要互相幫忙，不要互相排斥，為了避免有所謂「兩個中國」或「一中一臺」的情況，可以均比照中共領導人鄧小平先生所提出的亞洲開發銀行模式或雙方均將加入關貿協定（現改稱世界貿易組織）的「臺澎金馬關稅區」方式解決。臺灣參加國際多邊條約的問題，也可以比照上述兩例辦理。

　　由於臺灣地區實行民主自由的制度開始較早，已有相當的基礎與經驗，原可以供大陸參考，但臺灣地區推行民主政治過程中的種種壞的經驗，大陸必須注意，不可以再重蹈覆轍。

　　最後，實行民主必須人民對國家有同一的認同，才不至於造成國家的分裂與社會混亂。在西方民主國家，各黨派雖對各種問題有不同的見解與政策，但還沒有到要公然主張要分裂國土的地步。在臺灣地區，主要的反對黨竟然主張要分裂國土，脫離中國來獨立建國。如果實行民主造成國家分裂，大陸上任何黨派執政，還敢實行這種民主嗎？我一再強調臺灣發展的經驗足以為大陸借鑑，但也必須了解其缺點，這才是對問題理性的看法。

　　一九九〇年代初期，蘇聯東歐集團解體，改採市場經濟與民主制度，國際政治經濟發生重大變化，終止了自二次大戰以來的意識形態對抗。在臺灣的中華民國政府順應世界潮流，加強民主與自由制度，而中共統治的大陸，雖在經濟上採取開放政策，但在政治上，仍堅持一黨專政與本質上是獨斷的制度。中國想要統一，臺海兩岸的制度必須建立在共同的價值觀念上，一個國家不可能同時存在兩個基本價值觀念不同的制度。最明顯的例子莫過美國，其建國以來，為求形式上的統一，把保持奴隸制度的南方和採行自由制度的北方，以人為方式強合為一，結果爆發內戰。中共要求「一國兩制」，應要了解這個例子。

二、國統綱領與結束敵對狀態

一個中國原則　和平解決爭端*

> 統一綱領宜儘量用積極性字眼，避免否定性和消極性用
> 語；這種理性務實，正是臺海和平與安全的唯一保障。

　　國統會第二次委員會討論了國家統一綱領的草案，會中意見紛陳，期待中的統一綱領還需有深入的討論和共識。基本構想的設定則更當先行提出。

　　制定統一綱領的基本構想可以有兩種，一是把條件訂得很高，使中共無法接受，藉以逃避可能與中共的接觸和談判，以往的作法即是如此。二是訂定一個比較合理的方法，儘量使雙方都能接受，這是此次訂定綱領的基本想法。而且，此次綱領的草案還頗能反應臺海的現實情況。

　　因此，我們在制定此一綱領草案時，完全不用帶有任何刺激性的語言，例如大可不必要求中共放棄四個堅持等不現實的語言。這不但讓中共感覺有面子，也意味一種新的作風，以具體語言解決實際問題。總之，在文字上我們宜儘量採用積極性的字眼，而沒有否定性和消極性的用語。

　　在原則上，我們先確定臺灣是中國不可分割的領土，對民進黨的某些概念我們也採納在內，所以有大陸與臺灣的統一方式和時機「首應尊重臺灣地區人民的意願」的用語。這顯然部分包含了民進黨的主張「臺灣地區的前途應由臺灣人民共同決定」，只是把目的限為統一。並且其中表示統一要分階段逐步完成。

　　在進程方面，雙方交流互惠階段其實已經開始，其中比較值得注意的是，我們要求在一個中國的原則下，在國際上要相互尊重，不相排斥。同

---

* 原文刊載於《聯合報》，第二版，民國七十九年十二月二十四日。

時，我們也強調，在一個中國的架構下，臺灣地區要加速憲政改革，落實民主政治；這一方面可以使中共安心，臺灣不會逸出一個中國的架構之外；另外，可以對某些認為我們現在只重統一不重改革的人士祛除其疑慮。

以往中共把可以對臺動武的條件列出五項，分別是島內動亂、製造核武、長期不與中共談判、聯蘇和主張臺獨。但中共領導人楊尚昆稍前公開講話幾乎是表明除了臺獨之外，不會對臺動武。所以我們的設計是，在一個中國的原則之下，兩岸以和平方式解決一切爭論，這不僅向中共表示，中共不必有應否對臺動武的疑慮，也表示臺北不會對大陸動武。這應可以建立一種共識。

此外，建立官方管道是希望在若干程度的交流後達到直接的接觸。

總言之，這是以比較和平進取、理性務實的方式來表達我們的看法；從政府的立場來看，這雖可能遭到主張臺灣獨立人士的強烈反對，但是這對降低臺海緊張應有幫助；中共不應再認為臺北方面對統一只是止於言辭和拖延不決；其實，我們這個綱領的構想也正是保障臺海和平與安全的惟一途徑。

註：本文係由聯合報記者孫揚明記錄整理

叛亂團體、停戰協定與軍隊心防[*]

- 終止戡亂後，若續將中共視為叛亂團體，要依憲法再行宣告。
- 停戰協定不一定要由政府簽訂，雙方也不必互相承認。
- 建立軍隊心防，必需要有理性基礎，而不能有脫離現實的說法。

　　動員戡亂時期終止後仍將中共視為叛亂團體在事實上不通是眾所周知的，在法律上也有問題。民國三十六年七月四日國民政府該年第六次國務會議通過「厲行全國總動員戡平共匪叛亂訓令」，這是動員戡亂將中共視為叛亂團體的根據。由於當時尚未行憲，所以未經民意機構通過，其後憲法施行後，第一屆國民大會在民國三十七年四月十八日通過動員戡亂時期臨時條款，五月十日由國民政府公布，等於確認了前述的動員戡亂令。如果動員戡亂時期終止，動員戡亂令就失去了憲法上的根據。所以如果要繼續認為中共為「叛亂團體」必須依憲法規定的程序，由總統再行宣告才合法。

　　其次，關於停戰協定的簽訂問題，這點與一般的國際協定不一樣，並不一定要由政府簽訂，而且簽約雙方不必互相承認，停戰協定通常是由交戰雙方的戰地指揮官談判簽訂。例如，此次聯合國的若干會員國出兵執行聯合國要求伊拉克撤出科威特的決議，美軍等片面停火後，再由美伊雙方戰地指揮官談判停戰協定。一九五三年中共、北韓與聯合國軍隊在韓國簽訂的停戰協定也是由雙方戰地指揮官簽訂的，當時聯合國方面根本不承認

---

[*] 原文刊載於《聯合報》，第二版，民國八十年三月二日。

北韓與中共；而後者更不承認聯合國出兵的合法性，認為是美國「盜用」聯合國名義武力「侵略」朝鮮。目前臺海雙方是處於事實停戰的狀態，如果要簽停戰協定，可以由雙方戰地指揮官來協商。

至於軍隊的心防問題，恐怕不是用認定中共仍是「叛亂團體」就能解決的，因為現在軍人素質甚高，軍官中博士、碩士有的是，不會接受這種脫離現實的說法。必須在理性的基礎上建立心防，事實上軍中人才甚多，找他們來研究一下，是可以找出合理的說法來鞏固軍隊的心防的。

假定臺海雙方簽了停戰協定，我們的國防仍要繼續加強，因為一紙協定是不可能保障臺灣地區安全的。韓境停戰協定自一九五三年簽訂後，維持了朝鮮半島的和平狀態迄今，因為韓國及美方隨時準備對付北韓違約南侵。一九七三年越南停戰協定簽訂後，二年多後，南越就淪亡。主要原因是美國國會說明以後不管南越之事，而南越政客又每天忙於內爭，最後北越就違約南侵併吞了南越，造成了幾百萬人死亡或流離失所。所以臺海雙方如可以簽成停戰協定，我們對國防的準備一日不可以鬆懈，隨時要準備痛擊對方違約侵臺。國內的政客更不可以每天忙於內爭，削弱國家的實力。

國家統一綱領的意義與影響*

政府的大陸政策雖有了準繩，統一大業的推動，還要看中共的回應。

　　在去年五月二十日李登輝總統的就職演說中，對大陸政策提出了重要宣示，即以理性與務實的態度來處理臺灣與大陸的關係，並要積極推動國家統一。根據這個原則在去年十月成立了國家統一委員會，積極研究如何將上述大陸政策的宣示，落實與具體化，使成為政府推展與大陸的關係上的準繩。去年十二月底國統會已就研究委員提出的國家統一綱領草案，作了初步的討論，會後並請各委員提出修正意見，由研究委員整理後，於昨日通過了國家統一綱領。

　　通過的統一綱領與以前的草案大體相同，但也作了一些重要修改，而修改的精神是以更務實與更積極的態度來處理統一問題。現在說明如下：

一、前言部分，原草案是說「中國的統一是全體中國人的共同願望」，現將「全體」去掉，因為有少數臺獨分子反對統一是個客觀的事實，所以不宜用「全稱肯定」的形容詞。

二、原則部分第一條，原草案為「大陸與臺灣是中國不可分割的領土」，因為現在大陸與臺灣事實上分裂（不是法律上分裂）是個客觀的事實，所以現改為「大陸與臺灣均是中國領土」比較中性的說法。

三、原則部分第四條，原草案是說「中國統一的時機與方式，首應尊重臺灣地區人民的意願」，由於有人認為此種說法含有「自決」的意味或可能會使大陸方面或國內某些人認為有這種意思，容易引起誤會，所以

---

* 原文刊載於《聯合報》，第六版，民國八十年二月二十四日。

改為「首應顧及臺灣地區人民的權益、安全與福祉。」

事實上，這條在研究委員會議中就討論了很久，筆者與另一研究委員高英茂原來是提出「關於臺灣地區與大陸如何和平統一問題，應由臺灣地區全體人民共同決定。」採這種提法的理由是民進黨也代表少數人，其意見在不妨礙國家統一的目標下，應採納一部分，以擴大統一綱領的共識基礎。但有研究委員認為這容易引起大陸及國內外部分人士的誤會或有人將其曲解為「自決」，最後採用了「首應尊重臺灣地區人民的意願」。目前修改後的條款實質上沒有什麼不同，但個人認為政府應說明，在中央民意機關全部定期改選後，這些機構已可以充分代表臺灣地區的民意，關於統一的「時機與方式」勢必經過民意機構的討論與批准，所以民進黨所關心的「共同決定」統一一事在實質上已包括在內，不必在綱領中另外列出。

四、在近程交流互惠階段第三條後段原草案為「臺灣地區則應在一個中國的架構內，加速憲政改革，落實民主政治」。現改為在「國家統一的目標下」，實質上是沒有什麼不同，但在語氣上使人感到特別重視統一，這點也反映了李總統登輝要積極推動國家和平統一的決心。

五、在中程互信合作階段，通過的綱領加了第四條「推動兩岸高層人士互訪，以創造協商統一的有利條件」，這點一方面是對中共領導人之一楊尚昆去年九月二十四日所說想來臺灣訪問一事的回應；另外其他分裂國家均有雙方高層人士互訪討論統一的例子，要想達到和平統一雙方高層人士的互訪是絕對必要的。

國家統一綱領通過後，政府的大陸政策有了明白的具體準繩，並積極向國家統一的目標發展。但和平統一大業不是靠我們一方有辦法推動的，還要看中共的回應。

首先在近程交流互惠階段，許多交流已在進行，目前最大的問題在第四條「兩岸摒除敵對狀態，以和平方式解決一切爭端，並在一個中國的原則下，在國際間相互尊重，互不排斥……」在我政府方面，已決定終止動

員戡亂時期以表示消除對中共的敵意；另對國家統一的決心與反對臺獨的立場在綱領中強烈表現出來。所以現在看中共怎麼回應。事實上，雙方已有共識基礎，中共應可正式宣布：

一、在雙方遵守一個中國的原則下，和平解決一切爭端。中共楊尚昆先生去年九月二十四日說武力只打臺獨，我政府早已說明不但反對臺獨還要積極推動統一。

二、不在國際上排斥臺灣地區，以鄧小平先生所核定的「亞洲開發銀行一國兩席」模式解決臺灣地區參加政府間國際組織問題。

　　如果中共能做到這二點，臺灣與大陸的關係立刻可以進入互信合作階段，使雙方關係日益正常化，這樣才能向和平統一的目標邁進。

新國際秩序下海峽兩岸之關係*

一九八九年夏季，美國國務院政策計劃署的福山 (Francis Fukuyama) 提出具有爭議性的「歷史終結」這個概念。他認為西方已經贏得了冷戰的勝利，共產主義的衰亡意味著西方自由主義的勝利，由於西方自由民主概念的日漸普遍，結束了「人類意識形態的演進」。當年十二月，布希和戈巴契夫在馬爾他舉行高峰會議，據報導，戈巴契夫曾要求布希不要公開提及共產陣營目前正在採行西方觀念，這倒不是因為戈巴契夫否認共產世界正在邁向民主，及經濟自由主義，而是因為他以為共產陣營的改革措施背後所蘊涵的概念並非完全是西方的，因為這些概念是具有全球普遍性的。自此以後，世界已經有了相當大的轉變，東歐的民主逐漸出現，蘇聯已經開始由共產主義向市場經濟、政治民主過渡，美國和蘇聯兩大超級強權在世界各地的對抗也告結束，這些都足以說明此一事實。我們現在所處的環境通常被稱為後冷戰時期，新的國際制度正在自我調整的過程之中，以反映目前正在形成的新的國際秩序。

美蘇兩強對抗逐步趨緩

冷戰的結束，以及美蘇之間新的合作模式為這個世界帶來了希望和挑戰，一九九一年七月三十一日美蘇簽署長達七百頁的限武條約最足以彰顯雙方的新合作模式。美蘇之間的關係現在已經超越了圍堵、對抗，雙方也都逐漸結束了在世界某些區域性衝突的干預行動,這些地區包括衣索比亞、安哥拉、以及阿富汗。基於很多原因，蘇聯領袖似乎已經不太可能、或願意逆轉蘇聯當前邁向西方價值，及經濟制度的方向。美蘇雙方均已結束彼

* 原文刊載於《中國時報》，第十一版，民國八十年八月二十日。

此之間顯屬浪費的武器競賽，世界也不必再為可能爆發的核子衝突而擔驚受怕。但是，冷戰的結束也使世界面臨新的挑戰，民族主義再度興起，區域性的敵對行為，野心也再度出現，而這些現象在冷戰時期曾被超級強權在某種程度上予以壓制一九九〇年八月，伊拉克入侵科威特；南斯拉夫以及蘇聯最近的分離運動都是現成的例子。

面對這些新的挑戰，這個世界被迫調整國際制度，以配合目前正在形成中的國際秩序。實際上贏得冷戰的美國是唯一能夠領導世界、調整國際制度的國家。

在嘗試建立一個新的國際秩序之時，美國迄今仍未提及中華民國的角色；由於美國對於公開提及臺灣所可能引發中共的負面反應一事極為敏感，美國的表現是可以理解的。但是，鑑於臺灣是世界上的第十五大貿易國，擁有七百億美元以上的外匯存底，在建立一個新的國際秩序時，美國不能忽略東亞地區是這麼重要的一個經濟力量。舉例來說，美國最近已宣布支持臺灣加入國際關稅暨貿易總協定，同意把臺灣包含在亞太國際關稅作組織之內。這篇文章的其他部分將用來討論在這個新國際秩序下的臺灣和大陸之間的關係。

一九八八年一月十三日，蔣經國先生病逝，副總統李登輝先生繼任總統職位，同時也擔任了中國國民黨主席，接替了經國先生所遺留的職務。同年七月十二日，國民黨在十三屆全國代表大會上採取了新的大陸政策，大幅度的調整了經國先生稍嫌僵硬的反共政策。這個政策把政府接觸和非官方接觸劃分開來，「三不」政策只在原則上適用於政府之間的接觸，但是個人及組織和大陸的廣泛、非官方接觸則可以逐漸擴大。在這個政策之下，大陸居民可以赴臺探親生病的親人、或奔喪，經過香港的通信聯絡也獲得批准。一九八九年四月，中華民國政府開始允許臺灣記者前往大陸，並開始考慮讓大陸記者前來臺灣採訪。

為了推動他所主張的兩岸關係，李登輝總統於一九九〇年十月設立了國家統一委員會，成員包括海內外代表。

經貿力量強大不容忽視

一九九一年五月一日，中華民國中止了「動員戡亂時期」，正式結束了和中共之間的對立局面，此一戡亂時期是於一九四七年七月四日宣布開始。

中華民國的國統綱領對中共提出了一個理性、務實的建議，中華民國也在一九九一年五月一日中止了動員戡亂時期，正式結束了和中共自一九四七年以來的敵對關係，但是中共迄今仍未宣布不再使用武力對付臺灣。雙方是否能在最近的將來發展出較正常、友好的關係，這主要仍得看中共是否在初期階段對下列三項事情有正面的回應。首先是中共威脅對臺使用武力問題。一九九○年九月二十四日，中共國家主席楊尚昆在接受《中國時報》訪問時表示，只有在外國干預及臺灣獨立的情況下，中共才會動武，鑑於國統綱領已經明確表明堅決反對臺灣獨立，所以中共似乎可以在這一方面有所讓步。按照國統綱領，這個問題可以透過雙方聯合聲明加以解決，表明在「一個中國的原則之下，雙方同意以和平的方式解決爭端」。如此一來，如果臺灣宣稱獨立，違背了一個中國的原則，中共仍然可以用武力對付臺灣。

國統綱領提供務實建議

另外一個相關的問題是臺灣向國外購買武器的權利問題。由於中共的反對，以及美國和中共於一九八二年八月十七日所簽署的公報，限制美國對臺灣出售武器的質與量，中華民國預見今後將會遭到更多的困難，由一九九七年起，臺灣就開始大量屯積軍事硬體裝備，如果中共可以停止反對臺灣由外國購買武器，那麼臺灣也就不需要每年花費大筆經費由國外採購那麼多的軍火。

如果此事成真，那麼中華民國可以根據國統綱領第二階段所提議的，把那份國防經費用來協助大陸沿海地區的發展。

最後一件事是中共在國際社會上孤立中華民國的政策，尤其是中共反對臺灣加入某些國際性的官方機構。國統綱領建議結束臺灣和大陸之間的敵對狀態，在「一個中國」的原則之下，在國際社會中彼此互相尊重，以邁向第二階段的相互尊重及合作。在亞洲開發銀行這個案例中，中共在加入亞銀之後同意，臺灣可以在「中國臺北 (Taipai,China)」的名義下保留其席位。臺灣的許多人希望，中共可以同意在亞銀模式，不違反一個中國政策的原則之下，讓臺灣參加某些國際性的經濟、貿易、及技術組織。

然而，中共迄今仍然拒絕改變其在國際社會中孤立臺灣的政策，可悲的是這個政策反而有損中共推動國家統一，贏取臺灣民心的企圖，有助於臺獨的主張，因為提倡臺獨的人正好以此為藉口，認為唯有臺灣獨立才能擺脫當前這種國際孤立的情形。

中共迄未放棄孤立臺灣

如果中共對前述事情有正面的回應，中共和臺灣的關係將進入國統綱領中的第二階段，這將包括直接貿易、投資、海空航運、高階層的互訪、建立官方直接溝通的管道，以及聯合開發大陸沿海地區。如果情況發展到此一階段，臺灣獨立，和中共侵略臺灣都已不太可能發生，因為臺灣和大陸的密切經濟關係，以及臺灣能夠適度的參加國際活動，屆時將不會有太多的人願意支持臺獨，而冒著和中共發生軍事衝突，或破壞雙邊關係的危險，因為這樣一來只會給臺灣的所有人民帶來一場災難，除此而外，中共當局也沒有理由來破壞這種雙方都有利的關係。

布希總統及其幕僚對於建立一個新的國際秩序方面正確的評估了中共在其中所可能扮演的重要角色，但是他們似乎低估了中華民國的角色。雖然臺灣的人口不到大陸人口的百分之二，面積也只是大陸的百分之零點五不到，但是它的國家生產總毛額幾乎比大陸多出三分之一，臺灣和大陸日增的經濟關係將會對大陸的現代化計畫，發展經驗有很大的影響，臺灣提供經濟、技術援助的能力將會對某些第三世界國家有所助益，事實上，美

國也有意協助這些國家。另外，臺灣的民主化過程將對大陸的政治發展有展示性的作用，這又和美國布希總統最近所說的促進大陸的「廣泛民主」，及「尊重人權」的立場頗有不謀而合之處。

註：本文係摘錄，由中國時報大陸新聞中心許平化翻譯。

對國家統一綱領與
江八點的幾點意見*

　　國家統一委員會設立以來，穩定了兩岸關係並確立國家未來發展的方向，即我國的一切努力與奮鬥的目標是在建立一個在民主、自由與均富的基礎上之統一的中國，目前只是暫時處在分裂分治的情況。

　　有人認為在國內外有少數人主張臺灣獨立，如用國家統一委員會的名稱，這些人的代表人物就無法參加，所以可以考慮改為國家發展委員會，對國家的目標有彈性，即可統可獨。但這一來就使國家的目標混淆不清，更會使目前穩定的兩岸關係發生激烈的變化，不符合臺灣地區兩千萬人民，希望維持一個安定與繁榮的和平環境的要求。當然，民主政治是民意政治，如果主張獨立的人，在中央民意機關取得多數且獲得即將直接民選總統的職位，他們當然可以修改國家的基本政策，將國統會改名或撤銷。但這種政治情況尚未出現，所以政府沒有必要考慮國統會改名的問題。

　　有人認為國家統一綱領中規定的近程、中程與遠程三個階段與兩岸關係的現況不符，所以應該修改，特別是中程的「兩岸直接通郵、通航、通商，共同開發大陸東南沿海地區」，應該提前實行。這種說法當然有其道理，但似對國統綱領有所誤解。因為國統綱領是個政策說明，在實用上有相當彈性，並非必須某年某月某日政府正式宣布近程已完成才能進入中程，而是看各個項目的發展，有些項目在近程完成後，就可以部分進入中程。以目前情況而論，在大陸地區是在「積極推動經濟改革，逐步開放輿論」等已超越了國統綱領的近程階段；但在「實行民主法治」方面，仍是停留在近程。在中程方面，目前臺灣對大陸的各種投資，早已進入了國統綱領中程的「共同開發大陸東南沿海地區，並逐步向其他地區推展。」

　　目前在國統綱領的近程方面，最大的問題在於「兩岸應摒除敵對狀態，

* 原文刊載於《中央日報》，第二版，民國八十四年四月七日。

並在一個中國的原則下，以和平方式解決一切爭端，在國際間相互尊重，互不排斥。」在江澤明先生今年一月三十日有關國家統一的八點談話，對於這點，有所回應，江先生說話的第三點中表示，雙方「可先就在『一個中國』的原則下，正式結束兩岸敵對狀態推行談判。」這可以說是江八點中最重要的一點。對這一點，我國政府方面似可以認真考慮。

　　江八點中比較不明確的是國統綱領近程中所說的，「在國際間相互尊重，互不排斥」。這方面江八點中幾乎沒有具體說明如何解決，但江八點中的第三點中說，「我們所說的『在一個中國的前提下，什麼問題都可以談』，當然也包括臺灣當局關心的各種問題。」如果這確是中共當局的政策，應該也是可以商談的。但這又牽涉到一個基本問題，即「一個中國」的涵義問題。如果中共所說的「一個中國」是指「中華人民共和國」而否定中華民國客觀存在的現實，則雙方就沒有可能開始談判了，因為我國的國民大會不可能願意修改憲法廢除中華民國的法統。所以關於「一個中國」的涵義，只有以「各說各話」的方式解決，雙方才有可能進行談判。

建立互信　恢復協商　結束敵對[*]

海峽兩岸關係自去年六月李登輝總統訪美後起進入緊張階段，中共且在臺海進行軍事演習多次，引起國人的關切。在此之前，雙方關係大致良好，沒有人會想到今日會走到全面停頓協商的這種地步。目前，國人多數期望兩岸先恢復我方「海峽交流基金會」（海基會）與中共的「海峽兩岸關係協會」的協商，進一步結束雙方的敵對狀態，以便發展雙方互利的關係。但在期望出現這種狀況之前，必須先檢討兩岸關係過去的一些問題。

在一九九三年（民國八十二年）年辜振甫先生與汪道涵先生在新加坡舉行會議簽署了四項協議：⑴辜汪會談共同協議；⑵兩岸公證書使用查證協議；⑶兩岸掛號函件查詢、補償事宜協議；及⑷兩會聯繫與會談制度協議。但此後雙方的協商有關其他議題卻最後陷入僵局。首先，中共想變更雙方已同意的議程，並加入新議程。例如中共要求討論廢除我方對大陸投資的限制以及對大陸人民開放勞務市場（即允許大陸人民可以來臺工作），但鑑於在我方終止動員戡亂（即結束敵對狀態）後，中共迄未正式回應，結束兩岸敵對狀態的情況下，我方基於安全顧慮不能同意此點。

兩岸三項協商　欠缺臨門一腳

其次，在此期間發生許多件中共人民劫機來臺事件，中共要求依據一九九〇年九月二十日公布的金門協議將劫機犯遣返大陸（因該協議規定遣返對象包括「刑事嫌疑犯或刑事犯」）。我方有關機關反對將劫機犯遣返大陸，想藉此彰顯我方享有主權，必須另行協商劫機犯遣返之事，中共同意。雙方最後達成「兩岸遣返劫機犯及相關事宜協議草案」與「違反有關規定

[*] 原文刊載於《中央日報》，第七版，民國八十五年五月二十日。

進入對方地區人員的遣返（即偷渡來臺人士）及相關問題協議草案」（見《中國時報》，一九九五年一月二十五日，頁二），但我方陸委會又不授權海基會的秘書長焦仁和簽字生效。此時陸委會雖已由大家認為最適合的蕭萬長先生主持，但其接任不久，內部卻有人建議不宜先就此事授權簽字，而要以簽署兩草案的同時，要求中共也要同意我方修改後的「公務船舶試行和解協議條款」。如此一來使已商妥的兩項協議也不能簽署。

而「公務船舶試行和解協議條款」草案，原來海基會秘書長焦仁和先生已與海協會的唐樹備先生談妥，即「漁事糾紛現場，在一方公務船舶活動範圍內，該方公務船得採取保存證據之措施」，但陸委會的專案小組成員中，有人卻堅持在「一方公務船舶」之前，加上「離岸較近」四個字，致使兩岸無法獲致協議（見《聯合報》航空版，一九九五年一月二十六日，頁二）。

專案小組中提這種建議的人，從中共的觀點來看，「離岸較近」的字樣等於想在臺灣海峽劃一中線（若無中線如何測知一方船舶離岸較近？）。

如臺海雙方劃分管轄水域，造成變相的「兩個中國」或「一中一臺」，中共自然不會同意。再就我國法律觀點來看，加上「離岸較近」也是違法之舉。因為我國刑法第三條規定：「本法於在中華民國領域內犯罪者，適用之。在中華民國領域外之中華民國船艦或航空機內犯罪者，以在中華民國領域內犯罪論。」船舶在公海上不論發生任何事情均歸船旗國管轄，如依專案小組之意見，靠近大陸沿海之船舶（「離岸較近」）均由大陸（中共）公務船來搜證，等於放棄我國權力由大陸來管轄我國船舶，完全不顧我國人民的權益；而且以目前發生的漁事糾紛來看，絕大多數都是我方漁船至大陸沿海作業引起的，提出此「離岸較近」主張者，實在瞻前不顧後；在這種情況下，中共遂中止雙方對此草案的協商，致使來往協商多次的遣返劫機犯等三個草案，已達臨門一腳的情形卻全數停擺。

在總統大選期間，中共在臺灣海峽多次舉行軍事演習，有人認為，是因李總統訪美造成兩岸關係的惡化，但整個過程並不是這麼簡單。其前因為去年一月三十一日中共國家主席江澤民先生提出八點和平統一的建議，

即所謂的「江八點」，其中提議雙方可先就結束敵對狀態從事協商。李總統甚為重視，並交代由國家安全會議收集各方意見整理後，再由他來統一回應。國安會的草案提出後，有人建議要加入中共必須先聲明「放棄對臺澎金馬使用武力」，才能開始對雙方如何結束敵對狀態進行預備性的協商。但中共的解釋是此先決條件的加入，代表我方並不想就結束敵對狀態來協商。事實上結束敵對狀態的談判就涉及到談判中共在臺灣不獨立的前提下放棄武力的使用問題。

中共在四月八日李總統回應後，先只有少數報導說臺灣不應有此先決條件才開始剛結束敵對狀態的談判等，並未大罵或認為臺灣拒絕和談。到了六月一日美國宣布同意李總統能以私人身分到其母校康乃爾 (Cornell) 大學訪問，中共才改變態度。

尋求「一個中國，各自表述」共識

在去康乃爾大學之前，李總統原本要跨經美國到尼加拉瓜及其他中南美國家訪問，美國以其必須遵守「一個中國」的政策，拒絕其下機過境停留，而李總統的飛機只能在夏威夷機場停留，因此李總統決定不下飛機。此種過分作法引起美國國會極大憤怒，終於參眾兩院通過同意李總統到康乃爾大學演講的決議（只有參院一票反對），而在國會的壓力下，柯林頓總統雖已通知中共駐美大使李道豫說不會允許李來美訪問，但鑑於國內民意不得不改變立場，同意李到康大訪問。這一來中共認為美國想改變「一個中國」的政策，開始強烈反應，大罵李總統，並在一九九五年七月二十六日《人民日報》頭版對李總統的四評中，認為四月八日李六點中的要求中共先放棄武力才能開始談判，是拒絕談判結束敵對狀態的表示。中共對李總統批評前後共約九篇文章，為避免增加緊張狀況，李總統均未反駁。面對中共的誤認其李六點是拒絕談判結束敵對狀態的解讀，李自去年十二月底起在總統競選的言論中，已不再提及要中共先放棄對臺使用武力一點才能開始談判。並一再呼籲中共恢復兩岸以江八點為基礎來協商。

　　據報導中共最近因應此點表示，如要恢復兩岸協商，臺灣要回到一個中國的立場。事實上，我方從未從事「兩個中國」的活動，怎麼會有回到一個中國立場的問題。至於說不要再與中共有邦交的國家建交，這則要看中共的態度，如果中共要和我國有邦交的國家建交並要對方與我國斷交，則我方只有採取相應措施，否則邦交國日少，正好符合臺獨分子的主張，認為中華民國已不存在，只有進行臺灣獨立的運動，才不會造成在臺國人所最怕的國際孤立的情況；至於我國進行參與聯合國的活動，也是國人的要求，在目前情況下，似可以採取立法院長劉松藩的建議，暫停活動，俟臺海兩岸恢復協商時再來討論，因為中共的江八點中第三點指出，在一個中國的前提下，什麼問題都可以談，當然也包括臺灣當局關心的各種問題，參與聯合國當然是臺灣關心的問題。最後希望兩岸能為大局著想，經由小地方先開始建立互信，儘快恢復兩岸協商並開始談判結束敵對狀態，才是兩岸人民共同的利益。

國統綱領　具前瞻性考慮[*]

其周延性與前瞻性仍應是我們在處理兩岸關係上的最高指標，歷史也會對此綱領有一定的評價。

行政院長唐飛在立法院表示:「中華民國的有效主權及治權是以臺澎金馬為範圍，我國政府及領土不及於大陸及外蒙古，因為欠缺統治的事實，現在有爭議，在國際上也有爭論。」

這種說法引起立法委員的不滿，並認為對兩岸關係有不良且嚴重的影響。

現任陸委會主委蔡英文女士是所謂特殊兩國論提出的關鍵人士之一，但現任總統陳水扁卻讓她出任陸委會主委，此一決策一直頗受爭議。

所謂特殊兩國論提出後，大陸海協會會長汪道涵先生為此拒絕來臺，中共軍方的反應十分強硬，美國也對此表示相當不滿；但使情況不致壞到底的是，總統陳水扁決定，兩岸關係的最後指標──國家統一綱領，不予修改。事態也因此並未被擴大到不可收拾的地步。

一九九一年三月李登輝總統公布國統綱領後，最重要的後續文件是一九九二年八月二日，國統會通過的，「關於『一個中國』的涵義」的文件:

一、海峽兩岸均堅持「一個中國」之原則，但雙方所賦予之涵義有所不同。中共當局認為「一個中國」即為「中華人民共和國」，將來統一以後，臺灣將成為其轄下的一個「特別行政區」。我方則認為「一個中國」應指一九一二年成立迄今之中華民國，其主權及於整個中國，但目前之治權，則僅及於臺澎金馬。臺灣固為中國之一部分，但大陸亦為中國

---

[*] 原文刊載於《聯合報》，第四版，民國八十九年七月十日。

之一部分。

二、民國三十八年（一九四九年）起，中國處於暫時分裂之狀態，由兩個政治實體，分治海峽兩岸，乃為客觀之事實，任何謀求統一之主張，不能忽視此一事實之存在。

三、中華民國政府為求民族之發展、國家之富強與人民之福祉，已訂定「國家統一綱領」，積極謀取共識，開展統一步伐；深盼大陸當局，亦能實事求是，以務實的態度捐棄成見，共同合作，為建立自由民主均富的一個中國而貢獻智慧與力量。

此一涵義已將雙方各自對一個中國的看法都包括進去，也將目前的事況解釋得很清楚：什麼是我方可以接受的，什麼是我方不能接受的；這也是迄今在眾說紛紜的情況下，所能得到的最大共識。

有這個共識，海基會董事長辜振甫先生才在一九九三年四月二十九日與中共海協會會長汪道涵在新加坡達成四項協議。兩岸關係日益開展。雙方貿易商務關係日增，大陸已成為臺灣最重要的貿易夥伴，臺灣在大陸有大量順差，大陸則得到臺灣地區的資金與技術，兩岸共蒙其利。

唐飛院長有關主權一事的說辭，據傳是來自在場的陸委會主委蔡英文女士的建議，因此，否定了我國主權及於大陸，破壞了一個中國的共識。此一建議實不可思議。

按中華民國憲法第四條明白規定，「中華民國領土，依其固有之疆域，非經國民大會之決議，不得變更之。」而幾次修憲的序言都明白表示，「為因應國家統一前之需要，依照憲法第……條之規定，增修本憲法條文如左」。所以這一部憲法的暫時性、與不可割裂原先憲法的位階性是很清楚的。

至於蔡女士所說，「關於國統綱領文件中，並沒有明確承認中華人民共和國存在的事實」。這其實，只要看了上述國統綱領「關於『一個中國』的涵義」的相關文件就很清楚了。至於蔡女士所說，中華民國的主權及於外蒙古一事，更屬荒謬，早在一九九六年十一月十七日，當時蒙藏委員會委員長李厚高先生就已經明白表示，「外蒙古事實上已經是一個獨立的國家，

早非我國領土」。

　　而在司法界有些法官在判決時，也表示出大陸地區並非中華民國領域的見解，而得出臺灣人民在大陸犯詐欺罪不適用我國刑法的結論，此種看法，業經檢察總長盧仁發先生提起非常上訴糾正。民國八十九年四月二日，最高法院臺非字第九十四號判決指出：

　　中華民國憲法第四條明文：「中華民國領土，依其固有之疆域，非經國民大會之決議，不得變更之。」而國民大會亦未曾為變更領土之決議。又中華民國憲法增修條文第十一條復規定：「自由地區與大陸地區間人民權利義務關係及其他事務之處理，得以法律為特別之規定。」且臺灣地區與大陸地區人民關係條例第二條第二款更指明：「大陸地區：指臺灣地區以外之中華民國領土。」揭示大陸地區仍屬我中華民國之領土；該條例第七十五條復規定：「在大陸地區或在大陸船艦、航空器內犯罪，雖在大陸地區曾受處罰，仍得依法處斷。但得免其刑之全部或一部之執行。」據此，大陸地區現在雖因事實上之障礙為我國主權所不及，但在大陸地區犯罪，仍應受我國法律之處罰，即明示大陸地區猶屬我國領域，並未對其放棄主權。本件被告周樑鴻被訴於民國八十二年至八十五年間在大陸福州市犯有刑法第三百三十九條第一項之詐欺取財及第二百十五條之業務登載不實文書罪嫌，即為在中華民國領域內犯罪，自應適用中華民國法律論處，乃第一審判決未注意及此，竟認大陸地區事實上並非我中華民國主權所及之地域，從而在大陸地區犯罪，應屬在我國領域外犯罪。且被告所犯上述二罪，其最重法定本刑為五年以下有期徒刑，依刑法第七條規定：「本法於中華民國人民在中華民國領域外犯前二條以外之罪（前述二罪屬之），而其最輕本刑為三年以上有期徒刑者，適用之。」被告被訴詐欺及業務登載不實文書二罪，均非法定本刑最輕三年以上有期徒刑之罪，不能適用我國刑法處罰，乃諭知被告無罪，係將法權因事實上之障礙所不及，與領域外之地混為一談，有違上述中華民國憲法及臺灣地區與大陸地區人民關係條例之規定，自有判決不適用法則之違誤；原審未予糾正，仍予維持，駁回檢察官在第二審之上訴，同屬判決違背法令。案經確定，非常上訴意旨執以指摘，非無理由，顧此

違誤尚非不利於被告，應由本院將原審及第一審判決關於違背法令部分撤銷，用資糾正。

由上述可知，大陸地區仍是中華民國的領土，也就是一九九二年八月二日國統會決議所說，「中華民國主權及於整個大陸，但目前之治權，則僅及於臺澎金馬」。

目前陳水扁總統領導的政府強調願改善兩岸關係，並且一再向大陸表達最大的善意，但朝野雙方卻在文字上僵持不下，各說各話，爭論不休，把原應用於加強政府各方施政能力的質詢時間，浪費在文字的遊戲上，不但於事無濟，反而更加混淆。為什麼不在既有的基礎與共識上來做新的突破，既然陳水扁總統及朝野立法者最終目標是為臺灣全體人民謀求安定、繁榮及永續的發展，目標是一致，所不同、所爭的應該只是達到此一目標的作法而已。國統綱領中強調臺灣固為中國之一部分，但大陸亦為中國之一部分，即先考慮到兩岸對等為未來兩岸談判的原則，亦符合自國發會以來各黨派堅持兩岸談判須對等之共識。這已表示國統綱領是具前瞻性的考慮。既有的基礎與共識得來不易，也具政策的延續性，對穩定兩岸的關係有正面的意義。所謂綱領就是政府施政大方向，不宜輕易揚棄。個人認為國統綱領的周延性與前瞻性仍應是我們在處理兩岸關係上的最高指標，歷史也會對此綱領有一定的評價。

三、九二共識與一個中國原則

動戡時期終止後中共的定位問題[*]

　　對動員戡亂時期終止後中共的定位問題，應從政府已宣示的政策，參考國內外類似例子及務實的原則來研究。同時，這是一個具有法律性質的政治問題，所以不宜在法律範圍內鑽牛角尖。

　　首先，從李總統歷次宣示的大陸政策來看，和平統一是確定的方針，所以在法律上我們不能忽視中共統治大陸的現實。在未來相當長的一段期間是兩岸對峙的情況，並且兩岸間還有日益密切的來往，包括通商、投資、文化、體育交流等。所以，若將中共定位於「叛亂團體」或「交戰團體」，顯然是不通的，而且是脫離現實的。

　　其次，行政院已確定兩岸關係是「一國兩區」，所以定位一事不能違背這已定之政策。「一國兩區」是比較中性的說法，所以定位一事也應採中性的方式。至於中共叫囂反對「一國兩區」，我們實不必理會。因為這個觀念也是中共先想出來實行的，在一九四九年中共佔據大陸前，它所控制的地區稱為「解放區」，我國政府控制的地區則稱為「國統區」（國民黨統治地區的簡稱），這不是「一國兩區」是什麼？當時中共並未認為這是「兩個中國」，所以現在我方行政院提出的「一國兩區」當然也不是「兩個中國」。

　　第三，國內有人研究定位問題時，提出所謂「我方對中共各種定位，如為外國政府接受時，在國際法上的意義」這一點實無必要。因為外國政府根本不會來管我政府對中共的定位問題，國際法上只有承認與不承認一個國家或其政府的問題，沒有什麼接受「定位」的問題。例如，美國以其國內法——臺灣關係法——將我政府定位為「臺灣當局」(Taiwan Authority)，在美國國內法上視同為國家或政府。除了中共去抗議外，有任何國家管這件事去通知美國它接受或不接受嗎？

─────────────
[*] 原文刊載於《中國時報》，第二版，民國八十年二月二十日。

　　基於上述了解，個人認為目前大家關心的事是中共打壓我政府的地位，要使我們變成它的地方政府，這點我們當然不能接受。中共既不承認我政府與其具有平等地位，我們當然也不必承認它的政府地位。中共目前稱我政府為「臺灣當局」，所以依照對等原則我們似可稱其為「大陸當局」。

　　另外一個可能性是稱中共為「中共政權」，至於政權一詞，則有貶抑之意義，並非法律名稱。比較之下，還是用「當局」一詞較為妥當。依聯合國之例，對其不承認的政權，是稱為「當局」。

　　如一九五〇年聯合國安全理事會對韓國的決議中均稱北韓政府為「當局」。

　　定位以後，對中共的民事規定或證件，可以比照聯邦國家（如美國）各邦間依國際私法（或法律衝突法）的原則來處理，刑法方面則可以將我國刑法適用範圍侷限到臺灣地區，至於持用我國護照或在臺有戶籍國民之管轄，可以比照依國籍管轄的原則，處理他們在大陸地區觸犯我國法律的行為。事實上，行政院通過的兩岸關係條例草案中，已採行了這個原則，例如對於叛亂罪，只有大陸人民在臺灣再犯叛亂罪才適用臺灣地區法律，而不將我政府刑法適用範圍推廣到大陸地區人民。

兩岸條例通過　一中原則確定[*]

> 人民權利義務，委任立法空間很大；召開公聽會，避免
> 閉門造車。

　　「兩岸人民關係條例」的通過，其確定「一個中國」的原則，及其以
事實立法使兩岸摒除敵對關係的意義，值得肯定。不過，條例的內容仍有
一部分值得進一步討論。

　　首先，「兩岸人民關係條例」的內容說明，中華民國的領土包括中國大
陸地區，而現在實際管轄範圍則為臺澎金馬，亦即，條例本身已經確立了
「一個中國」、和「一國兩區」的原則。中共日前也已表明只要確立「一個
中國」原則，其內容可各說各話。因此，未來國內各界以及兩岸雙方均不
應在這個問題上繼續爭執。

　　其次，條例中對於許多涉及人民權利義務的問題，保留了很大的委任
立法的空間，然而，依照中央法規標準法規定，有關人民的權利義務應有
法律的依據；憲法第二十三條更明白規定，除非是在為維護社會秩序等特
定情況下，否則不得以法律限制人民的自由或權利。因此，未來在委任立
法時，必須相當謹慎，最好多召開公聽會，避免閉門造車，影響人民權利。

　　復次，有關遺產的繼承，未來可能產生很大的後遺症。現在許多臺商
在大陸進行了大規模的投資，萬一發生意外，若中共也對遺產的繼承作了
對等規定，就等於是把鉅額的財產送給中共，我們的損失可能更大。未來
在作相關修訂時應朝向「對等」的原則修正。同時，各國民法有關繼承的
規定，多規定由配偶繼承，只有在配偶死亡後，才由子女繼承，這部分民

---

[*] 原文刊載於《聯合報》，第三版，民國八十一年七月十九日。

法的規定也應配合作整體的修正。

另外，在有關人民來臺的部分，未來相關實施細則的規定，不應過於嚴苛，讓更多一些中共官員來臺，看看臺灣發展的情形，對於促進中共的演變，更能發揮作用。我們必須先屏除戡亂心態，才能真正影響中共的演變。

這項條例的制訂，除了明訂「一個中國」的原則外，也意謂著政府繼終止動戡時期後，又以事實立法，進一步通過法律的形式，摒除兩岸敵對關係，規定兩岸間恢復到和平的狀況。因此，現在就必須視中共能否作出放棄武力犯臺企圖，不圍堵我國際活動空間等等善意的回應，以便決定何時部分或全部進入國統綱領的中程階段。

註：本文係丘宏達教授口述，由聯合報記者林琳文記錄整理。

「一個中國」的涵義問題*

在國內，政府自應嚴守「一個中國」的原則，但在國際上，則須作較彈性的運用，才能打破中共孤立臺灣地區的政策。

在一九四九年底中共佔據大陸以前，中國是指中華民國，並為世界各國承認。自當年十月一日中共建立「中華人民共和國」以來，承認中共的國家所指的中國自然是「中華人民共和國」，特別是自一九七一年十月二十六日我國在聯合國代表整個中國的權利為中共取代後，承認中共國家日多，在此情況下，在國際上就大多數國家而言，所謂的中國自然是「中華人民共和國」。因此，在「一個中國」的原則上，中共當然處於有利的地位，而不願有所讓步。從中共觀點來看，中華民國已在一九四九年消失而由其繼承，至於有效控制臺灣的我國政府，中共以往稱之為「蔣幫」，現在改稱「臺灣當局」。對於國際上有關臺灣地位的各種建議，中共一律反對，在一九七二年二月二十八日美國與中共簽署的上海公報中，中共表示：「中國政府堅決反對任何旨在製造『一中一臺』、『一個中國、兩個政府』、『兩個中國』、『臺灣獨立』和鼓吹『臺灣地位未定』的活動」，這個立場迄今未改變。

所以中共的「一個中國」原則，甚為清楚。「一個中國」是指「中華人民共和國」（但不包括外蒙及唐努烏梁海），臺灣是中國的一部分，現由國民黨統治，承認「臺灣當局」的存在。

我國政府在大陸時期的立場是中國包括唐努烏梁海（但不包括外蒙），遷臺以來，民國四十二年廢除中蘇友好同盟條約後，又認為中國包括外蒙

---

* 原文刊載於《聯合報》，第二版，民國八十一年十一月十四日。

及唐努烏梁海，此一立場迄今未改變，雖然主張外蒙及唐努烏梁海為領土已為國際笑柄，但國內有些極保守人士一再將外蒙獨立與臺灣獨立連在一起，所以無法將外蒙及唐努烏梁海排出我國領域，改變我國領土範圍。但在臺海兩岸的關係上，由於臺海兩岸的政府各有其憲法，要想雙方違背其各自憲法來認定「一個中國」的意含，恐無可能。在中共一九八二年十二月四日頒布的中華人民共和國憲法序言中，明白說明：「臺灣是中華人民共和國的神聖領土的一部分」，因此中共所說的「一個中國」當然包括臺灣在內。但在客觀上，臺灣由我政府控制，中共認識到這個事實，而承認有「臺灣當局」存在，但不承認中華民國在法律上的存在。

在我國方面，憲法第四條規定：「中華民國領土，依其固有之疆域，非經國民大會之決議，不得變更之。」而國民大會迄未變更領土，所以我們所說的「一個中國」，當然包括大陸在內。但在客觀上，我國認識到（並非承認）中共控制大陸之現實，而承認有「中共（或大陸）當局」存在，但不承認法律上有中華人民共和國的存在。

因此，本年八月一日國家統一委員會通過的「一個中國」的含意中，特別說明：「『一個中國』應是指一九一二年成立迄今的中華民國，其主權及於整個大陸，但目前之治權，則僅及於臺澎金馬。臺灣固為中國的一部分，但大陸亦為中國的一部分。」十一月十二日執政的國民黨主席李登輝先生在該黨中常會中，特別再強調「一個中國」就是指中華民國，且否認臺灣有什麼地位未定的問題。

在國內，我政府自應嚴守「一個中國」的原則，但在國際上必須作較彈性的運用，才能打破中共孤立臺灣地區的政策。目前中共用「一個中國」的原則在國際上排斥我國，這在歐洲國家中比較有效，因為傳統國際法源自歐洲，而依此法一個國家只有一個合法政府，它們既已承認中共當局為「中國唯一合法政府」，自然就沒有我國政府在法律上存在的可能。但是在事實上，我政府屹立於臺灣，並有強大經貿力量，歐洲國家不可能不與我國來往，所以不能不對傳統的國際法作一些調整。因此有些英國或德國學者主張臺灣是中國的一部分，但有分開的行政部門，這就是與我官方來往

的一種理論根據。

其他地區國家，其與中共有外交關係，但又與我國維持官方關係（即設立以中華民國名義的官方機構）者，已有十六個之多，計有：安哥拉、巴林、玻利維亞、厄瓜多爾、斐濟、牙買加、約旦、科威特、利比亞、馬達加斯加、毛里西斯、巴布亞紐幾內亞、奈及利亞、突尼西亞、阿拉伯聯合大公國及薩伊等。中共均曾抗議，但這些國家不予理會，中共也無可奈何。因為國際法上的承認必須表示出明確的意圖，而這些國家對中共表示無意承認中華民國而只同意設立官方機構，且中共自己在一九七三年創出與美互設官方具有國名的辦事處，而不構成承認的先例，且中共也不認為這種情況是「兩個中國」。

基於上述分析，可知李登輝先生所領導的政府目前所採行的「一個中國」政策，一方面可以不給中共以武力犯臺的藉口；另一方面也可以爭取到一些國際地位並逐漸建立臺海兩岸的互利來往。這是目前唯一可行的政策。

再拖一、二十年嗎？*

中共一面號召臺灣去談，但又似乎想藉談判矮化我方，
那無疑是自己設了一些框框使談判無法進行或在談判
時故意刁難，這樣下去，臺灣不獨立也等於獨立了。

　　江澤民先生在一月三十日發表了一篇〈為促進祖國統一大業的完成而
繼續奮鬥〉的長文，這是繼中共發表對臺灣問題的白皮書以後，對臺政策
最詳盡的一篇說明，其中有一些是重複舊的說法，但也有些新意，不宜忽
略，現就其中個人認為較重要的點，分析於下。

　　第一，江文中所說的「一國兩制」的統一方式，根本不可能為我方國
民大會與立法院接受，所以用這種以消滅中華民國為前提的統一方式向臺
灣地區的中國人民號召，是徒勞無功的。在臺灣也沒有一個政黨敢以接受
「一國兩制」的統一為訴求，參加競選。中共也可以請任何民意測驗的機
構在臺舉行民意測驗，或公開要求執政的國民黨將這個問題在下屆選舉中
一併提出，由人民投票決定。目前臺灣地區很開放，中共也可以將「一國
兩制」的書在選舉前大量贈送臺灣地區的中國人民閱讀。

　　第二，江文中說主張「分裂分治」是違背「一個中國」的原則，所以
也應堅決反對。「分裂分治」只是說明一個客觀存在的事實，如果認為目前
中國沒有「分裂分治」，還有統一的問題嗎？中共必須認真面對這個現實。

　　第三，江文中說，「在『一個中國』的原則下，並依據有關國際組織的
章程，臺灣已經以『中國臺北』名義參加亞洲開發銀行、亞太經濟合作會
議等經濟性國際組織」，但對臺灣地區中國人民要求參加其他國際經貿或技

---

* 原文刊載於《聯合報》，第七版，民國八十四年二月五日。

術性組織之事，則隻字不提。這點臺灣地區的中國人民恐怕會感到不解，希望江先生有所補充說明。目前中共自己已同意臺灣以單獨的「臺澎金馬關稅區」名義與中共同時加入關貿總協定及即將替代關貿總協定的世界貿易組織（目前雙方都是觀察員），這種雙方均參加的國際經貿組織（包括江文中所說的兩個經貿組織）的現象，中共不認為是「兩個中國」或「一中一臺」，那又為何不能適用到其他國際經貿或技術性組織呢？如中共能向國際貨幣基金表示可以修改或至少不反對修改章程使臺灣地區可以「金馬臺澎貨幣區」加入國際貨幣基金，解決了臺灣在一個中國的原則下參加國際貨幣基金的問題，並以此模式來解決臺灣地區中國人民參加國際組織及國際會議的問題，必然受到臺灣地區中國人民的熱烈歡迎，而臺獨的訴求就不會在臺灣得到多數人的支持。因為在堅守「一個中國」的原則下，臺灣能有足夠的國際活動空間，臺獨的訴求就不會有多數人支持。

第四，江文中說「中國人不打中國人」及「我們不承認放棄使用武力……是針對搞『臺灣獨立』的圖謀的。」如果這確是中共的政策，為什麼不先正式明確宣布「在一個中國的原則下，以和平方式解決一切爭端」？這立刻可以帶動兩岸關係的快速良性互動，進行直接「三通四流」。至於江文中所稱「雙方」可先就「在一個中國」的原則下，正式結束兩岸「敵對狀態」進行談判，並達成「協議」，這可算是對我方國統綱領的回應，但結束敵對狀態還要談判，恐怕又會引起爭執。因為對「一個中國」的意涵，如果是指「中華人民共和國」，則臺灣方面絕對無法接受，因為這等於承認中共對臺主權。個人認為只有採用中共海協會副會長唐樹備在一九九二年五月二十日在紐約談話時表示，即對「一個中國」的涵義不必深入討論，可以各自解釋其涵義。這點中共必須先澄清，才有可能展開結束敵對狀態的談判。

個人認為中共應先宣布在一個中國的原則下結束兩岸敵對狀態，以終止一九四七年開始的中國內戰，雙方再立即談判恢復和平的具體步驟，如直接通航、直接通商及在國際上如何停止敵對並互相幫忙等事項。

第五，關於雙方領導人見面一事，如在參加國際經濟會議時見面是最自然與方便的事，但中共卻認為雙方領導人在國際場合見面就是「兩個中

國」，根據何在則不清楚。因為在國際法上互不承認的雙方參加國際會議，根本不發生國際法上承認的效果，至於對其他國家更不可能發生此種效果。國際法上承認與否，必須有明確的意圖表示，所以中共擔心的事，根本在法律上不可能發生。只有雙方不來往，若干年後，才會在國際上造成「兩個中國」的印象。至於中共所稱在大陸或臺灣見面的方式，此刻牽涉到雙方的身分、接待禮儀的困難問題，如中共只願以李登輝先生為國民黨主席的身分接待，則不可能為臺灣方面接受，因為我政府一貫立場是拒絕兩黨談判。

　　中共一面號召臺灣去談，但又似乎想藉談判來矮化我方，那無疑是自己設了一些框框使談判無法進行；或在談判時故意刁難，使談判不能成功（如海協會與海基會的談判），這樣下去不但統一不能開始，而如再拖個一、二十年臺灣不獨立也等於獨立了，希望中共當局了解這點。

「臺獨空間」與「人民抉擇」*

「三不」使臺灣不能再在模稜兩可的文字中遊走

　　美國總統柯林頓七月二日結束在中國大陸的訪問前往香港，這次訪問大體上相當成功，迫使中共領導人江澤民不得不面對兩國關係中最重要的一個問題，即人權問題（包括六四天安門事件）。柯林頓真情對中國人民表達關切的態度，對中共將有深遠的影響，從而使柯林頓總統在江澤民去年訪美前發表的一篇對華政策演說提到的，美國的政策是使中國（指中共）「成為一個穩定、開放、不具侵略性且接納自由市場、政治多元化、法治精神並與美國合作建構安全的國際秩序」的國家，得到進一步的表述和推動的機會。但對臺灣地區而言，大家所關切的是所謂美國的「三不政策」問題，即美國不支持臺灣獨立，不支持一中一臺或兩個中國，不支持臺灣加入聯合國或以國家為單位的國際組織。

　　這所謂「三不」，其中前兩個早已是執政的國民黨的政策，只有第三個有點「新意」，而與國民黨的政策有點差異。因為自一九九三年秋以來，每年與我國有邦交的若干友好國家，都向聯合國大會提案設立一個特設委員會，來「尋求一項公平、合理和實際的解決辦法，使在臺灣的中華民國能重新參與聯合國」。而在解釋性的備忘錄中，特別說明中華民國的特殊狀況如下：

　　「在臺灣的中華民國充分而正式參加國際組織的活動，會給國際社會帶來實際而有益的影響。例如，在臺灣的中華民國和中華人民共和國都是亞洲開發銀行（亞銀）和亞洲及太平洋經濟合作理事會的成員，兩者又都

---

* 原文刊載於《聯合報》，第十五版，民國八十七年七月三日。

是關稅及貿易總協定的觀察員，並且同時在談判加入該協定。因此，我們認為，現在是以現實態度審查在臺灣的中華民國的特殊情況的時候了。聯合國系統所贊助的各項人道主義援助和經濟發展國際多邊方案，如有在臺灣的中華民國參加，就會獲得重大利益，從而促進國際福利。」

美國的「三不」中的第三項，完全無視亞銀及亞太經濟合作理事會的情況，實在不妥。

事實上，第三個──「不」不支持臺灣加入聯合國或以國家為單位的國際組織，也不算是新意，過去幾年，美國政府官員在不同的場合中申明美國對兩岸的立場時早已表示過，只不過這次由柯林頓總統領銜大軍在中國大陸正式演出，加上前兩項的「不」，變成正式、明白化、一貫化的美國對臺「三不」政策。使兩岸，尤其是臺灣，不能再在美國模稜兩可的文字中遊走，做偏向自我喜歡的解說。這也說明一點，臺灣必須要瞭解，如要加入聯合國或以國家為單位的國際組織，仍要從中共這方面下手來解決問題。解鈴還是要找繫鈴人，比較上是解決根本問題的態度。柯林頓政府要面對國會注視其是否過於偏袒哪方，也不願讓兩岸各有機會批評其在兩岸關係中採的霸權心態，強迫兩岸去談判。但三個「不」是明明白白的告訴兩岸，尤其臺灣：還是你們自己去談判吧！其實這是柯林頓總統最聰明、最高的一招──新瓶裝舊酒──臺灣問題還是留待兩岸自己解決。

至於臺灣已參加的兩個國際組織中，中華民國的參與是至少得到中共的默許或不反對的，這才是問題所在，只有與中共達成協議，我國才有機會可以參加國際政府間的組織（非民間組織），這個現實是許多民進黨人所忽視的。

在美國與中共一九八二年八月十七日達成的臺灣軍售公報中，美國在第五條上說明，「它無意侵犯中國的主權和領土完整，無意干涉中國的內政，也無意執行『兩個中國』或『一中一臺』的政策」。此次柯林頓總統重申這個公報（與其他公報與上海公報）均繼續有效，且一再強調美國的「一個中國」政策。

比較值得注意的是美國原來只強調臺灣問題的和平解決，但在六月二十九日柯林頓回答北大學生問題時，竟說美國主張兩岸統一必須以和平方式達成。他說，「美國政策不是中國與臺灣和平統一的障礙」。在此之前，除了美國國務院亞太事務助卿陸士達在美國企業研究所的一項研討會中曾作過類似的陳述外，亞太事務副助卿謝淑麗也曾在一項不公開的討論會中，特別說明臺灣如果獨立，美國不但不支持，還要運用其影響力促使其所能影響的國家不承認臺灣獨立。（她講此話時有民進黨一人、國民黨中央委員一人、中共中國社科院臺灣研究所所長【該所據說是中共國家安全部第十三局】、前美國國務院東亞助卿羅德等人在場）。

至於民進黨最近的中常會所主張的「改變臺灣獨立現狀的要求，都還需經由臺灣全體住民以公民投票的方式加以認可，始能實現」一點，在憲法上並無根據，除非修改憲法否則沒有實現的可能。事實上也沒有必要。執政黨一再表示中華民國是主權獨立的國家，美國也沒有主張要臺灣成為中共的一部分，只要雙方和平統一，而李總統一再強調中國要在民主、自由與均富的基礎上和平統一，副總統連戰也說明臺灣是中國的一部分但不是「中華人民共和國」的一部分，所以民進黨這種主張並無必要。事實上，臺獨是走不通的死路。對此，民主政治是自作自受政治，人民必須有明智的選擇。

執政黨在李登輝先生領導下，在民國八十年二月頒布了國家統一綱領，主張在民主、自由與均富的基礎上統一中國，這才是臺灣真正的前途。在民國七十九年五月二十日李總統就任中華民國第八任總統的致詞中說:「環顧世局，我們正處於一個風雲變化的大時代。全人類對政治民主、經濟自由與世界和平的追求，如怒潮澎湃，沛然莫之能禦，勢必摧毀一切故步自封的制度枷鎖與獨裁閉塞的思想藩籬。國際局勢已由對立趨向和解。我中華民族自不能置身於此一時代巨流之外。如何把握契機，乘時奮起，為中華民族的未來，奠立可大可久的鴻基，固然是海內外十二億中國人的共同責任，更有賴復興基地的全體軍民，依據多年來實行民主政治與民生經濟的經驗與成就，以大智慧、大決心，精誠團結，為之前導。」以前蘇聯及東

歐共產主義國家為例，獨裁政權哪個可以繼續存在，民主自由、人權保障與自由經濟是舉世不可阻擋的潮流，中共能不被這個潮流淹沒嗎？柯林頓的訪問大陸只有加速共產制度在中國的消失，自由地區的中國人民絕不能支持一個不認同中華民族與國家的政黨，給中共有以民族主義為號召攻臺消滅中國人地區唯一現存的民主自由政體的藉口。

特殊的國與國關係
與國家統一問題[*]

　　國家發展會議時，國民黨、民進黨與新黨三個政黨一致同意的共識是臺海兩岸是對等政治實體，但中共一再表示反對對等，並在國際上堅持以「一個中國」的原則來打壓我國對外活動，包括領導人、高級官員（如行政院長、外交部長）訪問已經承認中共的國家，均遭中共阻撓，在此情況下，為了反擊中共的外交打壓，李總統提出兩岸關係是「特殊的國與國的關係」。

　　為什麼是「特殊的關係」？主要是中華民國方面的國策不變；其要點有：(1)中華民國主權及於整個大陸，但治權只及於臺灣、金門、馬祖、東沙、南沙、釣魚臺列嶼等地區，所以在法律上仍是一個中國。(2)中華民國堅持在民主自由均富的基礎上以和平方式統一中國。

　　至於中共認為（唐樹備一九九九年七月十日的談話），「統一前，在兩岸之間講一個中國原則，就是指世界上只有一個中國，臺灣是中國的一部分，中國的主權和領土完整不容分割、儘管兩岸迄今尚未統一，但並不影響，也不容改變世界上只有一個中國，臺灣是中國的一部分，中國的領土和主權並未也絕不允許被分割的事實。」中國如果是指中華民國則完全正確，但如是指「中華人民共和國」在法理上與事實上完全不通。最重要的大國美國從未承認臺灣是中華人民共和國的一部分。

　　一九七九年一月一日美國與中共建交的公報中，美國只「認知」(acknowledge)中共認為臺灣為其領土的立場，並未「承認」(recognize)，只是中共在中文本中將其譯為「承認」而已，但在美國參議院審查臺灣關係法案時，其報告中特別指出，美國只認知中共的立場，並未同意這立場。

　　中華民國在臺灣行使主權已有五十五年，任何人想來臺灣，必須中華

* 原文刊載於《聯合報》，第十五版，民國八十八年七月十三日。

民國政府同意（包括中共官員及人民），其他與中共建交的國家有些對臺灣隻字不提，有些只注意到 (take note of) 中共對臺的領土主張，有些在英文本公報中認知 (acknowledge) 中共的對臺領土主張（中共往往玩弄翻譯文字，在中文本中將 acknowledge 譯為承認）。真正在建交公報中承認 (recognize) 中共對臺領土主權的只有波扎那 (Botswana)、約旦、馬爾地夫 (Maldives)、葡萄牙、安地卡及巴布達 (Antigua and Baibuda)、安哥拉 (Angola)、賴索托 (Lesotho) 等國，而約旦與安哥拉則同意我國在這二國的代表處用中華民國名義，也等於撤回了他們對中共對臺領土主張的立場。

由以上說明可知，中共對臺主權只是一種主張，並且不為大多數國家承認，而我們對臺澎金馬之主權不但是基於事實，同時也有堅強的法律依據。

由於中共反對兩岸為「對等政治實體」，所以，李總統只有提出「特殊的國與國關係」來對抗。陳水扁等民進黨人士主張臺獨，與李總統的統一政策，完全相反，並會引發中共以民族主義為號召攻臺。

兩國論引起的重要
法律問題與政治問題*

　　兩國論引起美方嚴重關切，並使汪道涵先生取消來臺，對兩岸關係有不良的影響，其中有一些法律與政治上的問題值得注意。

　　首先，修憲的綜合條文序言表示，「為因應國家統一前之需要，依憲法第二十七條第一項第三款及第一百七十四條第一款之規定，增修本憲法條文」，其中領土條款未動，該條規定，按憲法第四條規定，「中華民國領土，依其固有之疆域，非經國民大會之決議，不得變更之。」所以中華民國領土仍包括整個大陸及海南島，大家都知道大陸是由中共佔領及統治，但在法律上仍屬中華民國的領土。為了解決這個複雜的情況，國家統一委員會民國八十一年八月一日第八次會議時通過了「關於『一個中國』的涵義」的決議，作下列說明：

　　一、海峽兩岸均堅持「一個中國」之原則，但雙方所賦予之涵義不同。中共當局認為「一個中國」即為「中華人民共和國」，將來統一以後，臺灣將成為其轄下的一個「特別行政區」。我方則認為「一個中國」應指一九一二年成立迄今之中華民國，其主權及於整個中國，但目前之治權，則僅及於臺澎金馬。臺灣固為中國之一部分，但大陸亦為中國之一部分。

　　二、民國三十八年（一九四九年）起，中國處於暫時分裂之狀態，由兩個政治實體，分治海峽兩岸，乃為客觀之事實，任何謀求統一之主張，不能忽視此一事實之存在。

　　後來，由於「分裂」兩字有法律上分為兩國的意思，如統一前的德國及現在的韓國（南北韓），所以政府不再用「分裂」字眼，而用「分治」，以避免造成中國在法律上分為兩個的情況。

　　如有人要想改變這個情況，必須修改中華民國憲法；民進黨就有此企

*原文刊載於《聯合報》，第四版，民國八十八年八月七日。

圖，但試了幾次，均未能得逞。其次，有人主張要承認中共為一合法政府，這就要先由行政院院會通過放棄大陸主權的提案，再提交國民大會通過修改憲法第四條的領土條款，最後還要由中共政權表示接受，才算定案。

評述一個中國白皮書*

　　中共國臺辦與新聞辦聯合發表了「一個中國的原則與臺灣問題」白皮書，現依其段落所分，評述如下：

　　首先，白皮書中說，中共在一九四九年建立「中華人民共和國」，這是不錯，但須注意，中共使用的是「建國」，所以其與中華民國的關係不是政府的繼承，而是國家的繼承，事實上，當時的中華民國政府仍在廣州，所以從此國際上才有所謂的「兩個中國」問題出現。

　　中華民國政府是在一九四九年十二月八日才正式遷至臺北，當時並且為美國、法國等絕大多數國家所繼續承認，並且在聯合國中繼續代表全中國，直到一九七一年十月二十六日為止，這是在「白皮書」中也承認的。

　　所以，「兩個中國」問題的出現，是中共所製造，是中共先背棄一個中國原則，否則兩岸最多只是兩個政府，何來兩個中國之說？所以中共指責臺北之說，恐怕站不住腳。

　　「白皮書」中說，「臺灣是中國領土上不可分割的一部分」，這個中國如是指中華民國，則是完全正確的，但絕非「中華人民共和國」。「白皮書」中所說，一九四一年十二月中國政府在「中國對日宣戰公告」、「開羅宣言」、「波茨坦公告」等文件中，所指稱的中國，乃是中華民國，彼時，中華人民共和國尚未成立。

　　「白皮書」中又說，一九四九年中國政府收復臺灣、澎湖群島，重新恢復對臺行使主權，這裡所說的中國，也是中華民國政府。

　　在以上這些含混的論述之後，「白皮書」是企圖用國際法上的「國家繼承原則」，讓中共在國際上取得正統的地位，所以「白皮書」中說，「一九四九年十月一日，中華人民共和國中央人民政府成立，取代中華民國政府

---

*原文刊載於《聯合報》，第十四版，民國八十九年二月二十三日。

成為全中國的唯一合法政府和在國際上的唯一合法代表，中華民國從此結束了它的歷史地位，這是在同一個國際法主體沒有發生變化的情況下，新政權取代舊政權，中國的主權和固有領土疆域並未由此而改變，中華人民共和國政府理所當然地完全享有和行使中國的主權，其中包括對臺灣的主權」。

這種說法其中包含了極大的破綻，首先，一九五二年四月二十八日，日本與中華民國所簽訂的中日和約第二條中，日本放棄對臺澎等一切權利、權利名義與要求：最重要的是，在雙方的換文 (exchange of notes) 第一條中，日本就明白表示，是對中華民國放棄的。

其次，一九五九年十二月東京高等裁判廳對賴榮進一案的判例中說，「至少可以確定昭和二十七年八月五日條約生效後，依該條約之規定，臺灣澎湖諸島歸屬中國，臺灣人民依中華民國之法令擁有中國國籍者，當然喪失日本國籍，應以中華民國國民等之」。

一九六〇年六月七日，大阪地方裁判廳在張富久惠控告張欽明一案中說，「至少可以認定為，在臺灣之中華民國主權獲得確立之時，亦即在法律上發生領土變更之昭和二十七年和平條約生效之時，即喪失日本國籍而取得中華民國國籍」。

北京這些撰寫白皮書的人可能不太了解這一段歷史發展的過程，而且對於國際法的相關條文認識並不清楚。

日本政府並且把這兩個判決譯為英文，刊登在聯合國秘書處一九六七年出版的《國家繼承資料》(Materials on Succession of State) 中。而日本在一九七二年九月二十九日與中共建交的聯合聲明中只說，「中華人民共和國政府重申，臺灣是中華人民共和國領土不可分割的一部分，日本國政府充分理解和尊重中國政府的此一立場，並堅持遵循波茨坦公告第八條的立場」，其中完全未承認中共對臺的主權。

事實上，中共對於中華民國的繼承並未得到完全的承認，最明顯的例子就是日本「光華寮」的例子，這一個迄今尚未完全定讞的案子，所以未能結案的原因，就是因為日本法院對於中華人民共和國對中華民國的繼承，

最多只肯採取「不完全繼承」的立場。

　　承認中共對臺主權的，只有少數第三世界國家。在這個問題上最重要的自是美國的立場，毫無疑問的，一九七九年一月一日美國在與中共的建交公報中，美國只是「認知」到中共對臺宣稱主權的立場，並未予以「承認」，相對的，美國國會在審議臺灣關係法時，其報告中還特別點名，美國只是認知中共的立場，並未同意。

　　最值得注意的是，這個一九七九年四月通過的臺灣關係法第四條明述：一、雖無外交關係和承認，應不致影響美國法律之適用於臺灣，且美國法律，應以一九七九年元月一日以前相同的方式，適用於臺灣。二、本條前項所稱的法律適用應包括但不應限於下列各點：凡美國法律提及關於外國、外國政府或類似實體時，此等條文應包括臺灣，且此等法律應適用於臺灣。

　　由此可知，中共在白皮書中的說法，不但與事實有所出入，並且不受重要國家的認可。

　　白皮書中再說，「通過和平談判實現統一，在一個中國的原則下什麼都可以談，統一以後實行一國兩制，中國的主體（中國大陸）堅持社會主義制度，臺灣保持原有的資本主義制度長期不變；統一後臺灣實行高度自治，中央政府不派軍隊和行政人員駐臺；解決臺灣問題是中國的內政，應由中國人自行解決，不需借助外國力量」。

　　但這樣的一個中國原則，顯然不及臺北國統會所通過的「關於『一個中國』的涵義」。這份臺灣國統會在一九九一年八月一日所通過的文件，充分體現了真正兩岸平等協商、共議統一的精神：「海峽兩岸均堅持一個中國之原則，但雙方所賦予的涵義有所不同。中共當局認為一個中國即為中華人民共和國，將來統一以後，臺灣將成為其下所轄的一個『特別行政區』。我方則認為一個中國應指一九一二年成立迄今之中華民國，其主權及於整個大陸，但目前之治權，則僅及於臺澎金馬，臺灣固為中國之一部分，但大陸亦為中國之一部分。」

　　相較之下，臺北的定義顯然更能擁有一個使雙方更具開創性的未來。

　　關於美方出售武器給臺灣的問題，這一直是中共與美方爭議的重要焦

點，在「八一七公報」公布的當天，美國當時的亞太助卿何志立在出席美國聯邦眾院國際關係委員會的聽證時，公開表示，「任何對臺出售武器的調整，是以中國（指中共）對臺和平政策為前提」，此一政策說法，一直迄今為美國所奉行。由於中共對臺屢次軍事演習，所以美國才會調整其軍售政策，並且出售大量武器給臺灣，臺灣也才不得不要求購買大量的武器作為自衛之用，而兩岸的情勢也因此而升高緊張。

重新思考這一點，或可以對臺灣總統大選後的兩岸關係有新的啟發。

「一個中國，各自表述」從何而來[*]

臺北近來為兩岸間是否曾有「一個中國，各自表述」的共識而弄得沸沸揚揚，但如果把當年事情發生的經過查清楚，當可有助於釐清事實的真相。

今年二月二十五日陸委會副主委林中斌先生在例行記者會中表示，去年七月九日李總統提出特殊的國與國關係評論之後，不只是國內、國外都有許多誤解，「以為我們已經離開了『一個中國』。其實，我們自己有對『一個中國』的看法，我們並沒有離開、也從來沒有離開『一個中國，各自表述』。一九九二年十一月雙方達成的協議，甚至出現在一九九二年十一月六日的《人民日報》，報導內容為雙方對於『一個中國，各自表述』有一共識」。

他認為，根據那個共識，所以後來有很多次的雙方會面、協商及最重要的一九九三年四月辜汪新加坡會面。

這個近來被臺北方面倚為依據的說法，與事實略有出入。

林中斌所提的這一段，在一九九二年（民國八十一年）十一月六日的《人民日報》國內版根本沒有提及，只有在海外版中才有。其中所報導的內容是，「在海峽兩岸事務性商談中，應表述一個中國原則，但先不涉及一個中國的政治涵義，表述的方式可以充分協商，這實際上表明表述方式可以是文字的，也可以是口頭的」。

該份出自新華社的報導說的是，「海基會代表建議採用口頭聲明的方式表述一個中國原則，十一月三日海基會又致函海協會，正式通知『以口頭聲明方式各自表述』，海協會充分尊重並且接受海基會的建議」。但我必須在此說明的是，這個所謂「口頭聲明方式各自表述」的內涵，卻是與臺北現今的主張與說法，完全不同。

---

[*] 原文刊載於《聯合報》，第十三版，民國八十九年五月三日。

　　回顧臺北海基會在一九九二年十二月三日給大陸海協會的信函，就可以很清楚這一點。該函中曾清楚地說明，「我方（海基會）始終認為：兩岸事務性之商談，應與政治性之議題無關。且兩岸對於『一個中國』之涵義，認知顯有不同。我方為謀求問題之解決，爰建議以口頭各自說明。至於口頭聲明之具體內容，我方已於十一月三日發布之新聞稿中明白表示，將依據『國家統一綱領』及國家統一委員會本年八月一日對於一個中國涵義所作決議（即前述決議）加以表達」。（見海基會在海文陸（涵）字第八一一一一〇四五七號。民國八十一年十二月三日）

　　其實，就連民國八十三年七月陸委會自己編印的「臺海兩岸關係說明書」，其中都沒有提到有雙方曾有過「一個中國、各自表述」的共識。

　　而民國八十一年（即一九九二年）八月一日國統會第八次會議所通過的「關於『一個中國』的涵義」，其中說明：「海峽兩岸均堅持『一個中國』之原則，但雙方所賦予之涵義有所不同。中共當局認為『一個中國』即為中華人民共和國，將來統一以後，臺灣將成為其轄下的一個『特別行政區』。我方則認為『一個中國』應指一九一二年成立迄今之中華民國，其主權及於整個中國，但目前之治權，則僅及於臺澎金馬，臺灣固為中國之一部分，但大陸亦為中國之一部分」。

　　這個說明發布後，才有次年，即民國八十二年（一九九三年）四月二十七日至二十九日，在新加坡舉行的辜振甫先生與汪道涵先生的會談，簽訂了四項協議——兩岸公證書使用查證協議；兩岸掛號函件查詢、補償事宜協議；兩會聯繫與會談制度協議；辜汪會談共同協議。

　　不管想要把兩岸表述成什麼，國統會的相關解釋文其中很重要、也很清楚的一點是，「臺灣固為中國之一部分，但大陸亦為中國之一部分」。這樣子定義的一個中國，無論如何，是不可能表述成為兩個中國的。

　　同時，一九九二年五月二十日中共海協會副會長唐樹備在美國紐約表示，雙方交往應在「一個中國」原則下進行，至於一個中國的涵義不必深入討論，因為必然產生不同意見。雙方可以把「一個中國」的解釋暫時擱置一邊，務實的解決交往中的問題。（《世界日報》，一九九二年五月二十一

日）

　　很清楚的是，這個所謂「一個中國、各自表述」，在原先是奠基於一九九二年八月一日的國統會相關解釋，但在去年七月九日李總統在回答德國記者時，提出「兩國論」後，在美國與中共的壓力下，又說國統綱領不改，即臺灣與大陸都是中國的領土。

　　李所以作如此說法，一個重要的原因是德國記者問李說，臺灣是中國叛離的一省。李在生氣的情況下，才以兩國論回應。但問題在於，唐樹備在去年九月十三日美國舊金山的記者會上表示，中共從未說「臺灣是叛離的一省」，並說這是無中生有、瞎造謊言，目的無非是挑起臺灣人的不滿。

　　陸委會主委蘇起日前建議兩岸重回「一個中國，各自表述」的方式，化解爭議。但如果這個「一個中國，各自表述」沒有澄清是否會再被「表述」成兩個中國，或是海峽兩岸一邊一國，那又怎能期待中共會接受？

　　如前所言，事實是一回事，政治主張又是另一回事，不可因為政治主張而扭曲甚至虛構事實。

一邊一國論違憲　兩岸新變數[*]

　　我國憲法在民國八十三（一九九四）年八月一日總統公布修改的綜合條文序言中表示：為適應國家統一前之需要，依憲法第二十七條第一項第三款及第一百七十四條第一款的規定增修本憲法條文如……「共十條」。憲法第四條規定：「中華民國領土，依其固有之疆域，非經國民大會之決議，不得變更之。」目前中國大陸由中共當局統治，因此在一九九二年八月一日當時的國家統一委員會第八次會議通過「關於『一個中國』的涵義」，其中規定如下：

一、海峽兩岸均堅持「一個中國」之原則，但雙方所賦予之涵義有所不同。中共當局認為「一個中國」即為「中華人民共和國」，將來統一以後，臺灣將成為其轄下的一個「特別行政區」。我方則認為「一個中國」應指一九一二年成立迄今之中華民國，其主權及於整個中國，但目前之治權，則僅及於臺澎金馬。臺灣固為中國之一部分，但大陸亦為中國之一部分。

一中各自表述辜汪會奠定共識

二、民國三十八年（一九四九年）起，中國處於暫時分裂之狀態，由兩個政治實體，分治海峽兩岸，乃為客觀之事實，任何謀求統一之主張，不能忽視此一事實之存在。

三、中華民國政府為求民族之發展、國家之富強與人民之福祉，已訂定「國家統一綱領」，積極謀取共識，開展統一步伐；深盼大陸當局，亦能實

---

[*] 原文刊載於《中央日報》，第二版，民國九十一年八月四日。

事求是，以務實的態度捐棄成見，共同合作，為建立自由民主均富的一個中國而貢獻智慧與力量。（以上即一般稱為一個中國各自表述）

此「一個中國的涵義」通過後，我方財團法人海峽交流基金會董事長辜振甫（由秘書長邱進益陪同）與中共的海峽兩岸關係協會會長汪道涵（由常務副會長唐樹備陪同）在民國八十二（一九九三年）年四月二十九日在新加坡簽了四個協議，打破了兩岸關係的僵局，而雙方來往日益密切，臺灣商人在大陸的投資增加甚快，且雙方交流與貿易也日益增加。

不幸後來前總統李登輝由國家安全會議諮詢委員蔡英文與張榮豐等設立一個「強化中華民國主權國家地位」小組，其中建議必須將兩岸關係定位為「國家對國家」的關係，才能走出中共「一個中國」的框架。該案另外建議：

李登輝定調兩岸為特殊國與國

明確規劃以低調、漸進的方式，分階段落實「兩國論」的步驟，包括了修憲、修法、廢除國統綱領。在修憲部分，建議方案之一，是凍結憲法第四條「中華民國領土，依其固有之疆域，非經國民大會之決議，不得變更之。」另訂增修條文「中華民國領土為本憲法有效實施地區，憲法第四條不適用」代之。

在修法部分，則將所有法律中之「自由地區」、「臺灣地區」、「大陸地區」等名詞改為「中華民國」與「中華人民共和國」，憲法增修條文亦依同樣原則修正。

至於以「統一」為目標的國統綱領，則先弱化再廢除。研究案中建議不再用「統一」兩字，改用「終局解決」四字，提出「統一不是唯一選項」論調。作法則分成幾個階段：先「少提」，然後「不提」，再慢慢公開「新思維」，最後廢除國統綱領，另以「兩岸綱領」取代。而「兩岸綱領」的進程、條件與內容，這份研究案中也作了具體規劃。

　　研究案更檢討了當時的大陸政策，包括建議以後不要講「一個中國」、「一個中國就是中華民國」、「一個中國就是『一中各表』」，不要再說「一個分治的中國」、「一國兩府」、「中華民國自一九一二年以來即存在」、「臺灣是中國的一部分，大陸也是中國的一部分」，並且也要少提波茨坦公告及開羅宣言。

　　李登輝宣告終止動員戡亂時期時，是承認中華民國治權不及於中國大陸，但並未放棄對中國大陸的主權及未來的統一目標。而基本上，兩國論則是放棄了對中國大陸的主權宣告，也不再以統一為國家目標。簡而言之，就是中華民國與中華人民共和國對等共存於臺海兩岸，臺灣不是中國的一部分，並以此新基礎來推動兩岸政治談判，開創兩岸關係新局。（以上見張慧英〈李登輝即興演出，兩國論天機乍洩〉，《中國時報》，一九九〇年十二月十八日，A3。）

　　其後德國之音訪問李前總統時，李就提出兩國論，美國因事前未與其諮商過，甚為不滿，所以對兩岸均重申一個中國政策，且由蘇起主持的陸委會，發表說帖呼籲兩岸回到一中各表共識，李雖已任滿下臺，但新政府中蔡英文任大陸委員會主任委員，張榮豐，任國安會副秘書長，所以陳水扁說出兩國論，實不足為奇。

扁一邊一國挑動中共動武威脅

　　一九九九年九月十四日當時的大陸海協會常務副會長唐樹備，在舊金山說，兩國論若入憲，中共將用武，國民黨主席連戰及親民黨主席宋楚瑜所以擔心陳水扁昨天所說的話，原因即在於此。

　　一九九六年中共在臺海的演習，造成臺灣的混亂，值得大家回憶警惕，兩岸現在沒有事，不宜挑動中共對臺使用武力威脅。

四、大陸人民權益

合理解決大陸人來臺定居問題*

　　最近由於大陸人民十九人逃至韓國要求來臺定居，另外有十二名漁民在臺灣西海岸逕行登陸來臺，因此引發一個重要問題，即我國政府對大陸人要來臺定居的現行規定如何？是否合理？此種規定能否適應現在及未來的情勢？本文特就此一問題，作一簡短分析、評論與建議。

大陸人來臺定居須限制？

　　目前我國臺灣地區對大陸人想來臺定居限制甚多，首先逃離中共區之人必須在自由地區住滿五年才能來臺；其次，親人團聚要七十歲以上才能考慮；再次，有要來臺之人必須有反共聲明，有宣傳價值的則列為義士。這些規定由安全單位發布，且未刊在「中華民國現行法規彙編」中，因此大陸人逃離共區到我國駐外單位詢問時，往往也弄不清楚；而其國內親友想申請其來臺的更是要到處奔走，找尋門路。且目前此種辦法與憲法與法律均不合。

　　依據憲法第十條「人民有居住及遷徙自由」。而憲法第二十三條規定，「以上各條（包括第十條）列舉之自由權利，除為防止妨礙他人自由，避免緊急危難，維持社會秩序，或增進公共利益所必要者外，不得以法律限制之。」所以要限制也只可依立法程序限制，不能由軍事及安全單位來限制。其次，民國三十六年七月十九日國民政府國務會議通過「動員戡亂完成憲政實施綱要」，其中第九條規定：「對於匪區來歸之人民，應由各主管機關妥為救助與安置。」此條及綱要其他部分，並未授權各主管機關可以拒絕匪區人民來歸。所以目前之辦法實在值得檢討改進。

＊原文刊載於《時報新聞周刊》，第十期，頁四九，民國七十五年八月三日。

德韓採取無限收容政策

在提出改進建議之前，先就德國及韓國之情況說明。聯邦德國（西德）對由共區（東德）來歸之人是採無限制收容政策，並且積極與東德在各方面來往並給予援助，以免東德人民與西德日益生疏，造成永久分裂之情況。韓國方面，由於北韓嚴格限制，所以北韓人能逃到南韓者甚少，不過如能逃到南韓均被收容。不過德韓二國與我國情況不同，其無限制收容政策不宜在我國實行；因為西德人口是東德三倍，面積二倍多，南韓人口是北韓一倍，面積大致相當。我國臺灣地區人口是大陸五十分之一不到，面積只有大陸千分之三，如果採無限制收容政策，整個政治、社會及經濟體系會崩潰，所以對大陸人想來臺定居是需要有合理的限制的。

據個人意見，政府必須面對臺灣目前實際無法收容大批大陸人來臺定居之事實，因此各種對大陸廣播及宣傳號召大陸人民投奔自由，應有恰如其分的做法，以避免製造不必要之期望，也避免需要面對良莠不齊照單全收的困擾。對於有特殊情況者，如離散家庭、親人團聚，則應取消必須在海外自由地區居住五年及七十歲之規定，這是完全不合理且為舉世所無的限制，為了避免一時來臺之人太多，可以比照其他國家移民規定，每年設一名額限制，如果每年申請之人過多，訂一標準排列優先次序，如年長者優先。

一切依法處理有所依循

其次，越過海峽直接來臺者，其中曾在大陸犯罪者應依我國刑法依法審判處罰，因為臺灣絕不應成為大陸罪犯之庇護所。其中因為政治原因在大陸被迫害而逃出者，可以個案審查給予庇護。其中因為經濟原因逃來臺者，應看其技能是否為臺灣就業市場所需，而決定是否准其定居。此外，在處理此等的程序方面，必須由立法院召集聽證會，獲取各方（包括安全單位）意見後，以法律規定大陸人申請來臺定居辦法，以合情合理合法的途徑，收到一勞永逸的長期效果。

大陸人民的繼承權問題[*]

　　行政院大陸工作會報九月十八日通過的「臺灣地區與大陸地區人民關係條例」草案第五十五條規定:

　　「被繼承人在臺灣地區之遺產, 由大陸地區人民依法繼承者, 其所得財產總額, 每人不得逾新臺幣二百萬元。超過部分, 歸屬臺灣地區同為繼承之人; 臺灣地區無同為繼承之人者, 歸屬臺灣地區後順序之繼承人; 臺灣地區無繼承人者, 歸屬國庫。

　　遺囑人以其在臺灣地區之財產遺贈大陸地區人民、法人、團體或其他機構者, 其總額不得逾新臺幣二百萬元。

　　大陸地區人民依規定不能繼承取得以不動產為標的之權利者, 應將該權利折算為價額。」

　　此一條文顯然違憲, 並且將嚴重違反臺灣人民的利益。我國憲法第七條規定:「中華民國人民……在法律上一律平等。」第十五條規定:「人民之……財產權, 應予保障。」我國政府並未放棄大陸主權, 大陸人民自然受到憲法保障, 雖然基於特殊情況, 依憲法第二十三條可以制定法律限制人民權利, 但限於以下四種情形: (1)防止妨礙他人自由; (2)避免緊急危難; (3)維持社會秩序; 或(4)增進公共利益所必要。行政院草案對本條的立法理由是:「為避免臺灣地區資金大量流入大陸地區, 危及國家安全與社會安定……」與憲法第二十三條的規定不合。

　　我國立法院如果通過這條法律, 中共必然採取同樣立法限制臺灣地區人民在大陸的繼承權。這樣一來, 目前及將來在大陸投資的臺灣人民, 一旦死亡, 則其在臺灣的繼承人也只能每人繼承二百萬臺幣在大陸之遺產,

---

[*] 原文刊載於《中國時報》, 第四版, 民國七十九年十二月六日。

而臺灣地區在大陸投資的人多半在大陸沒有繼承人；如此一來中共正好將
這些臺灣地區在大陸投資的人之財產，歸屬其「國庫」。目前臺灣在大陸投
資的總額據中共公布已達十一億美元，且百分之九十在一百萬美元以下(二
千七百萬臺幣)，所以人數頗多，且數額與人數還在增加。

　　基於上述理由，個人認為應將草案第五十五條廢除。

五、兩岸關係之未來

中國要怎麼樣的統一？ *

中國將來的統一不是要「以大統小」，而關鍵在人民。
人民歸向何方，何方就有權統一全國。

　　凡是中國人無不希望祖國早日統一，這也是中國文化的特色。早在二千多年前孟子就說：「天下烏乎定？定於一。」但為什麼中國自一九四九年以來就處於分裂狀況，而不能統一呢？自中共方面來看，認為是中華民國「頑固」，不肯接受其統一條件。其理由主要是根據雙方控制領土之大小，「以大統小」，視為理所當然。海外左派分子也持這種論調。

似是而非的論調

　　這種似是而非的理論如果可以成立，我們試問：當我政府在大陸控制有大部分領土之時，為何中共不根據「以大統小」之原則，而堅持割據，弄出所謂「中華蘇維埃共和國」，及「陝甘寧邊區政府」等「獨立王國」？「以大統小」根本就是不通之論，因為這是以爭奪權力為標準提出之論調，完全不符合中國傳統──人民為國家最重要的因素。

　　在二千多年前孟子就提出「民為貴，社稷次之，君為輕」的正確看法。並指出湯武革命與武王伐紂並不是弒君，而只是殺一匹夫。在這種正確的原則下，不發生「以大統小」之問題，而關鍵在人民。人民歸向何方，何方就有權統一全國。在武王伐紂的情況下，是「以小統大」，因為小的一方代表全國人民的願望，所以就有資格來「統大」。中國今日的情況是怎麼樣

＊原文刊載於《聯合報》，第二版，民國七十年一月十七日。

呢？試問大陸人民是想過臺灣的自由、民主、均富的生活方式呢？還是想繼續目前之生活方式？我想答案是非常清楚的。在這種情況下，中共有什麼理由來「統一」臺灣呢？至於在臺灣的人，對與中共「統一」更是避之惟恐不及，因為統一的結果就是造成越南第二，造成大批流落海上的難民。

中共的統一陰謀

中共最近又提出一種統一的方式，就是要我國放棄中華民國國號、國歌、國旗，承認為其一省，以交換其保證臺灣可以維持其社會及經濟制度之條件。這種形式的統一是真的統一嗎？在形式上有統一的外形，但實質上臺灣與大陸實行不同的制度，所以在實質上仍不是真正的統一。並且世界上從未有一個國家在國內不同地區實行二種根本不同的社會經濟制度。中共領導人物也曾透露最終目標，還是要將臺灣的經濟社會制度改為與大陸一樣。換句話說，就是要臺灣人民過大陸那種生活，這種統一合理嗎？合乎中國人民的利益嗎？

共產之路走不通

臺灣存在的意義，不僅只是維護了一千七百萬人過著自由、繁榮、民主與均富的生活，並且對整個中國的建設提供了一個切實可行之路。如果沒有臺灣存在與中共造成強烈的對比，中共可以振振有詞的繼續欺騙人民，說中國情況特殊沒有辦法，只有實行專制暴政才能有些少許進步。現在中華民國政府在臺灣的作為顯示，在人口密度五倍於大陸及幾乎沒有資源的情況下，只要實行三民主義，就可以克服一切困難，在很短的期間內，獲得驚人的進步與發展。

由上述分析可知，中國要想統一，其關鍵在於中共，中共一日繼續實行奴役中國人民的政策，中國就無統一的希望。三十年來的經驗證明，共產主義在中國是行不通的。不但共產主義如此，任何外來的意識型態，均

不合國情，只有以中國固有文化為主再吸取外來文化的優點的三民主義，才適合中國。所以中共必須放棄共產主義，改行三民主義，中國大陸才會有進步發展。

統一要對全民有利

只要三民主義能在大陸實行，由於在此制度下，人民的生命財產自由均有保障，工作效率就會大為提高，另外海外及臺灣的人才就會大規模的湧向大陸，海外及臺灣的資金也會大規模的流向大陸，中共目前所感到最困難的人才與資金的問題就可以迎刃而解，不到五年或十年大陸由於其資源的豐富與土地的廣大，就會有飛躍的進步，那時中國的統一還會有任何問題嗎？一旦大陸真正實行三民主義，建立臺灣式之民主制度，臺灣與大陸才能真正的統一。這種統一才對所有中國人有利，也符合所有中國人的願望！

對鄧小平所謂
和平統一「新」建議的分析*

　　本年六月二十六日鄧小平在接見一位美國華裔學者時，曾對「和平統一」問題提出了一些「新」建議，談話內容在七月二十九日由中共新華社透露，並由此華裔教授在八月一日香港出版的一份雜誌中刊出，美國方面，《華盛頓郵報》及《巴的摩爾太陽報》在七月三十日有報導，《紐約時報》則未報導，《華盛頓郵報》認為是「新」建議。我國外交部則認為並無新意義，因為此事牽涉及本人三月二十六日在美國亞洲研究學會的一篇論文，該文並曾譯載在《聯合報》三月二十八日，所以，特應《聯合報》編輯之約，寫此文分析一下。第一部分是根據香港雜誌刊登之內容，第二部分說明中共官方雖然認為香港雜誌之文走得太遠，因此又收回了一些，最後是作者之分析與結論。

亞洲學會中本人提出的「至少」的和平統一條件	香港雜誌所登鄧小平之反應	說　明
一、自衛權——包括在統一之前和之後購買適當防衛性武器之權利	統一後，臺灣可以向外購買防衛性武器（但不能因此而威脅大陸）	鄧小平對統一前之自衛權略而不提，換句話說，中共與美國之八一七限制臺灣武器購買之公報繼續有效，中共將繼續壓迫美國減少對臺武器售賣，以削弱臺灣之防衛力量，使臺灣在談判時處於不利之地位。統一後臺灣的武器不能威脅大陸，將使臺灣之自衛權失去效力，因為中共之長程、中程飛彈、轟炸

*原文刊載於《聯合報》，第二版，民國七十二年八月十八日。

		機、潛艇等均可威脅臺灣,而臺灣之武力如不能威脅到福建、浙江、廣東東部及江西,就無法有有效防衛力量
二、不允許任何一方片面改變和解條件	由聯合聲明一類正式文件保證統一條款之執行,但反對國際保證之形式,因為統一是中國人自己的事	根據中共「憲法」第三十一條「特別行政區」由法律定之,而法律是由中共人代會制定,因此中共仍可以片面改變和解條件。由於中共反對「國際保證」,所以「統一」後美國之「臺灣關係法」將無法存在,萬一中共毀棄諾言(此可能性甚大),臺灣將毫無保障,美國也將愛莫能助,臺灣又豈能自己走入中共陷阱,自作自受?
三、全部自治	完全自治如其意義是「兩個中國」或「一個半中國」,鄧小平是堅決反對的臺灣的立法機構在不違背憲法原則下,可以制定自己的法律(其他從略)	中共把任何事情都可解釋為「二個中國」,如泛美要恢復臺灣航線,荷蘭皇家航空公司要開臺北航線,來臺觀光簽證等,均被中共認為是「兩個中國」,在此情況下,臺灣之「自治」將隨時可被中共藉口「兩個中國」干擾而等於零。另外臺灣之立法權將受中共憲法限制,中共隨時可以修憲限制或取消臺灣之立法權
四、在外交關係和國際組織內擁有適當的國際地位	臺灣可以維持獨立的對外經濟關係,發給臺灣人民特有的護照及向外籍人士發給入境簽證,甚至與外國簽訂某些協	二者相差甚遠,看了自知,因此不必評論

	定	
五、中國大陸能夠到達某種程度的政治穩定和經濟發展	完全不提此事	中共的政治能穩定嗎?中共的領導人自己心裡有數,經濟發展更是疑問,鄧小平不提此事,頗有自知之明
六、中國人民能夠享有相當的政治和經濟自由	完全不提此事	中共在四個堅持之下,絕對做不到這點,因此鄧某也不提此事。最近中共增設「國家安全部」加強控制人民,且有多人以「臺灣間諜」罪名被判重刑

　　由上分析可知,香港雜誌中所稱「鄧小平對丘宏達的所謂『和談三條件』及孫運璿的要求,原則上是接受了」,與事實不符,此點必須注意。由於香港雜誌中提到去年六月十日孫院長對中美學者有關中國統一的談話,此文曾受到國內外有識之士的普遍讚揚,因此其中有關要點,也應分析一下,現將孫文中有關的幾個要點及中共反應分別說明於下:

一、「不在恐懼中去談判」

　　做到此點,中共必須取消美國與中共間的八一七對臺軍售限制公報,並不再干涉中華民國政府對外軍火採購。中共現正在反其道而行。

二、中共之談判要將中華民國政府降為地方政府

　　香港雜誌所刊鄧小平談話一文中,鄧氏指出「臺灣將是一個自治的特別行政區」,換句話說仍要將我國政府降為「地方政府」。

三、如果和談決裂中共不排除用武力侵犯臺灣

　　香港雜誌引用鄧某話說「中國……不能公開承諾和平統一是唯一的統一方式,因為這樣的承諾將使中國永不能統一。」換句話說,中共基本策略

仍是要用武力來威脅臺灣談判。

四、要中共放棄四個堅持（馬列主義、毛澤東思想、社會主義路線、中共黨的領導與無產階級專政）改變生活方式

中共新「憲法」第一條就規定中共是「人民民主專政的社會主義國家」，在各種中共領導人物之言論中，仍在強調「四個堅持」。「四個堅持」已害了中國三十多年，中共還不放棄，主要是想維持其封建統治，連最簡單的坐火車一事，只有十四級以上幹部才能坐「軟席」，人民有錢也不能坐，由此小事就可以了解中共統治之反動本質。

中共官方「新華社」對香港雜誌的報導，在內容有重要刪減，據美國《基督教箴言報》八月一日的分析，最重要的是「新華社」不提臺灣可向外買軍火及國際地位二點。另據美國中央情報局所出的「外國廣播消息資料」，中共「副總理」姚依林曾在最近說，臺灣在統一後可被准許買武器，如果此說屬實，則臺灣在統一後無權自己決定買武器事而需要中共「准許」，如果中共「不准」，臺灣就無法獲得防衛所需的武器。

由上可知，鄧某之談話，實際範圍仍不出葉劍英的「九點和平統一方針」，只是在某些部分較為具體並說得比較動人。當外電自北平發出此一電訊時，《紐約時報》記者也曾電話訪問本人。我就告訴他事實上是九點的翻版，除了某幾點較具體外，並無新意，該報後對鄧氏談話完全沒有報導，想也是分析鄧氏談話內容後，認為沒有新東西，才作此決定。

鄧小平談話發表的時間也頗值得注意，因為據香港雜誌所載，談話是在六月二十六日，為什麼延到七月底才發表？此事如與美國對華軍售聯在一起，就可了解，因為在七月中，美國宣布要賣給我國五億多軍火，鄧小平將其談話在美宣布軍售後才透露，可能主要還是想影響美國此後對華軍售的決定。

對中共上次之「九點」及此次鄧小平的談話，我國政府是採取立刻拒絕之辦法，為什麼要這樣做？最重要的原因，是中共的任何「和談」或「和

平統一」的建議，均是以將其主權延伸到臺灣為前提，如不立刻斷然拒絕，全國人民將誤會政府有意考慮這樣做，即臺灣社會內部勢必發生歧見。香港就是因為中共宣布要收回主權，而香港本身又無自衛能力拒絕中共主權，所以弄得人心惶惶，資金外流，有辦法的人競相移民他國。不過由於國際上一般人不了解中共之策略，而中共的九點及最近的談話，表面上看來頗為合理，所以我國政府在斷然拒絕之後，應有理性之分析，讓中外人士了解，才不至於損及我國之形象。

對於中共的和談統戰，中華民國過去曾一再上當受騙，中共如確有意修好，應以實際行動表示其誠意，但中共卻反其道而行，在此情況下，中華民國還會相信中共提出的任何建議嗎？中共多次干涉臺灣大小事情，其藉口都是「主權」、「兩個中國」，這是中共的「法寶」，也是中華民國政府與人民不信任中共的主要原因之一，因為這兩個名詞隨時可以用來取消一切諾言。如果中華民國政府接受中共之統一建議，置於中共主權之下，中共隨時可以翻臉，那時要反抗正好給中共出兵干涉之藉口(西藏就是一個例子)，美國也無法幫忙，因為那時所謂「臺灣問題」，已變成中共之內政問題。

中共如果要想統一，最重要的還是將其統治地區現代化（包括魏京生等所提出的第五個現代化——民主），假使能做到這點，統一不是問題。但在「四個堅持」下，我看不出如何能達到此目標。在此情況下，海內外希望中國統一的人士應該努力勸說中共放棄「四個堅持」，以求中國之現代化，而不宜來勸說中華民國政府來考慮中共一些似是而非包藏禍心的條件，這是本末倒置的做法，至於中國應在怎麼樣的情況下，才能統一，孫院長在去年六月十日的談話中，已指出了一個確實可行的方向：「中國的統一應以全體中國人民的自由意願為基礎……希望中共不要只在一些枝枝節節的問題上兜圈子、耍花招，也不要做些姿態來迷惑國際人士；而應儘速放棄「四個堅持」，加緊努力改變生活方式。只要在大陸上的政治、經濟、社會、文化等方面與自由中國的差距不斷縮小，中國和平統一的條件就自然會漸趨成熟，到那個時候，統一的障礙自然就會減少了。」

從臺灣看中國統一[*]

中共自一九七九年元月一日「人大常委會」發表〈告臺灣同胞書〉以來，先後提出各種和平統一建議，這些建議在表面上看似合理，也能顧及臺灣的現實狀況，但中華民國卻一再拒絕，分析其原因，可歸納出六項主要因素：

國民黨何以深具戒心

一、過去與共產黨打交道的經驗

一九三七年九月二十二日，共產黨藉抗日之名，發表宣言，願與國民政府共赴國難，卻趁國民政府停止勦共、全力抗日之際，壯大自己，採取「七分發展、二分應付、一分抗戰」策略，使共軍從一九三七年時的三萬人，擴張到一九四五年四月時的九十一萬人。共產黨一旦占到上風，在與國民黨談判時毫不寬容。一九四九年四月提出的和平協定，不僅要求國民政府無條件投降，還堅持要把國民黨領袖當「戰犯」懲罰。這些史實足以說明國民黨為何對與共產黨打交道深具戒心。

二、西藏經驗

中共與西藏在一九五一年五月二十三日締結協定，明言西藏人民擁有自治權，中共同意不改變西藏現行政治制度和達賴喇嘛的領導權力。但中共卻在一九五九年無情地揮軍入藏，解散達賴喇嘛的政府，殘殺數千藏人，迫使大批藏人逃離到印度。西藏的慘痛經驗，國民黨永難忘懷。

---

*原文刊載於《聯合報》，第二版，民國七十六年九月一日。

三、中共提出和平建議後對中華民國的態度

中共自一九七九年提出和平建議以來，一再處心積慮地在國際間孤立中華民國，阻止其他國家在臺灣設立商務辦事處，也阻撓臺灣在他國設置機構，更不許臺灣購買防禦性武器。這種削減臺灣防禦能力的做法，明白顯示中共意圖以武力犯臺。此外，中共也公開支持若干主張臺獨的分歧分子，這種行徑令中華民國無法對其和平建議保有信心。

四、臺灣的政治現實

目前，臺灣省籍人士已逐漸進入決策階層，他們在國民黨中常委中約占半數，也有人擔任敏感的安全與軍事要職。國民黨領導人似乎認為，在他們拔擢足夠多的臺灣省籍人士擔任要職前，考慮中共的任何和平建議皆屬不智，因為這將造成本省人與外省人間的猜忌。國民黨這種審慎作風連若干反對派領袖亦表贊同。

五、中共所提保證的可靠性

到目前為止，中共沒有一個保證是可靠的，這點將在下面說明。

六、中國大陸的政治穩定性

鄧小平的明顯接班人中共總書記胡耀邦今年初被迫辭職，誰來接替鄧還不確定，中共目前正進行權力鬥爭。在此情況下，中華民國對與中共談判統一的問題，只有抱著靜觀其變的態度。

拒絕「香港模式」的理由

中華民國為何拒絕以香港模式作為統一的基礎？這可歸納出數項理由：

一、如果同意成為中共的「特別行政區」，中華民國將立即喪失國際人格及

主權，如此將沒有法律拘束，能夠阻止中共毀棄其對臺灣所做的承諾。

二、中共領導人雖曾表示，在統一後中共不會派軍隊或行政人員到臺灣，但這項保證靠不住。在談判香港前途協議時，中共先曾宣布不會派兵到香港，但後來又改變心意。

三、以香港而言，中共保證維持香港現狀，至少是列於國際協定中，而臺灣的情況則不同，中共堅持要由共產黨與國民黨直接談判，如此，即便達成協定，也不是國際性協定，並不具國際法效力。因此，如果在統一後中共要撕毀統一協定，臺灣的境遇比香港還糟。沒有國家有合法權利督促中共信守協定。

四、即使中共在統一後信守對臺灣的保證，但也只能維持五十年。五十年過後，中共將可合法派軍占領臺灣，強制更改臺灣的政治、社會與經濟制度，以臺灣現有的民主、個人自由、財富公平分配和經濟發展遠遠超越大陸，臺灣人民為何要同意在五十年後改變他們的制度和生活方式？

五、在中共與英國談判香港前途協議的兩年中，香港金融市場大亂，房地產一落千丈，大批資金轉往他國。如果中華民國也依香港模式與中共展開談判，極可能發生類似情況，並可能造成嚴重的政治騷動。

六、中共與英國談判時使用的策略，令中華民國心生警惕。中共的談判策略是向對方施壓，促其先同意原則，然後在談判實施這個原則的具體安排時，中共故示彈性與大方，因為以後中共可隨時引用原則來廢棄任何一項具體安排。而且，在具體安排中，雖然一再顯示中共的「誠意」，但卻一定有一條款規定中共得保留取消整個安排或部分安排的權利。

為了回應中共的和平攻勢，國民黨提出「三民主義統一中國」的對策，暗示要求中共放棄共產主義。這個運動雖未受到國際注意，卻令中共相當難堪，因為毛澤東就曾經主張在中國實行三民主義。他在一九三八年十月十二─十四日舉行的中共六中全會上說：「一切共產黨員，毫無疑義，應該同中國國民黨與全國其他黨派，全國廣大人民一道，誠心誠意的實行三民

主義，誰要是不忠實於三民主義的信奉與實行，誰就不是一個忠實的馬克思主義者。」毛澤東還說：「建立一個什麼國呢？一句話答覆：建立一個三民主義共和國。」

中華民國政府的回應

今年七月十六日，中華民國政府正式解除直接赴香港觀光的禁令，以便利臺灣人民在香港與大陸親友會面。據報導，中華民國政府也考慮請國際紅十字會協助安排臺灣與大陸兩地家人團聚和聯繫。

一九八二年六月十日，中華民國行政院長孫運璿發表重要演說，呼籲中共領導人「加緊努力改變生活方式」，並說：「只要在大陸上的政治、經濟、社會、文化等各方面與自由中國的差距不斷縮小，中國和平統一的條件就自然會漸趨成熟，到那個時候，統一的障礙自然就會減少了。」

在面對中華民國這項修好提議，中共不僅未積極回應，反而施壓美國簽署「八一七公報」，限制美國對臺軍售的質與量。這明白顯示中共是要中華民國從弱勢地位來談判一項事實上是「投降」的協定。

中共在一九八六年的宣傳冊上載明，臺灣在與祖國和平統一成為特別行政區後，可以實行與大陸不同的制度，可以保有自己的軍隊，也有權購買武器……。但誰能保證一旦臺灣置於中共主權統治後，中共不會毀棄這項承諾？所謂的由基本法和中共「憲法」第三十一條來保障，在中華民國看來，根本就是個幌子。

事實上，中共「憲法」能持續多久，大有疑問，以過去中共憲法的更迭為例，一九四九年的「臨時憲法」被一九五四年的「憲法」取代。一九六六年文革爆發時，「五四憲法」形同具文，後被「七五憲法」取代。一九七〇年林彪提出憲草，分發全國討論，但在七一年林彪倒毛失敗後作廢。一九七五年一月制定的「憲法」在一九七六年十月四人幫垮臺後，也遭到棄而不顧的命運，後來正式被一九七八年的「憲法」取代。人代會在一九七八年三月五日通過的這套「憲法」，先於一九七九年七月修改了其中七條

條文，復被一九八二年十二月四日通過的現行「憲法」取代，壽命只有四年九個月。

　　為了證明中國社會也可實行多黨制民主，蔣經國總統在一九八六年十月七日跨出一大步，宣布中華民國決定解除戒嚴令，解除黨禁。今年七月十五日，戒嚴令正式解除，中華民國同時宣布取消外匯管制。由此，中華民國已採取歷史性的措施，邁向更大的政治與經濟自由化和政治民主化的方向前進。

中共的居心路人皆知

　　對於臺灣這項自由化與民主化的發展，中共作何反應？它不但未在大陸採取類似措施，以縮短雙方間政治與經濟的差距，反而自一九八六年底在大陸展開反對資產階級自由化運動。這種故意拉長大陸與臺灣經濟與政治差距的做法，破壞和平統一中國的根本基礎。

　　綜合以上分析，可以明顯看出，從中華民國的立場來看，中共的真正用心並不是要和平統一，而是要和平兼併臺灣，徹底消滅中華民國政府；而這個政府已證明它的能力，把臺灣的平均國民所得從一九五〇年的不到一百美元，提高到一九八六年的四千餘美元，並且致力於在臺灣加強實施民主與經濟自由化。而在中國大陸經過中共三十七年的統治後，平均國民所得只從一九五〇年的不到一百美元，提高到一九八六年的二百五十美元，而且還一意維持在大陸的極權統治，拒絕實施真正的民主。在這種情況下，中華民國政府怎麼會願意談判放棄自己的國號、憲法與國旗；而將臺灣及兩千萬人民置於中共的主權統治，任其處置？在臺灣的兩千萬人民會容許中華民國政府這麼做嗎？

註：本文係丘宏達教授參加美國耶禮學院主辦之「中國統一問題國際研討會」論文，交聯合報摘譯發表。

國際間會不會支持臺獨？[*]

有人認為臺灣獨立後，反而可以突破我國目前的外交困境。這個論點在國際政治運作中可能成立嗎？

一九七〇年十月二十四日聯合國大會通過的「各民族（People，但在其他文件中有時譯為『人民』）享有平等權利與自決權之原則」決議中說：

「根據憲章所尊崇之各民族享有平等權利及自決權之原則，各民族一律有權自由決定其政治地位，不受外界之干涉，並追求其經濟、社會及文化之發展，且每一國均有義務依照憲章規定尊重此種權利。」

但是此種義務不得解釋為授權或鼓勵採取任何行動，破壞或損害「具有代表領土內不分種族、信仰或膚色之全體人民之政府之自主獨立國家之領土完整或政治統一。每一國均不得採取目的在局部或全部破壞另一國國內統一及領土完整之任何行動。」

一九六六年十二月十六日聯合國大會通過的「國際人權盟約」在第一條規定：「一、所有人民都有自決權。他們憑這種權利自由決定他們的政治地位，並自由謀求他們的經濟、社會和文化的發展。」

但是第三條又規定：「本公約締約各國……。應在符合聯合國憲章規定的條件下，促進自決權的實現，並尊重這種權利。」

由此可知自決權在公約中之適用，仍受聯合國憲章之限制。

在聯合國處理實際案件時，所謂自決權只適用於殖民地或非自治領土，並且每一領土是否具有此種地位，也要由聯合國有關機構認定。

因此戰後許多國家某些人群的分離運動，如伊拉克境內的庫德族

＊原文刊載於《遠見雜誌》，第二十二期，頁三七一三九，民國七十七年四月十五日。

(Kurds)、西班牙的巴斯克 (Basques)、加拿大的魁北克省 (Quebec) 等均未獲聯合國及國際支持。換句話說，自決權不適用於多民族國家。

　　一九六〇年至一九六四年，聯合國在剛果（現改名薩伊 Zaire）獨立事變中，派兵進入宣布獨立的卡坦加 (Katanga) 省，協助剛果中央政府取消其獨立。

　　一九六七年奈及利亞東方省依波族總督奧朱古宣布獨立，建立比亞弗拉國。聯邦政府當時可用的軍隊只有一萬多人，但高文將軍下令討伐東方省，其他各族人士也支持聯邦政府的政策，並為紛紛趁機宣布獨立。

　　由於依波族人多為基督徒，西方輿論頗為同情比亞弗拉國之建立，並有少數白人協助比軍作戰。非洲有坦尚尼亞、尚比亞、加彭及象牙海岸等四國承認比國，但世界上其他國家均不承認。

領土爭議不適用自決權

　　一九七〇年奧朱古逃亡象牙海岸，其參謀長依菲恩下令無條件停戰，接受聯邦政府的權力，並取消獨立。

　　在三十個月的內戰中，依波族地區破壞甚大，死傷一百萬人以上，戰後難民達三百萬人。少數野心分子宣布獨立挑起內戰，使依波族人遭遇到空前未有的災難。

　　一九八三年十一月十五日，賽普勒斯 (Cyprus) 北部土裔住民在土耳其支持下宣布獨立。同月十八日，聯合國安全理事會宣布此一獨立為非法，且號召各國不予承認。目前除土耳其外，沒有任何國家承認北賽獨立。它不能參加國際會議，其護照也不被承認。

　　對於一些歷史上遺留下來的領土問題，聯合國的處置也顯示不適用自決權。例如，一七一三年西班牙將直不羅陀半島割讓給英國。英國於一九六七年在該地舉行公民投票，結果絕大多數支持英國繼續統治，但聯合國大會通過決議不承認此一公民投票。

　　一九七二年聯合國非自治領土委員會應中共要求，將香港、澳門從應

給予獨立或自治之地區名單中刪除，因為此為中國收回失土，與聯合國無關，各國也未提出異議。此外，英國雖已加入上述兩個國際人權盟約，但該二約第一條的「自決權」並未適用於香港，這是因為受到聯合國憲章及其實踐限制，及中共根本不承認香港可以自決之故。

二次大戰以後，若干國家中的分離主義企圖獨立之運動，幾均不受聯合國及世界各國支持。其中唯一成功之例為前東巴基斯坦成立的孟加拉國。但此為特例，因為東西巴基斯坦之間隔有印度領土距離達一千多公里，本來就不適合共成一國，其獨立時又有印度出兵協助才成功。

由上可知，「自決權」不能用來作為分裂一個國家的理由，是公認的國際法原則，並為聯合國的實踐所確認。

各國不會支持臺獨

美國在一九八二年八月十七日與中共簽署的臺灣軍售公報中，正式向中共承認無意支持「兩個中國」、「一中一臺」的政策，最近美國國務院高級官員又一再表示不支持臺灣獨立。

以西藏為例，美國的立場是認為西藏人民的人權應受尊重，但承認西藏是中國的一部分。

日本在一九七二年承認中共時，對中共堅持臺灣是中國一部分的立場表示「理解與尊重」。日本如支持臺灣獨立，必然與中共關係發生危機，使其無法繼續在大陸貿易與投資。

其他英、法、德等有實力的大國更不會支持，否則必會與中共鬧翻，甚至使中共又傾向蘇聯，使整個西歐及北美集團安全受到威脅。

何況中共已揚言臺灣如獨立或內亂，將出兵平亂。如此一來，東亞地區的和平與穩定必然遭受破壞，進而危及各主要貿易國家的重大利益。且戰亂一起，大批難民出現，東南亞整個地區會被擾亂，所以他們也沒有理由支持臺灣獨立。

過去中共對臺用武力的藉口，是宣傳臺灣人民生活在水深火熱之中，

必須出兵「解放」。如今中共已承認臺灣較大陸進步，並採納了一些臺灣經驗來建設大陸。在此情況下，中共對臺灣使用武力必須找到一個其他的藉口。

目前中共提出將在三個情況下對臺灣用武：第一是聯蘇；第二是「臺灣獨立」；這等於是臺灣背叛祖國，中共正好以民族主義為號召來討伐，這是攻臺的最好藉口；第三，臺灣有「內亂」；中共自認是中央政府，而臺灣為地方政府，地方有亂，中央當然要出兵平亂，以恢復地方秩序。

中共對臺灣獨立的態度

有人認為中共對臺用兵只是講講，即使臺灣真正獨立也不會出兵，這種說法恐有商榷餘地。

一九五〇年十月韓戰期間，聯合國軍將北韓逐回北緯三十八度線以北。當時中共一再聲言，如聯軍超越三十八度線，中共不會坐視。聯軍卻不理會其威脅，不但攻入北韓，且攻到中共邊境鴨綠江邊，中共果真以一百萬「志願軍」名義出兵干涉。

一九七八年底及一九七九年初，中共一再警告北越不得將大批難民驅逐到大陸，越南也未予理會。中共遂在一九七九年一月中，出兵進攻北越，徹底摧毀一些城市及鄉村後才退兵。蘇聯雖與北越訂有同盟條約，但也不敢出兵協助北越。所以對中共一再表示將以武力干涉「臺灣獨立」及「內亂」一事，不可以等閒視之。

基於上述理由，臺灣獨立是不可能實現的。但即使出現獨立的情況，必然造成對所有在臺人民不利的結果，為什麼還會有這種主張出現？除了極少數人是所謂數典忘祖或有其他野心外，個人認為有下列原因：

一、執政黨因為大陸失敗的經驗，所以有恐共症，想與大陸完全隔絕，以防止中共滲透。這種不合理的安全政策，使臺灣地區的人與大陸幾乎完全斷絕來往，三、四十年下來自然就會形成島國心態的「獨立」傾向。

二、執政黨對政治權力分配不合理。在一九七〇年代初以前，將臺籍人士
　　幾乎完全排除在中央民意機關之外，後來雖有所改進，但速度太慢，
　　且仍堅持一些不合理的情況，如國民大會代表遞補制度(最近才廢止)、
　　入外國籍者仍可任中央民意代表、中央民意機關仍以四十年前選出的
　　代表為主要決策人士等。

　　此外，有些中央部、會、局、處連一位臺省籍的副首長都沒有，如果
　　所任外省籍的正副首長均是才俊之士，當然也可以令人心服，但事實
　　上並非如此，這就難免引起本省籍人士的不滿，有些人就走向極端想
　　法。

三、由於大陸政策及外交政策不合理，在國際上造成日益孤立的結果，使
　　某些人認為將來前途堪憂，未免就要想其他出路，如臺灣獨立。

　　基於上述分析，個人認為要想消除臺獨思想，必須對國內的權力分配
做合理調整，在大陸政策與外交政策上作重大改變，否則如只是痛罵主張
臺獨的人，恐怕不能真正解決這個問題。

　　最後必須注意，目前政治權力分配不合理的狀況，對外省人的第二代
造成嚴重的不利影響，使他們成為失落之一代。

　　忽視多數人的合理政治要求，固然會造成不安定，但忽視少數人的合
理政治要求，同樣也會造成不安；如北愛爾蘭天主教少數人民（約占人口
三分之一）、斯里蘭卡的塔米爾人（約占人口的一七％），均因為長期受多
數人的歧視，終於發起暴亂活動，造成整個地區的政治不安與經濟衰退。
所以在調整政治權力分配時，也必須注意到這些人的合理權益。

以聯邦制統一中國的可能性[*]

　　最近有大陸學者主張中國實行聯邦制度，並以此統一大陸與臺灣，此種建議如果是作為中國統一的最後目標，是有可行性的；但在現在及可預見的將來，在臺灣方面恐無法接受這種統一的模式，目前臺灣地區已相當民主化，沒有絕大多數的人民同意，是無法與大陸和平統一的，而目前及可預見的將來，我看不出執政的國民黨及絕大多數的臺灣人民，有贊成以聯邦模式與大陸統一的可能，其理由如下：

一、在聯邦制度下，各邦雖有高度自治權，但並非國際法的主體，外交國防均由中央負責，雖然憲法可以保障各邦權利，但憲法是由聯邦的最高法院解釋，即使有高度民主的美國，聯邦最高法院的判決也絕大多數是偏向擴大聯邦權限。但美國全國實行民主及尊重私人財產的制度，這種擴大聯邦權限的結果，對私人無甚影響。目前臺灣與大陸各方面差距甚大，臺灣變成大陸十幾個省或邦中的一個，大陸一擴大中央權限，臺灣地區將事實上喪失大部分自治權。

二、成立聯邦勢必取消中華民國的國號與國際人格，其現有武力由中央指揮，這在臺灣政治上有可能做到嗎？

三、聯邦國的各邦必須政經制度大體相同，如果是極不相容的兩種制度弄在一起，就不能施行。一七八九年美國邦聯各邦改為聯邦，將南部維持奴隸制度的各邦與北部禁止蓄奴的各邦合成一國，不久在一八六一年就爆發南北戰爭，南方失敗，全國均禁止奴隸制度後，美國聯邦制度才順利維持下去。目前臺灣實行民主自由與均富的制度，大陸實行專制獨裁與封建的制度，兩者根本不能相容，如何共組聯邦？

---

[*] 原文刊載於《聯合報》，第三版，民國七十八年十月十三日。

四、大陸中央集權之思想與作法根深柢固，一旦臺灣與其組成聯邦，將來甚有可能被片面廢除，到時臺灣方面並無有效武力可以對抗。前義大利屬地厄立特里亞 (Eriterea) 戰後由聯合國監督下與衣索比亞 (Ethiopia) 在一九五二年組成聯邦，但一九六二年衣國皇帝背信將其合併為一省，引起厄人群起反對，衣國出兵鎮壓，戰禍二十多年雙方死亡百萬人以上，迄今未了，此事可為殷鑑。

基於以上理由個人認為即使整個大陸改行聯邦制，只要中共統治一天，就無法獲得臺灣人民同意以聯邦制與大陸統一。但即使大陸改行民主自由與均富下的聯邦制度，一時也無法使臺灣人民願意加入為一邦，必須有一段相當長的時間，證明大陸是真正的穩定，才有可能以聯邦制統一。

在其他經由各國分立而建立聯邦制統一國家的歷史上，較成功的只有美國與德國，但都經過邦聯的階段，邦聯雖有一個中央機構，但各邦均有否決權，且各邦均保有其獨立的國防地位與武力。美洲十三個殖民地聯合起來在一七七六年反抗英國統治後，建立了美洲邦聯，到了一八八九年才改為聯邦。德意志各國在十八世紀初就有統一運動，先是一八一五年由奧國皇帝出來組德意志邦聯，但奧國還有許多非德意志民族居住的領土，所以這一部分不能加入邦聯（其他德意志各國也反對其加入），只有一部分德人居住及波希米亞部分加入邦聯。在這種情況下，德國統一無法完成，因為奧國不願放棄其他非德人居住的領土。一八六六年德意志邦聯中的普魯士擊敗奧國，強迫奧國取消德意志邦聯，而由普魯士另組北德邦聯排除奧國，南德巴伐利亞等國也未加入北德邦聯。到了一八七一年普魯士擊敗法國，聲望大增，南德各國與北德邦聯合組成德意志帝國，由普王兼任帝國皇帝，德國統一終告成功，但採聯邦制度。

由上可知由分裂的情況要想和平統一，恐怕必須經過邦聯的階段，才有可能。在臺灣與大陸長期分裂的情況，必須經過一段相當長的邦聯階段，才有可能和平統一。並且在成立邦聯前，雙方均需承諾採行現在世界潮流所趨的自由、民主與均富的制度，然後在邦聯期間使雙方制度逐漸接近，

184　書生論政——丘宏達教授法政文集

這樣才有可能走向聯邦制的統一。

聯邦政府之成長						
成立之年代　國家名稱　存續區分	一七五〇年前	一七五一—一八〇〇	一八〇一—一八五〇	一八五一—一九〇〇	一九〇一—一九五〇	一九五一—一九七〇
業已解體者	(一)尼日蘭聯合王國 (二)五大邦聯合		(一)哥倫比亞 (二)智利 (三)中美共和國	紐西蘭	(一)緬甸 (二)印尼	(一)羅德西亞 (二)馬利聯邦 (三)剛果 (四)西印度群島 (五)利比亞 (六)東非聯邦 (七)衣索比亞 (八)阿拉伯聯合共和國
現仍存續者	瑞士	美利堅合眾國	(一)阿根廷 (二)巴西 (三)墨西哥 (四)委內瑞拉	(一)加拿大 (二)日耳曼 (三)奧地利	(一)澳大利亞 (二)印度 (三)巴基斯坦 (四)蘇聯 (五)南斯拉夫	(一)馬來西亞 (二)奈及利亞 (三)捷克 (四)喀麥隆 (五)坦尚尼亞

備註：現仍存續者共 19 國，業已解體者共 16 國。

從實踐層次看中國統一的可能模式與程序*

在統一前雙方維持關係的模式，國內外均有不少建議，但個人認為此事必須由實踐及可行性來分析，而不應脫離現實提出根本無法實行的模式，現將各種模式及其可行性分析於下。

國內有不少人主張以分裂國家的模式來為兩岸關係定位，即使在法律上講得通（詳後），也無可能為中共接受，因為實力懸殊，中共沒有理由會接受此種模式。現將德、韓分裂國家的情況與我國情況分析於下：

德韓模式　中共極為排斥

一、北韓土地較南韓大，但南韓人口較北韓多一倍，南韓是聯合國大會一九四八年十二月十二日決議認定是朝鮮半島在聯合國監督下選出的唯一合法政府。南北韓分界有一九五三年七月二十七日簽訂的停戰協定。以往的蘇聯、現在的中共都對北韓堅定支持。至一九九〇年為止南韓與世界上一百二十五個國家建交，北韓與一百零二個國家建交，有六十八個國家同時與南北韓均建交。南韓參加十七個國際政府間組織，北韓亦參加十個的政府間組織，現雙方均為聯合國會員國。

二、東、西德的情況是西德土地比東德大一倍，人口多三倍，所有國家幾乎均承認西德，前東德在最近統一前也有許多國家承認，雙方並加入許多政府間國際組織。雙方分界係由一九四五年波茨坦公告分別劃定，而美、蘇、法、英均為協定締約國。

三、韓國在一九四五年日本投降日軍撤走後，由美、蘇在南北韓分設軍政府佔領，一九四八年南北韓分別成立政府，均主張為全韓唯一合法政

* 原文刊載於《中國時報》，第七版，民國八十一年七月八日。

府，德國在一九四五年五月戰敗投降後，由英、英、法、蘇佔領，同年六月此四國將德國中央政府解散。其後英、美、法將其佔領區合併，在一九四九年成立德意志聯邦共和國，蘇聯佔領區則成立德意志民主共和國。這二個國家的分裂均有國際協定牽涉在內，而中國並無此種情況，原來統治整個中國的中華民國政府仍屹立於臺灣，中共則在一九四九年十月一日成立中華人民共和國政府，目前之分裂並無國際協定牽涉在內，而是內戰之結果。

分裂國家模式最大的問題還是在於雙方的實力的懸殊，因為國際上國際法固然有點用處，但主要還是靠政治力量，歐洲及北美國家沒有一個支持我國應與中共平等相待，而它們也不願將國際上已大體定案的「一個中國」，即由中共代表中國的事又翻案，引起無謂糾紛。

在中共方面，早已認為德國模式是「兩個中國」的模式，更值得注意的是，在東、西德國及南、北韓的分裂情況，即使在法律上是二國，但沒有德人主張他們不是德國人或否定德國歷史文化傳統；在南北韓情況也是一樣，沒有人主張他們不是韓國人或否定韓國歷史文化傳統。在中華民國臺灣地區，臺獨活動在國內外已有多年歷史，最近更發展到島內公開活動，且還能在去年國大選舉中取得近四分之一的選民支持。在這種情況下，中共更不放心接受德國模式，關於這點，一本中共最近出版的書中表示，如出現了「兩個中國」……一旦時機成熟，臺灣有人如果想換一個招牌，不就是「臺灣獨立國」了嗎？（見中國社會科學院臺灣研究所編，《轉型期間臺灣政治與兩岸關係》，北京：時事出版社，一九九一年十一月出版，頁二二四。）

另外一種模式是有些人提出的「一個中國、兩個對等政府」模式，也就是「一國兩府」模式，在理論上，這個模式較分裂國家模式合理，因為強調一個中國的原則，又符合事實的現實，因為事實上中國現在有兩個政府，一在大陸一在臺灣，但主要困難還是雙方力量的懸殊，而不為中共所接受。且中共「一國兩制」的模式是強調一個中國兩個不對等的政府，中

共是中央，臺灣是地方，如果在過渡時期承認雙方是對等政府，等於放棄「一國兩制」的目標，在現階段根本不可能。

一國兩區　相對言較合理

第三種模式是我方行政院所提出的「一國兩區」模式，由於此一模式不涉及國際法上的問題，只是說明事實，應是較可行的方式，以往中共叛亂時期，自稱其竊據的地區為「解放區」，而稱我方控制地區為「國民黨統治區」，簡稱「國統區」，所以「一國兩區」是有其先例的。中共雖然現在仍然攻擊「一國兩區」，誣指為「兩個中國」，但這仍是一個較合理的模式，可與討論，作為將來雙方來往的模式。

在國統綱領中提到雙方應「在互惠中不否定對方是政治實體」，由於政治實體並無明確的國際法及國內法的意義，只說明一個事實的存在情形，可以避免困難的爭議性法律問題，且只要「不否定」對方為政治實體，而不須作任何積極的表示，所以是個務實可行的模式。但是我方若干官員將國統綱領擴大解釋，有說要是「對等」的政治實體，有說要「相互承認」為政治實體，引起中共方面的反彈，引起無謂的爭議，如照若干官員自己想出來的擴大解釋，恐怕就難以和中共談判交涉。

在過渡時期要為兩岸關係找出一個可行的模式，牽涉到雙方必須接受「一個中國」的原則問題，這本來不是個問題，但我方有人又提出要將「一個中國」加以明確界定的看法，這就引起爭執，因為如果可以將此原則加以明確界定的話，那就等於解決了統一的最大問題。但現在可能嗎？在我方政治體制下，「一個中國」當然是指中華民國，在法律上包括整個大陸，但僅實際管轄臺灣地區，如要更改國土範圍必須由國民大會修憲，這在目前做得到嗎？如要這樣做，在國內政治上恐會引起重大政治風暴。而在這方面倒是中共的態度較為務實與合理，今年五月二十日中共海協會副會長唐樹備在紐約表示：雙方交往商談應在「一個中國」原則下進行，至於「一個中國」的含意不必深入討論，因為必然產生不同意見，雙方可以把「一

個中國」的解釋暫時擱置一邊，務實的來解決交往中產生的問題。（《世界日報》（紐約），一九九三年五月二十一日，頁二。）

主權虛懸　此說值得商榷

有人主張一個中國是指一九四九年以前及統一後的中國，目前屬於主權虛懸等，此種說法值得商榷。第一、違背憲法，未經國民大會通過，主權如何可以虛懸？第二、依據國際法，中國的國際人格從未中斷，如何可以主權虛懸？國家如無主權就不是國家。即使在第二次世界大戰後，德國中央政府被解散，其主權也沒有虛懸，而是由英、美、法、蘇四國共同行使，德國仍存在，其後還給東西德政府由其在管轄區內行使。目前中國的主權只是分別由我方及中共在其管轄區內行使，沒有虛懸之事，而在法律上仍是一個主權，事實上我方與共方也均認為只是一個主權，但任何一方均不能在中國全部領土行使。

在海峽兩岸關係發展上，如果雙方能各讓一步，採取異中求同及求大同存小異的精神，是有可能進入國統綱領的中程階段，即雙方建立直接溝通管道、直接三通，臺灣對大陸從事大規模共同投資與開發等，這樣雙方就能建立密切的政、經、文化關係。若干年後雙方差距逐漸減少，互信增加，到這種時候任何武力攻臺或臺灣獨立的主張者，必為兩岸人民所不取，到了這個時期就可以開始研究統一的模式了。

有人提出將來中國應以聯邦制統一，還是很正確及實際的看法，因為目前比較大的國家，如美國、加拿大、巴西、墨西哥等都是聯邦國家。次大國如德國或小國如瑞士也採聯邦制。但參考三個著名聯邦國家的成立經過，全都經過邦聯的階段，現分述如下：

目前存在的三個著名聯邦國家──瑞士、美國與德國，均是先經過邦聯的階段才和平統一成為聯邦國家，由歷史事件來看，由分裂的狀況要想和平統一，勢必先經過一段各邦自主權較高的邦聯的階段，並且在達到聯邦式的統一以前，邦聯成員的制度必須大體相同。例如，美國自邦聯變成

聯邦時，容納了維持奴隸制度的南方各邦在內，聯邦成立後，奴隸制度成了南北各州間的嚴重爭執，最後爆發內戰，消滅了奴隸制度，美國才真正統一，成為世界強國。

中共方面目前還在反對邦聯或聯邦的制度，這是可以了解的，因為它既已提出「一國兩制」的模式，任何不合此模式的建議都會反對。我方的國統綱領是對統一不預設立場，將來完全由雙方人民來決定，如果到時人民要選擇「一國兩制」，當然也可以，但也不能排除其他模式。

有一點必須注意邦聯制模式與上述分裂國家（或稱德國模式）模式不同，德國模式實際上是「兩國兩制」，所謂統一只是口號而已，而德國統一所以成功，主要是因蘇聯發生變化不再支持東德，西德政經力量強大，所以西德將東德全部併吞，取消其國號及國際人格，改建成四個邦。這種統一模式對臺灣是既不適合也不利的。設想如果我們是東德，當然被併吞消滅。如果我們是西德，由臺灣將大陸吃下，恐怕是無法消化的，而且一定造成臺灣地區生活水準的大幅度下降，非人民所願接受。

和平統一　兩岸都是贏家

由國統綱領中程進入遠程後，必須先採邦聯的方式才能逐漸達到統一的目標，因為在邦聯制下有一個共同的中央機構，來處理共同關切的事項，而不是像國統綱領中程的情況，仍舊是各自為政的情況，並無一個中央機構。成立邦聯後，兩岸關係更形密切，這樣經過一段時間相處後，再成立聯邦達到真正統一的中國，恢復中國自元朝（一二八〇年）以來的大一統的局面。只有在這種和平情況下的統一，才沒有誰勝誰敗誰吃虧與誰吃掉誰的問題，而兩岸全體人民及政府都是勝利者。

統一模式之研究[*]

一、導　論

　　關於中國統一模式的各種建議甚多，但許多建議都未充分考慮到是否可行的問題，特別是在臺灣方面有沒有可能被接受；如果沒有考慮到這點，一切建議就流於空談，中共提出的「一國兩制」，就是這種情形，因此先就這點說明與分析。

二、一國兩制模式

　　中共的「一國兩制」模式，中共本身對此說明甚多，各種分析評論也多，因此不在此多說。據個人了解，中共此種模式的主要內容如下：

㈠所謂一國是指「中華人民共和國」，換句話說，中華民國要消失。

㈡「中華人民共和國」在國際上代表中國，包括臺灣地區在內。

㈢臺灣一切制度不變，享有高度自治權，但要改為「中華人民共和國」的一個特別行政區，是「中華人民共和國」中央人民政府管轄下的一個地方政府。

㈣臺灣可保留軍隊，並可向外購置武器。

　　中共自認臺灣一切不變，臺灣只要去掉「中華民國」的國號降為地方政府就可以，非常合理。但仔細分析一下，此一模式根本不可行，其理由如下：

㈠接受中共的統一模式，牽涉變更國體，必須經中華民國國民大會同意，

---

[*]原文刊載於《中國憲政》，第二十七卷第十一期，頁一五一一八，民國八十一年十一月。

這有可能嗎？如果要在臺灣舉行公民投票，有可能得到多數臺灣人民贊成變成中共的地方政府嗎？

㈡由於「中華人民共和國」在國際上代表中國（包括臺灣），中共外交部只要一紙照會就可以阻止他國賣武器給臺灣，否則就構成干涉中國內政，所以臺灣可以向外購買武器一事流於空言。

㈢中共隨時可以取消臺灣的高度自治權，外國根本不能干涉，否則又構成干涉中國內政。

㈣即使將中共一切保證寫入憲法也沒有用，因為憲法，由中共控制的人代會常委會解釋；且中共任何違憲行為均是中國內部問題，不受國際干預，臺灣一點辦法都沒有。

　　事實上在臺灣任何從事政治活動的人，如以接受中共的「一國兩制」為政治主張，就等於政治生命的終結。一九八九年臺灣的立委選舉還有極少數的統派出來競選但都落選；一九九一年底的國民大會選舉，統派連候選人都提不出來，可見臺灣人心之去向由此可知。

三、中國統一前臺海雙方維持關係的模式

　　在中國統一以前，臺海雙方維持關係的模式，對最終的統一模式很有影響，所以在此先討論一下。

　　在臺灣地區有些人主張以分裂國家模式，來維持臺海雙方在統一前的關係；此種看法恐怕不太實際且無可行性，因為中國與德國、韓國情況不同，現說明於下：

㈠北韓土地雖較南韓大，但南韓人口較北韓多一倍，南韓是聯合國大會一九四八年八月十二日決議認定是一朝鮮半島在聯合國監督下選出的唯一合法政府。南北韓分界有一九五三年七月二十七日簽訂的停戰協定。以往的蘇聯，現在的中共都對北韓堅定支持。至一九九〇年為止，南韓與世界上一百二十五個國家建交，北韓與一百零二個國家建交，有六十八

個國家同時與南北韓均建交。南韓參加十七個國際政府間組織，北韓亦參加十個政府間組織，現雙方均為聯合國會員國。

㈡東、西德的情況是西德土地比東德大一倍，人口多三倍，所有國家幾乎均承認西德，而最重要的是前蘇聯自西德建國開始，就一直承認西德。東德在最近統一前也有許多國家承認，雙方並加入許多政府間國際組織，雙方分界係由一九四五年波茨坦公告分別劃定，而美、蘇、法、英均為協定締約國。

㈢韓國在一九四五年日本投降日軍撤走後，由美、蘇在南北韓分設軍政府佔領，一九四八年南北韓分別成立政府，均主張為全韓唯一合法政府；德國在一九四五年五月戰敗投降後，由英、美、法、蘇佔領，同年六月此四國將德國中央政府解散。其後英、美、法將其佔領區合併，在一九四九年成立德意志聯邦共和國，蘇聯佔領區則成立德意志民主共和國。這二個國家的分裂均有國際協定牽涉在內，而中國並無此種情況。原來統治整個中國大陸的中華民國政府仍屹立於臺灣，中共則在一九四九年十月一日成立中華人民共和國政府，目前之分裂並無國際協定牽涉在內，而是內戰之結果。

　　分裂國家模式如果要在中國實行，最大的問題還是在於臺海兩岸雙方的實力懸殊，因為國際上國際法固然有點用處，但主要還是靠政治力量，歐洲及北美國家沒有一個支持在中國實行分裂國家的模式，即同時承認臺海雙方均為國家的雙重承認，採取「兩個中國」或「一中一臺」的政策。它們認為過去多年來經驗已證明，中共不可能接受「兩個中國」或「一中一臺」政策，而中共為國際上一個大勢力，不能忽視，許多東亞、南亞問題，沒有中共的參與就無法解決。同時中共國民所得雖低，國家也窮，然而一旦發生動亂或支持他國作亂，或支持其他國家內部反對分子作亂，將會造成嚴重問題，目前東亞大體平靜，它們更不願將國際上大體已定案的「一個中國」，即由中共代表中國的事又翻案，引起無謂糾紛，且危及國際和平、安定與繁榮。

在中共方面，早已認為分裂國家或德國模式是「兩個中國」的模式，更值得注意的是，在東、西德及南、北韓的分裂情況，即使在法律上是二國，但沒有德人主張他們不是德國人或否定德國歷史文化傳統；在南北韓情況也是一樣，沒有人主張他們不是韓國人或否定韓國歷史文化傳統。在中華民國臺灣地區，臺獨活動在國內外已有多年歷史，最近更發展到島內公開活動，且還能在去年國大選舉中取得近四分之一的選民支持。在這種情況下，中共更不放心接受分裂國家或德國模式。關於這點，中共最近出版的一本書中表示，「如出現了『兩個中國』……一旦時機成熟，臺灣有人如果想換一個招牌，不就是『臺灣獨立國』了嗎?」

另外一種模式是有些人提出的「一個中國、兩個對等政府」模式，也就是「一國兩府」模式；在理論上，這個模式較分裂國家模式合理，因為強調一個中國的原則，又符合事實的現實，因為事實上中國現在有兩個政府，一在大陸一在臺灣，但主要困難還是雙方力量懸殊，而不為中共所接受。且中共「一國兩制」的模式是強調一個中國兩個不對等的政府，中共是中央，臺灣是地方，如果在過渡時期承認雙方是對等政府，等於放棄「一國兩制」的目標，在現階段根本不可能。

第三種模式是我方行政院所提出的「一國兩區」模式，由於此一模式不涉及國際法上的問題，只是說明事實，應是較可行的方式。以往中共叛亂時期，自稱其竊據的地區為「解放區」，而稱我方控制地區為「國民黨統治區」，簡稱「國統區」，所以「一國兩區」是有其先例的。中共雖然現在仍然攻擊「一國兩區」，誣指為「兩個中國」，但這仍是一個較合理的模式，可與中共討論或達成默契，作為將來雙方來往的模式。

在國統綱領中提到雙方應「在互惠中不否定對方是政治實體」，由於政治實體並無明確的國際法及國內法的意義，只說明一個事實的存在情形，可以避免困難的爭議性法律問題，且只要「不否定」對方為政治實體，而不須作任何積極的表示，所以是務實可行的模式。但是我方若干官員將國統綱領擴大解釋，有說要是「對等」的政治實體，有說要「相互承認」為政治實體，引起中共方面的反彈，引起無謂的爭議。如照若干官員自己想

出來的擴大解釋，恐怕就難以和中共談判交涉重要問題。

四、中國最終統一模式的探討

在海峽兩岸關係發展上，如果雙方能各讓一步，採取異中求同及求大同存小異的精神，是有可能進入國統綱領的階段，即雙方建立直接溝通管道、直接三通、臺灣對大陸從事大規模共同投資與開發等，這樣雙方就能建立密切的政、經、文化關係。若干年後雙方差距逐漸減少，互信增加，這時任何武力攻臺或臺灣獨立的主張者，必為兩岸人民所不取，到了這個時期就可以開始研究統一的模式了。

有人提出將來中國應以聯邦制統一，這是很正確及實際的看法。因為目前比較大的國家，如美國、加拿大、巴西、墨西哥等都是聯邦國家，次大國如德國或小國如瑞士也採聯邦制。但參考目前存在的三個著名聯邦國家——瑞士、美國與德國，均是先經過邦聯的階段才和平統一成為聯邦國家。現分述如下：

先說瑞士，瑞士各邦 (Canton) 在中世紀時已有相當密切的聯繫，在一三一五年已組有鬆散的邦聯，到一六四八年維斯法利亞條約 (Westphalia) 簽訂後，瑞士雖取得獨立的外交權，但名義上仍屬神聖羅馬帝國。一七九八年瑞士被法國軍隊佔領，強迫成立赫維的克共和國 (Helvetic Republic)，是一個單一制的國家。法國拿破崙皇帝被歐洲各國聯軍擊敗後，在一八一五年處理戰後事務的維也納公會 (Congress of Vienna) 壓力下，瑞士二十二州簽訂聯邦協約 (Federal Pact)，但事實上仍是個邦聯。直至一八四八年制定新憲法後，才成為真正的聯邦，但中央權力仍舊有限，因此一八七二年又修憲以充實中央權力，一八七四年四月十九日經公民複決通過，五月二十九日生效，成為聯邦。

美洲十三個英國殖民地在一七七六年宣布脫離英國獨立後，制定了邦聯條款 (Article of Confederation)，成立邦聯。在獨立戰爭勝利後，十三個宣布獨立的殖民地，認為應加強彼此關係而成立聯邦，因此在一七八七年制

定憲法，一七八九年三月三日憲法經這十三個前殖民地的議會批准後生效。

德意志民族語言、文化、人權均相同，但分建多國，因此在十八世紀時就有統一運動，到了一八一五年法國拿破崙戰敗後，奧國皇帝將其本國德語部分與其他德意志各國合組德意志邦聯，自任邦長。但一八六六年邦聯中的普魯士擊敗奧國，取消邦聯，由普魯士另組北德邦聯，將奧國排除在外，南德的巴伐利亞等國並未參加此邦聯。一八七一年普魯士擊敗法國，聲望大增，因此南德巴伐利亞等國與北德邦聯合組成德意志帝國，由普王兼任帝國皇帝，採聯邦制度。

由以上三個歷史來看，由分裂的狀況要想和平統一，勢必先經過一段各邦自主權較高的邦聯階段；並且在達到聯邦式統一以前，邦聯成員的制度必須大體相同。例如，美國自邦聯變成聯邦時，容納了維持奴隸制度的南方各邦在內，聯邦成立後，奴隸制度成了南北各州間的嚴重爭執，最後爆發內戰，消滅了奴隸制度，美國才真正統一，成為世界強國。

在臺海雙方的關係上，邦聯模式比較可行，因為這不變更雙方現有的憲政體制，而只是在雙方之上加了一個中央機構。而必須注意的是邦聯模式與上述分裂國家（或稱德國模式）模式不同，德國實際上是「兩國兩制」並無中央機構在上，所謂統一只是口號而已。而德國統一所以成功，主要是因為前蘇聯發生變化不再支持東德，西德政經力量強大，所以西德將東德全部併吞，取消其國號及國際人格，改建成四個邦。

在中國統一的過程中，必須先採邦聯的方式才能逐漸達到統一的目標；因為在邦聯制下有一個共同的中央機構，來處理共同關切的事項，而不是像國統綱領中程或分裂國家的情況，仍舊是各自為政的情況，並無一個中央機構。成立邦聯後，兩岸關係更形密切，這樣經過一段時間相處後，再成立聯邦達到真正統一的中國。

中共方面目前還在反對邦聯或聯邦的制度，這是可以了解的，因為它既已提出「一國兩制」的模式，任何不合此模式的建議都會反對。我方的國統綱領是對統一不預設立場，將來完全由雙方人民來決定；如果到時人民要選擇「一國兩制」，當然也可以，但也不能排除其他模式。

中共若有誠意　應簽兩岸和平協定[*]

中共的「一國兩制」是要吞併臺灣

李總統昨天在國大國情報告時，重申拒絕中共的「一國兩制」，認為這是與民主理念背道而馳的主張；並強調兩岸問題的本質是制度競賽，未來中國必須統一在民主、自由、均富的制度下。我們必須對「一國兩制」的本質加以釐清。

中共政權的「一個國家，兩種制度」是已故領導人鄧小平在一九八四年提出，其要點如下：

我們的政策是實行「一個國家，兩種制度」，具體說，就是在中華人民共和國內，大陸十億人口實行社會主義制度，香港、臺灣實行資本主義制度。

實行「一個國家，兩種制度」的構想是我們從中國自己的情況出發考慮的，而現在已成為國際上注意的問題了。中國有香港、臺灣問題，解決這一問題的出路何在呢？是社會主義吞掉臺灣，還是臺灣宣揚的「三民主義」吞掉大陸？誰也不好吞掉誰。如果不能和平解決，只有用武力收回，這對各方都是不利的。實現國家統一是民族的願望，一百年不統一，一千年也要統一的。怎麼解決這個問題，我看只有實行「一個國家，兩種制度」。世界上一系列問題都面臨著用和平方式來解決還是用非和平方式來解決的問題。總得找出個辦法來。新問題就得用新辦法來解決。香港問題的成功解決，這個事例可能為國際上許多問題的解決提供一些有益的線索。我們可以從世界歷史來看，有哪個政府制定過這麼開明的政策？從資本主義歷史看，從西方國家看，有哪一個國家這麼做過？我們採取「一個國家，兩

---

[*] 原文刊載於《聯合報》，第十五版，民國八十七年七月二十八日。

種制度」的辦法解決香港問題，不是一時的感情衝動，也不是玩弄手法，完全是從實際出發的，是充分照顧到香港的歷史和現實情況的。

據新華社報導，中共海協會常務副會長唐樹備後來對記者的談話中說：「按照『一國兩制』解決臺灣問題，臺灣仍可股（票）照炒、選舉照搞，政治制度、經濟制度和生活方式等現在有的仍可保留，以『一國兩制』實現統一，臺灣可以得到更多的東西，可以分享更多的國際空間。」唐樹備並指出，「在一個中國的原則下，只要有利於和平統一的我們都願意談，這就是一種開明、開放的態度。」

鄧小平的「一國兩制」說法是基於一九八一年九月三十日葉劍英的「關於臺灣回歸祖國實現和平統一的方針政策」而來，其中第三條提到「國家實現統一後，臺灣可作為特別行政區，享有高度的自治權，並可以保留軍隊。中央（指中共）政府不干預臺灣地方事務」。這個建議我國政府已予拒絕，但在一九八三年三月二十五至二十七日在美國舊金山舉辦的亞洲學會中，有楊力宇教授主持的一個研討會，筆者經與有關單位磋商後，以個人名義提出一篇論文，其中提到，要想和平統一，臺灣必須有完全自治，並在國際地位與國際組織（指政府間的國際組織）有適當地位。（全文後刊在《亞洲觀察》(*Asian Survey*) 一九八三年十月號中。）

但鄧小平先生於一九八三年六月二十六日接見楊力宇教授時表示，自治要有限度，反對「完全自治」。在鄧小平先生一九八四年六月正式提出「一國兩制」後，同年十一月中共召開的全國對臺宣傳工作會議上，當時中共軍事委員會副主席（主席是鄧小平）楊尚昆說明四個對臺政策基本點：

一、「臺灣只能是中華人民共和國的一個省政府，或者按我們的說法，叫做特別行政區，國旗必須是五星紅旗，外交大權在北京。……首都在北京，不是在臺北，這是必須堅持的。特別行政區是在中央政府管轄下的，不能是什麼『完全自治』的自治區。」

二、「第二個基本點，是堅持和平解決。經過談判，大家同意，在你不吃掉我，我不吃掉你的條件下，臺灣回歸祖國，但對蔣經國也好，對美

國也好，我們不能保證不使用武力。」

三、「第三個基本點，是統一以後，臺灣成為特別行政區。特別行政區有自己的獨立性，可以實行不同的制度，司法獨立，終審權不需要到北京。臺灣還可以有自己的軍隊，大陸不派軍隊駐臺灣，連行政人員也不去。臺灣的黨政軍系統，都由臺灣自己來管，中央政府還要給臺灣留出名額。……還可以有一定的外交權，甚至買點武器也可以，但必須在自衛的原則底下，不能損害統一，不能構成對大陸的威脅。」

四、「第四個基本點，就是要採取適當方式。我們堅持用和平談判來解決臺灣回歸祖國問題。……國共兩黨對等談判，實現國共兩黨第三次合作，不是臺灣地方政府同中央政府談判。這一點，小平同志曾經解釋過，為什麼我們認為這是適當方式呢？因為，如果我們用中央政府同臺灣地方政府談判，那麼，很顯然的，照邏輯來講，照法律來講，我們就是中央，他就是地方，蔣經國一時不好接受，為什麼要同蔣經國談判，很多人沒有摸透這個意思，就是小平同志說的，要給他一點面子，不是首先使他難堪，不是地方政府同中央政府來談判。」

　　在結論中，這份密件自己承認其吞併臺灣之目標不變，該文件說，「總而言之，黨的『和平統一祖國』的戰略方針的基本內容，就是要臺灣當局取消『中華民國』的國旗、國號，承認臺灣是中華人民共和國的一個特別行政區。」

　　由上述分析可知，中共的「一國兩制」事實上是要吞併臺灣，如果中共真有誠意，可以如李登輝總統所提議的兩岸簽和平協定，正式結束敵對狀態，恢復正常交往，雙方可以建立平等地位的「中華邦聯共和國」，各自有適當的對外關係與以適當名義參加政府間國際組織，這才是維持現狀。但中共肯這麼做嗎？現在恐無可能。

　　自柯林頓總統訪問中共後，自由民主的思想與潮流將逐漸深入大陸，中共與美國來往愈多，雙方關係愈深，必然會引起大陸的內部變化、朝向民主自由的制度發展，那時中國才能真正統一。

　　至於國旗、國號、國歌必須在中國大陸實行真正民主的制度下，由全國人民（包括臺灣人民）以一人一票、一票一值的方式制定新憲法後決定。一個國家只能有一種制度，就是民主自由的制度。以世界上最強大的美國為例，在一八六五年南北戰爭結束，主張南方保有奴隸制度的政府被擊敗投降後，美國實行一國一制，不再歧視黑人及其他人種，美國才真正統一。

從邦聯模式看兩岸關係和前景*

> 兩岸若以邦聯制統一，中華民國憲政體制不變、人民生命財產不受影響，美國也會支持。

　　眾所欽佩與敬重的前行政院長孫運璿在總統當選人陳水扁先生拜訪時提出臺灣海峽雙方能成立邦聯的構想，陳先生表示是可供討論的新思維。個人認為此是兩岸統一唯一可行的模式，這個建議本人在《中國時報》民國八十一年七月七日至九日舉辦的「超越與重建——迎接中華民國新時代研討會」中，曾提出這個構想。在民國八十二年十一月十八日至二十日美國前總統布希訪華之時，《中國時報》董事長余紀忠先生也向他提出一個兩岸統一的建議，其中就是主張邦聯 (Confederation)，在本年初由美國外交關係協會 (Council on Foreign Relations) 主辦，一個在紐約附近的洛克斐勒莊園中舉行的非官方會議中，在開會前由前布希的國家安全顧問史考夫特一篇演講中，特別提到兩岸只有用邦聯模式才能統一。

　　以前我個人與李登輝總統的談話中，他也說以邦聯模式統一是可以的，當時我勸他先不要提，否則中共一定會反對，必造成困難。後來中共自己出的一本書（江澤民：《中國臺灣問題》。幹部讀本，中共中央臺灣工作辦公室暨國務院臺灣事務辦公室出版），完全否定邦聯制也否定聯邦制。

　　該書頁一二三一頁一二四如下：

三、不能搬用邦聯制、聯邦制模式

　　在臺灣當局拒不接受「一國兩制」特別是一個中國原則的背景下，臺灣內外的一些人提出了聯邦制或邦聯制模式來解決臺灣問題，有的人主張

---

* 原文刊載於《中國時報》，第十五版，民國八十九年五月十六日。

先實行邦聯制，然後過渡到聯邦制，有的人乾脆主張只搞邦聯制。對於這個問題，要有清醒的認識。第一，邦聯制是兩個以上的主權國家的聯合，從本質上說不是一個統一的國家。如果實行邦聯制，臺灣將變成一個獨立的國家，然後通過協議與我國主體部分形成一個鬆散的國家聯合，事實上臺灣就從中國分裂出去。這不是統一，而是分裂。第二，聯邦制不符合我國的歷史傳統，更不符合我國的基本國情。我國自秦漢以來，一向實行單一制的國家結構形式。我國現行的國家結構形式，有利於國家統一、民族團結、政治穩定、地區協調發展。臺灣歷來是我國的一個省，如果實行以臺灣為一元、祖國大陸為一元的所謂「二元聯邦制」，必然引發一系列新的矛盾，留下長期的隱患。第三，按「一國兩制」構想實現統一，既可保持我國單一制的傳統，又可吸收複合制國家的某些合理的設計，有利於調動各方面的積極性，保證國家的長治久安。按「一國兩制」實現統一後，臺灣作為特別行政區不僅享有立法權、獨立的司法權和終審權，享有一定的外事權，而且還可以擁有軍隊，中央政府不派軍隊和行政人員駐臺，不收稅，這些都已經超越了聯邦制國家中成員所享有的權利。鄧小平說，按「一國兩制」實現統一後，「可以說有聯邦的性質，但不能叫聯邦」，「用聯邦這個詞很容易解釋為兩個中國或一個半中國」。

該書主編為陳雲林（中共國臺辦主任），常務副主編為唐樹備（中共國臺辦前主任），副主編為金沖及、邢賁思、王永海（國臺辦副主任）、李炳才（國臺辦副主任）。

邦聯為什麼可以統一兩岸，因為邦聯是基於條約組成的國家聯合，設有共同機構處理某些共同關切事項，但對分子國的人民沒有直接管轄權。這完全符合兩岸的現狀，也符合李總統發布的國家統一綱領的〈遠程——協商統一階段〉——成立兩岸統一協商機構。

中共現在要的統一方式還是要中華民國向中共完全投降，再由中共「恩賜」一些權利，這是幻想根本不可能實現的。中共一些人還在夢想用武力，但依據美國臺灣關係法，美國是會干預的，美國一方面不支持臺灣獨立，

但也堅持臺灣問題和平解決，不管誰當總統都不會改變這個政策的。

陳水扁先生如果能正式提出要以邦聯制統一則有幾個好處：

一、中華民國的憲政體制不變，在國內不會引起大變亂。

二、一切照現在法制統治，人民生命財產不受影響(但要加強掃黑與肅貪)。

三、美方會支持，美國在獨立前是十三個英國殖民地，在一七七六年宣布脫離英國獨立後，制定了邦聯條款 (Article of Confederation) 成立邦聯。在獨立戰爭勝利後，十三個宣布獨立的殖民地，認為應加強彼此關係而成立聯邦，因此在一七八七年制定憲法，一七八九年三月三日憲法經這十三個前殖民地的議會批准後生效。所以美方會了解此種模式的統一。

再由美國的例子來看，由分治的狀況要想統一，勢必先經過一段各邦自主權較高的邦聯的階段，並且在達到聯邦式的統一以前，邦聯成員的制度必須大體相同。例如，美國自邦聯變成聯邦時，容納了維持奴隸制度的南方各邦在內，聯邦成立後，奴隸制度成了南北各州間的嚴重爭執，最後爆發內戰，消滅了奴隸制度，美國才真正統一，成為世界強國。所以一個國家只能有一種制度，在現在的世界潮流來看，就是民主、自由、尊重人權與社會福利的制度，也就是國父孫中山先生三民主義（再加上蔣故總統中正育樂兩篇補述）的制度。

如果中共頑固，不理會陳先生的統一建議，則我方只有堅持到底，共產制度必亡已是不可否定的趨勢，前蘇聯的解體就是最好的例子。目前共產集團瓦解後，只有南斯拉夫的米洛賽維奇還存在，就是利用民族主義，中共目前對臺灣也是利用民族主義——有人想搞臺獨做漢奸——才能攻臺。所以陳先生必須堅持國家統一的立場反對臺獨，才能維護全體中華民國人民的最大利益。

最後引用民國三十八年元旦蔣故總統中正告全國同胞書，當時徐蚌會戰（中共稱為淮海戰役）失敗，共軍準備渡長江佔據整個中國，蔣總統呼籲中共能恢復和談，其中說，「如果共黨始終堅持武裝叛亂到底，也無和平

誠意，則政府亦唯有盡其衛國救民的職責，自不能不與共黨周旋到底……國父說：『最後的成功歸於最後努力者。』」

中共雖願意恢復和談，但在談判時卻提出等於要我方無條件投降的八條二十四款，政府無法接受，共軍就渡江攻佔整個大陸，而政府在三十八年十二月八日遷到臺北市。

由於蔣總統的堅持，中華民國屹立於中國領土臺灣，以事實證明，共產主義的不可行，民主自由的制度在中國是可以實行的，這一周旋就是半個世紀（五十年），中共如果堅持其統一的荒謬條件，我們只有堅決拒絕，並堅守一個中國原則，不做臺獨漢奸與其周旋到底，看最後誰能成功：我們奮鬥的目標是建立李總統國統綱領所揭示的統一的「民主、自由、均富的中國」。

參、國際關係

一、外交政策

當前我國的國際地位與外交關係問題*

前　言

　　最近烏拉圭與我國斷交並與中共建立外交關係，使國人對我國對外關係感到憂慮，增額立法委員林聯輝並對此點提出質詢希望加強外交活動。李總統登輝在接見一些立委時也表示將研究重返國際社會的問題，本文的目的在就此等問題，作一客觀分析並提出建議。首先必須將我國現行外交關係與對外實質關係，作一說明。

我國當前對外關係

　　目前我國對外關係大體上可以分為五類：

　　第一類是與我國有正式外交關係而與中共沒有外交關係的國家，共有二十二個：哥斯大黎加、多明尼加、多米尼克、薩爾瓦多、瓜地馬拉、海地、教廷、宏都拉斯、韓國、馬拉威、巴拿馬、巴拉圭、聖克里斯多福、聖露西亞、聖文森、沙烏地阿拉伯、所羅門群島、吐瓦魯、南非、史瓦濟蘭、東加與諾魯（只維持領事關係）。其中南非共和國，中共因怕得罪其他非洲黑人國家，不會與其建交；韓國因為北韓反對，中共暫時不會接受韓國建交之要求；教廷由於中共要求中國大陸的天主教徒獨立不受教廷管轄，所以建交可能性不大。至於其他國家將來均有可能與中共建交，其中沙烏地阿拉伯值得憂慮，因為沙國目前的政策是不與所有共產國家建交，但中東地區目前危機（如伊朗與伊拉克的戰爭，以色列非法佔領阿拉伯領土等）

* 原文刊載於《聯合報》，第二版，民國七十七年二月二十二日。

之減輕或解決，沒有蘇聯介入恐怕是不行的，萬一沙國決定與蘇聯建交，為了平衡蘇聯勢力很可能也與中共建交。

目前與我國維持外交關係的國家有些是南太平洋或加勒比海的島國，有人認為不重要，這固然有些道理，但我們必須了解這些島國有戰略價值，我國與其建交可以阻止中共勢力進入；否則一旦中共勢力進入，蘇聯也就會跟進（這些國家有時也會引進蘇聯以平衡中共影響），如此就會影響到美國的戰略利益。美國在一九八三年不惜出兵加勒比海的格瑞那達島國，以驅除共黨勢力，可見這些島國仍有相當重要性。

第二類國家是與中共維持正式外交關係但又與我國維持官方關係的，我國可以中華民國名義設立商務代表團，共有六個：利比亞、巴林、厄瓜多爾、斐濟、科威特與模里西斯。我國代表團有相當於外交或領事的特權與豁免。

第三類是與中共及我國均無外交關係，但與雙方均維持官方商務代表團的國家，只有一個：新加坡。我國代表團用中華民國名義並享有領事特權與豁免。中共的也一樣。

第四類是與中共有外交關係但與我國維持名譽總領事關係的，只有一國：阿拉伯大公國。

第五類是與中共有外交關係但與我國維持非官方關係，共有三十二國：阿根廷、澳洲、奧地利、比利時、巴西、汶萊、加拿大、智利、哥倫比亞、賽普勒斯、丹麥、法國、西德、希臘、印尼、日本、約旦、盧森堡、馬來西亞、荷蘭、紐西蘭、挪威、阿曼、祕魯、菲律賓、西班牙、瑞典、瑞士、泰國、英國、美國及委內瑞拉。

我國與這些國家的非官方關係的實質內容並不盡相同，其中以美國最高，除了不能用「中華民國」名義外，在美機構實際上與大使館或領事館無異，其地位並有「臺灣關係法」保障，許多西歐國家駐美大使館曾抱怨說他們雖有正式外交關係，但其與美方來往之程度反而不如我國駐美機構。次於美國關係的有日本與菲律賓，其他則情況不一，但均無法律保障。此外，有些亞非國家想要與我國建立非官方關係，但我國認為無實質利益予

以婉拒，目前建立非官方關係的國家幾乎均與我國都有相當的貿易關係。

我國與政府間國際組織

　　根據可靠的消息，目前我國在下列政府間國際組織保有會籍：國際稅則局、國際軍事醫藥委員會、國際畜疫會、亞洲生產力組織、亞非農村復興組織、亞太理事會（此一組織事實上已名存實亡）、國際棉業諮詢委員會（已將我國改名為「中國臺灣」）。我國外交部認為我國仍是常設仲裁法院的會員國，但該院行政理事會在一九七二年四月六日決定在其年度報告中略去「中華民國」及其所任命的仲裁員，俟一八九九及一九〇七年和平解決國際爭端公約（依此公約設立常設仲裁法院）締約國諮商後再作決定。此公約的締約國迄未作最後決定，但我國自一九七二年後也未繳會費或再任命任滿之仲裁員（有人已死亡），所以事實上已名實俱亡。

　　國際刑警組織在一九八四年九月接納中共入會，因為此組織憲章規定一國只有一個投票權，所以將我國改為「臺灣中國」不得投票，但其他權益照舊，我國目前仍未接受此種安排。

　　亞洲開發銀行在一九八六年接納中共入會，並改稱我國為「臺北・中國」，其他權益照舊，我國拒接受，也不派代表參加年會，如此繼續下去，恐怕亦將名實俱亡。

　　聯合國及其專門機構(如國際民航組織、世界氣象組織等十多個組織)，我國在一九七一年十月二十六日聯合國大會通過排我納共案後，均喪失會籍。

擴展對外關係的困難

　　中共已為國際上一百三十五個國家承認為中國唯一合法政府，它反對「二個中國」、「一中一臺」及「臺灣獨立」，它與其他國家建交時的條件是必須與我國斷交，所以到現在為止，任何國家均無法與中共建交時仍與我

國繼續邦交，這點必須了解。

在與中共建交後，西歐民主國家、北美、澳洲、紐西蘭等白人國家，由於堅守發源自西歐的傳統國際法及其戰略、政略上的考慮（因為中共有牽制蘇聯之作用），與我國再建立外交或官方關係的可能性幾乎沒有，因為在傳統國際法上找不到根據來與一國境內未被承認的一個政府維持官方或外交關係。

若干第三世界國家的看法則與上述白人國家不盡相同，首先它們對傳統國際法上的許多原則都提出不同的看法。其次，它們有些認為中國現在是一個或二個政府與它們無關，是中國人自己的事情，它們由國際法上國家要件來看，中華民國是一個國家，當然可以與其維持官方或外交關係。其中有少數第三世界國家如賴比瑞亞、蘇利南、賴索托及厄瓜多爾等甚至願與中華民國建立或恢復完全外交關係，但不幸我國卻以它們必須與中共斷交為條件才願與其建交或復交，所以無法實現。

在擴展外交關係方面，如果我國堅持對方必須與中共斷交才能建交或復交，則可以說是將毫無希望去擴展，維持邦交的國家亦將只會日益減少，以至於沒有。國內有極少數人認為如果與我國建交而對方不與中共斷交就會造成「兩個中國」，事實上持這種看法的人是附和中共的說法，想將我國的國際地位弄到完全喪失，國人不可以不注意。是否會造成「兩個中國」是一個主觀問題，只要我國堅持一個中國原則，繼續進行以自由民主均富的原則統一中國，就不是「兩個中國」。在國際法上是否承認某一國家、政府或事實是以國家的主觀意圖而定，而不是基於客觀事實的推斷。例如，美國自一九五五年至一九七一年均與中共舉行大使級的會談，並曾簽訂雙方遣返對方平民的協議；一九七三至一九七八年雙方又建立具有高度官方地位的聯絡處關係，這些現象均可以解釋為美國已承認中共，但美國主觀否認這種關係具有承認的作用，因此在國際法上就不構成承認。所以對同時與中共和我國維持外交關係的國家，只要我國主觀認為不是「兩個中國」而是中國未真正統一前的過渡措施，在法律上就不構成「兩個中國」。

參與國際組織的問題

在目前我國保有會籍的政府間國際組織，以亞洲開發銀行為最重要，在一九六六年我國參加亞銀組織時，在聯合國的會籍已經甚危險（一九六五年關於中國代表權的投票，是四十七票對四十七票），所以當時中央銀行總裁俞國華，主張以中國臺灣地區的範圍加入，以免萬一聯合國會籍不保，連帶殃及亞銀會籍。中共在一九八三年初表示要加入亞銀，並聲稱要先排除我國會籍。但到該年夏天，鄧小平接見留美學人楊力宇教授時，表示臺灣可以中國臺灣的名義留在亞銀，美國方面當時最早通知我國，準備安排與亞銀非官方連繫辦法，但美國國會強烈反對排除我國會籍，此事經駐美機構一再交涉後，美國終於設法在亞銀會員國和中共達成妥協辦法，我國一切權益不變，但因美國已不承認「中華民國」所以必須改用其他名稱，日本籍亞銀總裁及美國代表亦曾來臺多次協商名稱均無結果，因此美方自作主張想出「臺北·中國」名義，此與中共提出之「中國臺灣」不同，美方想我國會接受，但我國卻拒絕，亞銀席位迄未解決。亞銀會員中只有韓國、所羅門群島及東加三國與我國有外交關係，所以要想用「中華民國」名義留在亞銀是不可能的。此外，即使亞銀准許我國用「中華民國」名義，而中共又用「中華人民共和國」名義入會，雙方均用正式名稱，豈不更是造成「兩個中國」的情況，與我國基本國策更不合。

由於亞銀會籍不能解決，所以國際刑警組織會籍事實上已被停止，因要保全我國權益，必須修改其憲章，這又要勞動美國，美國認為如果協商好了到時我國又不接受，豈非如亞銀事件自討沒趣。

國內最近在討論參加「關稅暨貿易總協定」（事實上是個國際貿易組織）問題，此事關鍵還是在名稱，因為此一組織是可以地區範圍參加的。國內有些專鑽牛角尖的人又在表示，以地區名義並在中共不反對的情況下參加就變成地方政府，如果持此種態度，只有放棄參加一切國際政府間組織了。是否是地方政府與參加國際組織的名稱毫無關係，而是要看我國在臺灣地

區的一切行政立法司法等措施是否要先得中共同意，只要我國一日不公開宣布承認中共有此權力，我國就不是地方政府。

如果我國政府的決策者能想通上述問題，則將來以中國臺灣或其他名義參加聯合國一些專門機構就有可能，不過由於各組織的憲章對一國是否能有二席，仍有待研究；所以最先以觀察員名義參加似較有可能，因為這不牽涉到掛旗或其他敏感問題。參加這些組織除了要爭取友邦支持外，也必須要中共不反對，因為中共已是這些組織的會員。反過來說，目前中共將臺灣地區完全排除在政府間國際組織之政策，亦完全不符合一個中國的原則。既然臺灣與大陸均為中國的一部分，故意將國土之一部分及其人民排除在國際組織之外合理嗎？這種做法甚至會迫該地區及其人民考慮另謀出路，只有雙方均在國際組織中才能增加瞭解，有助於和平統一。

結　論

如上述所分析我國國際地位與外交關係擴展當然很困難，但有一部分原因是由於政策偏差所造成。有少數人還以為只要在國際上嘴硬寧為玉碎，不為瓦全(事實上由於我方經濟力量雄厚，進入國際組織是不會被看作「瓦」的)，就可以自圓其說在國內維持法統。我看情形正好相反，國際地位日益下降，外交關係日益縮減，必然使國內有少數人想不開走向偏激之路（如主張獨立）以求打開僵局，事實上做不做得到是另一個問題，有些人認為至少比現在僵化政策好。

至於談到國家尊嚴，能生存或有立足之地才能談到尊嚴。就像宴會中，能上桌吃飯雖然位子較差仍有尊嚴，為了不能得到上座就拒絕參加以致到後來根本不被邀上桌吃飯難道就有尊嚴？

據上述分析，個人作下列建議：

一、第三世界國家要與我國復交或建交者，不要要求對方與中共斷交，但應同時向國內（包括大陸）宣布「一個中國」與國家統一的政策不變。

二、已有非官方關係的國家爭取建立官方關係。其他無非官方關係國家，雖無實際商業利益也應先爭取建立官方關係。

三、立刻準備參加亞銀四月將召開之年會，並請美國協助以亞銀模式解決國際刑警組織會籍。

四、積極研究參加「關稅暨貿易總協定」或其他國際政府間組織，先爭取為觀察員，名稱應變通處理。

五、爭取與東歐社會主義國家互設辦事處，加強關係。

六、已斷交之國家設法設立辦事處，以便將來可以恢復或加強關係，不可意氣用事完全撤走，但政策性的採購或其他援助可以停止，以示懲戒。

七、設立第三世界發展基金，加強我國在第三世界的影響力，並為將來投資貿易鋪路。

八、真正加強研究外交問題。

擴展我國對外關係的問題*

　　我國目前對外關係方面，以外交關係問題危機最大，因為已有一百三十五個國家與中共「建交」，而與我國維持外交關係的國家只有二十二個。其中南韓與教廷只要中共接受其承認，很可能立刻會與中共「建交」，而沙烏地阿拉伯如改變其不與所有共產國家建交的政策，恐怕也會很快與中共「建交」。其他與我國有外交關係的國家，都有可能與中共「建交」，而與中共「建交」之時，中共是絕不接受任何國家仍與我國維持外交關係的，這一點我國是無能為力的。

改變「漢賊不兩立」作法

　　與中共「建交」以後，西歐、北美及澳洲、紐西蘭等白人國家，因堅守傳統國際法的原則，所以不可能再與我國恢復外交關係，甚至如建立官方關係都有困難（詳後）。第三世界中的大國，如巴西、阿根廷、埃及等也均無可能與我國恢復外交關係或建立官方關係，因為這些國家在國際政治上想扮演積極性的角色，得罪中共並沒有好處。但在中、小第三世界國家中，有些並無國際政治上的考慮，同時也不完全接受傳統國際法的某些原則，他們認為我國發展的經驗對他們有用，所以其中有些願意與我國恢復外交關係或建交。我國以往均以對方必須與中共斷交為條件才願建交，這種自我設限的要求，當然會為對方拒絕。這種政策若不改變，在不久的將來必然造成與所有國家均無外交關係的情況。

---

* 原文刊載於《中央日報》，第二版，民國七十七年四月四日。

代表機構具有領事特權

若干第三世界已與中共「建交」的國家，有六個與我國建立官方關係，即可以中華民國名義設立代表機構；有利比亞、巴林、厄瓜多爾、斐濟、科威特與模里西斯。我國代表團有相當於外交或領事的特權與豁免權。新加坡與中共及我國均無外交關係，但與雙方均維持此種官方關係。在第三世界國家中，我國從這方面去擴展官方關係有相當大的可能。但目前我國為了節省經費，對尚無相當商務關係的國家，並未積極從事建立此種關係的努力。

其他與中共「建交」但與我國有相當商務關係的國家，我國均維持所謂實質關係，代表機構名稱甚多，但均不准用中華民國名義，且中外譯名稱也不一致，如在奧地利，外文名稱為「中國文化研究所」(Institute of Chinese Culture)，但中文為駐奧地利代表處，且在不少地方是用遠東貿易中心，更不易識別。其中也有些名稱有點官方意味，如在賽普勒斯的臺灣商務辦事處 (Taiwan Trade Office)，駐阿根廷商務代表處（但西班牙文為 Officna Commercial de Taiwan，應譯為臺灣商務辦事處），美國則為北美事務協調委員會，日本則為亞東關係協會等。此類代表機構，某些在事實上是有相當於領事的豁免與特權，但駐在國政府均通知不得張揚，否則中共一抗議又會引起困難。

有實質關係的國家，許多與我國有相當大的貿易，所以在觀光與商務簽證方面，由於我國外交部的努力已有相當改善，德國、法國等均可快速核發簽證及發給可以多次入境簽證。中共雖與德法均有正式外交關係，但持用中共護照簽證甚為麻煩，不如持用我國護照來得方便，此點國人必須了解。但有些國家雖與我國有相當貿易，但對我國人民前往仍作刁難與拖延，如比利時、英國，此點外交部必須努力，以經濟力量來支持交涉，改善簽證困難情形。

中美實質關係有待加強

實質關係中，美國最為特殊，除名稱及一些外交宴會外，我國與美國之關係較絕大多數與美國有正式邦交的國家為密切。但必須注意，美國認為中共對其有戰略、政略及經濟上的重要性，所以我國必須避免任何會讓中共製造其對美外交危機的藉口，更不可以使對華政策成為美國總統競選中的爭論問題，否則引起美與中共間的糾紛，必然對我國不利。任何企圖提昇中美關係為正式外交或官方關係的建議，均不可行，一定要去提昇的話，結果只有使現有關係無法維持。但對增進雙方實質關係，則應繼續努力，民間也要一起努力去做。西歐因接受美援馬歇爾計畫而復興的國家，均成立有馬歇爾基金，作為雙方文化交流，爭取友誼之工作。我國一共接受了美國經援達十四億,軍援達三十多億(兩項折合現在美元將近二百億)，但對美國人民的友誼一點表示都沒有，似應成立類似基金，以增進雙方友誼。此外，中央銀行存在美國各種銀行之外匯準備，應提出百分之十以上(約六十億) 由北美事務協調委員會機動運用存放人口較少之州的銀行，才能加強影響力。美國較小之州也是有二位參議員，若在小州銀行存一億或兩億元，在當地就會發生很大影響力。

我應在名稱方面求變通

在國際組織方面，二年前美國安排好我國在亞洲開發銀行一切權益不變，名稱則改為「中國臺北」(英文譯為臺北・中國)，我國不接受也不派員參加會議，如此下去必然不久就名實俱亡。因此，政府決定派代表團參加今年的亞銀年會，實為明智之舉。但對於名稱問題，我國仍未接受。若亞銀模式不能建立，我國也不能以此模式保持其他國際組織席位，如國際刑警組織等。更談不到參加聯合國其他專門機構(如國際民航組織、世界氣象組織等十多個機構) 為觀察員的問題(因此種方式不牽涉到國旗等敏

感問題）了。我國如果不能在名稱方面變通，恐最後難免被所有的國際組織摒棄排除。

最後作者就擴展對外關係除前已提到過的之外，再提出下列看法與建議，俾供執政黨十三全會及各界之參考：

一、對外關係必須有彈性，在全世界絕大多數國家已與中共「建交」之情況下，參加國際組織必須用變通名稱方式。同時對名稱不要鑽牛角尖，認為中共不反對的名稱就是代表「地方政府」，如此永遠不可能有辦法解決名稱問題，我國就無從維持或再加入國際組織。是否是「地方政府」與參加國際組織無關，只要我國政府不承認接受中共為中國的「中央政府」，我國就不是中共的「地方政府」。

二、有國家要與我國建交，立刻與其建交，其與中共之關係不要去干涉。至於是否是「兩個中國」，在國際法上是個主觀問題，只要我國繼續堅持「一個中國」的原則及積極進行以自由、民主、均富的原則統一中國，就沒有什麼「兩個中國」問題。

強化與第三世界之關係

三、積極爭取與第三世界國家建交或建立官方關係，至於目前與我國有無貿易關係不必考慮。

四、與我國斷交之國家，應在斷交前安排設立辦事處，不可以意氣用事，如烏拉圭情況，我國斷交後也不設機構，因此使歷年來的投資及努力付諸流水。有人認為這是要給與我國有外交關係的國家一個警告，這是自欺而不欺人的說法，因為一個國家要與中共建交有其政治、外交或經濟上的理由，我國以與其完全斷絕關係為威脅，是無法嚇阻此種事情的發生。當然我國對已斷交之國政策性採購可以停止，援助則視情況而定，如可以維持官方關係則不妨酌留一些援助。

五、設立第三世界發展基金，加強我國在第三世界的影響力。

六、加強訓練西班牙文、法文及葡萄牙文人才，以便開展對第三世界的外
　　交官方及貿易關係。

七、充實現有或新設機構，真正認真研究對外關係問題。

要「逢山開路」，非「劃地自限」！ *
──我國外交政策的檢討與建議

現階段外交政策的制定，個人認為應符合下列幾個原則：

一、維護國家安全的考慮。

二、國際現實環境及可行性，而非基於一廂情願的想法。

三、人民的支持及國內政治經濟社會上的一些考慮。

四、促進國家與人民的利益。

五、國際法上的考慮。

我國目前的外交政策，以上述原則來衡量，頗有一些差距，值得檢討與改進。以國家安全的考慮來說，是增加蘇聯、東歐社會主義國家及其他共黨國家對我國的敵意對我國有利，還是減少雙方敵意及改善關係有利？我們有中共一個大敵是否還不夠，要再與其他共產國家為敵？

以人民的支持之因素來考慮，堅持名稱而受實害之政策（如亞銀事件）及堅持外國必須先與中共斷交才能與我國建交之政策，有多數人民支持嗎？

以國際法上的考慮來看，堅持一個國家只有一個合法政府的傳統國際法原則，對我國有利嗎？在這一方面，必須參與第三世界國家的經驗，不必接受某些傳統國際法的原則，而要將其修改到適合我國的情況，例如，雙重承認及多體制國家等概念，必須認真研究，而不應完全拒絕，自我設限使對外關係愈來愈孤立。

由於國內外各界對目前之外交政策均不滿意，因此個人參照各方意見，作以下改進建議：

一、立刻廢除不准中共、蘇聯、東歐及其他社會主義國家人員來臺參加國

---

* 原文刊載於《聯合報》，第二版，民國七十七年七月二十三日。

際會議之規定。目前的規定使許多國際性會議無法在臺舉行，因為地主國必須保證發給所有國家或地區來臺參加會議代表之簽證。國內很關心提升國際地位的問題，但我們不能辦理國際法學會二年一次的世界性會議，邀請各國國際法學家來中華民國了解我們的國際地位狀況，爭取同情與支持。我們有能力辦這種會議，但因不能保證簽證，所以無法主辦。

二、立刻廢除不發蘇聯或東歐社會主義國家人員來臺簽證或來臺設立辦事處的規定。

三、立刻廢除已承認中共的國家要與我國建交時必須先與中共斷交之做法。

四、加強研究第三世界國家的情況，並擴大與其合作，因為這些國家數目多所以在國際政治上仍有一定作用，不可以因為他們窮就看不起他們。正因為他們窮而我們富，與其來往才更有可能影響到他們的對我國之政策。

五、加強外交部本身對外交國際關係的研究，另外也請中文學者專家或研究機構加強研究。研究問題必須有相當客觀性，而不是對現行政策完全肯定。

六、處理對外事務的單位，必須注意內部實際工作人員的意見與建議，才能提高士氣及工作效率，許多中下級對外工作人員，在實際工作中得到的啟示與經驗，當有助於推展工作。所以上級人員不應自以為是，而忽略中、下級人員的經驗與建議。在外館方面必須嚴格執行退休規定，不得有任何例外，才能提高駐外人員的士氣。已退休人員外館不得以任何名義聘用。

七、立刻廢除不准到中國大陸參加國際會議的規定，我國一方面要打破國際孤立，但另一方面有機會參加國際會議又不去，自絕後路。這種不合理的政策必須立刻改進。由於大陸風景古蹟多，許多國際會議均會在大陸舉行，我國目前之政策只有愈來愈自我孤立。

八、必須了解是否是中共的地方政府，是個事實問題，與名稱無關，我國

有些官員為了替一個不合理的政策辯解，再三強調接受「中國臺北」的名稱參加國際組織，就成為中共的地方政府。此種說法危害國家前途甚大，因為我國在國際上要做任何事時，中共只需發一聲明說做某事就等於是它的地方政府，我們就不能做。此種例子一開，我國在國際上還有活動餘地嗎？

九、在經濟貿易方面，並非外交部一部所能解決，要想在國外打開局面必須各部會配合，才能有效果。在這一方面最值得憂慮的是貿易自由化的問題，在談判之時，由於怕被國內一些不明事理之人或某些特殊利益集團批評為不愛國，往往開始姿態甚高，到了雙方翻臉要真正施加壓力時，又不得不讓步，甚至被迫讓得更多。這種談判態度與方式，國內輿論也要負相當責任，因為未盡到責任，向大眾說明貿易自由化是對全國絕大多數人有利，只對少許人不利。

擴展對外關係與提升國際地位是全國人民的願望，因此希望處理外交的機構能以開闊的態度，接受各方的意見及民意機構的指引，不要浪費時間在為過去制定的不合理政策辯護。那些政策的形成有其歷史上的原因，大家都知道不是外交部、行政院或現任總統制定的，現在及可預見的將來不可能不改，某些官員為那些政策辯護實無必要。

積極推展外交　突破國際孤立*

　　中國國民黨十三次全國代表大會通過的政綱中，有關外交僑務部分要點為：「積極參與國際組織；統籌運用海外經濟合作發展基金；協助開發中國家分享我國建設經驗；採取適當措施，大力支援港澳僑胞，抗拒中共赤化。」這次政綱與以往最大的不同點，在於沒有教條口號，並且是積極性的，而不是反對什麼，不做什麼或不與什麼來往等毫無意義的消極政綱。由於任何事必須靠人去做，因此本文先就外交工作人員的培養與工作環境談起。

一、外交人員的待遇、進修與工作環境

　　外交人員在國外的待遇，在蔣彥士部長任內大幅度調整後，目前外交人員的離職率已大為降低。但由於我國駐外人員待遇是以美元計算，而美元匯率近年大跌，所以駐日本及歐洲或其他非美元地區的外交人員待遇大受影響，辦公費用也不足，這些都需隨時機動調整，不可與在外使館斤斤計較。

　　由外館調回國內人員最大問題是住房及子女教育，外交部在北投之宿舍早已老舊不成樣子，住在那種地方如何與外國人應酬與聯絡！子女教育也是影響甚大的嚴重問題，必須妥為解決。

　　此外，外館交際費用除少數地區外，均不甚充足，所以只有由館長統一運用，因而造成中、下級人員甚少交際之機會，應增加交際費用，並規定每月在若干範圍內中、下級人員可以自由使用，但事後應詳報使用情況。

---

*原文刊載於《中央日報》，第三版，民國七十七年七月二十九日。

二、外交人員的培養與在職進修

考取外交特考之人員，進入外交部後就缺少進修機會，進部後訓練時有人被分發去管一些低級事務工作，如冷氣機等，完全不發生任何有效作用，是人才的浪費。訓練項目個人認為除某些專業科目（須請幹練、表現傑出之資深外交官及部外之專家擔任教授）外，必須著重語文訓練，以英文、法文、西班牙文或日文為主，但選擇任何一個語文者，必須再同時副修另一種語文。凡自願選習較特殊語文為主修者，如俄文、韓文、阿拉伯文、瑞典文、義大利文、希臘文等，另加特別津貼（每月一萬元）以為鼓勵。訓練後，再送各國進修語文及熟悉當地政經情況，研習特殊語文者，每月另加津貼（如四百美元），研習時間至少二年，多則可到四年。研習期間應嚴加考核，研習後回國服務不達四年以上者，依當初所簽契約賠償所有進修費用（另加利息），且其他政府機構（包括公立學校、公營機構均不聘用；並與執政黨訂立約定，黨部及所有黨營機構）均不得任用或聘用此等人士。

在職進修，目前外交部並不鼓勵，應訂辦法鼓勵並酌給學費。此外，任職七年以上之中級以上外交人員，得留職留薪到各國研究機構進修一年，其中到特殊語言國家進修者，另加補助（如加百分之二十之薪水）。

三、外交部及駐外單位圖書資料之充實

目前外交部本身及駐外單位圖書資料均不齊全，負責人也不注意，期刊更是不全，應確實改善，並責由專人管理，館員並應了解當地政府及學校圖書資料提供之情況，以方便查閱國內所需之資料，另外也要將有關我國的最新資料提供當地圖書館。

四、外交政策的合理化與現實化

以上說明係外交人員培養、進修及工作環境等，但如外交政策不能合理化與現實化，外交工作仍不能推展，就像有一支訓練有素並配有全副武裝的軍隊，但因戰略錯誤，不但不能戰勝敵人，反而會被無謂犧牲。以往我國的外交政策就是不能合理化與現實化，所以推展工作遭遇許多困難，外交人員再努力也沒有用。譬如早先我國將國內反共政策放進國際政策去，等於自己製造許多敵人，外交工作推展縛手縛腳，艱苦異常；此外，又將國內的統一問題放諸國際上去，亦是一個外交政策未能現實化的例子。在國際上我國應與所有國家來往，而不論其意識型態，更不必管這個國家與中共的關係。

個人認為與各國推展關係上，能建立或維持外交關係當為上策；其次是維持官方關係（用中華民國國號）；再次才是實質關係。在實質關係之名稱方面，以「中國臺灣」或「中國臺北」較佳，其次是「臺北」，但應避免只用「臺灣」，以免引起海外華人及中國大陸「官」方與人民之誤解，認為此係要搞「臺灣獨立」而造成臺海局勢的緊張，影響我國臺灣地區的穩定、繁榮與投資。至於一些毫無含義之名稱如遠東貿易中心、協調會、交流協會等應儘可能避免或修改（如加上括號「中國臺灣」等）。

五、善用經濟力量提升國際地位

我國已決定設立海外經濟合作基金，數目高達十億美元（以後希望還能繼續增加），第三世界內的中、小國家甚為注意，既然是我國出錢，個人認為應堅持原則，使用優先次序應為與我國有外交關係者優先，其次為有官方關係者。有實質關係者，必須答應在短期內將與我國之關係改為官方關係，且任何行文均須用「中華民國」，否則不予考慮。

此外，據說又要成立國際文化交流基金會，在原則上也應堅持來文用

中華民國，有特殊作用之項目可以酌予例外。

　　但在中共以經濟利益誘惑某國與其建交或改善關係時，絕不要去與中共「比錢」，因為中共為獨裁政權，可以亂用錢而不必向人民負責，我國為民主國家，不能如此做。日前謠傳我國要向韓國買六艘軍艦（十多億美元）來維持邦交一事，絕不可行，因買了再多的韓國貨物，只要中共要接受韓國與其建交，韓國會立刻摒棄我國而趨向中共，花再多錢都沒有用。但對中共在國際上使用大批人民血汗錢去收買國家建交一事，應向大陸人民廣為宣傳，使其由內部反對中共此種謬行。

六、結　論

　　推展對外關係牽涉甚多，本文只能提出幾點，其他如加強外交問題以及國際法上與我國有關問題的研究、民意代表參與國際經貿談判等重要問題，均因篇幅所限，無法一一討論。

雙重承認與突破外交孤立[*]

前　言

　　近日國內討論提升我國國際地位問題時，有人提到「雙重承認」問題，就是說一個國家可以同時承認中共政權與我國，並有人舉德國與韓國之例。這種看法值得客觀研究與分析。

　　首先，德國情況與我國不同，蘇聯堅定支持東德並且二者從未主張東德代表全德，只有西方集團在一九七○年代以前支持西德代表全德，因此造成雙方關係上的困難。一九七三年東西德和解，雙方均加入聯合國並互派代表，並且互不反對對方與任何國家建交。

　　其次，韓國情況也與我國不同，一九四八年五月十日南韓在聯合國監督下舉行選舉，組成政府，同年十二月十二日聯合國大會確認其為合法組成之政府，西方集團立刻承認大韓民國政府，許多第三世界國家也承認韓國政府。在一九六○年代初以前韓國堅持要代表全韓，所以在外交上不易在第三世界中推展，但後已改變政策，所以建交國家增多，現在除共產集團國家不承認南韓外，幾乎所有國家均承認大韓民國。

　　此外，中共現是聯合國安全理事會的常任理事國，並有輸出高級武器之能力，在國際政治上有舉足輕重的地位，這些都是我們在討論雙重承認問題時，不可以忽略的考慮因素。

　　現就以往與我國斷交國家之例子，根據當時公開的資料及中共最近出版只作內部發行（即不公開對外銷售）的《當代中國外交》一書所透露之資料，作一分析，再來研討此一問題之可行性。

＊原文刊載於《聯合報》，第二版，民國七十七年十一月二十五日。

與法國斷交經過

　　一九六三年十月戴高樂將軍派法國前總理富爾帶親筆信到中共與周恩來「總理」商談二國建交事宜，富爾表示法國準備承認「中華人民共和國」，但希望中共不要堅持法國先主動同臺灣斷交，中共在法國承諾不支持「二個中國」政策後，同意了雙方先建交而導致法國同臺灣斷交的方式。

　　一九六四年一月二十七日中共與法國宣布建交，在三個月內交換大使。我國因受美國勸告，抗議後不宣布斷交仍將大使館留在那裡，但中共向法國施加壓力，因此據說法國通知我國主動在二月十日撤館斷交，否則宣布驅逐。在此情況下，我國為了面子，只好自動撤走，據說美國方面認為應讓法國主動宣布斷交再撤走，以暴露法國接受中共壓力之事實。

與剛果人民共和國斷交經過

　　非洲法國屬地剛果於一九六〇年八月十五日獨立，不久就與我國建立外交關係（因與前比利時屬地剛果獨立後同一名稱，所以當時用雙方首都區別，法屬剛果首都是布拉薩市，所以稱為剛果（布市），現前比屬剛果已改稱薩伊），一九六三年八月剛果（布市）政變改國名為剛果人民共和國，新領導人與中共談判建交時，雙方口頭約定，建交之日起「臺灣當局在剛果的代表即失去外交代表資格」，雙方因此在一九六四年二月二十二日宣布建交。當時我國駐剛果大使沈錡力求維持雙方關係，並經當時外長魏道明同意，留下不走，但在中共壓力之下，對方又通知要驅逐，所以拖到同年四月十七日最後仍不得不撤館離開。

與達荷美（現改稱貝南）之短暫雙重承認及斷交經過

　　一九六〇年八月一日達荷美宣布獨立，一九六四年一月十九日與我國建交，但同年十一月十二日又宣布與中共建交，我國大使館仍留在那裡不走，一九六五年二月中共任命大使，但我國仍不走，造成事實上雙重承認的情況。不過好景不長，四月八日在中共壓力下達荷美迫我國撤館與斷交。一九六六年一月三日達荷美宣布與中共斷交，同年四月二十一日與我國復交。到一九七三年一月十日達荷美與中共也復交，並迫我國斷交撤館，我國只好在一月十九日撤走。

「退出」聯合國及專門機構經過

　　一九七一年十月二十六日聯合國通過將我國的代表「從聯合國一切機構中驅逐出去」之決議前幾十分鐘，我國為了面子自行宣布「退出」，國內有些人不了解此種情況認為我國不應退出，事實上並沒有選擇的餘地，因為聯合國紀錄中是「驅逐」，如賴著不走最後會被聯合國警衛拒絕進入開會。

　　聯合國的專門機構也就遵循上述決議排除了我國的代表權。唯一例外是國際貨幣基金會、世界銀行等四個經濟性國際組織，由於不採一國一票的投票方式，而是根據每國認股多少決定投票權，而美國一國就有三分之一投票權，在美國支持下不理會聯大決議。不過到一九七九年一月一日美國承認中共後，形勢改變，而我國政府也沒有研究如何保全席位的辦法，一味堅持國名等形式上問題，最後在一九八〇年代表權也被取消由中共取代。

蘇利南建交事件及雙重承認可能性

　　到了一九八〇年代，中共已與全世界大多數國家建交，但少數第三世

界國家發現與中共建交利益不大，因此願意與我國建交或復交，如加勒比海的蘇利南，至於中共是否與其斷交，此等國家認為由中共自己決定，它們認為應可以同時與中共及中華民國維持外交關係，這就是造成雙重承認之情況。不幸我國當時的權力中心認為對方應先與中共斷交才能與我國建交或復交，對方無法接受此種條件，在此情況下我國失去了與蘇利南建交的機會。中共在這一方面，如前所述，彈性大得多。當時如與蘇利南建交，再由積極有為之人主持外交，若干其他小國有可能會跟進。

結　論

個人認為，我國如可忍受雙重承認，則在某種程度上有助於提升我國的國際地位。但我國朝野必須了解，國際法上的承認與建交主要是政治上的考慮，政治上做了決定以後，國際法才給以此種決定的法律效果。許多國家是否再承認我國或與我國建交，主要是政治和國家利益的考慮。北美、日本、西歐的工業國家絕無可能對中國採取雙重承認的政策，因為他們與中共的關係有政治、經濟、戰略上的考慮，採取雙重承認必與中共鬧翻。其中美國更無可能，因為在一九八二年八月十七日美與中共臺灣軍售公報中，美方已承諾不支持「二個中國」、「一中一臺」（即指臺灣獨立）。第三世界中的中型及大型國家（如巴西、阿根廷、奈及利亞、埃及等）也無可能，因為它們也想玩弄國際政治或地區政治，得罪中共沒有好處。只有第三世界較小之國有可能採取雙重承認，因為它們主要是經濟上的考慮，而我國是經濟大國又不會在那些小國從事顛覆活動。

最後必須了解，在蘇利南要與我國建交之時，中共在毛死後，百廢待舉，無暇多注意外交，是我方採取外交攻勢最有利的時機，目前比較困難，因此國人對雙重承認不要寄予太大的期望，但如有機會仍應把握，絕不可以使蘇利南事件重演。

發揮獨立主權　無關乎「兩個中國」*
——我國最近拓展對外關係模式之分析

　　近日我國拓展對外關係頗有進展，其模式大體上有二種，第一是與中共有外交關係的國家，我國設法建立以中華民國名義設立的官方商務代表團，此種模式已進行多年，中共雖曾向有關國家抗議，但並未與其中止外交關係，事實上，此種模式是中共首創。例如，一九五六年五月三十日中共與埃及建交前，先互設商務代表處，與黎巴嫩也是一樣。目前已有十國與我國有官方代表團的關係。

中共首開雙重承認先例

　　第二種模式是與中共有外交關係的國家，我國仍與其建交，不管是與中共的關係，目前已有格瑞那達、賴比瑞亞及貝里斯三國與我國建交，中共均已與其中止外交關係，我國與此三國建交公報中均只提建交，但事後我國外交部均說明我國「統一」與反對「兩個中國」的政策不變。

　　此種模式也是中共首創，在一九六四年前中共均堅持與中華民國有外交關係的國家必須先與我國斷交，才能與其建交，但在當年與法國建交時，雙方先宣布建交，不提與我國斷交之事。自一九七五年以來中共至少與十四個以上國家建交時，均只提雙方建交（包括那些國家中與我國有外交關係的），這些國家是（與我原有邦交的有＊符號）：

　　孟加拉、維得角、中非共和國、甘比亞＊、西德、利比亞＊、墨西哥＊、巴布亞新幾內亞、莫三比克、千里達、阿拉伯聯合大公國、薩伊＊（前比屬剛果）、卡塔爾、巴林等。

＊原文刊載於《中國時報》，第二版，民國七十八年十月十八日。

亞銀模式不能一體適用

中共對與我國有外交關係的國家均積極爭取與其建交，不認為是「兩個中國」，我國當然可以做同樣的事，對中共此種指責可以不予理會，因為這與「兩個中國」或「一中一臺」根本沒有關係。我國的基本國策——統一與反對分裂國土（如臺獨等主張）均未改變，這點李總統在十月十日國慶文告中已有說明如下：

「臺灣的前途，絕不能獨立於統一的中國之外，國家的法律，絕不寬縱任何分裂國土、自決於全民的主張，民族大義的血忱，尤不容我們坐視中國長久處於一半自由、一半奴役的狀態。」

北京擅長使用金錢外交

一九八〇年時，據可靠消息，蘇利南有意與我國建交，我國要求其先與中共斷交；蘇國認為無法做到，至於與我國建交後，中共去留蘇國認為由其自便，因此雙方未能建交。但中共對此並不領情。在此之後，中共積極爭取與我國有邦交的國家建交，如波利維亞、尼加拉瓜及烏拉圭等，在此種情況下，我國當然有權反擊以其人之道還治其人之身，也來爭取與中共有外交關係的國家建交。

其次，一九八六年中共加入亞洲開發銀行時，不反對我國以「中國臺北」名義留下，權益照舊，當時內外輿論紛紛呼籲中華民國政府改名留下，並希望以此案例解決臺灣地區及其人民參與國際組織的問題。臺灣為中國領土的一部分，臺灣人民為中國人，有什麼理由將其排除在國際組織的活動外；中共此種作法只有助長臺獨的勢力，因為若干臺灣地區之人民認為中共既然歧視他們，不如另謀出路。但中共當局完全無視臺灣地區及其人民的合理要求，在一九八八年十二月由外交部發表聲明說明亞銀是特例，不適用其他國際組織，堅持其要排除臺灣地區及其人民於國際組織之外的不合理做法。

謀我日亟引發自衛反擊

　　至於用對外援助來爭取建交的方式也是中共首創，一九七〇年代以前的會談，以中共與尼加拉瓜建交為例，我國曾提供尼國一千萬美元的援助，中共在一九八六年九月卻提供了相當於二千萬美元的人民幣貸款以與尼國建交。在烏拉圭的情況，中共在一九八七年答應購買五千多萬美元的烏國羊毛、皮革、輕工業產品、紡織產品等中共所不需要的物資，而烏國只買了一百八十一萬美元的中共產品。中共本身甚窮，到處借錢，還要在外亂花錢來打壓中華民國，其無視中國人民利益可想而知。

　　由上分析可見在一九八九年初以前，中華民國拓展對外關係時，相當自我約制以建立官方代表團為主，而不去與中共有外交關係的國家建交，但中共不領情，且要繼續排除臺灣地區於國際組織之外，在此情況下，我國政府與人民當然有權自衛反擊。這與什麼「兩個中國」、「一中一臺」、「雙重承認」或「分裂國家」，沒有關係，有人將最近我國的外交活動作這類解釋，不但不符國策，且剛好給中共一個藉口來指責我國的外交活動，誣指這是我國走向「兩個中國」或「一中一臺」的起步，而增加臺海雙方的緊張關係。而事實上，所有歐洲國家、美國、加拿大、日本、第三世界大型國家（如巴西、阿根廷、埃及、伊朗、智利、東南亞各國）均不會支持「兩個中國」或「一中一臺」，使它們與中共之關係又陷入緊張。

　　由於最近這場外交戰是中共先挑起，所以只有中共才能解決，中共如能不再來動與中華民國有邦交的國家，並讓臺灣地區以適當名稱參加國際組織，個人認為我國政府的自衛反擊就可暫停，使雙方的緊張關係緩和下來；且雙方也不必把有限資源送給外人，而用來加強建設各自管轄下的中國領土。

因應危機我應審慎出擊

　　如果中共堅持不肯合理停止此場外交戰，我國當然只有與其繼續周旋下去，但不可以求功心切答應太多援助，否則不但將來無以為繼，且已有邦交之國可能會以與中共建交來威脅我國增加援助。此外必須注意，我國政治情況已與以前不同，李總統及李院長一再強調加強實施憲政，對外援助如過多，在立法院必然引起爭執，造成國內政治問題。

雙重承認與參加國際組織[*]

一個國家有部分領土是可以在國際組織有個別代表權，
這並不表示一國已分裂為兩個國家。

　　由於國內外有人認為推行雙重承認才能打破國際孤立重返國際社會，因此本文對雙重承認是否有助於重返國際政府間組織問題，作一分析與評估。

　　根據我國外交部的意見，我國目前仍保有會籍的國際政府間組織有下列十個：國際稅則局、常設仲裁法院、國際軍事醫藥委員會、國際刑警組織、亞太理事會、亞銀、國際畜疫會、國際棉業諮詢會、亞洲生產力組織、與亞非農村復興組織。

　　但實際上看，並沒有這麼多，且有些已發生問題。其中常設仲裁法院的行政理事會在一九七二年四月六日決定在其年度報告中將略去「中華民國」及其所任命之仲裁員名字，所以事實上早已被排除，只是沒有被正式宣告而已。亞太理事會早已名存實亡，自一九七三年以後就未開過會，因其中會員國除南韓外均已承認中共。國際刑警組織已在一九八四年九月五日接受中共入會，我國已無法有投票權，其地位並不確定。

　　關於亞洲開發銀行，中共入會後已將我國改為「中國臺北」，我國尚未接受，一九八九年在北平舉行年會時，我國仍然在抗議情況下出席。修改我國名稱，除非中共同意，並無可能。

　　國際棉業諮詢委員會已將我國名稱改為「中國臺灣」，但對會籍無影響。其他我國保有會籍的國際組織，萬一中共要入會，我國名稱就會發生問題，要想維持原有名稱恐怕不易，因為絕大多數國家均與中共有正式外交關係。

---

* 原文刊載於《聯合報》，第三版，民國七十九年一月八日。

只有發言權　但無表決權

　　國際政府間組織有些可以給一國中的某些地區單獨參加，其中聯合國的亞洲和太平洋經濟及社會委員會，除國家會員外允許有地區聯繫會員(Associate Member)，只有發言權，但無表決權。如香港、庫克群島與美國的關島等。

　　亞太地區有些區域性國際組織規定只要是亞太經社會的會員或準會員，就可以參加此等組織。

　　上述有關準（副）會員的辦法對我國適用均有困難，因為如照此等規定，必須中共出面代為申請才行，這樣必然會造成中共主權已伸展到我國政府控制的臺灣地區情況。但從另一方面分析，由這些組織的規定來看，一個國家的部分領土是可以在國際組織有個別代表權的，這種情況並不表示一國已分裂為二個國家。

　　此外，聯合國及其專門機構雖然從未規定一個國家可以有一個以上的投票權，但蘇聯的白俄羅斯與烏克蘭卻在聯合國的八個專門機構有單獨的完全代表權。蘇聯及其他國家均未認為蘇聯已分裂為三個。所以中國大陸與臺灣地區如均在國際組織中，只要雙方有共識與聯繫，也可能不會造成「兩個中國」或「一中一臺」的情況。

觀察員制度是初步辦法

　　最後必須注意，聯合國或其許多專門機構的憲章中，均無觀察員的制度，但實踐上卻發展出此種制度。觀察員分二種，一種是由於政治原因一個主權國家無法進入聯合國或其他國際組織，因此先用觀察員的方式間接參與，觀察員不能投票。例如現在的南北韓均為聯合國的觀察員。

　　第二種情形是非國家的政治實體，例如，巴勒斯坦解放組織就是許多國際組織的不具國家地位的觀察員。這種制度似可以作為臺灣地區參加某

些國際組織之初步辦法，先作觀察員以後再設法如何在「一個中國」的原則下調整其地位與參加國際組織的方式，但這都需要中共同意。

　　國際法上的承認分為國家承認與政府承認。不論是國家或政府承認均是單方行為，不需要雙方接受。至於承認以後要建立外交關係則是雙方行為，必須雙方同意才行。

在國際法上承認是單方行為

　　外交政策雖然可以有理想但必須以現實為基礎，以往我國政府的外交政策，往往將意識形態作為理想而忽略現實，這是造成我國國際孤立的部分原因。例如，一九八四年蘇利南要與我國建交，我國政府要求蘇國先與中共斷交，對方無法做到，因此失去建交的機會。此外，在臺召開的國際會議不准共產國家人員來參加，因此失去主辦大規模國際會議的機會。此種政策為許多國人反對（包括作者）。李總統登輝先生就任以來，為順應民意，修改了這種僵硬政策，而採行務實外交的作法，例如到沒有外交關係國家之新加坡訪問，別的國家要與我國建交或復交時，不再過問其與中共的關係，而由該國與中共決定是否維持或中止外交關係。這種作法在國際上早有先例，例如，美國總統尼克森在一九七二年到尚未建交的中共訪問；中共對與我國有邦交的國家建交時，也是採這種方式。這種務實外交從我國立場看，根本不發生所謂雙重承認的問題，因為我國政府從未放棄以民主、自由與均富為基礎統一中國之目標，並且不承認中共暴政集團之合法性。至於與中共有邦交而又與我國建交或復交的國家是否撤銷其對中共的承認，是該國之事，我國無從干涉，因為在國際法上承認是單方行為，不需要被承認的國家或政府同意，至於雙方是否要維持外交關係則是對方與中共之事，也非我國政府有能力干預。

務實外交是目前唯一出路

　　國內外有些人，將務實外交與雙重承認弄在一起，而希望中共能夠同意一個國家同時與我國及中共維持外交關係，換句話說要中共也承認我國是一個國家而在國際法上造成雙重承認的情況。他們認為在這種情況下，就可以解決了我國國際上的孤立情況。我認為這種想法是沒有可能實現的，到現在為止，沒有任何跡象顯示中共會接受此種安排，而所有中共官方及其刊物上的言論都反對此種安排。

　　在十二月二十九日的中華民國進入八十年代研討會上，本人就表示雙重承認就像老鼠要到貓的頸子上掛鈴的想法一樣，理論雖對，但其實現的前提是要貓同意，這做得到嗎？本人所言者並非是務實外交而是雙重承認，因為這是二種不同的概念，不能混為一談。務實外交是目前我國在外交上的唯一出路，但是若干學者主張的「雙重承認」是根本沒有可能實現的。

外交、兩岸間　找出平衡點[*]

　　民國八十五年是一個令人期望的一年，不過，希望中卻也充滿了挫折。

　　在中共一波波的飛彈演習、陸海空軍實彈演習的威嚇下，中華民國第一屆民選總統仍在三月二十三日順利舉行，囊括百分之五十四選票高票當選的李登輝總統將於五月二十日正式就職。這個中國五千年來第一次民選總統的過程吸引了全世界的矚目，臺灣的政治奇蹟令人刮目相看，但在我們歡欣鼓舞地迎接這個具有劃時代意義的民主時代的到來，兩岸關係卻陷入多年來的低潮，兩岸事務性的協商尚在無限期的推遲當中，即使臺灣方面投出幾個善意性的「球」，彼岸仍是拒接；值此首屆民選總統就職之際，我們應以新的思考模式，為中華民國架構一個跨世紀的新局面。

　　在迎接未來、研擬新的政策前，我們必須先瞭解，究竟是什麼原因造成兩岸僵局的難以開解？導火線看似是李總統去年以「私人」身分前往母校美國康乃爾大學訪問，但問題的核心是「一個中國」的原則。

　　在一連串的文攻武嚇後，中共不斷地要求臺灣當局「回歸一個中國」，重申其反對「一中一臺」或「兩個中國」的立場未變；但臺灣方面卻認為我們一直未脫離「一個中國」的立場，如憲法第四條規定：「中華民國領土，依其固有之疆域，非經國民大會之決議，不得變更之。」而國民大會迄未變更領土，所以我們所說的「一個中國」當然包括大陸，同時國統會在民國八十一年八月一日通過的關於「一個中國」涵義是指「一九一二年成立迄今的中華民國，其主權及於整個中國，但目前之治權，則僅及於臺澎金馬。臺灣固為中國的一部分，但大陸亦為中國之一部分。」在此明確的情況下，如何「回歸一個中國」？

　　再加上自去年十二月起，李登輝總統已不再提，去年四月八日發表李

* 原文刊載於《聯合報》，第十一版，民國八十五年五月十七日。

六點中第五點所強調中共必須先宣布「對臺放棄使用武力」後才進行協商的先決條件，如此兩岸間溝通的障礙應已不復存在。因此，海基會董事長辜振甫日前在辜汪會談三周年時發表演說，強調兩岸應「回歸追求一個中國的過程」，但卻被海協會斷然拒絕，不理會海基會要求重開協商管道的提議，並認為這是我方再度玩文字遊戲。

強調分治避免分裂

同時，中共也一直沒有注意到李六點中，第一點的標題是「在兩岸分治的現實中追求中國統一」，其中只在這點中提到「分裂分治」，其他五點部分，均用「分治」字樣。這只是說明一個事實，難道兩岸現在不是分治？

任何人（包括中共控制區下的人民或官員）要來臺澎金馬地區，必須取得我國政府的許可（如是外國人則要簽證），任何人（包括臺澎金馬地區的人民或官員）到大陸地區則必須得到中共政府的許可（如是外國人則要簽證），這種情況不是分治是什麼？

至於「分裂」一詞，則隱含有法律上的意義，如國際法將韓國與統一前的德國稱為分裂國家，所以李六點中避免使用，但也不能不提醒中共注意，因為中華民國在國際上仍與三十一個國家有正式外交關係，所以也有學者將中國列為分裂國家（Gerhard von Glahn, *Law Among Nations*, 7th ed., Boston and others, Allyn and Bacon【Simon & Schuster Company】, 1996 年出版，五七頁）。主持外交工作的錢復部長，曾特別指出避免用「分裂」一詞，就是怕引起中共的誤會。

其實，中共的意圖相當明顯，它所謂的「一個中國」的原則就是，反對臺灣推動加入聯合國、反對臺灣與其他國家建立正式的外交關係；但在臺灣經濟起飛，國民年平均所得已高達一萬兩千美元之際，在國際間得到應有的尊重已成為大多數國民的期望，因此加入聯合國雖然希望渺茫，仍要去做，其目的在藉著推動加入聯合國的動作，反映民意，因為兩岸間最大的不同在，臺灣是一民主社會，人民為主政者的頭家。

但在歷經三月底的戰爭邊緣後，突破兩岸僵局的關鍵所在，我們必須更務實的修正對外關係及兩岸政策。在參與、加入聯合國的議題上，我們應認真考慮並採取立法院院長劉松藩的主張，暫停推動加入聯合國的活動，待兩岸重開協商管道後再說。

暫緩推動入聯合國

因為過去三年來，我們已三次推動加入聯合國，此舉足以反映二千一百萬同胞的民意，並向國際社會說明中華民國存在的事實，同時，因為與中共有正式邦交的國家共約一百五十多個，若是沒有中共的默許，要把中華民國重返聯合國的提議加入聯合國總務委員會的議程都不可能，遑論進入聯合國。三月底，美國各大媒體在評論如何化解臺海危機時，亦多建議臺灣停止推動加入聯合國，因為這是最不會有實質損害的明智抉擇。

在與其他國家締結正式邦交方面，我們應暫停互挖牆角式的建交活動。自中共國家主席江澤民此次訪問非洲並簽訂數以千萬美元計算的優惠貸款協定來看，中共在臺海危機後再度積極地以援外方式踏入國際社會，雖然中共現在六百多億的外匯存底不若我們富裕，不過其外匯數額仍不斷地上升中，但更重要的是，援外外交對兩岸雙方而言都是一個沉重的負擔，尤其是在赤字預算的今日，我們更應著重經貿的發展而非投入大量人力、物力從事投資報酬率低的建交活動。以南韓為例，它目前在國際上地位已穩固時仍在非洲一連關閉十幾個使館，其因即是設館所費不貲但對增進雙方貿易關係有限。

但這並不意味著我們完全不重視中華民國在國際上的活動空間。當中共在國際社會中拉走一個我們的朋友時，我們應馬上再補回一個，以維持與我建交的固定邦國數，以免主張臺獨者以「中華民國根本不為國際社會所接受」為由，要求臺灣獨立。再自中共反對我推動加入聯合國及反對我與其他國家正式建立外交關係的底線來看，中共反對的是政治上製造「兩個中國」或「一中一臺」的企圖，因此，為了保障二千一百萬臺灣居民的

福祉及經濟利益，我們仍應繼續改善人民前往其他國家的簽證手續，並與他國繼續簽訂投資保障協定。

當然，在我開拓國際活動空間之際，我們不能忘了國際關係與大陸政策間具有一體兩面、相互影響的作用。在繼續加強發展我經貿利益的前提下，我們應宣布部分進入國統綱領中程階段，理由是，原本列為中程——互信合作階段中「開放兩岸直接通郵、通航、通商，共同開發大陸東南沿海地區，並逐步向其他地區推展，以縮短兩岸人民生活差距」的主張，早已存在於目前的近程階段。

如大陸寄來的郵件，早期會塗銷中共郵票上所印的「中國人民郵政」字樣，近來對岸發行的郵票漸漸地以「中國郵政」的字樣取代「中國人民郵政」，所以我國郵政當局也就不再塗銷中共郵票上的「中國郵政」字樣，或必須將寄往大陸的郵件投入特別信箱；至於通航、通商，臺商前往大陸東南沿海甚至其他大陸地區投資的案例已是不勝枚舉，行政院副院長徐立德日前也提到，九七後香港回歸大陸，大陸將成為臺灣最大的貿易伙伴；另一個無法否認的事實是，臺商在大陸的工廠若是需要臺灣提供某些零件，行走於兩岸間的走私船——「小金鋼」，猶如快遞公司般可以在第二天就把貨送到。

彈性解釋國統綱領

在此法令無法與現實結合的情況下，不如務實決定正式宣布國統綱領部分進入第二階段，一則可以開展我經濟活動的空間，為建立臺灣為亞太營運中心加把勁，其次，可以更彈性的解釋來說明國統綱領階段性的作法。

至於近日朝野人士相繼提出的兩岸政治性協商及兩岸高層會面的可能性，我認為不管是協商或是會面，必須先把主權問題擺在一邊，不要再如過去，在進行事務性協商時都要一再把主權問題文字化，結果是適得其反。主權的行使本是一項事實，即使對岸不願承認，我們仍舊客觀存在。這好比邀請朋友到家裡來玩，我沒有必要告訴每一位進門的客人，這是我家是

我享有產權，因為事實已明顯存在。

　　當然目前最大的問題是，對岸雖一再聲稱江八點的主張未變，但至今未對我要求重開協商管道有所回應。我們若要化解兩岸間的僵局，必須在對外關係及兩岸政策間尋求一個平衡，那就是修正目前過於積極的對外策略及過於保守的兩岸政策，暫停推動參與聯合國、不再用經濟援助來爭取與他國建交及宣布部分進入國統綱領中程階段。

　　「務實」必須是今後我國外交及兩岸政策的最高指導原則，而落實「務實」二字的基礎在，不假外國人之手及不對世界最大民族的中華民族主義挑釁。基於中共所做「中國人不打中國人」的宣示，我們堅持國家統一的一貫立場，民國八十五年或可成為兩岸關係的突破年。

兩岸關係與外交工作的互動關係[*]

　　改善兩岸關係向互利的方向發展,是臺灣地區及全體中國人民的期望,但是提升我國的國際活動的空間,也是人民的期望,二者互相影響,所以必須適度調適而不至於因拓展國際活動空間而影響到兩岸關係的發展,造成近半年來因中共軍事演習形成的社會不安、經濟衰退。個人很同意外交部長錢復所說的兩岸關係的位階高於外交關係,試問如果兩岸發生武裝衝突會有國家出兵來支持我方嗎?美國以往出兵支持越南共和國(南越),最後引起國內反對,只得將軍隊撤走,聽任南越為共產勢力吞併,幾百萬人民流離失所,造成人間悲劇。最近俄羅斯的車臣地區人民要求獨立引起俄國政府派兵鎮壓,至目前為止已死三萬多人(該地區人口全部只有一百多萬)事情尚未了結。

排拒臺獨才可避免中共攻臺

　　聯合國有一百八十五個會員國,其中有數十個回教國家,但對俄軍鎮壓同樣信奉回教的車臣人民,竟無一國向聯合國大會或安全理事會提議研究此一情況或要求聯合國制止此種鎮壓行動。車臣有二十多萬人逃往鄰近國家,聯合國秘書長蓋里雖然派一個特派團到鄰近國家去解決難民問題,但所需的緊急救助的二千五百萬美元,尚有三分之一還沒有著落。所以處理兩岸關係上,如因臺灣獨立而引發中共攻臺,要依靠國際援助,恐怕是沒有什麼指望的。最重要的是大陸人民反對中共攻打臺灣,這才是臺灣安全的最有效保障。要做到這點我國朝野必須堅守國家統一的一貫嚴正立場,排拒臺獨謬論,並採取積極步驟,逐步向統一的方向邁進。有人說要多買

---

[*] 原文刊載於《中國時報》,第四版,民國八十五年五月十九日。

武器自衛，雖然維持足夠的武力是嚇阻中共對臺用武的有效辦法之一，但是如不顧經濟實力大肆購買各種武器，最後經濟上先發生問題，恐怕等不到中共來攻就先垮臺。

兩岸應良性互動與邦交國建交

在外交關係方面，爭取與中共有邦交的國家與我國建交，因而導致該國與中共斷交（或中止外交關係）的做法，值得商榷。這些願意棄中共而與我國建交的國家，主要都是因我國可以提供經濟援助。如果中共也用這種手段（目前中共已有七百多億美元的外匯準備），這些國家又可能棄我國而與中共復交，以前已幾個這種例子發生。雙方從事這種意義不大的外交消耗戰，對兩岸的中國人毫無助益，因此最好應宣布在外交上雙方停戰，只要中共不再與我國有邦交的國家建交，我國就不再去與中共有邦交的國家建交。開始建立兩岸間的良性互動，但如果中共不遵守我方此種善意的建議，我方將在每次中共拉走一個與我國有邦交的國家時，我方也須採相應措施，設法去拉走一個與中共有邦交的國家。且如被中共拉走一個較大的國，則我方就要拉走兩個與中共有邦交的國家。我方要採取這種措施的理由為，如果與我國有邦交的國家日少，國內臺獨分子必然更日益囂張，認為中華民國已不存在，必須從事臺獨活動來建國。如此統一大業必然受到嚴重的挫折，甚至引發兩岸武裝衝突。

參與聯合國行動不必躁進

對於我國參與聯合國的問題，現已連續推動了三年，但迄今連聯合國大會的議程都排不進去，在權衡兩岸關係上，似可以參考立法院劉松藩院長的看法，暫停這個活動，俟兩岸以江八點和李六點為基礎的協商開始時，再與中共當局協商如何解決臺灣地區二千一百萬中國人民，如何能夠參與聯合國及其他國際組織的問題。中共若在合理期間內沒有反應，我國再積

極推動參與聯合國的活動。

　　目前我國只與三十一國有邦交（其中有些還不是聯合國的會員國），中共則與多達一百五十國有邦交（其中幾乎全是聯合國會員國）；在此情況下，不與中共協商想硬闖進國際組織是不大可能的。我國決策當局也不是不知道這種情況，但推動參與聯合國運動的目的在於使全世界知道有二千一百萬中國人民沒有參與聯合國及其他國際組織，以引起世界注意，並使中共了解這個問題，來雙方協商解決，並不是要搞臺灣獨立。現在這個目的已經達到，下一步當是如何與中共協商解決這個問題。

希望中共早日恢復兩會協商

　　在外交工作方面，除了上述建交與參與聯合國的活動外，其他對我國有實際利益的事，都可以積極加強：如儘量改善我國人民到世界各國的簽證手續、締結雙邊投資保障協定，增設在與我國無邦交國家的代表機構等。

　　在對外關係上若能做到以上二點，對兩岸關係僵滯的氣氛必定有所改善，雙方才能恢復我方海基會與共方海協會的協商。在兩會協商時才可就江八點中第三點所說的，就「兩岸正式談判的方式問題」作預備性的磋商，以期早日結束雙方的敵對狀態，恢復一九四七年國共內戰開始前的三通。

　　中共高層人士一再說明江八點還有效，而李總統也一再說明可以江八點為基礎，展開雙方的協商與談判，希望中共言而有信，早日宣布恢復兩會協商，以不負兩岸人民希望雙方早日結束敵對狀態的殷切期望，並進一步逐漸向和平統一的目標邁進，共創二十一世紀中國人富裕與繁榮的時代。

兩岸如何在國際外交達到雙贏[*]

凡是中國人，不管來自臺灣或大陸，只要在海外遭到困
難，臺北與北京的駐外單位均應給以協助，不要因兩岸
的政治對立而置之不理，聽任其受迫害或處於求助無門
的狀態，這樣才能開啟兩岸在國際外交上達到雙贏的目
標。

自從一九四九年十月一日中共政權在中國境內建立「中華人民共和國」
後，中國境內就出現了「兩個中國」的情況。原來統治中國大陸（包括臺
灣）的中華民國政府則在一九四九年十二月八日遷其首都到臺北市，繼續
在中國領土上行使主權，並在一九七〇年代初以前為多數國家承認為「中
國唯一合法政府」。一九七〇年代後，多數國家承認中共政權為「中國唯一
合法政府」，但這些國家只有極少數，在其與中共建交公報中承認中共主權
及於臺灣。例如，日本在一九七二年九月二十九日與中共建交的公報中，
雖承認中共政府是「中國的唯一合法政府」，但只「充分理解和尊重」中共
所主張「臺灣是中華人民共和國領土不可分割的一部分的立場」。美國與中
共建交的一九七九年一月一日生效的公報中，雖也承認「中華人民共和國
政府是中國的唯一合法政府」，但只認知 (acknowledge)「中國的立場，即只
有一個中國，臺灣是中國的一部分」，並未「承認」(recognize)。只是中共
在中文本中將其譯為「承認」而已，但在美國參議院審查臺灣關係法案時，
其報告中特別指出，美國只認知中共立場，並未同意這立場。(The
Administration has stated that recognizes the People's Republic of China (PRC)

---

* 原文刊載於《交流》，第二十八期，頁三二一三三，民國八十五年七月。

as the sole legal government of China. It has also acknowledged the Chinese position that Taiwan is a part of China, but the United States has not itself agreed to this position. 見 Taiwan Enabling Act, Report of the Committee on Foreign Relations United States Senate Together with Additional Views on S. 245, March 1, 1979, Washington, D.C.: U.S. Government Printing Office, 1979, p. 7)

其他與中共建交的國家有些對臺灣隻字不提，有些只注意到 (take note of，如加拿大) 中共對臺的領土主張，有些在英文本公報中認知 (acknowledge) 中共的對臺領土主張 (中共往往玩弄翻譯文字，在中文本中將 acknowledge 譯為承認)。真正在建交公報中承認 (recognize) 中共對臺領土主權的只有波扎那 (Botswana)、幾內亞比索 (Guinea-Bissau)、約旦、馬爾地夫 (Maldives)、尼日、葡萄牙、安地卡及巴布達 (Antigua and Baibuda)、安哥拉 (Angola)、賴索托 (Lesotho) 等國，而其中幾內亞比索、尼日後又改與我國建交，等於撤回了他們承認中共對臺領土主張的立場。而約旦與安哥拉則同意我國在這二國的代表處用中華民國名義，也等於撤回了他們對中共對臺領土主張的立場。

至於中華民國在統治地區 (臺澎金馬) 的主權與法權是根據事實與法理，根本不必任何外國承認或中共政權的承認，因為事實是不必經過任何人承認，是客觀存在的。

了解這點，即知在兩岸關係上，我們根本不必要中共承認我方管轄權或主權，任何這種企圖，不但不可能解決問題，雙方只會亂吵一通，導致關係更壞。

至於在國際上雙方關係的處理，必須採取務實、對抗與互惠的三面手法。以爭取建交國家的情況來說，如中共挖走我們一個邦交國則我們也要挖走一個他的邦交國，能戰才能和，才有可能保持目前外交暫時停戰的狀態。否則邦交國日減，臺獨分子必然日益猖獗、主張要走臺獨之路才能有出路。如此對國家統一的目標必然造成嚴重挫折，甚至引發兩岸武裝衝突。

目前的情況是我方有三十一個邦交國，中共有一百五十多個，但在主

要國家我方設有不同名義的代表機構，凡是中國人（不管來自臺灣或大陸）遭到困難，雙方均應給予協助，不要因兩岸的政治對立置之不理，聽其受迫害或處於求助無門的狀態。這樣才能開啟兩岸在國際外交上達到雙贏的目標。

　　其他像參與國際活動的問題，主要在參加國際多邊條約與國際組織的問題，這點只有要求中共考慮到臺灣地區人民殷切參與國際社會的期望。中共如想和平統一中國，對這種正當的願望必須慎重考慮，如果一味打壓必造成臺灣人民的反感，反而替臺獨造勢。就像古人所說的「為淵驅魚」，目前亞洲開發銀行 (ADB) 及亞太經濟合作會議 (APEC)，臺灣地區均可參加，並未造成「一中一臺」或「一個中國」的情況，所以希望中共能考慮這點，不要做出打壓臺灣人民參與國際活動的事，以增加祖國和平統一的困難。

二、參與國際組織

我國在政府間
國際組織中的會籍問題*

最近由於我國在國際刑警組織的會籍問題，引起國內對我國在政府間國際組織會籍之關切，本文目的在就此一問題作一客觀之分析供讀者參考。

歷史性的回顧

自政府在一九四九年遷臺以來，我國在政府間國際組織之合法地位不斷受到挑戰，由於聯合國是國際組織的中心，並且聯合國大會在一九五〇年十二月十四日通過三九六號決議，建議聯合國大會所採對一國代表權之態度，應為聯合國其他機構及專門機構予以考慮，所以只要能確保了我國在聯大的代表權，就可以確保在其他聯合國專門機構的代表權。當時我國外交以確保聯合國席位為中心，並受到美國的積極支持。

到了一九六〇年代中期，美國勢力下降，無法控制聯合國大會的投票，並且本身也考慮到長期將中共排除在聯合國及一切政府間國際組織的政策恐非明智之舉，因此我國席位就開始有動搖之跡象。一九六四年，在聯大投票中國代表權問題時，首次出現了四十七對四十七票的局面，雖然由於聯大當時決定中國代表權問題要三分之二多數才算通過，而未能通過，但對我國不利之趨勢已很明顯。

一九六六年義大利、加拿大、比利時等與我有邦交國家，鑒於我國在聯大地位日益危險，提議設一委員會研究，但為我國反對，支持中共入會之國家也反對，所以在投票時我國及若干受我國影響之有邦交國家如巴拉圭等也附和阿爾巴尼亞等支持中共之國家，共同反對義大利等國提案。此一提案只獲三十四票贊成（包括美國）而有六十二票反對及二十五票棄權，

---

* 原文刊載於《聯合報》，第二版，民國七十三年九月二十一日。

未被通過。一九六七年及一九六八年義大利等國再度提出此案，由於我國及支持中共之國家積極反對，均未通過。義大利等國從此不再提出，不幸未及三年，在一九七一年十月二十六日我國就喪失聯大席位。鑒於上述聯大三九六號決議，在其他聯合國的專門機構，如國際民航組織、國際電信聯盟、世界衛生組織等十個機構的席位也相繼失去。只有國際貨幣基金會、國際復興開發銀行（世界銀行）、國際開發協會及國際金融公司等四個國際組織，由於採取比重投票制（即大體上以各國認股或提供資金數決定投票數），美國一國可以控制三分之一左右票數，所以一時尚能保全席位。

「臺灣關係法」與我國席位

在美國未承認中共以前，美國可以積極支持我國在國際貨幣基金會等國際組織之席位，但一旦承認中共後，在國際法及美國國內法上就難以支持我國席位。有鑒於此，在美國國會討論臺灣關係法時，參議員杜爾等特別提出確保我國在國際組織席位之修正案，經國會採納，因此在臺灣關係法中，於第四條第四項規定：「本法的一切條款均不可被解釋為贊成排除或驅逐臺灣在任何國際金融機構或任何其他國際組織會籍之依據。」

雖然臺灣關係法中有上述規定，但並不表示美國願意支持我國以原有名稱留在國際組織中，因為美國政府已不承認我國政府而只承認中共政權。如果支持我國以原有國名留在國際組織中，就與美國承認中共為「中國唯一合法政府」之立場不符，雖此一立場由所有中國人民的立場來看是荒謬的，而臺灣關係法中也未要求美國政府支持我國保有原有名稱，只用「臺灣」一詞。在此情況下，有識之士早已知道不在國際貨幣基金會等國際組織中，主動採取變通之政策，會籍遲早會發生問題。果然，美國承認中共後不到二年，我國的會籍就被排除，所交股款也部分被中共竊佔去。

我在國際組織的現況

自一九八〇年後我國在政府間國際組織保有席位的，只有下列幾個：

一、國際關稅稅率出版聯盟，一八九一年四月一日成立，總部設於比利時布魯塞爾。

二、常設仲裁法院，一八九九年七月二十九日成立，設荷蘭海牙。(附屬於國際法院內)(據本人一九八三年四月在海牙詢問該院職員告稱，我國任命之仲裁員早已滿期，會費似也未曾繳納。唯此一法院事實上只是一個仲裁員名單，也極少有活動。)

三、國際軍事醫藥委員會 (ICMMP)，一九二一年七月二十一日成立，設比利時列日 (Liege)。

四、國際動物體上寄生蟲局 (IOE)，一九二四年一月二十五日成立，設法國巴黎。

五、國際棉花諮詢委員會 (ICAC)，一九三九年九月五日成立，設美國華盛頓。

六、亞洲生產力組織 (APO)，一九六一年五月二十六日成立，設日本東京。

七、亞非農村復興組織 (AARRO)，一九六二年三月三十一日成立，設印度新德里。

八、亞太理事會 (ASPAC)，一九六六年七月十四日成立，設泰國曼谷。

九、亞洲開發銀行 (ADB)，一九六六年十一月二十四日成立，設菲律賓馬尼拉。

十、國際刑警組織 (INTERPOL)，一九二三年成立，設法國巴黎。

上述十個國際組織中，亞太理事會事實上已名存實亡，因為會員國除韓國外，均已承認中共，所以自一九七三年以後就未開過會，不過多數會員國仍交會費，其所屬一些文化機構等仍存在。我國目前仍有會籍的組織，比較重要的只有亞洲開發銀行（以下簡稱亞銀）及國際刑警組織兩個，現將我國在此二者之會籍問題分析於下。

亞銀會籍問題

亞銀雖非聯合國的專門機構，但與聯合國有密切關係，其創辦是由聯合國所促成。一九六三年三月聯合國亞洲及遠東經濟委員會（ECAFE，以下簡稱亞經會）第十九屆會議中，通過一項菲律賓所提關於加速促進區域內之經濟合作之建議。次年亞經會第二十屆會議中正式決定成立工作小組制定亞銀之原則，一九六五年第二十一屆會通過此項原則。同年十二月二十一國在馬尼拉聚會簽訂亞銀成立協定，此協定並以聯合國祕書長為批准書的存放機構。一九六六年八月二十二日協定獲足夠國家批准而生效，同年十二月亞銀正式開幕。

亞銀協定第三條規定，只有聯合國亞經會之會員或副會員（如香港）或其他區域內國家或區域外之已發達國家而是聯合國或其專門機構會員者，才能成為會員。我國雖在一九七一年被迫退出聯合國，但到一九八〇年仍保有聯合國專門機構如國際貨幣基金會等之會籍，因此亞銀會籍不發生問題。不幸我國後來連國際貨幣基金會等會籍都被排除，影響所及，使我國在亞銀之會籍發生問題。中共最初就是引用第三條想要排除我國會籍，但有些友我國家反對，認為亞銀協定中並未規定會員國在喪失聯合國或其專門機構之會籍後，就當然喪失亞銀會籍，因為第三條之立法原意，應是指申請入會之國家而言。

上述對第三條之解釋爭執，依協定第六十條規定，任何會員國與亞銀，或會員區之間對亞銀協定解釋或適用發生爭議時應提交理事會（Board of Directors）決定。如對理事會之決定有所異議，則可以提交董事會（Board of Governors）作最後決定。由於亞銀會員國中除韓國與東加王國與我國有邦交，新加坡尚未承認中共外，其他均與中共有邦交，因此是否在解釋時能作出對我有利之決定仍在未知之數，此點部分要看我方的態度。

我國立場，據個人了解是，視中共入會為新會員國問題，並且說明我國在亞銀會費計算方式是以臺灣地區為標準，並未包括大陸，因此中共入

會不應排除我國會籍。此一立場深獲美方同情，所以美國國會通過決議支持我國在亞銀會籍，雷根總統也持同樣立場，由於美國在亞銀有舉足輕重之地位，日本又大體上附和美國，因此相信美方是會支持我國的，唯一困難是名稱問題。雖然美國國會通過支持我國會籍的決議（並無法律上之拘束力）中用「中華民國」，但雷根總統卻聲明此項決議並未改變美國承認中共之既定政策，其不能支持我國用原有名稱之立場至為明顯。其他亞銀已與中共建交之國家，也有相當大可能支持我國會籍，但基於其已承認中共之立場，恐也無法支持我國用原有名稱，此點我國朝野不能不了解。

此外，據外電傳說，中共可能要求將我國改為副會員，不過據個人觀察，其他會員國支持此種案合理主張之可能性不大，因為此一主張與亞銀協定不合。如要修改亞銀協定則牽涉過大，因為有些會員國也想修改協定其他部分，此例一開則亞銀將無寧日，必然影響其正常運作。

國際刑警組織會籍問題

我國政府在大陸時期就已加入國際刑警組織，但遷臺後退出，後來又加入，再加入時是以臺灣地區為計算會費及提供刑事情報之範圍，從未表示我國服務及交換情報範圍包括大陸在內；且此一組織並非聯合國之專門機構，也非在聯合國主持或推動下成立，因此會籍多年來均無問題。

中共最近由其國家安全部（新成立不久之特務機構與蘇聯之格別烏KGB 相當）申請加入國際刑警組織，並提出荒謬條件，要將我國代表團納入其代表團中，並不得享有單獨投票權。國際刑警組織大會竟然通過此種附加荒謬條件之入會申請，我國當然要嚴重抗議，所幸未中中共要迫我國自動退會之計，現仍留在組織中，將依據該組織憲章維護我國合法權益，這個決定深獲海內外有識之士一致讚揚。

據個人分析，我國在法理上有下列幾點理由可以提出：

一、國際刑警組織憲章第三條規定，國際刑警組織應禁止從事任何具有政

治性、軍事性、宗教性或種族性之干預或活動，我國一向遵守會章並履行義務，此次因為中共要入會竟然要取消我國代表權及投票權，顯然違反憲章。

二、據說中共是想將香港模式強加於我國，或以此迫我國自動退出，因為在國際刑警組織中，香港附屬於英國之代表團，並不享有個別投票權。但我國與香港不同，香港實際上是在英國管轄之下，當然可以列在英國代表團中。中共從未管轄過臺灣，而我國是一個具有主權之獨立國家，怎能適用香港模式。

據報導說，九月十二日國際刑警組織的執行委員會召開了特別會議，決定將進一步研究我國會籍問題。美國據說也積極支持我國會籍，但關鍵仍在名稱，因為美國及其他已承認中共之國家，支持我國的程度不能牴觸其已承認中共之立場，換句話說，恐無法支持我國用原有名稱。

結論與建議

維護我國在政府間國際組織之合法地位，是朝野所關心的問題，要達到此目的，必須對我國所處之環境及中共積極孤立我國之活動，有客觀認識，然後才能「慎謀能斷」，採取對我國最有利的對策，現就此點分析於下：

一、中共原來圖謀用直接的方式排除我國在一切政府間國際組織之會籍，但此種企圖遭遇到國際上正義力量之阻止，因此目前被迫作出一點重要讓步，暗示各國，我國仍可以留在某些國際政府間組織，但不得代表中國大陸，但實際上仍希望因此迫我國自動退出。此一方式使承認中共之絕大多數國家（包括美國）卻將計就計將其視為合理。在此情況下，我國如不稍作讓步而自動退出，就正好中了中共孤立之陰謀，各國也都愛莫能助，最後必然導致喪失在所有政府間國際組織之會籍，對國內人心將有不良影響。

二、我國與中共之間的鬥爭是長期性的，中共主要策略是在國際上孤立我

國，使我國逐漸喪失國際地位，而將所謂「臺灣問題」真正變成其「內政問題」，使其將來要攻臺之時，各國無從協助我國抵抗侵略。在此情況下，我國任何對外政策必須以突破此種陰謀為主要目標，而不可以意氣用事，日陷孤立。

三、至於採取變通辦法是否就是「兩個中國」或「一中一臺」是一個主觀問題，只要我們自己主觀認為不是，並在國內堅持國號、國歌、國旗，繼續以恢復所有中國人之自由為奮鬥之目標，就不是「二個中國」或「一中一臺」。中共為了達到孤立我國的目的，必然會將「二個中國」或「一中一臺」的觀念作擴大解釋，我國如果不能洞察其陰謀，也附和其說，正好自陷孤立。一九六六、六七及六八年我國三次附和阿爾巴尼亞等親中共國家，共同反對義大利等國想以變通方式維護我國在聯合國代表權一事，可為殷鑒。

先總統　蔣公曾說過，革命者必須忍常人所不能忍受之事，又說要「鬥志不鬥氣」，目前在民間國際組織之奧運模式及在政府間國際組織對我國會籍的可能安排，對我國是不公平的也是令人氣憤的，但為了突破中共對我國之孤立，確保革命基地之安全以達到爭取恢復全中國人自由之目的，恐怕也不能不在方式上略為變通。否則如果逞一時意氣，最後恐怕不幸將落至「名實俱亡」。而各種變通辦法至少可以達到「實存」之目的，並且還有可能援例加入其他政府間國際組織，權衡輕重，希望朝野能有明智之決定。

突破國際孤立，鞏固國家地位*
——從我國在亞洲開發銀行的
會籍問題談起

　　最近立法院及國民大會對我國在亞銀之會籍問題表示關切，民間輿論也是一樣，因此特就此一問題提出分析與建議，供各界參考，但本文完全是個人意見，與任何官員或政府單位無關。

我在亞銀會籍問題由來

　　一九八二年中共表示有意參加亞銀，但初期立場是要排除我國會籍，其法律根據是亞銀憲章第三條規定,只有聯合國亞洲及遠東經濟委員會(亞經會)之會員或副會員，或其他亞洲區域內國家、或區域外已發達國家、且是聯合國或其專門機構會員者，才能成為會員國。我國已喪失聯合國及一切專門機構的會籍，因此，中共主張，我國當然喪失亞銀會籍。此一謬論由中共已故學者陳體強撰文發表，並譯成英文，在中共英文統戰報紙《中國日報》上發表。但有些國家及學者對此說均持反對意見，因為亞銀憲章第三條中，並未規定會員國喪失聯合國或其專門機構會籍後，就當然喪失亞銀會籍，此一條文之立法原意應是指申請入會之國家而言，而不應涉及創始會員國（如我國）。

　　據美國國會方面透露之消息，中共此種謬論，竟然為美國行政當局認為可以考慮，而通知我國要研究在中共入會排我後，如何使我國與亞銀維持非官方關係，我國斷然拒絕研究此種荒謬安排。在國會方面，有不少議員強烈表示要支持我國確保亞銀會籍，否則將阻止國會撥款支持亞銀。

　　一九八三年三月，美國亞洲學會在舊金山舉行年會時，有一場討論會

＊原文刊載於《中國時報》，第二版，民國七十五年一月十六日。

是討論中國統一問題，與會學者紛紛指責中共口是心非，一面大叫和平統一，另一方面卻多方設法孤立中華民國，會後許多海外輿論也多批評中共此種作風。在此情況下，一方面由於美國國會議員之強烈表示，另一方面由於海外輿論之壓力，中共領導人鄧小平，在一九八三年夏天終於表示，雙方可以同時留在亞銀中，但細節如何仍不清楚。

美日與中共交涉的經過

中共領導人雖然表示無意排除我國在亞銀席位，但其誠意值得研究，因為近年來中共在國際上往往做出講理之姿態，然後在事實上又弄出一些令我國無法接受之條件來迫我國拒絕，達到孤立我國之目的，在亞銀我國會籍問題方面，中共開始要將我國改為副會員（無投票權），為美日所反對，因為這牽涉到修改憲章問題，而其他會員國早已有國家想要修改憲章其他部分，此例一開，亞銀勢將弄得大亂。在美日堅決反對，我國拒不考慮之情況下，中共只好讓步放棄此一企圖。

其次，中共想針對我國其他權益方面，削弱我國地位，但為美國國會堅決反對。一九八五年五月十七日，美國參議院通過一九八五年國際安全與合作法案中，附加下列條款：「中華民國（臺灣）應繼續為亞銀的完整會員，不論中華人民共和國申請入會的問題如何處理，中華民國在此一機構中的地位和稱呼應維持不變。」但在美國，承認外國政府是總統的行政權，美國政府承諾中共是早已確定之事實，所以即使雷根總統再支持中華民國，也無法不接受這個事實，因此雷根在簽署這個法案時說明，其簽字並不表示改變承認中共之政策，在此情況下，美國行政當局所能做到的只是能維護我國在亞銀的實質利益，而無法支持我國使用「中華民國」之名稱及國旗，否則就與其承認中共之政策不合，這點，我們必須了解。

在國際上，一個國家除了維護實質利益外，還有面子的問題，美國行政當局充分了解面子對我國的重要性，所以與中共再三交涉，美方認為以下四項安排，在法律與政治上，已充分考慮到我國面子及權益：

一、中華民國在亞銀一切實質權益不變，也不必與中共同席或參加同一投票集團。

二、亞銀開會不掛會員國旗幟，因此解決了困難的掛旗問題。

三、我國對亞銀行文仍用中華民國，亞銀對外行文則用中國臺北，如此我國對內不必承認改名，只是亞銀自己將我國稱呼更改，以有別於中共。

四、為了防止中共入會後又要排除我國，上述三點作成書面備忘錄以防中共食言。

其他國際組織會籍問題

以上條件據個人看法，如果我國不能當機立斷，在抗議之情況下以此等條件在亞銀活動，以保全會籍，將來美國行政當局易人，此種條件恐怕求之而不可得，這是不能不注意的。此外，亞銀會員中只有韓國、所羅門及東加與我國有外交關係，新加坡有官方關係，但韓國正在與中共勾搭，也不一定會支持我國，所以要想更改目前之安排恐無可能。

如果我國能在抗議之情況下繼續在亞銀活動，就可以策動美日二國保全我國在國際刑警組織之會籍與權益。由於國際刑警組織憲章中，規定一個國家只能有一個席位，所以必須修改憲章，才能以亞銀模式保持我國合法權益，所幸刑警組織的會員國中尚無國家要求修改憲章其他部分，所以情況與亞銀不同，應不會因要修改憲章保全我國席位而弄得大亂。此事關鍵仍在我國是不是要保全會籍，否則美日何必大忙特忙去辦此事，花了很多精力，我國不但不感激也不接受，沒有國家會去做這種吃力不討好的事。

在其他國際政府間組織方面，情況較不一樣，因為無法叫聯合國及其專門機構為了我國一席而都不掛旗，這是在政治上做不到的。所以只有退而求其次，要美國出面，再聯絡其他與我國有外交、官方或半官方關係的國家，為我國在此等國際機構中爭取觀察員地位，以恢復與國際組織的聯繫，只要我國要這種地位，有相當大的可能可以做到，因這不牽涉到掛旗及修改各組織憲章的問題。中共如果出來搗亂、阻止我國恢復與各國際組

織之聯繫，我國正好發動海內外輿論，來揭發其企圖孤立在臺灣的中華民國之陰謀，暴露其真面目。

在實際作業與進行策略方面，應先選擇各國認為我國應參加之國際組織進行之，如世界銀行、國際貨幣基金會、國際金融公司、國際開發協會、國際開發基金、世界知識產權組織、國際民用航空組織、國際海事組織、關稅暨貿易總協定等組織。

對突破外交孤立之建議

西德也是先取得聯合國觀察員之地位，後來東、西德和解完成，才得加入為正式會員，南北韓現仍只是聯合國的觀察員，所以觀察員之地位並未減損我國的國際人格。惟一問題是，由於全世界已有一百三十八個國家承認中共，所以我國無法以「中華民國」之名義參加，而應用其他變通之名稱。

鞏固我國在國際組織之地位，及恢復我國與其他國際組織之聯繫，只是突破我國國際孤立之一面，另一面則應積極加強與其他國家之關係，這可分幾方面進行：

一、已有邦交之國家如要與中共建交，我國不應就與其斷絕其他關係。其中，讓我國以中華民國辦事處留下並有外交特權與豁免者，應留下，但對其援助應削減百分之二十，以示懲戒；以中國（臺灣）名義留下但有外交特權與豁免者，應留下但應削減援助百分之四十，以其他名義留下者，則現有援助仍將其執行完畢，但不再給予新援助，除非將我國辦事處地位升格。目前，與中共建交國家，我方就停止一切援助，且也不設機構之辦法，甚為不妥，因我國援助數目不大，中共可以取代，更不足以嚇阻其他國家棄我而與中共建交。

二、與中共建有邦交之國家，如願與我國建立外交或官方關係，立刻接受但同時發表個別中文聲明：此種關係之建立並不表示我國接受二個中

國之安排，只是在中國統一之前的臨時安排，中華民國政府與人民恢復所有中國人自由之政策並未改變。至於對方與中共維持何種關係，與我國無關，也不要去多管。

對與我建交或建立官方關係之國家，應訂立幾等援助獎勵辦法，建立外交關係者給以一等援助；建立以中華民國名義之官方關係者給以二等援助；建立以中國（臺灣）名義之官方關係者給以三等援助，以下類推。

未來政策切合實際為要

我國目前投資意願低落，經濟不能持續發展，其中一個重要原因就是在國際上日益孤立，而造成孤立之原因主要是由於中共攻勢，及我國不切實際之政策，長久（二、三年）必至影響人心安定，從而造成政治社會之不安，對國家前途影響甚大。所幸，國民大會及立法院均已注意到這個問題，確實反映了民意，所以希望政府確實注意此事，採取合理之政策，來擊破中共孤立我國之陰謀。有些想不開的人，認為採取合理可行之政策會影響法統，這完全是不通之論，這樣固執下去，變成愈來愈孤立才會影響法統。先總統　蔣公曾說過，革命者必須忍受常人所不能忍受之氣，又說要鬥志不鬥氣。古代句踐復國，忍一時之委屈但是最後獲得勝利，就是個最好的例子。所以目前我國必須忍受一時之委屈，擊破中共孤立我國的攻勢，以鞏固自由基地之地位，才能有進一步的發展，早日完成恢復所有中國人自由之使命！

我國重返國際組織的名稱問題[*]

《聯合報》三月十三日〈願意「委曲」，就能「求全」嗎?〉一文中，談到中共一位外交人員討論對我國重返國際組織的名稱問題，認為改名也不能再進入國際組織，因此認為「亞銀模式」的擴大可能性不是沒有，但並不樂觀。此一看法不無商榷餘地。

不必過於悲觀

首先，外交官在其本國政府未改變政策前，一定用各種說詞來支持既存政策的正確性。政策改了以後，就會有新的說法，不時還造成自打嘴巴的情況。中共的外交官也不例外。以亞銀事件為例，一九八三年五月三日中共機關報——《人民日報》刊登一篇陳體強（倫敦大學國際法博士，曾任國府外交部科長，投共後一度被整，毛死後再平反，為中共重要的國際法學者，現已死亡）的一篇文章，其中主張中共進入亞銀必須排除臺灣。五月四日中共在美發行的英文《中國日報》又刊此文，顯然是代表中共官方意見。同年六月二十六日鄧小平接見一位留美學人時表示臺灣可以「中國臺灣」名義留在亞銀，此事並刊登在香港《七十年代》雜誌。但在一九八四年在紐約的一個酒會中，某學人遇見一位中共高級外交官，當他提到「一國兩制」的模式時，中共外交官說是「做夢」。一九八六年三月中共同意臺灣可以中國臺北名義留在亞銀，一切權益不變。看來是中共的一位外交官在「做夢」。

其次，據可靠消息也有中共擔任「總理」的顧問人士來美時表示過，參加聯合國以外的國際組織（如國際民航組織、世界氣象組織等技術性組

*原文刊載於《聯合報》，第二版，民國七十七年三月二十五日。

織），並非不可能，特別是如以觀察員名義不牽涉到國旗的問題，但他也強調以「臺灣」名義參加絕對不可能，因為這等於承認臺灣獨立。名義一定要表示臺灣是中國的一部分，但中共不堅持用「中華人民共和國臺灣或臺北」名義，因為中共也知道臺北方面絕不會接受。

第三，中共是國際海事組織的會員國，但仍容忍香港為該組織的副會員。

絕非全黑全白

個人認為對國際政治不能以全黑全白的態度來分析，許多情形是不黑不白、黑多白少或黑少白多的情況，許多事一時看來不可能，但努力之下均有可能。在國際上要想別國承認我國為中國唯一合法政府是不可能的；不但如此，連中共要想強迫他國承認其對臺可行使主權也極困難，美國就不承認，認識到中共對臺的主權主張，但認為中共不能對臺用武力；另一方面美國又承諾不支持「兩個中國」或「一中一臺」。國際政治就是在如此曖昧不清的狀況下運作，這是必須了解的。

何必鑽牛角尖

其次，任何國家（除非是絕對完全獨裁）內部均有不同的政治勢力，對許多問題會有不同的立場與看法，所以在國際上讓步妥協以後，對內一定要說明是交涉成功。在國際組織方面，我國如能參加，中共對內一定要說明是以地區資格參加，否則無法對內說明。我國如果一定要中共公開表示不以中央對地方的姿態來同意我國參加國際組織，這是做不到的。但我國必須了解這是中共自說自話，國際上此種情況甚多，沒有什麼了不起，事實上我國政府不是中共的地方政府，更不接受其號令，是眾所皆知的事實；比較重要的是，我國參加國際組織時必須對內（包括大陸）說明「一個中國」及以民主、自由、均富統一中國的國策絕不改變，才不會引起誤會。

第三，許多事情我國官員喜歡鑽牛角尖，以奧運會為例，由於我國與中共對立之特殊狀況，該會規定我國不准用國旗為會旗，我方認為是奇恥大辱。但紐西蘭奧會卻引用我國之例，廢除國旗為會旗，另造了一個會旗。所以有些事完全看解釋而定。在我國目前只控制國土三百分之一，人口五十五分之一的情況下，如不面對現實作必要讓步，恐怕就沒有辦法參加國際活動了。個人可以逞匹夫之勇來玉碎，國家不行，且如果國家要玉碎也應先獲全體國民一致同意，絕無由少數人擅自決定之理。

態度主動積極

最後個人認為不管是用「中國臺北」、「中國臺灣」或其他名義，立刻參加亞銀年會，至於什麼名稱就不表示是地方政府完全是主觀問題，因為我國政府不管用什麼名稱，在事實上不是接受中共號令的地方政府，所以花無數精力在鑽名稱的牛角尖，根本是無謂之事。參加亞銀年會後，正式宣布將以便通名義，正式申請參加聯合國以外的各專門性國際組織為觀察員，其他得以地區參加的區域性組織則申請為正式會員。看看中共反應如何？如其搗亂，則證明其和平統一的號召完全是鬼話，對我國國內人民要求參加國際組織的期望也有所交代，即不是政府不努力去做，而是做不到，這樣人民當可以諒解政府之困難。如中共不搗亂，則政府打開了國際局面，必更受人民支持。

我國國際法律地位
及重返國際組織之探討*

　　目前世界上已有一百三十八個國家承認中共政權為中國「唯一合法政府」，而只有二十二個國家承認我國政府，在此情況下如何維護我國的國際法律地位是個重要問題。此一問題如由傳統國際法上來看，我國處於很不利的地位；因為我國與中共均主張只有「一個中國」，在此種情況下，由於一國只能有一個合法政府，對承認中共的國家而言，我國政府變成法律上並不存在之情況。但是國際法的許多規則均甚有彈性，因此必須找出一個對我國有利之說法，對我國之國際法律地位找到一個理論基礎，才能推展對外關係以減少中共企圖孤立我國之壓力。

地位未定論說法不成立

　　國內最近有人提出臺灣地位未定論，其主要根據是一九五一年的金山對日和約與一九五二年的中日和約，均未明文規定臺灣歸還中國，而只是由日本放棄對臺灣的「一切權利、權利根據與要求」。此種說法在國際法上不能成立。

　　幾位著名國際法學家均認為日本放棄後，由於中華民國事實上在臺灣行使主權，所以臺灣主權當然歸屬中華民國。例如，美國著名國際法學家狄恩 (Arthur Dean)、澳洲法學家康耐爾 (D. P. O. Connell)，均持這種見解。日本法院一九五九年東京高等裁判廳對 Lai Chin Jung 一案判決書中說：「不管怎麼樣，至少當一九五二年八月五日中日和約生效時，臺灣與澎湖歸屬中華民國。」一九六〇年六月七日大阪地方裁判廳在 Chang Fukue 告 Chang Chin Min 一案中說：「當一九五二年和約生效時在法律上移轉主權

*原文刊載於《中國時報》，第二版，民國七十七年五月三十一日。

時，中華民國就在臺灣建立了永久主權。」最近美國法學家格蘭認為：「在一九五二年日本與中華民國另訂了一個合約，日本放棄對臺要求但未說明將其產權移轉給誰。這個條約一般認為是用不明確的用語之文件，特別是在用詞方面，但它的意圖是毫無疑問的：日本是與一個在一九五二年包含並控制臺灣的國家與政府締結和約用通常對獨立國家下定義的標準來看（如領土、人民、政府、獨立及其他國家發生關係的能力），中華民國是一個獨立的國家並擁有臺灣（以及若干外島），不管大陸的中國或美國政治人物怎麼說。」

自決權僅適用於殖民地

最近也有人認為臺灣人民可以主張國際法上的人民自決權，宣布獨立成為一個新的國家。此種主張恐難在現代國際法及聯合國憲章及其實踐上獲得支持。

在聯合國處理實際案件時，所謂自決權只適用於殖民地或非自治領土，並且每一領土是否具有此種地位，也要由聯合國有關機構認定。

因此戰後許多國家某些人群的分離運動，如伊拉克境內的庫德族 (Kurds)、西班牙的巴斯克 (Basques)、加拿大的魁北克省 (Quebec) 等均未獲聯合國及國際支持。換句話說，自決權不適用於多民族國家。

此外，近日國內討論提升我國國際地位問題時，也有人提到「雙重承認」問題，就是說一個國家可以同時承認中共政權與我國，並有人舉德國與韓國之例，這種看法值得客觀研究與分析。首先，德國情況與我國不同，蘇聯堅定支持東德並且二者從未主張東德代表全德，只有西方集團在一九七〇年代以前支持西德代表全德，因此造成雙方關係上的困難。一九七三年東西德和解，雙方均加入聯合國並互派代表，並且互不反對對方與任何國家建交。其次，韓國情況也與我國不同，一九四八年五月十日南韓在聯合國監督下舉行選舉，組成政府，同年十二月十二日聯合國大會確認其為合法組成之政府，西方集團立刻承認大韓民國政府，許多第三世界國家也

承認韓國政府。在一九六〇年代初以前韓國堅持要代表全韓，所以在外交上不易在第三世界中推展，但後已改變政策，所以建交國家增多，現在除共產集團國家不承認南韓外，幾乎所有國家均承認大韓民國。

雙重承認模式效用有限

在中國之情況，中共堅持「一個中國」的政策是始終如一的，根本沒有改變的可能。在此情況下，任何國家要與中共建交必須與我國斷交，我國是毫無選擇的餘地。

所以，個人認為，我國如可接受雙重承認在某種程度上，有助於提升我國的國際地位。但我國朝野必須了解，國際法上的承認與建交主要是政治上的考慮，政治上做了決定以後，國際法才給以此種決定的法律效果。許多國家是否再承認我國或與我國建交，主要是政治和國家利益的考慮。北美、日本、西歐的工業國家絕無可能對中國採取雙重承認的政策。因為他們與中共的關係有政治、經濟、戰略上的考慮，採取雙重承認必與中共鬧翻。

在我國國內政治上，雙重承認發生如何自圓其說問題，因此有官員以學者身分主張「多體制國家」，其要點如下：

一、不是「一個中國」，確認「一個中國」之原則，但又認識到中國境內現有二個國際法主體之現實情況。

二、中國境內的兩個國際法主體不必相互承認，雙方也不必放棄對他方主權之主張。

三、不妨害中國和平統一，但統一不得使用武力。因為雙方既均為國際法主體，聯合國憲章第二條第四款禁止在國際關係上用武力之規定，就可適用於此。

四、一國雖已承認中共，仍可以國家之態度對待我國，但可不承認我國對中共控制區之主權。

重返國際組織難題重重

　　由於雙重承認未被國內認可，因此我國外交當局只有另想辦法，將駐外非正式機構改為正式官方機構但又不稱為大使館或領事館，只用「中華民國商務辦事處」等類名稱，目前已在六國成功，但在中、大型國家恐仍有困難。

　　在重返國際組織方面，國際刑警組織在一九八四年九月接納中共入會，因為此組織憲章規定一國只有一個投票權，所以將我國改為「臺灣中國」，不得投票，但其他權益照舊，我國目前仍未接受此種安排。

　　亞洲開發銀行在一九八六年接納中共入會，並改稱我國為「臺北‧中國」，其他權益照舊，我國拒接受，也不去參加會議，今年由於我國新領導人的明智決定，才派員在抗議的情況下去參加，但問題仍未解決，我國仍未能接受新名稱。因為亞銀模式在實質上保全了我國權益，所以中共在接受亞銀對我國會籍的安排時，說明只適用於亞銀。不料我國外交部在今年也作類似說明，如此就排除了用亞銀模式重返其他國際組織的可能。

　　我國要想重返國際政府間組織有下列困難：第一，所有重要國際組織，如聯合國及其十多個專門機構（如國際民航組織、國際電信組織、萬國郵政聯盟、世界銀行等），承認中共的國家佔絕大多數，除非中共同意或至少不反對，否則其他會員國就不會支持我國參加。而我國如堅持用「中華民國」名義參加就無法獲中共同意或不反對。第二，除了國際海事組織接受香港為副會員，關稅暨貿易總協定接受香港為會員外，其他聯合國所屬的國際組織幾均未規定一國的一個地區可以單獨參加為會員。第三，如果名稱能夠解決，我國先以觀察員名義參加國際組織的可能性較大，因為這不必牽涉到有關國際組織的憲章之修改。

外交策略不應自我設限

　　提升我國的國際地位，由於中共之阻撓與堅持一個中國原則，在客觀上是有其困難。但是若干困難是由於我國執政者的心理障礙造成自我設限，以至於外交當局寸步難行，無法擴充局面。因此對雙重承認，如果有這種機會，就該接受，如果我國堅持對方必須與中共斷交才能建交或復交，則可以說是將毫無希望去擴展外交關係，維持邦交的國家也亦將只會日益減少，以至於沒有。國內有極少數人認為如果與我國建交而對方不與中共斷交就會造成「兩個中國」。事實上持這種看法的人是附和中共的說法，想將我國的國際地位弄到完全喪失，國人不可以不注意。是否會造成「兩個中國」是一個主觀問題，只要我國堅持一個中國原則，繼續進行以自由民主均富的和平統一中國之工作，就不是「兩個中國」。在國際法上是否承認某一國家、政府或事實，是以國家的主觀意圖而定，而不是基於客觀事實的推斷，例如，美國自一九五五至一九七一年均與中共舉行大使級的會談，並曾簽訂雙方遣返對方平民的協議；一九七三至一九七八年雙方又建立具有高度官方地位的聯絡處關係，這些現象均可以解讀為美國已承認中共，但美國主觀否認這種關係具有承認的作用，因此在國際法上就不構成承認。所以對同時與中共和我國維持外交關係的國家，只要我國主觀認為不是「兩個中國」而是中國未真正統一前的過渡措施，在法律上就不構成「兩個中國」。在對內自圓其說方面，可以採用「多體制國家」的觀念來解說。

變通名稱無礙國家人格

　　不過對雙重承認，前已說明，不可以寄太大希望。比較可行的還是在第三世界中若干國家將非官方關係提升為官方關係。此外，第三世界國家中有些與我國無甚貿易關係的，我國以往均不予理會，似應加強聯絡，給以援助以建立外交或官方關係。

在國際組織方面，絕不可能用「中華民國」名義重返，必須用變通名稱。有少數人認為用「中國臺北」或「中國臺灣」就變成中共的地方政府，這種看法完全是不通之想法。是否是中共的地方政府與參加國際組織毫無關係，而是看我國政府在臺灣地區的一切行政、立法、司法等措施，是否要先得中共同意，只要我國一日不公開宣布承認中共有此種權力，我國政府就不是中共的地方政府，這是一個事實問題，與名稱無關。此外，必須注意，任何國家內部均有不同的政治勢力，並對許多問題會有不同的立場與看法，所以在國際上讓步妥協以後，對內一定要說明是交涉成功。在國際組織方面，我國如能參加，中共對內一定要說明是以地方政府資格參加，否則無法對內交代。我國必須了解這是中共自說自話，事實上我國政府不接受中共號令是眾所周知之事實，不是中共一句話能改變的。但我國在參加國際組織時必須同時說明「一個中國」是以民主、自由、均富、和平統一中國的基本國策絕不會改變，才不會引起中外人士誤會。

中共排我作法絕非明智

若干國際上的事情，我國少數人喜歡鑽牛角尖。以奧運會為例，由於我國與中共對立的情況，該會規定我國代表團不能以國旗為會旗，國內有不少人批評，認為是奇恥大辱。但紐西蘭奧運會卻引我國之例，廢除國旗為會旗，而另造了一個會旗，所以許多事完全是看如何解釋。

在參加國際組織方面，我國朝野必須使中共了解，目前中共將臺灣地區完全排除在政府間國際組織之外的政策，是嚴重違反「一個中國」的原則，既然臺灣及大陸均為中國的一部分，將臺灣地區及其人民排除在國際組織之外加以歧視是完全不合理的，這種作法將助長該地區少數人企圖脫離祖國的運動，只有雙方均在國際組織中，才能增加了解，有助於和平統一。

與參加國際組織相關的是參加國際多邊公約問題，由於重要國際公約多由聯合國或其專門機構主持下簽訂，我國已非聯合國及其專門機構的會

員國，所以自一九七二年以後已無從參加。目前外交部的辦法是與有關國家以換文方式接受某一多邊公約在雙方間適用，但由於只有少數無外交關係國家（如日本、美國）願與我國簽雙邊但事實上有法律效力的非官方協定，所以實際上無法參加許多國際多邊公約，如果參加國際組織的問題能夠解決，也可以比照適用到參加多邊公約方面。

在理論方面，我國必須在「一個中國」、「雙重承認」及「多體制國家」的概念下，研究出一個令人信服的國際地位的理論與說法，再分批邀請各國國際法學家，特別是第三世界方面，來華訪問研討及交換意見，目前我國的立場與說法，連國人都不能了解，何況外人。有了一個合理的理論基礎才能推展對外關係及提升國際地位。

合理讓步爭取國際地位

最後必須注意，為提升我國國際地位以穩定臺海局勢進而逐漸創造和平統一的條件與環境，我國固應在名義上作些讓步，但中共是否領情仍在未知之數。中共表面上也叫和平統一，但實質上許多人懷疑仍在作用武的打算。所以我國即使作合理讓步，中共可能仍要在國際上繼續孤立我國，以助長國內臺獨分子之聲勢造成內亂，提供其武力侵臺的藉口。儘管如此，個人認為仍應作合理之讓步以爭取實質國際地位，如中共繼續搞亂，可以讓國人了解其真面目，並受國內外指責，同時對國內人民也有所交代。

註：本文摘自丘宏達教授於「迎接挑戰開創新政」研討會發表之論文

重返聯合國　並非改國號能解決[*]

除非得到五大常任理事國諒解，特別是中共，否則是不可能的事。

　　依聯合國憲章第四條的規定，新國家要加入聯合國須聯合國安全理事會推薦，再由大會通過，而安理會對推薦會員國入會是以非程序問題方式投票的。中共、美、英、法、俄五大國為常任理事國都有否決權；中共一向反對臺灣獨立用臺灣名義申請加入聯合國，必然會行使否決權是可以預料的。

　　有人引用了憲章第二十七條第三項，認為中共是爭端當事國，所以不能投票，實為誤解。該項規定：三、「安全理事會對於其他一切事項之決議（指程序以外的決議），應以九理事國之可決票包括全體常任理事國之同意票表決之；但對第六章及第五十二條第三項內各事項之決議，爭端當事國不得投票。」憲章第六章是指憲章第三十三條至第三十八條的「爭端的和平解決」事項，第五十二條第三項的規定是：「安全理事會對於區域辦法或由區域機關而求地方爭端之和平解決，不論其係由關係國主動、或由安全理事會提交者，應鼓勵其發展。」這些條文沒有一條與會員國入會推薦有關，因此怎麼能將中共認為是爭端當事國而排除其投票權？事實上有關會員國入會事項是規定在憲章第二章第四條。安理會對歷年來的國家入會申請，均經安理會以非程序問題的投票方式處理，五大國可以行使否決權。所有關於聯合國的研究或文章中，沒有人說第二十七條第三項的爭端當事國不得投票的規定，可以適用於推薦新會員國入會問題。

---

* 原文刊載於《聯合報》，第四版，民國八十二年一月二十八日。

　　至於聯合國會員國要廢除否決權制度，恐怕是過於樂觀的看法。因為這牽涉到憲章修改的問題，依憲章第一百零八條規定：「本憲章之修正案經大會會員國三分之二之表決，並由聯合國會員國之三分之二，包括安全理事會全體常任理事國，各依其憲法程序批准後，對於聯合國所有會員國發生效力。」換句話說，只要有一個常任理事國不批准，憲章修改案就不能通過。所以，五個安理會常任理事國其中任何一個，對憲章的修改都有否決權。

　　國際法上對國家的承認是政治性的考慮為多。我國臺灣地區面臨的是中共的政治壓力問題，這不是只要我們改一個國號就能解決，或就會有很多國家來承認。稍有一點國際常識的人都應了解這點。至於申請加入聯合國，除非得到五大國諒解，特別是中共，否則是不可能的事。以韓國為例，它想加入聯合國已多年，但因前蘇聯與中共的阻撓，一直不能實現；直到與這兩個國家達成支持其加入聯合國的諒解，才算達到目的；這些事都不是不顧國際政治現實能做到的。

　　如果要以臺灣的名義提出這種申請，除了要顧慮中共的態度外，美國的態度也至關緊要；而美國新任國務卿克里斯多福日前在美國參院聽證會上表示，美國將繼續在三個公報與臺灣關係法上繼續發展與兩岸關係；而美國與中共的第三個（即八一七）公報中即明白表示，「美國無意尋求『兩個中國』或『一中一臺』的政策」。因此如果以臺灣的名義申請加入聯合國，美國勢必不可能支持；此外，這種要求還很可能把兩岸關係弄僵甚至嚴重倒退，無論如何，這對臺灣是沒有好處的。

三、我國與美國關係

「臺灣關係法」高於
美匪「聯合公報」*

　　根據美國憲法的規定和實例,政府的行政部門應負處理對外關係之責,但國會兩院也在外交事務上各自扮演重要的角色。例如,總統批准條約需經參院的建議與同意,總統任命大使和國務院高級官員時,也需經參院同意。若未獲眾院及參院的同意,行政部門無法執行其外交政策,因為憲法第一條第九款規定,非依法撥款,不得自財政部提款。此外,在執行外交政策時,行政部門依法不得罔顧國會按正當程序所通過的法律,因為憲法第二條第三款規定,總統應注意忠實履行法律。

　　最近,有某些學者和國務院官員主張一種怪異的理論,試圖在執行美國的東亞政策時,漠視經由國會兩院絕大多數通過的一項重要法律。根據這種說法,一九七九年通過的臺灣關係法,只能在美國與「中華人民共和國」「建交聯合公報」的範圍之內執行,換言之,該「聯合公報」可以超越臺灣關係法,雖然它甚至連行政協定都不如,在徹底研究權威著作後,可以發現根本找不到可信的辯解來支持這種說法。

　　由於時間關係,不允許我逐條舉證所有駁斥這種說法的權威著作,不過只要舉出兩個即足以駁斥「聯合公報可以限制法規」之說:哥倫比亞大學法學院的亨金教授在一九七二年曾寫道:「在面對後來制定的國會法律,不需立法即生效的行政協定和條約一樣,當然將喪失其為國內法的法律效力。」

　　由美國法律學會所擬備的有關美國外交關係最新的理論草文,也表示類似的看法:

---

*原文刊載於《中國時報》,第二版,民國七十年五月一日。

第一三五項，國際法或國際協定與美國國內法的不一致……

②國會在一項國際協定於美國生效之後所制定的法律，若二者有不一致之處，國會法律將優於已為美國法律的國際協定，如果國會明白表示其目的在取代早先的條款，或者無法使早先的條款與其一致。

這一段的評論說：由於條約和國會通過的法律，在憲法上均具同等地位，為美國的國內法，因此國會有權在憲法所賦予的立法權限之內，以後來制定的法律來超越身為國內法的條約的效力。對於國際協定或習慣國際法的規定，國會也有同樣的權限。

因此，若謂甚至算不上是行政協定的美－中（共）「聯合公報」，有權限制或宣布臺灣關係法為無效，是全然不合理的事。即使以外交政策為理由，假設同時執行聯合公報與臺灣關係法，是重要的事；則執行此二者的正確方式應為：若兩者可並行不悖，則使二者皆具效力。若無法兼顧聯合公報與臺灣關係法，則依照憲法，臺灣關係法必須凌駕於聯合公報之上。

對於美國與「中華人民共和國」，以及美國與中華民國的關係，雷根總統似乎主張兼顧成文法與公報。然而，憲法所要求的這種處理方式是否能維持，端賴國會是否對某些官員繼續監督。許多官員是卡特政府任內所任命的。這些官員認為，聯合公報的效力應擴充至最大的限度，而臺灣關係法的效力應減至最小，以討好中共。以下的幾個例子，便可說明這點：

美國在簽署聯合公報時，曾對「中華人民共和國」明白表示，美國與「中華人民共和國」建立外交關係後，將繼續出售防禦性武器給臺灣。在這項條件下，美國與「中華人民共和國」才建立外交關係，互換「大使」。然而現在卻有些官員力促總統，勿出售精密防禦性武器給臺灣；而無視於自關係正常化後，中共始終威脅要對臺灣用武。顯然美國從未同意中共以武力犯臺；也從未同意停售防禦性武器給臺灣，作為「關係正常化」的條件。

至於美國政府官員訪問臺灣，以及臺灣官員訪美的事，美國從未同意在與中共「關係正常化」時，禁止官方接觸。因此美國國務院禁止這類訪問，是毫無法理基礎的。而若這類訪問確實發生後，「中華人民共和國」也

毫無法理根據來抗議。在國際關係史上，兩國互不承認，卻舉行談判，甚而至於締結國際協議的先例，不勝枚舉。美國與「中華人民共和國」在一九五〇、六〇年代的大使級會議，即為明例。

國會還有其他重要的理由，參與外交政策的形成和行進監督，尤其是在美國對東亞的政策方面為然。某些政府官員，由於他們熱心過度或由於個人的野心，在執行外交政策目標時，曾犯過很嚴重的錯誤，美國與「中華人民共和國」建立外交關係的「聯合公報」中文本內，就發生了這樣的嚴重錯誤。英文的「聯合公報」中說：美國認知 (acknowledges)「中國」的立場為，只有一個中國，臺灣是中國的一部分。但是中文的「聯合公報」內，將 acknowledge 一字譯為「承認」，「承認」譯為英文，應為 recognize。卡特政府官員沒有辨別出這項「聯合公報」內，英文和中文的區別。事實上，是參院外交委員會亞太事務小組委員會，在與專家諮商後，提請政府注意在這樣重要的政治文件中，犯了這樣嚴重的錯誤。

另一個值得在此一提的例子，是（杜魯門時代的）艾契遜國務卿一九五〇年元月十二日在全美記者俱樂部的演說。艾契遜在那次演講中說，美國在西太平洋的防線，自阿留申群島經日本與琉球而至菲律賓。如此，則南韓與臺灣即不包括在這一條防衛線內。一般認為，這項演說等於是鼓勵蘇俄和北韓以武力來奪取南韓。他們果真於同年六月二十五日入侵南韓，導致許許多多美國人喪失了生命。

國會由於其廣泛的經驗與多方的專家，因而適於對外交政策問題從事通盤的研究。國會之內的觀點歧異，以及選區的不同，確能使國會——也許比任何一任政府更能——經由聽證、幕僚研究和與選民的接觸，而敏銳的反應出公眾在外交政策上的意見。

自上述觀察看來，國會實應在監督美國外交政策上，尤其是美國對東亞政策的執行上，擔任更積極的角色。

註：本文係丘宏達教授日前在華府一項有關亞太安全和美國政策的小組研討會所發表的論文，該研討會是由美國安全協會和亞裔美人全國會議外交委員會所主辦。

我國與美國之間的引渡罪犯問題[*]

近年來由於我國經濟犯大批逃到美國，引起國人對引渡此等惡性重大罪犯問題的關切；最近美國國會眾院亞太小組對我國人民及情報人員涉及美國加州劉宜良命案，也要求我國移交在臺嫌犯到美國受審判。本文謹就中美間有關引渡及雙方簽訂引渡協定問題，略為分析。

引渡罪犯要依司法程序

美國最高法院在一九三三年費特勞本海默 (Factor V. Laubenheimer) 一案中認為，除了條約規定外，國際法上不承認有引渡權。一般美國學者意見是，除了條約規定外，美國無權將人犯移交外國（見美國國務院助理法律顧問懷特曼所編《國際法摘要》第六卷七三二至七三七頁）。美國法典第十八部第二○九章第三一八四條中也規定，只有根據條約或專約 (Convention) 才能引渡。

在實踐上，由於沒有條約，美國就無法引渡逃到美國的外國罪犯，所以在與美國沒有條約的國家間，美方無法以互惠辦法要求他國引渡在美犯罪逃往他國的罪犯。不過有時少數國家並不堅持互惠原則，如一九三四年土耳其將其領海內一艘希臘船上的逃犯移交美國，雖然雙方並無引渡條約，美方也明白告知土方將來對土方的要求無法互惠。

在程序上，美國引渡人犯到外國要經司法程序，司法方面決定可以引渡後，再送交國務卿，但國務卿有權自由裁量不予引渡。此點在美國法典第三一八六條中有明文規定，國務卿得 (May) 將人犯移交外國政府授權的代理人。

---

[*] 原文刊載於《聯合報》，第三版，民國七十四年三月二十三日。

在美國與外國訂立的條約中，有些並未禁止引渡美國人到外國受審，因為美國刑法原則上採取屬地主義，就是說在犯罪地的法院才有管轄權。因此美國人在外國犯罪，除非美國法律明文規定美國有域外管轄權（如所得稅法、反獨占法），犯人回到美國美方無法行使管轄權。在此情況下，如不許將在國外犯罪的美國人引渡到犯罪地之外國法院審判，罪犯將逍遙法外。歐洲及幾乎所有大陸法系國家，均規定不得引渡本國人到外國，因為此等法系的國家採取屬人主義的管轄原則，本國人在外國犯罪仍受本國管轄（在實踐上較輕的罪則不管轄），沒有美國那種問題。

非官方協定的法律地位

我國引渡法第一條規定，引渡應依條約，無條約時則依此法的規定。引渡法中並未規定條約以外的引渡須以互惠原則，所以對方即使與中華民國沒有引渡條約也無法給以引渡的互惠，只要符合引渡法規定，仍可以要求我國引渡。

引渡在我國也應經司法程序，但最後決定權在總統，因為依第二十一條規定：「法院製作決定書，應將全案卷宗呈司法行政部（現已修改為法務部）移送外交部呈請行政院核請總統核定。」換句話說，法院決定可以引渡時，總統仍可以決定不予引渡。此一規定與前述美國法典中國務卿的自由裁量權相似。

我國引渡法第四條明文規定：「請求引渡之人犯為中華民國國民時，應拒絕引渡。」在美國加州殺人而逃回臺灣的二名嫌犯為中華民國人民，依此條規定，當無法引渡至美國。但是最近美國眾院亞太小組聽證會時卻有議員引用上述第二十一條的規定，認為總統可以不顧第四條規定而將人犯引渡給美國。這種解釋完全誤解了第二十一條的規定，本人查閱了立法院公報中有關審議引渡法的討論中，從未見到有認為總統有權推翻第四條規定的說法。

不過美國方面既然有人提出對第二十一條不同的意見，我方也不能宣

布拒絕引渡了事，否則難以令人心服，因此個人認為應採下列兩個辦法解決此一解釋上不同的看法：

一、將第二十一條是否可以推翻第四條規定的意見提交大法官會議解釋。
二、大法官會議解釋後，美方如仍不滿意，可依一九三〇年六月二十七日中美公斷（仲裁）條約締結仲裁協定，提交仲裁。（中美雖已斷交，但此約依美國國務院出版的《有效條約》一書，一九八四年版第一九八頁，仍然有效。）

美議員對我引渡法看法

美國與九十九個國家簽訂的引渡條約均是用「條約」或「專約」的名稱，均須經參議院三分之二多數的通過後，再由總統批准，美國法典中也規定只能依「條約」或「專案」引渡。由於中美已經斷交，雙方無法簽訂條約，只能由美方的「美國在臺協會」與我國的「北美事務協調委員會」簽訂協定，此種協定據美國國務院的解釋，依臺灣關係法第六條及第十條(A)項在美國的法律下，具有完全的效力。（見國務院每年出版的《有效條約》一書中「臺灣」項目下的解釋。）不過在實際上此種協定能否與「條約」一樣是美國憲法中所說的「最高法律」，不無疑問。在引渡時，被引渡之人必然會提出這個疑問。所以此種協定即使簽訂，最好仍請對我友好的美國議員在國會中將其制定成法律。在我國方面，此種非官方協定最好也送立法院通過制定成法律，才不至在適用時又發生爭議。至於引渡法中所指「條約」一詞是否包括非官方協定，也應送請大法官會議解釋，如果解釋結果認為不包括非官方協定，則應請立法院修改，使其包括非官方協定在內。

美方應當有互惠承諾

在美國加州發生的謀殺案對我國國際形象影響甚大，因此對美方議員提出移送人犯到美審判一事，在法律上固然可以引用引渡法第四條拒絕，但此案的政治後果必須考慮，所以似可考慮請立法院通過修改引渡法第四條，規定於國家權益形象有重大關係的特殊案件，總統得決定將本國人引渡外國；並附加決議，對加州謀殺犯特准追溯既往適用本條修正案。

有人認為法律不應溯及既往，但這應是指刑法實體法而言，而引渡法是程序法，在我國刑事訴訟法中也未規定不得溯及既往（刑法中有規定），而且美國司法程序對被告的保障比我國法律周到，所以對被告的權益並未損害，反而有增加。

比較困難的是我國經濟犯逃往美國者甚多，民憤極大，美方如不對引渡我國逃往美國的經濟犯一事作互惠表示，我國立法院恐無法通過上述引渡法的修正案。因此，政府似可以考慮要求美方向其國會提議修正其引渡規定限於「條約」一點，修改為依據美國法律也可以引渡。同時國會再立法通過法律准許將來自臺灣的經濟犯引渡回臺或驅逐回臺。美方如願作此努力，我國政府就應向立法院提出上述引渡法的修正案。

臺灣戰略、政治、經濟地位與中美關係*

本文是從戰略、政治與經濟地位來研討中華民國臺灣地區和中美關係，首先我對這個問題作一個歷史性的回顧，再逐漸說明其演變的經過。

中美關係的回顧

一九四九年夏，中華民國政府軍在內戰中失利，失敗顯然無法避免，八月美國國務院發表白皮書，將我國政府在內戰中失敗的責任全部推到我政府頭上，十月一日中共政權宣布成立。十月六至八日美國國務院召集一個官員與學者的聯合會議，多數與會者認為中國政府已完了，他們對其「命運」不再感興趣。一位著名中國專家更認為美國不應阻止臺灣落入中共手中。

一九五〇年一月五日，杜魯門總統在記者會上說，美國並無任何掠奪臺灣的企圖，無意用武力干預目前局勢，不對在臺灣的中國部隊提供援助或顧問意見。一月十二日國務卿艾契遜在國家記者俱樂部演說中表示美國的西太平洋防線自阿留申群島經日本、琉球到菲律賓。臺灣與南韓均劃在防線外。當時美國採取此種政策是由於一九四八年南斯拉夫共黨首領狄托與蘇聯分裂，接受美國支持反蘇。美國希望中共也變成狄托反蘇，在此情況如繼續支持中華民國政府當然無法達到這個目的。

一九五〇年底，中共以志願軍的名義到韓國參戰，公然與美國為主的聯合國部隊為敵。美國與中共關係當然惡化，我國臺灣地區在美國外交與戰略上的地位大為升高。一九五四年底中美雙方正式簽訂共同防衛條約，我國正式列入美國的全球防衛體系。在政治外交上，美國支持我國仍為全

---

* 原文刊載於《聯合報》，第二版，民國七十七年六月十三日。

國唯一合法政府之主張，以便在國際組織、國際會議與國際條約中排斥中共參加，以達到孤立中共的目的。

美國改打「中共牌」

在一九五〇年代，美國除在外交、軍事上支持我國外，並給予我國經濟援助。在這段時間一直到一九六〇年代中期為止，美國對我國的支持是基於戰略地位與外交上的考慮，在經濟方面，我國由於實行土地改革及經濟建設，所以有些成就，但在政治上由於實行戒嚴及戡亂體制和中央民意代表久不改選，不被認為是民主國家，在這方面西方各國輿論幾均無好評。事實上，在政治方面，我國實行縣市長及縣市議會定期選舉，也實行了某些程度的民主，但都不受國際重視。

一九六八年蘇聯入侵捷克以阻止該國的自由化運動，使美蘇關係又趨緊張，而一九六九年三月中共與蘇聯之間爆發了珍寶島武裝衝突事件，雙方關係也趨緊張。美國自一九六九年尼克森上臺後，採納了學者聯中共制蘇聯的政策；中共自珍寶島事件後也覺察到了蘇聯的實際威脅，所以也有意聯美制蘇。在此情況下，美國與中共由於有平行利益一拍就合，一九七一年夏尼克森總統宣布要在次年訪問中共，次年二月二十八日雙方簽訂了上海公報，奠定了雙方和解的基礎。美國與中共關係一旦緩和，臺灣的戰略價值就急速下降。

一九七〇年代美蘇軍力的均衡方面，美國只能勉強維持「軍事均勢」而無法維持一九五〇年代及一九六〇年代中期前的「對抗」與「擊退」的政策。而越戰的教訓使美國了解美國國力的限制，也無法再繼續推行上述強硬政策，而改採「緩和」(detente) 與共存的政策。

在美蘇軍事均衡上美國在一九七〇年代後期據若干美國人士的看法，連「均勢」都無法做到，而是美國居於劣勢。所以必須另求對策，而聯中共以制蘇聯的所謂玩弄「中國牌」就成為最吸引人的一個政策。這些人指出，中共至少牽制了三分之一的蘇聯軍力，並且在任何情況下對控制世界

上四分之一人口的國家，必須與它維持友好或至少不敵對的關係，絕對不宜對它刺激和敵視以致它再與蘇聯結合。

美國道義的支持

在上述情況下，美國對臺灣的支持已無甚戰略地位的考慮，而是基於道義（中華民國是美國在亞洲最早的盟友），雙方密切的經濟關係與東亞局部繁榮與穩定。所以目前即使美國在菲律賓基地發生問題，美國也絕不會考慮使用臺灣為基地，因為這樣必然會與中共鬧翻，而對美國而言，中共的戰略價值比臺灣大得多。

在積極方面臺灣對美國無甚戰略價值，但在消極方面，美國為了維持與中共的戰略關係又不能不設法維護臺灣的安全、穩定與繁榮。因為臺灣如為中共武力攻佔必然造成大批難民問題，擾及整個東南亞國家的安定，而這些國家必然又堅持將難民送往美國；其次，在美華人必然到中共使領館及其派去的各種代表團示威遊行，甚至發生暴力行為；第三，美國輿論必然反對中共此種舉動，國會也可能通過決議制裁。在此種情況下，美國與中共要想維持良好的戰略關係也不可能。一九六八年蘇聯入侵捷克，一九七九年蘇聯入侵阿富汗都使原已逐漸改善的美蘇關係陷入低潮，所以美國如放任中共武力攻臺，對其想維持與中共良好的戰略關係，也有極不利的後果。

蘇聯不可能介入

在一九六〇年代末期及一九七〇年代初期，由於美國開始改變對中共的政策，而中共又與蘇聯交惡，因此對蘇聯會不會介入臺灣的情勢，引起若干人注意。中共也很關心臺灣與蘇聯的關係，一九七三年二月二十八日上海公報一週年時，中共透過國軍降將傅作義發表對臺要求和談的號召中說：「美國，不會允許臺灣與其他什麼人『合作』，來攪亂亞太地區的和平。」

一九七五年五月二十日中共「外交部長」喬冠華在一篇祕密演說中也作了類似的表示。

但蘇聯會不會冒與中共徹底鬧翻的危險來與臺灣聯合反中共是個很大的疑問。絕大多數的專家學者認為沒有可能。在中華民國方面，也會考慮到蘇聯的可靠性問題與美國正好利用中華民國與蘇聯關係而推卸其對臺的一切道義責任或武器供應。因此臺灣與蘇聯聯合反中共一事並無可能。

目前及可預見的將來，臺灣對美國並無積極戰略價值，美國目前對華政策仍以中共為主，一九八八年三月美國國務院出版的一冊《美國外交政策的基本原則》中，在中國部分特別說明美國將促進一個國際環境使中國（指中共）能追求一個獨立於蘇聯之外的外交政策，成為亞洲一個和平與穩定的力量，以現代化及改善人民生活為優先的政策及看到繼續對外開放經濟及擴展與工業民主國家關係的利益。而在臺灣部分，只說明雙方的經濟關係。至於美國的軍方更是熱中於加強與中共的軍事關係，以補美國軍力的不足。

但要維持與中共的戰略關係及擴展經濟關係，美國仍要繼續支持臺灣的穩定與繁榮，否則臺灣一旦垮臺造成大亂情況，也會影響美國與中共目前良好的關係。此外，蘇聯、日本及東南亞各國也不願見到中共控制臺灣的情況出現，以造成對中共有利的戰略地位而可能威脅到這些國家的安全。

微妙的戰略地位

中華民國臺灣地區的戰略地位現在處於微妙的情況，即美、蘇、日本及中共（在某程度上）都認為現狀對每個國家最有利或最少害處，臺灣地位發生任何劇烈變動，都對四者害多於利。在此種情況下，中華民國政府如果強調其對美的戰略地位，來尋求美國的支持，是無法說服美國人的，因為在任何情況下臺灣的戰略地位是無法與中共相比的。《美國外交政策的基本原則》一書中，說明美國在亞太地區的政策目標是在增進美國戰略利益及減少潛在的敵對國家的影響，維持一個穩定與和平的環境以導致經濟、

政治與社會的進步等。目前由於我國的經濟力量的日益增高，如妥善運用，當有助於促進美國上述政策目標。

美國在亞太地區另一個政策目標是：鼓勵更具有代表性的政府之出現、更開放的市場及採取自由貿易的原則。我國政府自從解除戒嚴，開放報禁、黨禁，研擬充實中央民意機關的辦法及逐漸開放市場等，均與美國政策目標不謀而合。因此在政治上雙方有平行利益。

所以臺灣戰略地位的下降在某種程度上，並不會影響美國對臺灣的支持，因為臺灣的經濟與政治（實行民主）地位的上升，彌補了一部分戰略地位下降的不利因素。

註：本文係丘宏達教授在中華戰略協會之講詞摘要

善用形勢　站穩腳跟[*]
──從中美斷交十週年談起

回顧一頁艱苦的歷史

　　一九七八年美國與中共談判建交之時，中共堅持三個原則──斷交、廢約與撤軍，美方如不接受雙方就無法建交，因此美國在形式上完全接受了中共三個條件，但在實質上又以非官方關係及臺灣關係法來替代中美外交關係及中美共同防禦條約，事實上完全做到的只有撤軍一點。

　　在頭兩年（一九七九至一九八〇年）中美新關係在調整之中，我國不甘心被降為非官方關係，所以有些美方舉動我國官員將其解釋為有官方性質，以自我陶醉，遭受美方反擊以免影響其與中共的關係，因此雙方相處並不融洽。一九八〇年美國總統選舉前，雷根謀士提出所謂對華（包括中共與我國）關係五原則，被中共認為有提升中美關係為官方關係的企圖，美國與中共關係陷入低潮，造成外交上的危機。中共此時一面對美施加壓力，另一方面也作了有效的統戰攻勢與表面讓步──在一九八一年九月三十日發表了葉劍英九點對臺和平統一的建議，部分回應了美國主張中共不應對臺使用武力的要求。一軟一硬之下，再加上我國政府除了將中共大罵一頓外，沒有任何有效對策，中共終於達到使美國在一九八二年八月十七日的公報中承諾逐漸減少售臺武器且不得提高其素質，對我國造成重大損害。

　　八一七公報後，我國政府改派幹員赴美工作，經多方努力總算以軍事技術移轉方式來部分解決公報中對我國軍售質量的限制。此外中共的作法是在壓迫對方接受原則讓步後會有使對方鬆一口氣的時間，過一陣子再引

[*]原文刊載於《聯合報》，第二版，民國七十七年十二月十四日。

用原則來施壓力，所以這幾年中共未對軍售一事再與美國大吵大鬧，但這並不表示過一段時間不會再吵此事。此外，軍事技術移轉只能替代部分我國軍售需要，無法完全替代，這是必須了解的。

斷交以來另一個出乎意料的發展，是中美之間經濟關係的快速發展，而中方的巨額對美出超造成雙方的緊張關係。此外，臺灣與大陸經貿與各方交流關係也日益發展，使中共暫時也不願意在與美國關係上再升高緊張情勢，以免妨害到臺海兩岸關係的繼續發展。

國際大環境對我有利

在美國與中共在一九七九年建交時，美蘇關係與中共和蘇聯的關係均甚惡劣，所以美國積極想玩弄所謂「中國牌」來對付蘇聯。但從最近的國際情勢來看，中共與蘇聯關係將繼續改善，蘇聯也似乎從對外擴張的政策改以國內經濟改革及擴展對外貿易為主要施政目標，美蘇關係也在改善中，所以整個世界是處在緩和與著重經貿的情況中。在此種大環境下，以外貿為主的我國就處在一個有利的環境，因為任何國際緊張局勢及戰爭均對經貿大體上不利；此外，美蘇關係的緩和與改善後，使美國不必再積極玩弄「中國牌」，而中共與蘇聯改善關係後，也不願再與美國太接近或積極反蘇以取悅美國。在可預見的將來，美蘇及中共均重視經濟發展與對外貿易，我國是貿易大國，所以此三方均不能忽視我國的地位與潛力。

在此種各國競相注重經濟發展與貿易的大環境中，我國如能排除早已不合時宜的意識型態，就可以大有所為將部分對美貿易移轉到蘇聯、中共、東歐及其他地區，減少中美貿易順差，以改善雙方關係。

軍售問題勿自陷矛盾

目前世界上敢不顧中共反對繼續長期（但不是永遠）賣武器給我國的國家只有美國，但繼續賣的前提是中共未承諾對臺不使用武力。我國政府

對不與中共來往與談判的一個主要理由，也是指中共未放棄對臺使用武力。這就發生一個嚴重問題，就是萬一中共宣布對臺放棄武力，美國就要終止對臺軍售，我國也得與中共談判。有人認為中共絕不會作此種宣布，這種看法值得商榷。

全世界的共產黨在政治上均有相當大的彈性，特別是中共，必要時任何承諾均可作，事後再等有利時機食言自肥將對方消滅。一九六二年中共、蘇聯、寮國合法政府等十四個國家簽署了寮國中立宣言及議定書，一旦越南及高棉在一九七五年被共黨侵占後，寮共就趕走合法政府建立共產政權。一九七三年有北越及越共在內簽署的巴黎停戰協定，一旦美軍撤走及美國國會停止對南越軍援後，北越就在一九七五年大舉南侵消滅南越。以中共過去經驗來看，抗戰時期可以宣布取消紅軍向國民政府輸誠，一旦勢力坐大就不認賬。在美國與中共一九五五年開始的大使級談判中，中共原來堅持先解決臺灣問題，然後才能談其他問題，但到一九七一年中共就改變策略可以先談改善關係及正常化建交，再來慢慢研究及談判臺灣問題，所以中共在策略運用上是有很大的彈性的。

因此我國不宜附和美國要中共放棄對臺使用武力之主張，而要主張中共不得干涉我國對外採購自衛軍火的權利，否則雙方就無法談判及改善關係，並且在美國也要使美方了解此點。不然中共一旦宣布對臺放棄使用武力，美國就得停止軍售，等二、三年我國軍備落後，國內沉醉於中共不使用武力之宣言後，中共再使用武力侵佔臺灣，美國即使到時恢復軍售也緩不濟急，何況美國到時最可能只發表聲明譴責中共，就像南越滅亡時的情況一樣。

發揮臺灣經貿影響力

在眼前中共會不會再試探美國將上任的布希政府對臺灣承諾的堅定性，值得注意；但由常理看中共似無再製造其與美國外交危機之必要，因為布希之不支持臺灣獨立之立場是眾所周知的。

　　從長期看，問題較為值得注意，因為自八一七公報內容來看，只是給臺灣一段相當長的時間來調整其與大陸的關係，並不是長期支持目前執政黨所堅持之不戰、不和、不談之政策，使臺灣問題隨時可能在美國與中共之間造成危機。當然在這段美國仍支持我國的期間，執政黨如能調整政治結構使其能反映臺灣之政治現實與民意，內部衝突就可以減少，如此在對外關係上才可能較有彈性，利用目前國際大環境對我國有利之時機，使臺灣地區成為東南亞貿易投資中心，對美、蘇、中共、歐洲均有利，且與中共之關係必須合理化（但必須同時維持相當的自衛國防武力），這樣只要臺灣不獨立，中共就無理由興兵攻臺，雙方關係才能穩定一段相當長的時間。否則如果想靠美國長期支持來維持一種與大陸長期對抗的情勢，恐怕從較長遠來看是不太實際的想法與做法。

美國要求償還戰時舊債問題[*]

　　美國在臺協會頃公布，美國財政部要求我國清償「租借法案」貸款本息共計一億八千七百萬美元。這筆款項係由一九四五、四六兩年分五筆貸與我國。

　　本人查閱有關我國各種公開發行之官方文書及私人撰述，已可推知此筆債款應是民國三十五（一九四六年）年六月十四日簽訂的「中美兩國政府關於處理戰時租借物質未動用部分協定」。(Agreement between the Governments of the United States and the Republic of China on the Disposition of Lend-lease Supplies in Inventory or Procurement in the United States)。此約第七條第一項規定，回溯到三十四（一九四五年）年九月二日生效（即日本正式簽署降伏文書之日）。現將內容及相關的還債問題簡析於下：

　　美國在一九四一年十二月八日被日本偷襲珍珠港被迫對日宣戰後，根據其一九四一年三月十一日的租借法，同意提供我國若干物質，但到了日本簽署降伏文書的一九四五年九月二日停戰時，有些物質正在製造中或尚未運到，美國要求繼續運送此等物質，並希我國以美元付款，此等物質主要是運輸器材、工礦器材、工業設備、紡織品等連同運費共五千八百九十萬美元，中國同意分三十年清償，每年付一次，一九四七年七月一日第一次付款，未付部分利息為百分之二又八分之三 (2.375%)。在一九七六年七月一日前付清。

　　此約是由美國國外產業清理委員會副主任委員倫尼 (Chester T. Lane) 及中國駐美中國物質供應委員會主任委員王守競簽署。這個協定是公開的，美國方面刊登全文在《美國條約與其他國際協定彙編》第一五三三號；並向聯合國登記刊登在《聯合國條約彙編》第四卷第二五三頁以下。在我國

---

[*] 原文刊載於《聯合報》，第三版，民國七十八年三月十日。

是刊登在外交部編輯的《中外條約輯編》。(中華民國十六年至四十六年)，
頁六七六至頁六八一（但其中文譯文與英文本略有出入，並有闕漏）。

　　至於美國現在來要求償還此筆債務，是否應該還，可以分下列幾點說
明：

一、美國承認中共與我國斷交之情況與其他國家不一樣，其他國家承認中
　　共之時，是嚴格適用國際法上政府繼承的原則，將我國在該國的財產，
　　全部移交中共，並且否定我國與該國間一切協定之繼續有效力。美國
　　不一樣，制定了臺灣關係法，在美國國內法上全面否定了政府繼承的
　　原則，並且認為雙方條約與協定均繼續有效，但只能適用於臺灣地區。
　　而我國政府在一九七九年四月十三日由外交部外 (68) 北美一字〇六
　　五一四號致法務部（當時稱為司法行政部）函中表示，中美外交關係
　　中斷後，兩國間協定均繼續有效。因此美國依據一九四六年簽署的協
　　定來索債，在法律上是有效的。

二、在美國承認中共後，美方已不承認我國政府在法律上有權代表大陸，
　　而在締結一九四六年的協定時我國政府是以中國唯一合法政府的資格
　　簽訂的，目前美國已不承認我國政府有此種資格，所以有什麼理由要
　　求我國承擔全部的債務呢？我國應只承擔美國所承認我國管轄地區範
　　圍內應分擔部分的債務。如以人口計，臺灣地區只有大陸五十五分之
　　一；以面積計只有大陸三百分之一；以國民總生產值計，約佔全中國
　　（包括臺灣與大陸）百分之十。所以我國所應承擔部分最多不應超過
　　百分之十。當然美國如承認（公開）我仍為全中國的合法政府，我國
　　自應負擔全部債務。在此必須明告美國，多年來美國一再鼓勵我國加
　　強民主化，我國目前已相當民主化，這筆債務必須立法院同意撥款才
　　能支付，目前除了在我國實際為美國承認的範圍內或美國宣布仍承認
　　我為全中國合法政府的條件下，立法院沒有可能通過此種撥款還債。

三、時效問題，此筆債務已多年未提出清償，國際法學家多認為國際法上
　　可以主張時效，但對年限未有定論，這點也應由中美雙方協商或仲裁

解決。

四、我國所收到的物質，幾乎全部遺留在大陸由中共在使用，因此美國也應向中共索償。據美國進出口銀行一位法律專員在一九七七年透露，我國政府在大陸時期曾向該行借了一筆款項約三千萬元購買火車頭、船等，由於撤退時遺留在大陸，中共繼續使用，因此應由中共償還借款。此一原則，在某些合理範圍內也應適用於一九四六年的協定。

中美漁業糾紛的國際法問題[*]

　　最近因為中美漁業協定的美方要求在公海上檢查我國漁船問題，引起國內各方關切，現就此事有關國際法及美國國內法問題，略為說明以供參考。

　　此次引起中美重大漁業糾紛的原因是我國漁船在公海捕捉鮭魚，鮭魚是屬於溯河產卵種群魚類。一九八二年聯合國海洋法公約中對溯河產卵種群魚類有特別規定，此公約雖尚未生效，但美國認為除海床採礦部分外已為國際慣例，其他國家態度也相同，我國也未對公約內容表示異議。該公約在第六十六條對包括鮭魚在內的溯河產卵種群有下列規定：

一、溯河產卵種群魚源國對此種群有主要利益與責任，由其養護。
二、此種魚之捕獲應在二百浬經濟區內經魚源國同意的捕獲量下進行，除非此情形會引起魚源國以外的國家經濟失調。
三、如在二百浬經濟區以外捕撈此種魚，有關國家應保持協商，以期就這種捕撈的條款與條件達成協議，並適當顧及魚源國對這些種群加以養護的要求和需要。
四、魚源國和其他有關國家應達成協議，以執行有關經濟區以外的溯河產卵種群的法律與規章。

　　由上述規定來看，美國要求我國談判在公海捕魚的協議是有國際法上的根據的。在美國國內法上在一九八七年十二月二十九日制定了「流刺網(Driftnet)影響監視、評估與管制法」，其中規定美國應與相關國家談判漁業協定，包括：

一、有效監視與查出違法的辦法。

[*] 原文刊載於《聯合報》，第二版，民國七十八年七月二十八日。

二、蒐集與提出違法的證據以便向有關機關進行控訴。

三、外國政府對違法者處罰後向美國政府報告之辦法。

四、分擔執行費用辦法。

在此法通過約十八個月內（約到一九八九年六月三十日），若外國政府未能與美獲致協議，則美國可以適用一九六七年的「漁民保護法」，進行制裁。由美國總統決定在六十天內禁止該國魚類產品輸入美國。總統如不制裁則須向國會說明理由。根據此法，在本年八月三十日前中美如不能就漁業問題達成協議，美國就可能禁止我國漁產品入口。

目前中美間最大爭執點是准許美國在公海檢查我國漁船一點。按照一九五八年的公海公約與一九八二年的聯合國海洋法公約的規定，船在公海只受船旗國管轄，除有海盜、販奴等行為外，一國軍艦或公船不得臨檢其他國家的船隻。但國家之間可以雙邊協定排除此種規定。例如，一九八一年美國與英國簽訂一個協定，准許美國在墨西哥灣、加勒比海與大西洋部分地區臨檢英國船以查究是否有違法將毒品輸入美國之情況。同年海地也簽了一個協定，准許美國臨檢在公海上的海地船以查究是否有違反美國移民法之事，現在據說已有十個國家的漁業協定同意美方可以在公海上檢查它們的漁船，在此情況下，我方如果拒絕這種條款，恐會遭到美方漁產品進口的制裁。

目前個人看法是，如果我國對美出口漁產品的業者同意接受美方禁止漁產品進口制裁的後果，政府自應順從民意拒絕美方在公海檢查我國漁船的要求。否則似無理由犧牲合法漁產品業者的利益，來保障在公海非法捕撈鮭魚的人。其次，在美國與其他國家漁業協定中如有類似檢查條款的，必須在那些協定生效同時或其後，中美漁業協定才能生效。最後，可試與美方協商目前協定以半年或一年為期，在此期間我國儘量發展自己管理遠洋漁船之能力並制定必要法律，然後再取消美方檢查權的規定。

肆、中國大陸

一、民主與人權

北平自己立的法、自己卻不遵守？*
——評中共司法部
有關各界要求釋放魏京生的聲明

今年二月海內外人士多人分別發表數種宣言，要求中共釋放魏京生及其他政治犯。二月二十二日中共司法部發表一個聲明，其要點如下：

「人民法院是根據魏京生的犯罪事實依法對他作出判決的，根據中華人民共和國憲法的規定，法院審判是完全獨立的，在判決生效後，當事人如對判決仍有不同意見，應按照法律程序提出申訴，由法院依法處理。政黨、政府、人民代表大會以及任何組織和個人都無權改變法院的判決，陳軍等人企圖通過發起簽名的方式，製造輿論，形成壓力，以此來影響審判獨立的做法，是違反中國法制原則的，因而是錯誤的。」

這個聲明本身有幾點與中共自己定出的法律不符，現列舉於下：

一、根據中共一九七九年七月一日全國人民代表大會通過，一九八〇年一月一日施行的刑事訴訟法第一百四十八條規定：「當事人、被害人及家屬或者其他公民，對已經發生法律效力的判決、裁定，可以向人民法院或者人民檢察院提出申訴，但不能停止判決、裁定的執行。」由此規定可知，司法部將「申訴」範圍限定於「當事人」是不合中共自己的法律的。

二、中共全國人民代表大會一九八二年十二月四日通過的憲法(同日施行)第六十七條規定：「全國人民代表大會常務委員會行使下列職權……(十七)決定特赦……」第八十條規定：「中華人民共和國主席根據全國人民代表大會的決定和全國人民代表大會常務委員會的決定……發布特赦令。」因此中共司法部中所說的「政府，人民代表大會……」無

---

*原文刊載於《中國時報》，第三版，民國七十八年二月二十五日。

權改變法院的判決一點，也是違反中共自己的憲法的。

　　海內外人士所以要求中共釋放魏京生，主要原因是中共從逮捕、偵查、審判魏京生均違反中共自己的法律，更不符合國際最低人權標準，因篇幅關係只能略舉數點：

一、一九七九年三月二十九日逮捕魏京生時，沒有逮捕證，違反中華人民共和國逮捕拘留條例第五條。（事後是否補發此證無法查證，此點應准中外人士向魏京生查詢。）

二、魏是中共適用中共一九五一年頒布的「懲治反革命條例」判刑，這個條例准許追溯既往及對條文上未規定的罪行比照類推判刑。因此這個條例本身違反各國刑法的基本原則——罪刑法定主義及一九四八年聯合國大會通過的世界人權宣言。中共在一九七一年進入聯合國時，並未否認此一宣言之效力。（中共對魏某判決書中引用了反革命條例第十六條的類推原則定罪。）

三、一九七九年七月十六日審判時，不准魏京生家屬或其友人旁聽，而由中共安排一些人去旁聽，有違國際上刑事審判程序公開之最低標準。

四、魏被控的罪名之一是供給外國人軍事情報，據說是洩漏攻越中共軍司令官姓名及軍隊數目，這真是全世界最荒唐的控訴，中共軍隊司令官的姓名，臺灣及外國早已知悉，攻越部隊數目臺灣及外國報刊早已透露。此外，中共也未透露魏向那個外國人提供此種情報。據說，在審判時檢察官曾透露那個外國人是英國或法國人，這就更荒唐了，因為反革命條例第六條第一項規定，「為國內外敵人竊取、刺探國家機密或供給情報者」，才構成間諜罪，英、法當時與中共關係良好，事實上就在魏受害前幾天中共華國鋒主席到英法作三週友好訪問，因此即使提供中共所謂情報給英、法人士，也不構成間諜罪。

五、魏的另一個罪名是主張第五個現代化——民主。這種言論也構成罪名，恐怕中共的領導人自己也會覺得好笑。（必須注意魏並未主張以民主手段來達到分裂國土的目的。）

　　最後希望中共能夠順應海內外人士的正義要求，釋放魏京生，或者至少先遵照中共自己的刑法第七十三條予以假釋，該條規定被判有期徒刑分子執行原判刑二分之一以上，可以假釋。魏京生被判十五年，現已服刑近十年，早已符合假釋年限。

大屠殺的代價*

中共認為暴力鎮壓可以解決學運問題，事實上中共政權
將付出重大代價。

六月四日中共悍然不顧國內外輿論與文明國家的最低水準，派軍攻擊、
屠殺天安門廣場的人民。在中共當局看來，暴力鎮壓以學生為主的示威人
民就能夠解決問題，我看剛好相反，中共政權將付出重大的代價，它的權
力基礎會嚴重動搖。

第一，中共政權的合法性（legitimacy，即我們所稱的法統）可以說是
蕩然無存，成為以暴力為基礎的政權，這種政權能長久維持下去嗎？

形象破產

第二，中共十多年來的宣傳、統戰，可以說是完全破產，國內外形象
壞到極點。一些統戰花招如呼籲臺灣統一的「葉九點」、「鄧六點」及香港
的「一國兩制」等已不攻自破。

第三，香港經濟將受嚴重影響，港人更不相信中共的基本法能保證香
港五十年不變，因此會相繼對外移民。一九九七年中共將得到一個經濟上
的空城，成為它沉重的負擔。

第四，中共在美的僑民、學人、學生會不斷聯絡美國支持正義的人士
到美國國會活動，要求國會停止給與中共最惠國待遇（沒有此種待遇關稅
會增加一倍），如果實現，將嚴重影響中共對美輸出產品的競爭能力；美國

* 原文刊載於《遠見雜誌》，第三十六期，頁七二，民國七十八年六月十五日。

已停止對中共出售武器和高科技產品,下一步甚至可能禁止中共產品輸入。中共的四化計畫將受到嚴重打擊。以出口為主的東南及南方各省受到重創後, 必對中共中央嚴重不滿, 造成地方離心。

與知識分子為敵

第五, 中共要搞四化必須有知識分子支持和參與, 這次屠殺以知識分子為主的人民, 等於與其為敵, 四化注定失敗。留學生更不願回國, 而國內知識分子有不少也想出國, 人才流失將日益嚴重。

第六, 中共外交活動將陷於低潮, 外交人員在國外僑民、學者、學生及各國支持正義人士的抗議下, 根本無法展開活動。

第七, 中共一再宣傳大陸安定團結, 政策穩定, 現在證明完全不是這回事, 外人投資將受到嚴重影響, 有些既有投資也會撤出。

最後個人認為, 任何參與此次血腥屠殺中國人民的中共官員及軍警, 其姓名不可能保密, 不久就會成為眾人唾棄的對象, 親友也蒙羞, 最後必然遭遇天下雖大卻無容身之地的悲慘下場!

二、法治建設

法制改革與中共的現代化問題*

一、傳統中國法制的問題

　　中國要想現代化，法律制度必須先現代化，這是清末以來朝野幾乎一致的看法。在十九世紀中清廷與外國開始有大規模接觸後，原先拒絕承認這點，而只想學西方的船堅砲利，經過數十年的努力均無效果，而一八九四—九五年甲午一戰終於震驚了清廷的美夢。不幸少數頑固分子仍拒絕接受這一個現實，終於弄出義和團大亂，從此清廷才接受要將法制現代化的觀念。

　　為什麼傳統的法制必須改革呢？其理由大體上可分下列幾點：

㈠傳統法律以刑法為主，少數民事方面的規定也加以刑事制裁。民商法均大體依據習慣，在此情況下，大規模的工商活動無法發展。

㈡縣官兼理司法，並否認有律師制度。

㈢在某些情況下可以用刑求來取得嫌犯的口供。

㈣在司法實踐上被捕後就推定有罪。

㈤在決定責任之因果關係過於嚴厲，不合邏輯。

㈥法條規定過細，但條文上未規定之事項又可以援引類似條款定罪。

　　在上述法制下，現代化工作是無法推展的，因為：

㈠對被告無周全合理之保障，外人拒絕接受此種法律之管轄，堅持治外法權。

㈡傳統法制是用來統治一個孤立的農業社會，而清中葉後，由於西方商業

* 原文刊載於《中國時報》，第二版，民國七十年四月二十日。

工業勢力的入侵，對傳統中國社會已發生極大變化，如港口城市的興起、新工商業的發展等，傳統法制無法應付此種情況。

㈢有了外國較進步的法制做比較，人民對傳統法制日益不滿。

二、國民政府的改革法制

法制改革雖然清末就開始，但都是枝枝節節，一直到一九二七年國民黨領導下的國民政府執政後，才開始有系統的徹底大改——頒布民刑法、民刑訴訟法、商法，設立新式法院、建立檢察與法官制度，推展律師制度及法律教育等。在一九二七至一九三七年間，由於有一個現代化的法制為基礎，因此全國各方面都能有相當的發展與進步。

不幸日本侵華戰後又有中共作亂，因此好不容易才建立基礎的現代法制就被中共完全推翻，又走回封建老路（詳後），在此不幸中之大幸為政府遷臺以來一直以在大陸上初具規模之法制為基礎，不斷加強與充實，在此一基礎上，政治、經濟、文化、社會各方面均獲得了驚人的進步與發展。

三、中共三十年來的法制及其問題

中共雖然自稱「新中國」但觀其所有作為幾乎全是恢復封建傳統，特別是在法制方面，有不少地方比傳統法制更專橫與殘酷。首先，中共建「國」後立即廢除所有國民政府時代的法律，但又不頒布新法代替。因此在一九七九年底前，中共沒有民刑法，也沒有民刑訴訟法，開中國曠古未有之例，在共產國家也無其例，除了中共的好朋友——殺人三百萬（將近一半人口）之高棉波帕政權外。

第二，中共在一九七九年前唯一主要刑事法規是一九五一年頒布的「懲治反革命條例」（其他二個是有關偽幣與貪污的法律），不過此法有法也等於無法，因為內容過於含糊，並且法條中未規定的犯罪「得準用本條例類似之罪處刑。」另外又可以溯及既往。公然違反現代文明國家二大法律原則

——罪刑法定主義與法律不溯既往原則。事實上，中共的判決書上在絕大多數情況根本不必告訴被告，他觸犯那一條法律，並且有不少人被關多年連一紙判決書也未看到過。

第三，在表面上，中共有公安（警察）、檢察及法院三個機構，但事實上三個機構都在同級黨的委員會指導下，而是由黨的委員會來決定逮捕、起訴與判決。由於黨委會還有許多其他的工作而沒有時間來審核案件，因此在實踐上案件是由主管政法的書記來決定，這就是所謂「書記批案」制度——是中共司法的特色之一，其定義如下：

「一個案件，事實是否清楚，證據是否確鑿？該不該判刑，該判什麼刑？都必須送同級地方黨委主管政法工作的書記審批。」（見中共《西南政法學院學報》第一期，一九七九年五月，頁七。）

在此制度下，據一位中共作者指出，「由於逮捕、判刑一般都是由政法書記一人代表黨委審批，人民法院在審理中，即使依法不能判刑，也只好有捕必判。」同一作者指出，當一個書記判錯案時，他是採取「官無悔判」的態度，經常是拒絕改正其錯誤。例如，「某市關押了個殺人嫌疑犯，已經十八年了，該犯早經上級司法機關查實，沒有殺人證據，但有關領導人以『維護黨委決定』為理由，堅持不放人。」（見前引資料頁二七。）

在中共此一制度下，事實上恢復傳統之司法檢察公安不分之制度，但更專橫，因為傳統制度下，縣官只能判處杖刑之小案，較重處罰之案均要一級一級自動上訴，逐級再審核。在中共誰要上訴就要倒楣，因為判刑基本原則是「坦白從寬，抗拒從嚴。」並且中共可以無限期羈押人犯，直到認罪為止。有些人甚至招認一些從未犯過的罪，這點在包若望的《毛澤東的囚徒》一書中有詳細說明。

第四，法律之前人人不平等也是中共司法特色之一，幾乎恢復「刑不上大夫」之古制，而且更專橫。如屬於黑五類（地主、富農、反革命、右派分子或壞分子），就倒楣，如是黑五類或其子女，被害活該，加害人根本不必受法律制裁，甚至如強姦等案也是如此。高級官員更可享特權，不受法律制裁，其子女亦同，特別是玩弄及姦污女人方面，傳統法制下都不敢

有這種荒謬規定。

第五，公安機關（警察）可以將右派分子，沒有適當職業的人以及不服從指定工作或調職的人，送去勞動教養，年限不定，也不准向法院要求審核或停止。在一九五七年百花齊放期間送去勞教的人到前二年才放出，待遇事實上與犯人一樣。

第六，刑求人犯是家常便飯，最近審判四人幫時透露出許多這方面的消息。在實踐上更有變相刑訊的花樣，如中共最近出版之一書中指出：「某一公安機關審訊員審問被告人時，被告不認罪，審訊員告訴其他在押被告人『你們幫助幫助他』。審訊員避開後，其他在押人對被告人多次拷打，直到下次審訊時認罪為止。還有搞『車輪戰』，日夜審訊，不讓休息，長時間站立，對肉體進行折磨、摧殘、逼供。」（見北京政治學院訴訟法教研室編印之《中華人民共和國刑事訴訟法講話》，頁五二。）

甚至執行死刑前還要先施酷刑，《北京之春》一九七九年第八期中對中共黨員張志新女士一九七五年四月三日被殺前之處酷刑有下列敘述：

「『臨刑前』深夜，張志新被秘密帶到瀋陽監獄四大隊二樓管教科辦公室，遵照陳錫聯副總理：『人都要死了，割了氣管算什麼』的指示，一切準備工作都已就緒。

兩名男刑事犯在徒勞的反抗之後被割了喉管，血流滿地。

幾個人撲上來，把奮力掙扎呼叫的張志新揪住頭髮堵住嘴，按倒在地，壓住手腳，在她頸下墊起兩塊磚頭，就強行動刀了。

鋒利的刀尖刺進了她的喉管，一根特製的不銹鋼氣囊套管插入挑開的喉頭，特製的長環被縫在刀口兩邊的肉上……她昏過去了。」（見該刊頁一五，前引訴訟法一書也坦承有這件事，另有其他酷刑敘述因限於篇幅，所以只有從略。）

由於篇幅所限，因此對一九七九年以前的中共法制無法多述，不過可以了解中共法制完全是反現代、反理性、反人道、甚至不如傳統法制。在此種法制情況下，中共的現代化弄了三十年還不能有什麼成效是當然之事，否則清朝的現代化工作早已可成功了，也不必改革法制。

四、中共最近的法制改革及其侷限性

弄了三十年幾乎是無法的狀況，最後中共某些領導人及許多幹部自己也嘗試了無法的後果，總算有點覺悟了，要想建立法制，最近也做了一些改革，其要點如下：

㈠頒布刑法，對某些罪給予較明確的定義，這是進步的措施，但中共仍想將法律作政治運用來對付異己，因此刑法中第七十九條又規定：「本法分則沒有明文規定的犯罪，可以比照本法分則最相類似的條文定罪判刑，但應報請最高人民法院核准」。公然違反世界公認之刑法基本原則——罪刑法定主義，連蘇聯等共產國家均不敢如此做。

㈡頒布刑事訴訟法，其中准許辯護、規定法律上人人平等、公開審判等，條文上此類規定也均為進步措施。

㈢對「書記批案」一事，中共已表示要廢除。（見一九八〇年八月二十五日《人民日報》。）

㈣恢復律師制度，但嚴加限制，只能在司法部核准之法律顧問處工作並可由司法部撤銷其資格，收費也由司法部規定標準。（見一九八〇年八月二十七日《人民日報》所載〈律師暫行條例〉。）

㈤放出相當數目之以前右派分子，但又捉去一批四人幫分子。

其他方面還有一些改革，因篇幅所限所以不能細述，但有二個大問題卻不肯改革：

㈠一九五一年之反革命條例迄未見廢除，到一九七九年秋魏京生仍是用這個條例定罪。

㈡公安機關可將人捉去實行「勞動教養」一點不但沒廢除反而加強，唯一改進是將期限限為四年。（見一九七九年十一月三十日《人民日報》。）

中共如果能認真實行上述改革，對人民也有些好處，但中共剛頒布這

些法律，立刻就自己違法來審訊四人幫林江集團等；現簡單幾點重大違法之處如下：

㈠在審判林江集團之特別法庭檢察官及法官中，有些是明文列在起訴書上為被害人的，如特別法庭庭長江華、檢察廳廳長黃火青等，其他法官與檢察員中也有不少是被害人或與四人幫「罪行」有關。公然違反刑訴法第二十三條迴避規定：「審判人員、檢察人員、偵查人員有下列情形之一者應當自行迴避：㈠是本案的當事人或是當事人的近親屬的；㈡本人或者他的近親屬和本案有利害關係的……。」此種由被害人當法官的情況也違反文明國家司法審判的基本原則——自己不可以做自己的法官。

㈡有不少沒有受過法律訓練的人來當檢察員或法官，甚至有軍人在內。

㈢審判時無人民陪審員參加，公然違反刑事法第一○五條。

㈣事實上不能自由旁聽，審判也不公開。

㈤辯護律師有等於無，從未要求提出證人或質問控方證人，最多只是說被告已認罪而請求寬大。在姚文元案姚只認錯不認罪，但律師竟稱他是江青反革命集團一員，無形中替他認罪。

㈥因果關係不合邏輯，往往只說「迫害致死」多少人，但未說明被告與死亡事件之合理因果關係。

㈦黨繼續在干涉司法，四人幫等如何判刑在政治局中反覆討論。

　　由於上述一些違法審判狀況，所以國際上幾乎都認為是「報復審判」而不是「司法審判」。更妙的是審判時堅持毛澤東沒罪都是手下的錯，這如同說希特勒沒有罪而只是他的手下犯罪。

　　法制的建立不單單只是頒布一些條文就會有成效，必須執政者以身作則認真執行，以四人幫林江集團審訊這樣一個大案來看，剛頒的法律就因政治理由棄之不顧，中共執政者持這種態度，法制恐甚難建立。

五、結　論

　　中共目前的法制改革仍有相當的侷限性，但即使在此小範圍內，也不能認真執行，而可由當政者一時好惡來曲解或拒絕適用法律，這樣下去要想建立一個現代的法制恐無希望。沒有現代化的法制，現代化工作是不可能成功的，中共過去三十年的經驗就是最好的證明。要想建立現代化的法制，中共必須做到下列幾點：

㈠法律必須有客觀明確的規定，而不是含糊不清的規定，因此刑法中可以類推適用之條款必須廢除。同樣理由，一九五一年反革命條例也必須廢除。中共維持此種彈性規定主要理由恐怕還是想利用法律來對付政敵，一旦存有此種心理與想法，法律制度就無法確立。

㈡勞動教養之荒謬措施必須廢除，沒有文明國家有這種制度的。

㈢執政者必須能自我約制，忍受一時的不方便來尊重法律。法制的建立很難且需要長久的時間，但破壞卻很容易，執政者一旦破例一次不守法律就難以維持法律的威信。

㈣法律與特權是不相容的觀念，現在中共還不願廢除高級人員及其子女親人的特權，因此法制更不易建立。

　　中共能做到以上幾點嗎？我看很困難，不能做到這幾點，則現代化法制不能建立，其他現代化的計劃就全無成功的希望，臺灣的經驗就是最好的例子。

　　一九四九年末到一九五〇年初中華民國政府在大陸為中共擊敗，播遷臺灣，在此種兵荒馬亂之際是最好藉口不顧一切法律來統治之機會。但先總統　蔣公卻力排眾議，堅決繼續實行憲政，充實與改進法律及其執行，一旦大局初安就恢復正常，將戒嚴法的施行縮小到最低程度，並再三強調要尊重法律與司法獨立。

　　其後，每當國家遭遇到更大的困難與挫折時，先總統及其後之嚴總統

也均一再堅持維持憲政，而不像其他國家，往往藉口停止憲法或民意機構與一些法律，去年　蔣經國總統更公開昭示天下，國民黨執政一日就絕不允許軍事統治出現。在我國所面臨的困難內外局面中，維持憲政及根據法律統治，有時是會使執政者遭遇相當困難的，必須有極大的勇氣、毅力與遠見，才願意這樣做。但權衡輕重及考慮到國家長久的利益，這種態度是完全正確的。三十年來臺灣地區所以能在政治、經濟、文化、社會各方面均獲致驚人的進步，就是因為先有一個現代化的法制與憲政為基礎。

中共最近也了解臺灣在吸引外人及華僑投資方面的成功，因此編印了一冊《臺灣投資法規選編》一書供其有關人員參考。但是即使中共照抄臺灣的投資法規，也不可能成功，因為臺灣投資法規是建立在中華民國整個憲政與法制之上，脫離此一基礎就不能發揮主要作用，當然還是會比中共自己閉門造車現有之投資法規有效，不過脫離基礎法制就發揮不了大作用。

中共目前改革法制與清末頗像，只想枝枝節節來作一點點改進，並且改革的目的是在鞏固黨權及方便當權派整肅異己，這樣行得通嗎？如果這樣做行得通，則大清也不會亡了，清朝最後了解單單引進一些外國法規，還是解決不了問題，因為外國制度主要是建立在民主憲政的基礎上，到了清朝願意徹底大改建立以憲政為基礎的法制時，已太遲了。希望中共的領導人能了解這個歷史教訓，下定決心，仿效臺灣，自憲法改起，逐漸建立現代化的法制，這樣其現代化工作才有成功的希望，要做到這點必須放棄共產主義，因為臺灣的法律制度是以三民主義為中心兼收中外之長處，確實經過「實踐是檢驗真理的唯一標準」之考驗，確實在中國可行，而且在此法制之基礎上臺灣地區的現代化工作已有驚人的成效。

中共的社會主義司法制度*

　　中共最近正在進行「司法改革」，這些改革雖有限制，如果充分實施，應可建立更穩定的「社會主義」司法制度。這樣的制度也當然對中共野心勃勃的「四個現代化」計劃有幫助。但是，中共是否會實際充分實施這些改革，令人懷疑。就積極的一面來看，目前的中共領導階層似乎完全了解，必須加強中共的司法制度，使其完善，以便為「國家」的現代化計劃提供一個有秩序、便於控制的環境。

貪污・腐化・浪費

　　另外，在「文化大革命」的暴亂期間，由於一般人民、工人和農人普遍缺乏紀律，已經嚴重影響到各階層的生產；另外還有嚴重的問題，其中包括「國營企業」經營上的缺乏效率、貪污腐化及浪費。中共為了大事整頓，必須藉助司法機構重建社會紀律及秩序，並使國營企業上軌道。此外，「文革」的經驗（現在的領導人物及其追隨者也是受害者）似乎使目前的領導人物領悟到，更穩定而更少壓制的司法制度不只對大多數的大陸百姓有益，也對這些領導人物和他們的追隨者有好處。

　　另一方面，我們必須了解與中共建立穩定司法制度有關的一些重要的不利因素。中共不了解警察（公安單位）、檢察官和法院職權有所區分的現代典型司法制度。中共的三十年統治不但未減少此種傳統的影響，反而予以加強。

　　為了克服深植於中共傳統中的這種障礙，中共領導階層必須盡力完全遵守他們頒布的法律，向人民顯示他們要認真執行法律。就這一點來看，

────────────

＊原文刊載於《聯合報》，第二版，民國七十年七月九日。

用「林江四人幫集團十惡大審」來為新的司法制度作宣傳，不是一個聰明的決定，因為這場審判的進行完全違反了中共新頒布的「刑事訴訟法」。對很多人而言，這場審判沒有提高人民對法律的尊重，反而使人們對中共領導階層建立公正司法制度的目標起了嚴重的懷疑。一位西方記者曾經寫過這樣一段報導：

「一個中國人說：『我們都知道這不是審判，而是一場權力鬥爭。如果江青贏了，受審的就是鄧小平，更糟的話，還會被人揪到群眾大會上……。』

階級區分無法平等

中共的領導人物可能對很多人提出這種說法感到失望。他們顯然希望這次審判不僅終能驅散文革的妖魔，而且能表現邁向建立公平司法制度的進展。

相反地，這次審判引起了有關司法公正的嚴重問題……」

第二，自從一九四九年以來，中共的社會並不是有些中共學者所稱的平等社會，而是有嚴格階級區分的社會。在中共的「黨」內、「政府」內或軍中居較高的職位，就可以多享有生活中金錢買不到的便利和快樂。而且，職位愈高，特權和豁免權愈大。這些特權和豁免權還可惠及他們的子女、親戚，偶爾還可惠及密友。由於中共依賴這一特權階級來控制人民，領導人物很難實行法律之前人人平等的原則。

沒有大無畏的法官

第三，缺乏受過訓練的司法人員，是新的司法制度所遭遇的另一個嚴重問題。據估計，中共需要二十萬名司法人員。但是，自一九四九年以來，中共訓練出來的法律人員只有數千人，一九七九年以來也只增加了數百人。法院和檢察官署裡，充滿缺乏正式司法訓練的人。根據一九七五年的報導，大部分法官均由農人、工人和軍人充任。即使不管他們的司法訓練，這些

法官裡有不少人連本身的操守都有問題，最近的一些案件就顯示出此種情形。

在一個案例中，有個法庭的主審居然強暴了涉及重婚案的一名婦女。最近發表的一篇文章中說，有許多司法人員收受賄賂，讓犯罪者逍遙法外，卻對無辜者作不利的判決。

中共「人代會常務委員會主席」葉劍英一九七八年十二月說，要使中共的司法制度臻於完善，必須要有願意為了維護司法制度的尊嚴而犧牲性命的大無畏的法官和檢察官。

然而，中共對於錯誤思想和言論的嚴苛處置，以及長久以來的政治動亂，使中國大陸短期間內還不可能出現此種大無畏的法官和檢察官。

如果法官可能因他所作的判決不合乎當前的政治路線，而被指為反革命分子或遭到勞改的命運,則司法人員只求自保的畏怯心理是可以想見的。一九五七年，四名中共最高法院法官曾直言如何改進司法程序，但他們旋即被宣布為右派分子，其後即音訊俱無。

第四，失業率過高等因素導致的高犯罪率和社會動亂，可能促使中共領導階層採用激烈手段，例如把某個城市置於軍事控制下而不經由正常的司法程序解決這些問題。

如果中共在根據最近的改革措施建立社會主義司法制度時，能克服前述各項困難，如此建立的司法制度，即使以蘇俄的標準而言，也不見得合理及令人滿意。合理的社會主義司法制度，應能使政治犯減少至可以容忍的程度。在史達林主義時期，蘇俄境內有數百萬名政治犯，此一數目目前已減少至大約一萬人。

成千上萬人被勞改

儘管中共最近試圖建立公正的司法制度，防止再次發生文革時期的專制迫害，中國大陸境內仍有成千上萬罪犯被關在無數勞改營裡，其中有為數不少的政治犯。中共人員和司法刊物始終對勞改營的問題避而不談。

　　包若望在他所寫的《毛澤東的囚徒》一書中，曾生動的描述勞改營中的悲慘情況。迄今仍無證據顯示中共有意大肆改革這些勞改營。一九七九年，中共重新公布勞工改革舊法，《光明日報》還讚揚勞改營制度的成功。

註：本文係丘宏達教授日前在美國加州柏克萊「中美中國大陸問題研討會」發表的論文。原文是英文，約二萬餘言；因篇幅所限，由聯合報應小端摘譯其結論部分刊出。

中共修憲與法治的根本問題*

今年三月十七日中共《人民日報》公布了對一九八二年十二月四日施行的憲法，作以下修改：

序言第七段中將原有的部分改為「我國將（長期）處於社會主義初級階段。國家的基本任務是，沿著建設有中國特色社會主義的道路，集中力量進行社會主義現代化建設。中國各族人民將繼續在中國共產黨領導下，在馬克思列寧主義、毛澤東思想、(鄧小平理論)指引下堅持人民民主專政；堅持社會主義道路，堅持改革開放，不斷完善社會主義的各項制度，（發展社會主義市場經濟），發展社會主義民主、健全社會主義法制、自力更生、艱苦奮鬥，逐步實現工業、農業、國防和科學技術的現代化，把我國建設成為富強、民主、文明的社會主義國家。」

憲法第五條：（中華人民共和國實行依法治國、建設社會主義法治國家）。

國家維護社會主義法制的統一和尊嚴。

一切法律、行政法規和地方性法規都不得同憲法相牴觸。

一切國家機關和武裝力量、各政黨和各社會團體、各企業事業組織都必須遵守憲法和法律。一切違反憲法和法律的行為，必須予以追究。

任何組織或者個人都不得有超越憲法和法律的特權。

（以上有括號部分是新增部分）。

但中共憲法有根本上的缺點，根本不能實行上述新增條款及原有條款。其理由如下：

---

*原文刊載於《中國時報》，第十五版，民國八十八年四月九日。

　　適用憲法條文，在民主國家如美國、西歐各國及中華民國必須有一個可以解釋憲法的機關，在美國是最高法院，在中華民國是司法院大法官會議，二者均已發布了許多判決（美國）或解釋（我國司法院已發布了三百多個解釋文）。在中共憲法上，規定在第六十七條，全國人民代表大會常務委員會行使下列職權：

一、解釋憲法，監督憲法的實施。
二、制定和修改除應當由全國人民代表大會制定的法律以外的其他法律。
三、在全國人民代表大會閉會期間，對全國人民代表大會制定的法律進行部分補充和修改，但是不得同該法律的基本原則相牴觸。
四、解釋法律。

　　然而，我從未看到人代會發布一個解釋憲法的公告，為此我特別請教曾在人大常委會工作過的一位學者，他說他也從未看到過這樣的公告。

　　一九九三年四月中共人民出版社出版的《中華人民共和國憲法釋義》一書中，對第六十七條有關解釋憲法一點為下列說明：「實際上，憲法的解釋和監督是一項相互關聯的經常性的工作。全國人大僅能在一年一度的會議期間監督憲法的實施，平時無法監督，實際上取消了憲法的監督權。這就嚴重地影響了憲法的實施。現行憲法擴大了全國人大常委會的職權，規定由全國人大和全國人大常委會行使憲法監督權是我國法制建設的一大成就。此外全國人大常委會還可以把認為是違憲的或同全國人大制定的法律相牴觸的國務院的行政法規、決定和命令，省、自治區和直轄市人民代表大會和它們的常委會制定的地方性法規和決議，交全國人大各專門委員會審議，由其作出報告……。」

　　中共歷次的憲法都是如此規定，但從來就沒有看到一個解釋文的公布。所以中共如何「依法治國」實在是無人知道。一般人也不管什麼憲法規定，像憲法第三十五條規定，「中華人民共和國公民有言論、出版、集會、結社、遊行、示威的自由。」一九八九年六月三日至四日許多大學生及工人在天安門依據憲法舉行示威遊行，慘遭中共派軍警坦克屠殺，就可知中共的憲法

是怎麼回事。事後也沒有官員軍人因違憲而被處罰。所以中共憲法第三十一條規定,「國家在必要時得設立特別行政權,在特別行政權內實行的制度應按照具體情況由全國人民代表大會以法律規定。」

中共宣稱在臺灣實行「一國兩制」有憲法根據,在臺灣的中國人民有絕大多數會相信中共憲法下的「一國兩制」嗎?

中共推動國際法教育　值得注意*

解放軍也必修，在彼岸未放棄武力解決臺灣問題時，臺灣宜早因應。

　　中共近年為求迅速發展及與國際接軌，已開始大力在內部推動國際法教育，此一趨勢值得臺北注意。

　　中共的《解放軍報》在（今年）二〇〇二年三月十二日第十二版，刊出一篇以「國際法：當代軍人必修課」為題的文章，其中說，「一個案例是在抗美援朝戰爭中，我志願軍以國際法為武器，揭發美軍對我軍實施細菌戰的法西斯的行徑。在朝鮮戰場上美軍曾對我實施非人道的細菌戰，對此，我志願軍一方面加強對敵軍打擊，一方面以國際法為武器，組織「美帝國主義細菌戰罪行調查團」，進行實地調查，並向全世界公布調查結果，新華社向世界發表了美軍二十五名被俘飛行員關於細菌的供辭。其中包括三名上校戰俘揭露了美國官方進行細菌戰的決策情況，從而使美軍在政治上、道義上陷入嚴重的被動。

　　另一個案例是在海灣（波灣）戰爭中，美國充分利用國際法中一切對己有利的條文，使得伊拉克在國際社會中愈來愈被動，在戰爭手段使用上不能隨心所欲，也使美國為首的多國部隊似乎「師出有名」，戰爭手段披上了合法性的外衣，保證了多國部隊戰爭目的儘快實現。

　　歷史和現實告訴我們，中國企業要真正的融入世界經濟，必須先上好「國際上的一些作法和相關法規」這門必修課，新的戰爭形態，要求新時代的軍人也要上好國際法這門必修課。

---

*原文刊載於《聯合報》，第十三版，民國九十一年三月十九日。

　　但是，戰爭同經商一樣離不開國際大背景，也不能不考慮國際法原則的影響。國際法既已為國際社會所承認，也會對戰爭產生一定的制約作用，而且隨著現代國家與國家、地區與地區之間相互聯繫的進一步緊密，這種制約作用日顯突出。」

　　這篇文章的出現也很有意思，它是由去年（二〇〇一年）十二月五日，中共《參考消息》頭版刊出了一篇文章，「入世（世貿組織）前必修課」，引起中共軍方注意，所以才刊出的。

　　但這也不是單一的個案，至少，更早在一九九六年中共就已經開始進行相關的教育。

　　一九九六年十二月四日，中共中央在北京舉行第二次法律知識講座，聽取法律專家、外交學院副教授盧松，對於國際法在國際關係中的作用的講述，會後中共國家主席江澤民先生還發表談話說，「我們的領導幹部，特別是高級幹部都要注意學習國際法知識，努力提升運用國際法的能力。在處理國家關係和國際事務中，在開展政治、經濟、科技、文化領域的交流與合作中，在反對霸權主義和強權政治的鬥爭中，都要善於運用國際法這個武器，來維護國家利益和民族尊嚴，伸張國際正義，牢牢掌握國際合作與鬥爭的主動權」。

　　當時在座的人士還有李鵬、喬石、李瑞環、朱鎔基、胡錦濤等。

　　當前就臺北而言，最重要的莫過於目前中共尚未放棄使用武力解決所謂「臺灣問題」，所以必須注意如中共萬一用武力攻打臺灣時的一些國際法（特別是戰爭與中立法）的問題。個人認為應由立法委員主動提案，將日內瓦四個紅十字公約通過，並請陳總統批准，再將批准書送交存放國瑞士政府，如因中共壓力，瑞士不接受我國批准書，則由與我有邦交的國家將批准書作為聯合國大會文件，發送各會員國，並由我國駐友邦國家的大使館及無邦交國家的代表處轉送各該國有關機構。

伍、中國領土問題

一、臺灣與澎湖

關於臺灣國際法律地位問題*

- 臺灣原是中國領土
- 在臺日軍是向中華民國政府投降
- 臺灣選出代表參與中華民國制憲

　　臺灣原是中國領土，但在一八九五年清朝政府被日本打敗後，被迫簽訂馬關條約，將其割讓日本。第二次大戰期間，一九四三年十二月一日中、美、英領袖共同發布的開羅宣言中，明文規定：「三國的宗旨……在使日本竊取於中國的領土，例如東北四省、臺灣澎湖群島等歸還中華民國。」一九四五年七月二十六日中美英三國發布波茨坦公告，提出日本在投降前應行接受的條件，其中式為「開羅宣言之條件必須實施」。其後蘇聯政府也聯署了這項公告。九月二日日本簽署了降伏文書，接受了波茨坦公告。以上三個文件均刊在美國國務院編印出版的《一七七六至一九四九年美利堅合眾國條約與其他國際協定》一書第三卷中。

　　盟軍進駐日本後，立刻發布訓令第一號，命令在臺日軍向中華民國政府投降。同年十月二十五日中華民國政府在臺灣正式接受日軍投降，旋即宣布臺灣為中華民國的一省。一九四六年一月十二日，又宣布恢復臺灣澎湖居民的中國國籍。同年臺灣人民選出國民大會代表參與中華民國憲法的制定，並在一九四七年底憲法生效後，選出國民大會代表參與中央政權的行使；另選出立法委員參與中央立法權的行使；臺灣省臨時參議會也選出監察委員參與中央監察權的行使。

　　到一九五〇年初為止，沒有人提出什麼臺灣法律未定的看法。誠如美

---

*原文刊載於《聯合報》，第四版，民國八十一年十一月十日。

國當時的國務卿在一九五〇年一月五日的記者招待會中說：「中國已經治理臺灣四年。不論美國或其他盟國對於該項權力和佔領，均未發生疑問。當臺灣變成中國的一省時，無人對它提出法律上的疑問。」

在一九五〇年初至一九五〇年六月二十五日韓戰因北韓南侵而爆發前，美國的政策是不介入國共內戰，也不給在臺灣的中華民國軍隊任何軍事援助，更訓令美國駐外人員不要提出臺灣法律地位未定的言論。六月二十七日，由於韓戰爆發後，美國確認了臺灣的戰略價值，因此杜魯門總統發布聲明，宣布派遣第七艦隊「防止對臺灣之任何攻擊……請求臺灣之中國政府停止對大陸的一切海空軍活動」，但他同時又說：「至於臺灣之未來地位，應俟太平洋區域之安全恢復後與日本成立和約時，再予討論，或由聯合國予以考慮。」這是所謂臺灣法律地位未定論的由來。

一九五一年九月十八日簽訂的舊金山對日多邊和約時，由於參與國有些已承認中共（如英國），有些仍承認我國，因此和會決定不邀請中共及我國參加，而由美國促成日本承諾與我國簽訂雙邊和約。在中日和約中第二條第一項規定：「日本放棄對於臺灣及澎湖列島的一切權利、權利根據與要求。」並未明文規定臺澎歸還中國，而中華民國與日本的雙邊和約中，因為日本堅持是以舊金山和約為藍本，所以也只規定：「茲承認依照公曆一千九百五十一年九月八日……在金山市簽訂之對日和平條約第二條，日本國業已放棄對於臺灣及澎湖群島……之一切權利、權利名義與要求。」基於這種安排，有人又提出臺灣法律地位未定的理由。

但在和約的相關換文中規定：「本約各條款，關於中華民國之一方，應適用於現在在中華民國政府控制下或將來在其控制下之全部領土。」當時中華民國政府控制下的地區主要只有臺澎兩地（當時另有大陳、金門、馬祖等），所以和約中所指的中華民國領土當然是臺澎兩地，沒有什麼法律未定之事。而此一解釋也與日本法院的見解相同。一九五九年十二月二十日時東京高等裁判廳對 Lai Chin Jung 一案判決中說：「不管怎麼樣，至少當一九五二年八月五日中日和約生效時，臺灣與澎湖歸屬中華民國」。一九六〇年六月七日大阪地方裁判廳在 Chan Fukue 告 Chang Chin Min 一案中稱：「當

一九五二年（中日）和約生效在法律上移轉主權時，中華民國就在臺灣建立了永久主權。」這二個判決並經日本政府譯為英文，刊在聯合國秘書處出版的《國家繼承資料》一書中，向全世界發行。

此外，必須注意的是，一九四一年中國向日本宣戰時，已宣告廢除中日間的一切條約，包括馬關條約在內，此點也經中日和約第四條規定：「茲承認中華民國與日本國在⋯⋯公元一千九百四十一年十二月九日以前所締結的一切條約、專約及協定，均因戰爭結果而歸無效。」所以日本統治臺灣的根據，早已失去，自應由其原來的主權者中國收回，並且事實上也早已收回。

基於上述理由，李登輝總統最近特別指出，臺灣澎湖是中華民國的領土，沒有什麼地位未定的問題。

中華民國一直屹立於臺灣*

臺澎「歸還中華民國」的史實證明，沒有什麼法律上地位未定的問題。

我國政府在抗戰期間有關收回臺灣澎湖的外交交涉，值此紀念抗戰勝利五十週年之時特提出供國人參考。

一八九五年日本侵華戰爭勝利後，強迫清朝在四月十七日簽訂馬關條約，將臺灣與澎湖割讓日本，全國一致憤慨。其後日本繼續侵華，在民國二十六（一九三七年）年七月七日起日本更全面發動侵華戰爭，中國政府與人民群起抵抗，戰火一起，中國人民要與日本算總賬，即使以前被割讓的領土也要收回。因此，蔣中正先生在中國國民黨民國二十七年四月一日召開的臨時全國代表大會中，正式宣示要解救臺灣的人民。民國三十年十二月九日我國政府正式對日宣戰，在宣戰書中說：「茲特正式對日宣戰，昭告中外，所有一切條約協定合同，有涉及中日間之關係者一律廢止，特此布告。」所以自該日起，日本竊佔臺灣與澎湖的法律根據，就已不存在。

民國三十二（一九四三年）年十月二十八日美國羅斯福總統密電蔣中正委員長，表示「極望與　閣下及邱吉爾（首相）及早會晤於某處。時間定為十一月二十至二十五日之間，余思亞勒散得（埃及海岸）當為一良好地點，該處設備頗佳，余將攜少數幹部前往，包括敝國最高級之陸、海、空軍軍官，會議日期約為三日。」

其後，決定會議之地點為埃及首都開羅。同年十一月軍事委員會參事室呈送蔣委員長關於開羅會議我方應提出之問題草案，其中特別指明，「六、

日本應將以下所列歸還中國……丙、臺灣及澎湖列島……」

　　十一月二十六日美國方面約我方國防最高委員會秘書長王寵惠商談開羅會議公報草案時，英方突然提議，要將草案中的「日本由中國攫去之土地，例如滿洲，臺灣與澎湖列島，當然應歸還中國……」一句要將其中「當然應歸還中國」改為「當然必須由日本放棄」。王秘書長表示反對，他表示「日本放棄之後，歸屬何國，如不明言，轉滋疑惑。」英國外交部次長賈德幹表示，「本句之上文已曾說明『日本由中國攫去之土地』，則日本放棄後當然歸屬中國，不必明言。」王秘書長反駁稱：「在閣下之意，固不言而喻應歸中國，但外國人士對於東北、臺灣等地，嘗有各種離奇之言論與主張，想閣下亦曾有所聞悉。故如不明言歸還中國，則吾聯合國共同作戰，反對侵略之目標，太不明顯，故主張維持原草案字句。」參加會議的美國大使哈立曼表示贊成王秘書長的意見，他認為如措詞含糊，則世界各國對聯合國一向揭櫫之原則，將不置信，主張維持原文。最後在十一月二十六日定案的開羅會議公報中，表示「我三大盟國此次進行戰爭之目的……在使日本所竊取於中國之領土，例如東北四省、臺灣、澎湖群島等，歸還中華民國。」公報在十二月一日向新聞界公布。

　　一九四五年七月二十六日，中美英三國發布「波茨坦公告」，提出日本在投降前應行接受的條件，其中第八條為「開羅宣言之條件必將實施」。此項公告旋經蘇聯政府聯署。同年九月二日，日本簽署降伏文書，接受波茨坦公告。同盟國軍隊進駐日本後，立刻發布訓令第一號，命令在臺日軍向中華民國政府投降。同年十月二十五日中華民國政府正式接受臺灣日軍的投降，旋即宣告臺灣為中華民國之一省，並在次年明令恢復臺澎居民的中國國籍。

　　民國四十一（一九五二年）年四月二十八日簽字、八月五日生效的中華民國與日本國間和平條約第四條規定：「茲承認中國與日本國間在中華民國三十年即公曆一千九百四十一年十二月九日以前所締結之一切條約、專約及協定，均因戰爭結果而歸無效。」因此，一八九五年割讓臺灣與澎湖給日本的馬關條約當然也歸無效，由於中華民國實際上統治臺澎，所以臺澎

當然是中華民國的領土，沒有什麼法律上地位未定的問題。一九七二年九月二十九日中共與日本建交的聯合聲明中，第三條規定，「中華人民共和國政府重申：臺灣是中華人民共和國領土不可分割的一部分。日本國政府充分理解和尊重中國政府的這一立場，並堅持遵循波茨坦公告第八條的立場。」這段文字並未承認中共對臺主權，值得注意的是日本堅持遵循波茨坦公告第八條的立場，而該條前已提到是要實施開羅宣言的條件，而開羅宣言是規定將臺灣澎湖「歸還中華民國」，其早已執行完畢。中共認為中華民國已在一九四九年十月一日中共政權成立時「滅亡」，所以其一切領土均應由其繼承。但事實上，中華民國一直屹立於臺灣，並無滅亡的事實，所以怎麼可能由中共來繼承一切中華民國的領土。國內有少數人主張取消中華民國，如果萬一這種主張實現，中華民國消滅後，中共正好名正言順來繼承中華民國的領土，為中共侵臺取得法律上的根據，這點國人必須注意。

開羅宣言、波茨坦公告
有國際法效力*

國際法院一九七八年在「愛琴海大陸礁層案」中指出：
聯合公報也可以成為一個國際協定。

　　日前行政院院會討論教育部修訂高中歷史課程綱要時，涉及有關臺灣地位、開羅宣言與舊金山和約等爭議，本人認為必須從國際法的角度加以檢視澄清。

　　首先，一九四三年十二月一日發布的「開羅宣言」為中、美、英三國領袖在開羅開會討論對日戰略及戰後善後問題後的重要成果，主要內容為聲明日本所竊自中國的領土，例如滿洲、臺灣、及澎湖群島，應歸還中華民國。一九四五年七月二十六日，中、美、英三國發布「波茨坦公告」，提出日本在投降前應行接受的條件，其中一項為「開羅宣言之條件必須實施」。此項「公告」旋經蘇聯政府連署。同年九月二日，日本簽署「降伏文書」，接受「波茨坦公告」，換句話說，也等於接受了「開羅宣言之條件」。

　　質疑「開羅宣言」效力者，通常是認為該宣言非條約，或是以是否簽署代表其效力，唯依「維也納條約法公約」第二條，名稱並不影響條約的特性。國際法院一九七八年在「愛琴海大陸礁層案」中指出，聯合公報也可以成為一個國際協定。在西方國家最流行的國際法教本——前國際法院院長詹寧斯改寫的《奧本海國際法》第一卷第九版也說明「一項未經簽署和草簽的文件，如新聞公報，也可以構成一項國際協定」。

---

*原文刊載於《聯合報》，第十五版，民國九十三年十一月二十日。

關於法律拘束力
《美國條約與其他國際協定彙編》
開羅宣言與波茨坦公告入列

　　此外，一個文件是否被視為條約，最簡單的推定就是看是否收錄於國家的條約彙編。美國國務院所出版的《美國條約與其他國際協定彙編》一書中，將開羅宣言與波茨坦公告列入，可見這兩個文件是具有法律上拘束力的文件。再者，常設國際法院在一九三三年四月十五日對東格陵蘭島的判決中指出，一國外交部長對於外國公使在其職務範圍內的答覆，應拘束其本國。一國外長的話就可在法律上拘束該國，則開羅宣言為三國的總統或總理正式發表的宣言，在法律上對簽署國是有法律拘束力的。

　　最後，開羅宣言與波茨坦公告是二次大戰期間最重要的兩項文件，草擬兩個文件的每個會議紀錄都達幾百頁，足見是經過冗長而仔細的考慮與討論後，才達成協議，這種文件當然有法律上的拘束力，這點只要看看西方著名國際法學家的意見就知道。例如，勞特派特改編的《奧本海國際法》第一卷第八版中，關於宣言的效力有下列的說明：「官方聲明採取由國家或政府元首簽署的會議報告並包含所獲致的協議之形式時，依規定所包含的確定行為規則之程度，得被認為對有關國家具有法律上的拘束力。」

　　關於一九五一年九月八日盟國在美國舊金山締結對日和約，其第二條乙項規定：「日本放棄對臺灣澎湖列島的一切權利、權利根據與要求。」由於這個條款並未明文規定臺灣歸還中國，因此就產生了所謂「臺灣法律地位未定」的主張。

關於臺灣地位未定論
「中日和約」締約國為中華民國與日本
日本法院判決說明臺灣已歸屬中華民國

　　但當時的時代背景為由於會員國為誰代表中國而爭論不休，為避免延誤議程，故中華民國並未被邀參加和約，在這種情形下，依條約拘束締約國原則，中華民國並未簽署和約，當然對中華民國沒有拘束力。一九五二年四月二十八日的中日和約，因日本堅持以舊金山和約為藍本，而當時中華民國政府退守臺澎，國際局勢不利，只有對日讓步，所以中日和約中只承認依照舊金山和約規定，放棄臺澎，卻未明定臺澎歸還中國。但和約既在中華民國的臺北市簽署，締約當事國為中華民國與日本，日本雖未明言臺灣及澎湖群島交還給中華民國，但其降伏文書既已接收波茨坦公告中實施開羅宣言之條件，則當無疑義。

　　而且和約中有些條款是以臺灣屬於中華民國為前提，例如第十條規定：「就本約而言，中華民國國民應認為包括依照中華民國在臺灣及澎湖所已施行或將來可能施行之法律規章，而具有中國國籍之一切臺灣及澎湖之居民……。」中日和約的照會中也說：「本約各條款，關於中華民國之一方，應適用於現在或將來在中華民國政府控制下之全部領土。」

　　關於「臺灣地位未定論」方面，其實自中國光復臺灣到一九五〇年六月止，並沒有什麼「臺灣地位問題」，有的只是中華民國與中共之間的內戰問題。因此，美國國務卿艾契遜在一九五〇年一月五日的記者招待會中說：「中國已經治理臺灣四年。不論美國或其他盟國對於該項權力與佔領，均未發生疑問。當臺灣變成中國的一省時，無人對他提出法律家的疑問。」而且必須指出，在一九四一年十二月九日中國對日宣戰時，就宣告廢除了中、日一切條約，馬關條約當然也在內。一九五二年四月二十八日簽訂的中日雙邊條約再度確定這個事實。所以在法律上日本統治臺灣的根據——馬關條約——在一九四一年十二月九日就失去了，臺灣自應恢復其在馬關條約

前的地位，即恢復為中國領土。

　　此外，雖然中日和約並未規定臺灣歸還中國，但有幾個日本判決作出了這種解釋，說明臺灣已歸屬中華民國。一九五九年十二月二十四日東京高等裁判廳對賴進榮一案判決中說：「至少可以認定昭和二十七年（一九五二年）八月五日中日和平條約生效以後，依該條約之規定，臺灣及澎湖諸島歸屬中國，臺灣人依中華民國之法令擁有中國國籍者，當然喪失日本國籍，應以中華民國之國民待之。」一九六〇年六月七日大阪地方裁判廳在張富久惠告張欽明一案中說：「至少可以認定為在臺灣之中華民國主權獲得確立之時，亦即在法律上發生領土變更之昭和二十七年（一九五二年）中日『和平』條約生效之時，即喪失日本國籍而取得中華民國國籍。」賴進榮案並已收錄於由聯合國出版之《國家繼承資料》中，可見日本態度相當明確。

　　綜上論述，開羅宣言與波茨坦公告均係有關國家元首或政府首長會議後產生的文件，具有國際法效力。而臺灣為中華民國之領土也是毫無疑義。

二、釣魚臺

保釣運動的回憶與感想*

　　一九七〇年開始的保釣運動，起初是源於民族主義的號召，後來被中共利用，最大的問題就是這批理想青年沒弄清楚客觀情勢和事實真相，認為中共是民族主義者、愛國者；政府則處處受制於美、日，是媚外者。當時中共雖未與日本建交，卻彼此設有辦事處，中共非但沒跟日本交涉，還宣稱釣魚臺是臺灣的一部分，把責任推給政府。

　　當時我擔任「大學」雜誌的名譽社長，親自為此事寫了兩篇社論。由於我學的是國際法，乃受國科會之託作釣魚臺問題的研究計畫，我請劉君滌宏赴柏林、倫敦、巴黎等地的博物館、圖書館查閱相關資料。我自己赴美查閱資料，在哈佛圖書館找到一張十八世紀的仿畫的日本地圖，從顏色看，釣魚臺明顯地歸屬福建省；另外在巴黎圖書館找到同樣一張日本人畫的地圖正本，也把釣魚臺劃為中國福建省；另有一張清朝時的地圖，將釣魚臺劃歸臺灣，琉球則劃歸日本。那時候最大的困擾是有一個基隆漁會的人，說他記得日據時代（約在一九三九一一九四〇年間），日本一個判決將釣魚臺歸屬於臺灣；這消息一經傳開，引起了很大的反響，海外的知識分子咸認政府掌握這項有力的資料，沒有道理那麼軟弱；為了這小道消息，我派郭明山遍尋當時的所有報紙，毫無此事。根據日本的外交文書，釣魚臺列嶼確是在一八九六年（日本竊據臺灣後）劃歸日本。

　　當時參與這個研究計畫的有郭明山、劉滌宏、趙國材、陳長文及陳福到等人。

　　維護國家領土是每個國民責無旁貸的義務，但保釣的人反美、指責政府時，並未留意中共的態度；中共的地圖沒有釣魚臺，也從來不提釣魚臺之事。一九七二年，中共與日本建交，對此事更不聞不問，可見中共只是

* 原文刊載於《中央日報》，第十六版，民國七十七年七月十一日。

利用保釣運動來打擊政府。而釣運之後回歸大陸者，正好碰上文化大革命，多沒什麼好下場。

知識青年關切社會、家國問題，固然是好現象，但熱情有餘，理智不足，往往是從關心社會問題出發，卻造成另一種社會問題。很多國家都有激烈分子，原其初心，未必就有壞動機，但往往走向不良的結局。

目前國內的群眾運動頻繁，有時並造成流血事件，十分令人憂慮。希望大家能加強社會問題的研究，找出問題癥結及合理解決辦法，動輒走上街頭抗爭不是好現象。中華民國臺灣地區正努力發展經濟、貿易之際，何況外匯管制解除之後，社會如果一直動盪不安，非但外國人不願投資，本國人也不肯投資，造成失業問題，如此一來，原先社會運動要照顧中下階層的生活，結果反而使他們生活、就業上更形困難，美國鋼鐵工人的工運值得大家深思。

一九七〇年至一九八〇年初期，美國經濟蕭條，所有受薪階級的薪水均無法趕上通貨膨脹，唯有鋼鐵工人的收入超過通貨膨脹百分之五十，造成美國鋼鐵業無法在國際上競爭，使鋼鐵工人的數量在十年間減少一半以上，並不斷在遞減之中。所以利弊之間並非絕對，問題是如何在其中求得一個平衡點；但工作場所的安全標準，是應不計成本來追求完善的。

建立一個安和樂利的社會不容易，但要破壞它卻不難，若干第三世界國家都是例子，如曾是「中東樂園」的黎巴嫩，現在已搞得舉國動盪不安。我們的經濟成長速率這麼高，有很多是建築在忽略環境保護、漠視工人的安全及農民的福利上，這必須加以檢討。一個人有沒有車可能差別很大，但一部便宜的車和豪華的車之間，其差別就不是太重要。我們的經濟成長率到如今這地步，應該可以緩下來，多重視生產者的安全和福利與環境保護問題。至於農民，也應該設法使其中部分人口逐漸轉入其他較高收入的行業，在過渡時期，可以酌予補貼，但不要弄成像西歐、北美及日本之過度保護，農民未受其利，但消費大眾普遍受害。

拿我教科書為證　日本混淆視聽[*]

一九七〇年前所劃之釣魚臺地圖，是以美國占領之情況劃的。

二十七日《聯合報》刊登日本沖繩協會以一九七〇年版的我國教科書將釣魚臺劃在日本為美國占領的琉球群島中為證據，說是釣魚臺為日本的證據，實為混淆視聽。

由於第二次世界大戰結束後，美軍占領琉球，在此之前日本在竊占臺灣後才將原屬臺灣的釣魚臺列嶼劃為琉球，戰後中美共同防禦共產侵略因此對美軍的佔領未持異議，而一九五四年十二月二日簽署的「中美共同防禦條約」第七條中，又明文規定：「中華民國給予，美利堅合眾國政府接受，依共同協議之決定在臺灣澎湖及其附近為其防衛所需要而部署美國陸、海、空軍之權利。」其後中美協議在本島若干浬以北地區歸美軍巡邏，所以美軍在釣魚臺列嶼一帶巡邏更等於間接取得了我國的同意。

因此，由於自臺灣光復後，我國人民一直在使用釣魚臺列嶼，又鑒於中美間密切合作關係，所以我國直到美方要結束其「佔領」或「管理」時才正式要求美方移交釣魚臺列嶼。這些事實在法律上對我國權利不應有絕對性的不良影響。因為我國對釣魚臺列嶼並未表示過放棄權利。而美軍的所謂「佔領」或「管理」，只是形式，在實質上我國人民早就將其作為本國領土使用。當時外交部沈代部長答覆立委質詢時亦說明，我國對美軍佔領釣魚臺列嶼未提抗議，是顧慮東南亞安全之故。

美國決定將其「行政權」「歸還」日本，並不能恢復日本對釣魚臺列嶼

＊原文刊載於《聯合報》，第十一版，民國八十五年九月二十八日。

的「主權」。因為日本侵佔釣魚臺列嶼的主要根據，還是在馬關條約。而依據一九五二年四月二十八日簽訂的中日和約第四條，日本承認一九四一年十二月九日以前的中日條約失效，馬關條約當然也包括在內。在這情形下至少日本佔據釣魚臺列嶼的部分根據已不存在，而釣魚臺列嶼也應恢復其在馬關條約前的現狀，這點與琉球其他各島日本不必根據馬關條約就佔去的情況不同。所以，美國「歸還」琉球給日本時，對於釣魚臺列嶼自不應與琉球其他各島一併待遇，而應將其歸還我國。

　　此外，根據一九四五年七月二十六日中美英三國發布的波茨坦公告，其中規定日本領土限於「本州、北海道、九州、四國，及吾人所決定其他小島之內」。所以美國要「歸還」琉球給日本，也應與參與制定波茨坦公告的中華民國政府商議，以規定那些島嶼應「歸還」，那些應由中國收回。

　　我國外交部在一九七一年六月十一日對此事亦發表聲明，表達對美國未經協商遽將琉球交還日本一事，至為不滿；更重申中華民國對釣魚臺列嶼的主權主張，並堅決反對美國遽將該列嶼之行政權與琉球群島一併交予日本。

　　由於我國在一九七一年決定在美國結束占領琉球時收回釣魚臺列嶼，所以國內教科書當然要改劃；因為在一九七〇年前教科書所劃地圖是以美國占領的情況劃的。

採「適切行動」？日本依法不夠格*

日本竊據釣魚臺，和宣稱對南韓獨島擁有主權，作法如出一轍。

臺港保釣人士這次成功的登上釣魚臺，日本方面卻出現了以後如果再有類似行動，日本將採「適切行動」的說法。其實日本不但在侵佔他國領土上紀錄很差，而且依法還根本不夠格講這個話。

在這個問題上，日本當前最大的執政黨自民黨準備在選舉時，把中華民國的釣魚臺和南韓的獨島列為日本的「固有領土」。就這兩個歷史事件發展的過程來看，日本竊據釣魚臺的作法就和宣稱對南韓的獨島擁有主權的手法如出一轍。

日前日本官方曾一度宣稱日本對釣魚臺主權的取得，是根據舊金山和約，這更是和強佔南韓獨島的說法一致。日本認為舊金山和約沒有規定日本要放棄獨島，所以這仍是日本的領土。這真是荒謬的論點；原來早在一九四五年七月二十六日中國、美國、英國的三國波茨坦公告第八條就規定，「開羅宣言的條件必須實施，而日本之主權必將限於本州、北海道、九州、四國，以及吾人所決定的其他小島在內。」

同年八月十五日日本天皇宣布接受波茨坦公告。

中華民國從來沒有同意日本可以佔有獨島和釣魚臺。日本這種論調真不知何所本。

在舊金山和約中，日本承諾放棄臺灣、澎湖，同時在第二條的甲項中，「承認高麗的獨立，且放棄對高麗、包括濟州島、巨文島、鬱陵島之一切

*原文刊載於《聯合報》，第九版，民國八十五年十月九日。

權利、名義與要求」。但鬱陵島附近的獨島，成為日本覬覦的對象。

　　一九五二年由於日本的企圖曝光，南韓總統李承晚乾脆將其附近水域劃一界限，禁止日本漁船出入此一水域，擅自進出者即將其逮捕處罰；此即後來的「李承晚線」。日本抗議，南韓根本不理。南韓並在該島派駐官員與軍隊，日本漁船接近則予以射擊驅離。

　　南韓此舉，連北韓也都予以肯定。

　　至於南韓主張獨島為其固有領土的理由，其實也與中華民國主張釣魚臺的理由類似；朝鮮在李朝時代的地誌上就有于山島和三峰島，此即現在的獨島。

　　而後在一六九六年有一名叫安龍福的朝鮮漁民趕走島上的日本人，隨後與日本的伯耆藩進行談判，該藩隨即確認朝鮮對該島擁有領有權。但日本方面以「沒有歷史資料可以證明獨島一直受朝鮮統治的事實」，和「安龍福不具官方資格」且此事與日本官方紀錄不同為由，認為「不足為信」。

　　至於日本竊據獨島的過程也一如對付我國釣魚臺的時間，都是在日本明治天皇時代。而日本方面對獨島主張所提出的最後理由是，韓國並不能證明在一九〇五年之後，曾在該島進行有效統治，並且認為日本在該島於一九〇五年設治管理，迄今已具備現代國際法應取得的要件。值得注意的是，日本對於我們釣魚臺的作法也如出一轍。

　　其實在一九四六年盟軍總部的備忘錄中，早已把獨島脫離日本，但在日本的解釋中，卻認定為，「只是佔領下的臨時措施，並非將獨島排除在日本的領土之外」；而前述舊金山和約中第二條所規定要日本放棄的領土並不包括獨島。日本大概忘了天皇所承諾的波茨坦公告。

　　在釣魚臺的情況中，日本的作法也類似。釣魚臺列嶼本來就是臺灣屬島，原來根本就和琉球無關，這不只是滿清的〈皇朝中外一統輿圖〉在一八六二年就劃歸臺灣，更是琉球乃至日本本身的史料都記載的。日本大約是在一八九四年底，才決定要兼併釣魚臺，然後再在馬關條約取得「臺灣、澎湖及其附屬島嶼」後，才把原屬臺灣的釣魚臺併歸琉球縣治。

　　然後，在二次大戰後，美國佔領琉球，也就把釣魚臺一併統領。然後，

在一九七一年又一併「交回」給日本。這個經過日本乾坤大挪移，在管轄上被搬到琉球的釣魚臺也就又回到日本手上了。但在根本上，美國與日本這種作法已經違反了一九五二年的中日和約第四條，「確認廢除馬關條約」。因為馬關條約既廢，日方這些有關釣魚臺主權主張的法理依據就已不再存在，自然要回復原狀，也就是要歸屬臺灣，交還給中華民國。

在南韓獨島這個案例中，最值得一提的，恐怕是南韓政府為了對全世界宣示其對獨島的主權，特別在一九五四年九月十五日，以獨島的風景圖案發行郵票三種，作為無聲的宣傳。

釣臺原是中國土　何論日人判與誰?*
——有關釣魚臺歸屬問題的
日據時代判決考異

最近前基隆市漁會理事長謝石角先生說民國二十六年至二十九年間，臺灣漁民與琉球人民在釣魚臺列嶼附近為了漁捕發生糾紛，結果上訴到東京裁判所，判決將該區域劃屬臺北州一事，經查當時報刊並無此一判決之記載。按日本在一八九五年竊佔臺灣後，在一九〇二年將原屬臺灣的釣魚各島編入領土，後劃歸琉球改稱尖閣列島，據大正四年出版的《大日本地誌》中的記載，是劃歸琉球沖繩縣（見該書卷十，頁一及三三）。我國政府立場是釣魚臺列嶼原來是臺灣屬島之一（見同治二年即一八六二年）《皇朝中外一統輿圖》，南七卷，頁東一至四臺灣部分），不管日治時代怎麼分割，自應一併歸還中國，所以與釣魚臺列嶼在日據時代是否歸屬琉球無關。

至於謝先生所說臺琉漁民糾紛一事，經郭明山先生（現任職外交部）查閱與釣魚臺列嶼無關，其情況如下：

臺灣與琉球間之新漁場紛爭事件，發生於民國二十八年（日昭和十四年）九月下旬，嗣後經過雙方協商談判，終於民國二十九年（日昭和十五年）四月秒解決。茲依據當時之《臺灣日日新報》所載報導，將其概要節譯分述如後：

一、琉球與臺灣漁民間之新漁場紛爭地點在釣魚島南方之石垣島、西表島及與那國島之間，距西表島西南約八十浬，即東經一百二十三度至一百二十四度，北緯二十四度至二十六度間之公海。

二、民國二十八年八月二十五日至二十七日，臺北州所屬之漁民在上項地區發現新漁場，嗣後即出動大批漁船赴該地區開採珊瑚及捕魚，民國

---

* 原文刊載於《中國時報》，第四版，民國七十九年十一月五日。

二十八年九月二十六日，臺灣漁船三十六艘在西表島西南八十浬和與那國島中間之新漁場作業時，琉球方面派警戒船保安號干涉臺灣漁船之作業，擬撞毀臺灣漁船，切斷漁網，打傷臺灣漁民，並將所採捕之珊瑚、魚投入海中，臺灣漁船受害後返臺，立刻報告基隆市政府、臺北州署及總督府，被害船主並於十月五日向臺北地方法院檢察處提出刑事告訴，並要求賠償二萬日元。

三、事件發生後，臺灣方面即聲明該漁場係在公海而非在琉球行政區域內，十月二日復出動三十九艘漁船再度赴新漁場作業，此次只與琉球漁民相罵而未動武，是時臺、琉雙方政府均派船隻監視。

四、十月九日至十二日臺灣總督府派臺北州水產試驗場長大熊技正及珊瑚合作社理事主席田尻，赴與那國與沖繩縣淵上知事等會談交涉，表明該漁場比較接近臺灣，而與那國亦使用臺幣，表示關係密切，雙方應該合作，臺灣方面認為新漁場在公海，而琉球方面則認為新漁場在沖繩諸島之間，應屬該縣轄內，雙方糾紛無法解決，乃呈報日本中央政府農林、拓務兩省調停。

五、農林省認為該新漁場難認屬於琉球領海，而是在公海上，所以希望由臺、琉雙方業者合作開發資源。於是十一月十五日至十七日在拓務省召開協定會議，邀請農林省、臺灣總督府及琉球政府派代表參加。臺灣總督府派殖產局水產課平塚技正參加，會議結果雙方意見漸趨接近，認為應在合理之管制下由雙方出海採捕，但具體的意見未獲一致。為解決翌年之漁期，乃約定琉球政府於明年元月派主管官員來臺商洽暫行之措施。

六、民國二十九年一月杪，琉球對臺灣總督府提出照會，其基本條件擬以與那國暨臺灣之中間境界線東經一百二十二度為雙方許可權之區劃線，希望臺灣方面諒解妥協，合作開採，並說此為在東京由農林、拓務兩省會同調停之下所談妥者。此後沖繩縣淵上知事於二月杪來臺商談，同時臺灣總督府亦於三月底派平塚技正赴琉球協商，雙方均希望圓滿解決。

七、經協商後新漁場問題於四月中解決，決定由雙方共同開採該漁場之海洋資源。基隆、蘇澳之漁船五十隻，為開採沖繩西表島新珊瑚漁場之資源，乃於五月一日起先後出海採捕，但協議後五月二十日出海採取珊瑚之臺灣漁船，仍有被八重山警察沒收珊瑚之情形，基隆漁會乃提出嚴重之抗議。

綜觀上列各項，紛爭地點係在與那國暨西表島之間，而非在釣魚島附近。而經日本中央政府農林、拓務兩省調停並經雙方協商後，認為新漁場係在公海上，應由臺灣、琉球雙方共同開採該地區之資源。

深度剖析釣魚臺紛爭*
——不容歪曲的歷史鐵證

　　釣魚臺列嶼位於我國臺灣省東北方，琉球群島主島沖繩島的西南方，先島諸島（宮古、八重山群島）北方。整個列嶼由釣魚嶼、黃尾嶼、赤尾嶼、南小島、北小島及其附近的三小礁所組成，其中以釣魚嶼為最大，本列嶼的名稱就由它而來；日本人則稱其為尖閣群島，此是由英文 Pinnacle Islands 譯來，近年來西方地圖又將尖閣群島用日語漢字拼音譯為 Senkaku Gunto。本列嶼距基隆約一百二十海里，東距琉球那霸，西距我國福建省福州市各約二百三十海里，距琉球的宮古、八重山群島約九十海里，整個列嶼散布在北緯二十六度與二十五度四十分，東經一百二十三度至一百二十四度三十四分之間。

　　釣魚臺列嶼各島面積都很小，最大的釣魚嶼約四・三一九平方公里，又稱為釣魚臺；日本人則將我國所用名稱用日文文法改稱魚釣島，西方人則稱為 Hoa—Pin—su 或 Tia—yu—su（釣魚嶼的譯音）。列嶼中第二大的是黃尾嶼，面積約一・〇八平方公里，又稱為黃麻嶼、黃毛嶼或黃尾山，西方人則稱為 Tia—usu 或 Hodn—oey—su（黃尾嶼的拼音）；日本人則稱為久場島、古場島或底牙吾蘇島（自英文 Tia-usu 譯來），再次的是赤尾嶼，面積為〇・一五四平方公里，又稱赤嶼、赤尾礁、赤尾山或赤坎嶼；日本人則稱為大正島、蒿尾嶼、久米赤島、或稱赤尾嶼；西方人則稱為 Sekbisan（赤尾山拼音）、Raleigh Rock 或 Tshe—oey—su（赤尾嶼拼音）。其他各島嶼面積都甚小，均在一平方公里以下。

---

*原文刊載於《中央日報》，第十版，民國八十五年十月八日；《中央日報》，第十版，民國八十五年十月九日；《中央日報》，第十版，民國八十五年十月十一日。

日本採行國際法先占原則

在地質上，本列嶼係貫穿第三紀層噴出之幼年錐狀火山島嶼，各島多為隆起之珊瑚礁所環繞，是臺灣島的大屯及觀音火山脈向東西延伸入海底的突出部分，其附近則厚積了由長江與黃河沖流入海的堆積物，其厚度達二公里至九公里。在地質構造上，釣魚臺列嶼與其西南的彭佳嶼、棉花嶼、花瓶嶼一脈相承，且同為我國東海大陸礁層的邊緣，是其突出部分。本列嶼與琉球群島的宮古、八重山、沖繩各群島間，有琉球海溝 (Ryukyu Trough)，水深達一至二千公尺，我國人稱之為落深、黑溝或溝際海。

日本主張釣魚臺列嶼是琉球群島的一部分，已於一九七二年五月十五日隨同琉球群島由美國「歸還」日本，其主要的根據，據日本外務省編纂的《日本外交文書》第十八卷（自明治十八年一月至十二月，即一八八五年一月至十二月）中所載之「久米赤島、久場島及魚釣島版圖編入經緯」中之記載大致如下：

「散布在沖繩縣及中國福州間的久米赤島（自久米島未中之方向的七十里，距中國福州約二百里），久場島（自久米島午未方向約一百里，距八重山群島之石垣島約為六十多里），魚釣島（方位與久場島相同，然較遠十里），上述三島不見屬清之證跡，且接近沖繩縣所轄之宮古，八重山島，加以有關建立國標之事已由沖繩縣令（如事）上書總理大臣，早在明治十八年（一八八五年）十月九日時已由內務卿山藤有朋徵詢外務卿井上馨，外務卿仔細考慮的結果，認為上述三島嶼乃是接近中國國境的蕞薾小島，且當時中國報紙盛載日本政府占據鄰近臺灣的中國屬島，催促中國政府注意。

基於上開理由，建立國標，開拓這些島嶼之事，須俟後日，伺機行事，十二月五日，內務外務兩卿乃諭令沖繩縣知事，勿急於國標之建立。明治二十三年（一八九〇年）一月十三日沖繩縣知事復呈報謂：上開島嶼向為無人島，亦無他國設定管轄，近因水產管理之必要，乃由八重山島役所呈

請內務卿指定管轄。明治二十六年（一八九三年）十一月二日沖繩縣知事又以管理水產建設航標為由，呈報內務、外務兩卿，請將上開島嶼劃歸沖繩縣管轄，並設立國標，因而內務卿乃於明治二十七年（一八九四年）十二月二十七日提出內閣議決，並事先與外務卿取得協議，明治二十八年（一八九五年）一月二十一日開議通過，並由內務、外務兩卿諭知沖繩縣令，謂有關設立國標事宜已獲核准。」

日本學者對日本竊占釣魚島的行為，認為是國際法上的先占──就是說對於不屬於任何國家的無主土地，一國予以占領而取得主權。

釣島自明代起為我航路指標

我國則主張釣魚臺列嶼應屬中國，其理由如下：

第一，釣魚臺列嶼最早為我國人所發現並命名，十五世紀我國明朝時寫的《順風相送》一書中，首先就提到釣魚臺，作為航路指標地之一。其有關部分如下：

福建往琉球，大武放洋，用甲寅針七更船取島坵……用甲卯及單卯取釣魚嶼……。

自明朝以來，諸列嶼即為我國人乘船前往琉球之航路指標，在我國冊封琉球大使之使錄中多有記載，例如：明嘉靖十三年（一五三四年）冊封使陳侃之《使琉球錄》、嘉靖四十年（一五六一年）冊封使郭汝霖之《使琉球錄》等。

第二，我國在明朝就已將釣魚臺各島劃入我國福建海防範圍。十六世紀胡宗憲編纂的《籌海圖編》中，列有〈沿海山沙圖〉，其中「福七」─「福八」有關福建省部分，列出了「釣魚嶼」、「化瓶山」、「黃尾山」、「橄欖山」、「赤嶼」等。

第三，在使用方面，除了上段所述我國冊封琉球使節常使用釣魚臺為航路指標外，自日本占據臺灣以來迄今，釣魚臺列嶼及其附近海域經常為

臺灣漁民使用，例如，日本大正四年（一九一五年）日本臺灣總督府殖產局編纂的《臺灣の水產》刊物中，自己供認「尖閣列島漁場……為以臺灣為根據地的國魚船……最重要遠洋漁場之一」，並且該刊附有漁場圖，明白將魚釣島劃入臺灣之「真鰹漁場」範圍。

　　此外，一九七〇年九月十八日日本《讀賣新聞》報導臺灣漁民在尖閣群島（即釣魚臺列嶼）一帶「侵犯領海」與「不法上陸」是「日常茶飯事」。臺灣復歸祖國後，我國人民還到釣魚臺從事採藥、打撈沉船等工作。

　　第四，釣魚臺列嶼是臺灣屬島一點，除了地質構造外，明朝嘉靖年間出版的《日本一鑑》一書中，明文指出「釣魚嶼，小東小嶼也」，而小東是指臺灣，在書中附圖中有明白表示。另外在《使琉球錄》中，也曾說明這些島嶼不屬琉球，例如：

一、明嘉靖十三年（一五三四年）陳侃之《使琉球錄》內說，是年「五月十日，南風甚速，舟行如飛，然順流而下，亦不甚動，過平嘉山、釣魚嶼、過黃毛嶼、鱮赤嶼……十一日夕，見古米山，乃屬琉球者」。此處即說明古米山（即今琉球之久米島）始屬琉球，反之，則釣魚嶼、黃尾嶼及赤嶼等自均不屬琉球。

二、清代周煌著的《琉球國志略》中，更明白指出釣魚臺以南的海為（稱為「溝」）「中外之界」。可見以北之島為中國所有。

　　第五，自琉球及日本方面的史料來看，釣魚臺列嶼在歷史上從未成為琉球的一部分。例如康熙四十年（一七〇一年）琉球國來使紫金大夫協理府總理司蔡鐸進獻的〈中山世譜〉中，所列的地圖及說明中均無釣魚臺列嶼，且列琉球版圖為三十六島。

　　日本明治六年出版的〈琉球諸島全圖〉中，並無釣魚臺列嶼。明治十年（一八七七年）伊地知美馨，車野安繹校的《沖繩志》（一稱《琉球志》）中，所列的宮古及八重山二群島圖及說明中，均未列入釣魚臺列嶼，全書中也未說到琉球領域及於釣魚臺列嶼。

　　另外明治十九年（一八八六年）西村捨三所著《南島紀事外篇》中，附有二份重要地圖，一份是「琉球三十六島之圖」及「內地沖繩支那朝鮮

圖」中，均未列入釣魚臺列嶼，書中也未提及釣魚臺列嶼是屬琉球。

在日本官方文書方面，也找不出任何琉球管轄權在一八九五年以前及於釣魚臺列嶼的證據，例如一八八○年中日二國討論琉球地位問題時，日方出示的草案中，全未提及釣魚臺列嶼各島。

相反地，一八七五年日本學者林子平刊行的一份著名地圖〈三國通覽與地路程全圖〉中，都明白的將釣魚臺各島用彩色標明為中國領土。本圖刊在日本著名京都大學教授井上清所著的《釣魚諸島（「尖閣列島」など）の歷史とその領有權（再論）》的附圖中（《中國研究月報》二百九十二期一九七二年六月號），其後，又刊在他的《尖閣列島，釣魚諸島の史的解明》，一九七二年日本現代評論社出版。

日在甲午戰爭前即有竊佔心

此外，我國乾隆年間刊行的巨幅《坤輿全圖》，由法國傳教士蔣友人(Michacl Benorst) 受清廷委託繪製，此圖大約是在一七六七年完成，其中清楚的列出釣魚諸島，其中名稱是用閩南方言「好魚須」（釣魚嶼），「歡未須（黃尾嶼）及車未須（赤尾嶼）（以上可參考中共學者吳天穎一九九四年出版的《甲午戰前釣魚列嶼舊屬考》）。

此外，清朝同治二年（一八六二年）鑄版的《皇朝中外一統輿圖》中，中琉航線所經各島，直到姑米山始加註日名「久米島」，在此以前的黃尾嶼、釣魚嶼等均與中國其他各島一樣無日文名稱，可見此數島嶼與琉球不同，應屬中國。

第六，日本依馬關條約竊佔臺灣後，才將釣魚臺列嶼劃歸琉球。因此在一九四五年十月二十五日臺灣歸還中華民國，且一九五二年四月二十八日的中日和約第四條確認馬關條約的廢除，日本竊據釣魚臺列嶼的法律根據已不存在，該列嶼自應一併歸還中國。

至於日本所主張的在一八九四年將釣魚臺列嶼編入領土一事，必須自當時的中日關係來了解。據日本的官方記載，一八八五年十月二十一日，

日本外務卿井上馨答覆內務卿關於勸阻在釣魚臺列嶼設立「國標」的信中說：「近來中國報紙盛載我政府占據臺灣附近的中國屬島，我們若於此時遽爾公然建立國標，反易招致中國的疑忌，當前僅須實地調查港灣地形及希望開發該地物產的情事作成詳細報告，至於建立國標之事須俟他日適當時機……。」信中所提到的「他日適當時機」，果然在甲午戰爭（一八九四年）來臨。

在甲午戰爭前，日本明治二十六年（一八九三年）十一月二日沖繩縣知事再度申請設立國標（即正式劃歸日本）時，日本官方仍不答覆。直到明治二十七年（一八九四年）十二月二十七日，日本內務大臣始行文外務大臣，要求將此事提交內閣會議議決，因為內務大臣認為「今昔情況已殊」，所以前一八八五年決定暫擱建國標一事，應再提出內閣決定。

這裡所說「今昔情況已殊」一語，如和當時中日關係來看，就不難了解。一八九四年（清光緒二十年）時，清朝因日本侵略朝鮮，並先攻擊我國清朝部隊，忍無可忍，因此在八月一日下令對日宣戰，不幸到十月底，海陸軍已失敗，十一月初請各國調停，十一月中又派天津海關稅務司德璀林赴日試探和平，結果被拒。顯然是此時中日戰事大勢已定，日本穩操勝算，所以日本內務部才認為「今昔情況已殊」，可以逕行竊據釣魚臺列嶼劃入版圖，不必顧慮清廷態度。顯然基於這種了解，在一八九五年（明治二十八年）一月十一日外務大臣函覆內務大臣，同意其竊佔釣魚臺列嶼各島的提議，同年二十一日日本內閣通過此項提議。同年四月十七日中日簽訂馬關條約，將臺灣及其附屬島嶼割給日本。

釣島在法理上應為我國領土

在這種情況下，清朝如對日本竊佔釣魚臺列嶼的行為提出異議，在法律上已不具任何意義，因為在地質構造上該列嶼與臺灣島及其附屬島嶼相同，日方可以認定該列嶼是臺灣附屬島嶼，包括在和約割讓範圍內。事實上，清廷可能也是基於這種了解，所以未對日本竊佔釣魚臺列嶼的行為，

提出異議。

　　但日本正式將釣魚臺列嶼（日人改名為尖閣群島）編入日本領土是一九○二年，這已是馬關條約割讓臺灣、澎湖及其屬島給日本七年後的事。

　　如上所述，釣魚臺列嶼在法理上應為我國領土，但在實際上卻仍有問題。一九四五年四月美軍攻佔琉球，由於日本占領臺灣時期已將釣魚臺列嶼劃歸琉球管轄，因此美軍也將釣魚臺列嶼一併佔去。其後美國表示日本對琉球群島仍有所謂剩餘主權 (Yesidual Sovereignty)，而美國在琉球群島只行使行政權。一九七一年六月十七日美、日簽約，美國準備將其在琉球群島的行政權歸還日本，日本認為美國對琉球的行政權範圍既然包括釣魚臺列嶼在內，一旦美國將行政權歸還日本，日本就恢復其對釣魚臺列嶼的主權。因此在簽約前我國政府在三月十五日正式由駐美大使照會美國表示：

一、就歷史而言，釣魚臺列嶼中的釣魚臺、黃尾嶼與赤尾嶼三島嶼之名，屢見於早自十五世紀以降明代冊封琉球王各使臣之航行誌紀，中國冊封使臣多由福州經臺灣及臺灣東北包括彭佳嶼、釣魚臺、黃尾嶼及赤尾嶼之各嶼前往琉球，釣魚臺列嶼是時被公認為臺灣與琉球間之分界。

二、就地理而言，釣魚臺列嶼之地質結構與臺灣之其他附屬嶼相似，釣魚臺列嶼與臺灣海岸鄰接但與琉球群島距離達二百浬以上且隔有水深達二千公尺之琉球海溝。

三、就使用而言，釣魚臺周圍素為臺灣島漁民之作業漁區，事實上，臺灣之漁民以往為避風及修補漁船漁具曾長期使用該列嶼。

四、有關本案之法律觀點業於上述口頭聲明予以詳細敘述，本大使在此僅欲說明日本政府在一八九四年之前從未將釣魚臺列嶼劃入沖繩縣屬，列嶼之併入日本領土係中日甲午戰爭臺澎割讓日本後之結果。

　　自二次大戰結束以來，美國政府依照金山和約第三條對北韓二十九度以西島嶼行使軍事佔領；而釣魚臺列嶼亦經包括於美國佔領區域之內，基於區域安全之考慮，中華民國政府以往對美國在該區行使軍事佔領並未表示異議。但此不得被解釋為係默認釣魚臺列嶼為琉球群島之一部分，且依

照國際法之一般原則，對一地區之臨時性軍事佔領並不影響該區域主權之最後決定。

　　基於上述各理由並根據歷史、地理、使用及法律，中華民國政府認為釣魚臺列嶼與臺灣有極端密切之關係，應被視為臺灣之附屬島嶼。臺灣全島、澎湖群島以及所有附屬各島嶼已於第二次大戰後交還中國，但釣魚臺列嶼則未在其內。鑒於美國政府將於一九七二年終止對琉球群島行使佔領之事實，茲要求美利堅合眾國政府尊重中華民國對釣魚臺列嶼之主權，並於此項佔領終止時，將該列嶼交還中華民國政府。

　　一九七一年五月二十六日美國正式照會我國表示：美國目前對該列嶼之行政管理係基於對日和約第三條之規定，美國相信將原自日本取得之行政權利交還日本一事，毫未損害中華民國之有關主權主張，美國不能對日本在轉讓該列嶼行政權予美國以前所持原有之法律權利予以增添，亦不能交還其原自日本所獲取者，而減少中華民國之權利。

一九七一年　釣島已劃歸宜蘭縣

　　由於我國政府的強烈抗議，一九七一年十一月二日美國參議院通過對美國歸還琉球條約，又作了類似說明：

　　（琉球）條約第一條的附錄中，雙方明訂地理上的座標，限定本條約所包括的領土，這些座標顯示尖閣群島為所管理領土的一部分……中華民國、中華人民共和國及日本，對這些島嶼提也了領土主張，（美國）國務院所持的立場是，關於此方面，和約是美國權利的惟一來源，在和約下，美國僅取得行政權，而非主權，因此，美國將行政權移交給日本的行動，並不構成基本的主權（美國並無此種主權）之移交，亦不可能影響到任一爭論者的基本領土主張。一九四五年七月二十六日，中美英三國發布的波茨坦公告第八條規定「開羅宣言的條件（其中規定日本竊自中國之領土，例如東北四省，臺灣澎湖群島歸還中華民國），必將實施，而日本之主權必將限於本州、北海道、九州、四國，及吾人所決定其他小島內。」所以，沒有

我國同意，日本根本不能取得對釣魚臺列嶼的主權。

在一九七一年十二月二日我國行政院下令將釣魚臺列嶼劃歸臺灣省宜蘭縣管轄，但迄今無法在該列嶼實際行使管轄權。

中共，如前所述，支持日本收回琉球的立場，但未指明釣魚臺列嶼應不在琉球的範圍內，到了一九七○年九月中華民國與日本間發生釣魚臺列嶼歸屬問題時，才在其報刊表明立場主張釣魚臺列嶼為我國領土，但到了一九七一年十二月三十日才由其外交部正式發表聲明。一九七二年九月日本首相田中角榮到北京與中共談判建交時，雙方完全不公開提釣魚臺列嶼問題，中共後來透露，當時中共與日本協議此問題留待「以後再說」，一九七八年八月十二日中共與日本簽訂友好和平條約時，又完全不提釣魚臺問題，而向日本表示，此事要留待下一代去解決。

中共重利　對日無具體抗議

在國際法上，對被侵犯的權利，如果僅僅是抗議而久無具體行動，可能被認為是放棄，即使一再抗議而久無具體行動，也會被認為抗議失效。抗議之後，如不採取司法解決或其他國際法上和平解決的方式，也可能使一個抗議失去有效性。因此，中共與日本有外交關係且均在聯合國內，如中共久不與日本談判或將此爭執提交聯合國解決，中國對釣魚臺列嶼的主權主張將會受到很不利的影響。

中共目前關心之事只是向日本借錢，完全不顧國家民族的永久利益，一直到最近在國內外壓力下，才敢向日本抗議，但也沒有什麼繼續行動，目前資訊方便，中共已無法壓制國內民意，中共愈是逃避這個問題，只有使人民更不滿，特別是中共對同時是中國人的臺灣同胞，用軍事演習來威脅，對日本則不敢有任何動作，或在聯合國安理會控訴，違反聯合國大會一九七四年十二月十四日全體一致（包括中共與日本）通過的《關於侵略定義的決議》，其中第一條規定：「侵略是指一個國家使用武力侵犯另一個國家的主權，領土完整或政治獨立。」日本巡防艦不斷侵入釣魚臺附近的中

國領海，當然是侵犯中國的領土完整，因為只要稍有常識的人都應知道領土是包括領海在內，中共卻不敢對日本採取什麼有效行動，在日本的侵略行為中，中共當局的領導人如稍有民族意識，應一致對外，趕快結束對臺的敵對狀態。李總統早在一九九一年就已宣布終止動員戡亂，即結束敵對狀態，但中共迄無反應，向和平統一的目標邁進才是正途，目前對國人兇狠要打要殺，對日本人則害怕，全體中國人民會支持這種做法嗎？

三、外蒙、南海與香港

中共與英國關於香港之協議的分析*

中共與英國經兩年多的談判，在本年九月二十六日草簽了有關香港的協議，本文目的在從國際法及國際政治之觀點分析此一協議，最後再就其對我國之影響，略為說明。

雙方爭執點及其解決方式

香港本島及九龍半島分別於一八四二年南京條約及一八六○年北京條約，割讓予英國，新界地區（約占香港面積百分之九十）則為一八九九年北京續約租給英國九十九年，到一九九七年到期。因此，據說英國最早提議以放棄香港及九龍主權為條件，交換中共同意延長租約（包括新界及港九）三至五十年，就是所謂以「主權換治權」之方式。這個方式如果採行，當然可以穩定香港情勢。因為如此至少要到二○二七年才會發生歸還問題，離今還有四十多年。但此一方式，中共認為無法接受，因此一方式之基礎是認定割讓港九之條約有法律上效力，與中共所持此二條約為不平等條約應屬無效之立場不合，任何中共領導人作這個讓步，將會被其他派系攻擊。所以，當英國首相提出三個條約在國際法上有效的主張時，立刻遭中共大肆攻擊，英國只好放棄「主權換治權」之提議。

由於新界與港九有密切聯繫，交回新界而保留港九沒有任何意義，並且如中共堅持要一併收回，英國人是絕對無法防守港九的，因為中共只須停止供水，港九就無法生存，在此情況下，英國只有答應全部交還，剩下的問題只是如何維持香港繁華，以免危及中共、英國以及其他國之利益。

香港對中共有鉅大經濟利益是眾所周知的，中共絕不希望香港發生動

*原文刊載於《中國時報》，第二版，民國七十三年十月一日。

亂，但又為面子問題堅持要將其主權延伸到香港，因此想出「港人治港，一切不變」的方式，企圖以此來維持香港繁榮。英國既已同意交出主權，更沒什麼討價還價之餘地，談判之時只有在細節的上推敲，希望能得到中共較具體之承諾，以安定香港人心。據說中共原來連這點都不願讓步，而主張交還協定應力求簡單，再由中共發表片面聲明說明其治港原則。但經過幾次港幣價值下降、股票及房地產業日益不振後，終於作出一些讓步，願將其治港原則以較具體方式寫在協議中，以安定人心。因此在九月二十六日公布之協議中，全文英文長達八千字，中文本達萬字，在國際關係上是雙邊協定中少有的冗長協定。

　　有人指責英國在談判時不讓港人參與，但這是不了解國際法上之規定。因為香港並非國際法之主體，其外交事務是由英國處理，英國只能將港人之意見採納在其意見中而無法另給港人代表權；何況，中共也不會同意這種安排。

　　另外有人認為聯合國憲章中關於非自治領土或殖民地自決權之規定應適用於香港，這也是不了解聯合國實踐之想法。因為是否為非自治領土或殖民地要由聯合國認定，而中共早在一九七二年就通知聯合國，香港澳門問題為中國收回主權問題，與聯合國無關，當時也沒有任何國家反對（英國當時即使反對也沒有用，因為佔聯合國絕大多數之第三世界國家也不會支持英國），因此如今聯合國已無權介入。

協議形式及其效力與作用

　　協議是以「聯合聲明」之方式公布，但需經雙方批准才正式生效，所以它具有國際法上條約的效力，應無疑問。因為國際法上條約可以有不同的名稱，其效力不受名稱不同之影響。中共外交部自己出版之《條約集》中，也包括了許多聯合聲明；此外，外電報導此聲明並將依聯合國憲章第一○二條送其秘書處登記，如此則以後將刊登在《聯合國條約彙編》中，相信中共及英國將來也會將其編入各自出版之條約集中。

　　聯合國聲明共分八項，並有三個附件，及二個關於港人國籍的備忘錄，其要點如下：

一、　第一項說明中共要在一九九七年收回香港，第二項是說明英國將在一九九七年將香港交還給中共。

二、　第三項是中共說明其治理香港之基本方針，在附件○中再就此基本方針作具體說明。這是聯合聲明中最重要及較長的部分。由其用詞看來，此部分是中共的片面意圖聲明，並非對英國之承諾。不過聲明第七項規定雙方同意執行上述聲明，另外第八項又規定聲明及附件均有同等效力，所以英國根據此二項之規定，在中共違反第三項及附件○時，在法律上仍有權發言。

三、　第四項說明在一九九七年前香港仍由英國治理。

四、　第五項為規定成立聯合聯絡小組，其細節則規定在附件○中。

五、　第六項則為土地契約及其他相關事項，其細節則規定於附件○中。

六、　二個備忘錄則規定有關港人國籍、旅行證件等事項。

　　此一協議雖然相當詳細，但適用之時不可能不發生解釋歧異之問題，聯合聲明中對如何解決這個問題完全忽略。因此將來中共與英國發生解釋上之爭議，只有以談判方式解決，如果中共堅持己見，英國也無可奈何。此外，英國雖已接受國際法院之強制管轄權（包括條約的解釋），但是中共卻不接受，所以也沒有辦法將雙方對解釋之爭執提交國際法院決定。

　　另外，此一協議中有幾個重要之點均甚含糊，中共作出之解釋，英國連置喙的餘地恐都有問題，現分析於下節。

香港「高度自治」規定之分析

　　香港特別行政區是根據中共憲法第三十一條規定而來，而修憲權在中共「全國人民代表大會」（中共憲法第六十二條第一項），只要三分之二多數通過就可以。香港特區之代表即使是真正由港人選出，幾十名代表在幾

千名代表中能發生什麼作用？此外，中共人代會之常務委員會有廢除條約之權（第六十七條第十四項），所以中共收回香港後，香港生殺之權操之於中共，英國無從干預。英國雖可以抗議廢約，但如果中共不理也無可奈何。

　　不過據個人觀察，中共採取上述手段的可能性不大，比較可能的手段是在聯合聲明中，若干含混條款處，達到自治其名，中共控制為實之目的，現舉較含混之條款說明於下：

一、根據附件㊀第一項，中共將制定香港特區之基本法，此一法律將由人代會制定，港人被遴選出的少數代表在制定時根本發生不了什麼作用。其次，在中共解釋法律之權在人代會之常務會（第六十七條第四項），並非由一個真正獨立之司法機關為之。在此情況下，特區基本法之制定及解釋均歸中共中央，這種情況下的自治有什麼保障呢？

二、附件㊀第一項中規定，特區「行政長官在當地通過選舉或協商產生，由中央人民政府任命。」中共之選舉是怎麼回事，大家都很清楚，協商更不必談了，並且由於任命權在中共中央，實際上是由中共指定。

三、附件㊀第二項規定香港特區成立後，「香港原有法律……除與基本法相牴觸……外，予以保留。」是否有牴觸依中共憲法第六十七條第四項規定，是由人代會之常委會決定。該條第九項更規定人代會常委會，還可以「撤銷省、自治區、直轄市國家權力機關制定同憲法、法律和行政法規相牴觸的地方性法規和決議。」由此可見特區之所謂立法權實在有限。

四、附件㊀第一項第二段規定香港特區「享有高度自治權……行政管理權。」但中共憲法第八十九條第十四項規定，國務院得「改變或者撤銷地方各級行政機關的不適當的決定或命令。」在此情況下，中共國務院隨時可以干預特區之行政措施，還算是那種自治？

　　由於篇幅所限，此處無法一一列出其他含混不清，有利於中共干預所謂「自治」的規定，不過由以上說明也可以了解到中共所謂「港人治港」之真正面目。中共的法律文件往往洋洋大觀，不明真相者，往往為其所迷

惑，認為其確有誠意認真執行，但細閱之下，中共通常會很技巧地保留一個翻臉不履行的餘地。例如，關係人民生殺自由之刑法，中共一共弄出了一百九十二條，但在第七十九條卻規定：「本法……沒有明文規定的犯罪，可以比照本法……最相類似條文定罪判刑。」完全推翻文明國家及世界人權宣言所規定之罪刑法定主義。

對我國的影響

從美國主要報紙如《紐約時報》、《華盛頓郵報》等的報導來看，對中共與英國對香港之協議，均表示積極的態度，據此等報導東南亞國家也均表歡迎。他們所以持這種態度，理由很簡單，任何香港動亂都會造成嚴重的難民問題，而危及各國之利益。美國本就在積極拉攏中共反蘇，所以也發表聲明支持此一協議，而美國對難民問題更是害怕，在此情況下，西方、日本及東南亞國家對中共──英國協議之分析，很自然的會採積極的態度，以安定香港人心。

從我國的利益來看，對此協議應分幾方面來衡量：

一、對英國同意終止三個不平等條約一點，應從民族大義之立場表示歡迎。

二、我國與香港有密切之經貿及其他關係，香港安定對我國有利，以臺灣地方之小，人口密度已五倍於大陸，事實上不可能容納太多香港移民。

三、對香港各界，特別是文化界，反共人士（包括對我政府提出善意批評者）應保證其有來臺定居之權利。對工商界不願將來在中共統治下生活者，也應儘量協助其將事業遷臺繼續經營。

四、中共在香港問題告一段落後，立刻會對臺灣積極展開統戰，企圖以香港方式──形式上自治、實際上生殺操之中共──適用到臺灣。我國必須以理性方式研究對策及反應，並將為何絕不能接受香港模式為統一條件的理由，客觀分析，提供中外人士參考。

最後必須注意，由於中共想以香港模式對臺統戰，所以在消滅中華民

國陰謀達成之前，大體上會遵守其與英國之協議，以迷惑美國及其他各國，這在統戰上對我國將造成很大的壓力，特別是將來在美國對中華民國之軍售方面，恐將有很大的影響，希望朝野能認真研究此一重要問題，採取確實有效而非自我陶醉之對策。

中共與英談判香港問題伎俩得逞[*]

一、前 言

自一九八二年九月中共與英國就香港問題展開談判，至一九八四年九月雙方達成協議，其間過程長達兩年。中共自認此一問題至此已「圓滿解決」；並認為「香港問題的解決，對臺灣當局和臺灣人民肯定將產生深遠的影響，有利於祖國統一大業的早日完成。」

本文將先就中共在談判時所採用的策略作一分析與評論。並研討此一談判過程及中共的策略是否有利於中共妄圖推動的「國共第三次和談」。

中共對港問題基本立場

二、中共在談判前對香港問題所持的基本立場

中共政權於一九四九年十月一日成立後，對原先中國政府所簽訂的條約或協定並未依國際法上的政府繼承原則，全部予以繼承，而僅是選擇性的接受。

中共對香港問題的基本立場是：

㈠中、英就香港、九龍及新界所簽訂的三個條約是不平等條約；根據中共對國際法的理論，此種條約可以隨時將之廢除。

㈡中共在適當時期要透過談判收回此三地，但中共從未說明何時方為適當時機。一九七四年至一九七七年間，葡萄牙曾三次提議歸還澳

---

*原文刊載於《聯合報》，第二版，民國七十五年九月四日。

門，均為中共婉拒。

三、中共與英國談判香港問題的過程

　　從種種跡象看來，中共並不急於與英國談判收回香港，畢竟距一九九七年尚有十多年。但實際統治香港的英國卻不能再等，而必須早日了解中共的意圖，俾便有所準備。特別是新界地區所有土地的租約均在一九九七年六月二十七日前期滿，英國香港政府亟欲早知是否得以展延。如果不能將新界各種土地的租約延展到一九九七年以後，勢將影響到當地之投資與發展。

　　自中共與英國正式開始商談香港之未來問題，其間過程大致如下：

中共與英談判大致過程

　　一九八二年九月至次年六月，英國希望在承認中共對香港主權之前提下，於一九九七年後繼續管理香港，以維持其繁榮，這也就是所謂的「主權換治權」模式。但此一構想立遭中共拒絕，因為中共根本不承認有關香港的三個條約之合法性。

　　英國首相柴契爾夫人為打破談判僵局，提議先開始談判實質問題，但英國方面表示充分了解「中國」對主權問題的立場；並通知中共，如果能找出維持香港穩定與繁榮的辦法,英國首相願意向英國國會建議讓出主權。中共接受此一提議，談判方才得以繼續。但在一九八三年七月間，雙方談判並無進展。

　　一九八三年八月十五日，中共「總書記」胡耀邦聲言中共將於一九九七年七月一日收回香港。中共並在香港發動左派分子大肆攻擊英國。由於談判進行不順利，香港人心大為震動，港幣幣值大幅下跌。許多港人爭相購買外國護照或設法移民。但即使在此種混亂情況下，中共對主權問題仍不讓步。中共並指責英國製造混亂，來壓迫中共，但事實上並無證據證明此事。

一九八三年九月二十四日，港幣降至九元五角兌一美元。香港經濟發生嚴重混亂情況，香港政府採取緊急措施，方才將幣值穩定在七元八角兌一美元。但中共隨後宣布，如在一九八四年九月前未能達成協議，中共將片面宣布其對香港未來的計畫。英國在此壓力下，不得不作讓步，而接受中共的主權要求；並被迫放棄在一九九七年以後繼續管理香港的構想，縱然這是大部分港人所期望的。

英國被迫放棄主權治權

一旦主權與治權的問題解決，談判就進行得順利許多，中共也較有耐心聽英國所述，維持香港繁榮的條件及一九九七年以後如何採取措施維持這些條件。中共既已在主權及治權上取得完全勝利，因此在具體措施上幾乎完全接受英國和各方的意見，以穩定香港人心。有某大國外交官私下告訴筆者，中共對香港所有集團都承諾一切將維持不變，甚至可以承諾香港繼續以外國人做法官。中共之所以如此慷慨，主要原因乃是只要主權與治權在手，且將英國排出香港未來政制體系之外，任何承諾將來如認為有必要，均可隨時將之推翻。

在此情況下，雙方於一九八四年九月二十六日草簽有關香港之協議，以「聯合聲明」之形式公布。中共所以採取此種形式之原因，是由於國際間關於領土、主權的處理大多採取條約的形式；但中共根本否認有關香港的三個條約之合法性，因此不願採用「條約」形式。但二者在國際法上的效力並無差異。

四、中共所採用談判策略之分析

據熟悉中共事務的美方人員表示，中共在談判中所採用的策略可分兩方面來看，一方面是原則問題；中共多半在談判時先列出一些原則，並使用各種宣傳手法，使對方的輿論及官員相信，在這些原則上中共決不讓步，唯有對其讓步、遷就，否則談判便將失敗。另一方面則是具體措施方面；

中共在實施其原則之具體步驟上常常表示考慮到對方之困難，因而有很大的彈性。

中共採用兩種策略談判

在原則問題上，中共所採用的策略在與民主國家談判時特別有效。由於中共本身是獨裁體制，可以操縱其本國的民意；且中共控制其國內所有大眾傳播工具，民意根本無從表達，更枉論影響政府的決策。反之，中共卻可以影響對方的民意，轉而向其談判對手的政府施加壓力，改變其談判立場。在這方面，由於中共可多方運用對方的大眾傳播工具，因此居於有利地位。

然而必須注意的是，中共領導人雖可以不顧民意，卻不能不顧到黨內各派系的意見。尤其是毛澤東死後，鄧小平、胡耀邦、趙紫陽等人雖是最大的一個派系，對其他派系的意見仍不能不顧。鄧派引進外資及開放政策已引起其他派系的不滿；鄧派如果在香港主權問題上向英國讓步，其他派系正好攻擊鄧派賣國。因此，中共領導人亦有其必須堅持原則的壓力。至於香港的民意，則對中共而言，其對本國民意尚且不顧，又豈會考慮香港民意？香港有些團體不明瞭此點，還不斷向中共表達民意，希望維持現況，由英國繼續管理，這完全是出於不明瞭中共情況之舉。上述各種情況乃是中共在談判中操縱及運用民意的一貫策略。

在具體措施方面，中共的策略極為靈活而有彈性。中共在具體規定一九九七年後的香港制度時，可說是相當寬大，其所給予香港之地位較目前更為優遇。中共之所以願意讓步，有下列幾個理由：

㈠香港對中共有重大的經濟和統戰利益。談判期間的動亂使中共了解港人對其並無信心，乃不得不作讓步。如有其他派系反對讓步，鄧派可以振振有詞的反駁，如不讓步致使香港的經濟繁榮受到打擊，甚而影響或危害中共的經濟利益時，責任誰屬？

㈡中共企圖利用香港問題對臺灣統戰，因此作出只要收回主權，一切
　均好商量的姿態，在具體措施上儘量讓步，以誘騙臺灣上當。

㈢在香港協議中，規定未來的香港基本法由中共制定，為中共的國內
　法，隨時可以修改；所以中共自可作出任何承諾，必要時再將之廢
　除。

英國一直處於不利地位

英國在與中共談判香港問題時處於不利地位。因為依據一八九八年之
展拓香港界址專條，新界地區必須在一九九七年七月一日歸還中共，所以
英國實際上沒有什麼討價還價的餘地。如果談判破裂，香港人心不安而發
生動亂，反而將造成英國香港政府管理上之困難。

五、香港問題的談判過程是否有利於中共妄圖推動的「第三次國共和談」

香港談判的結果，中共官方認為「對臺灣當局和臺灣人民肯定將產生
深遠的影響，有利於促進祖國統一大業的早日完成。」但這句話是有問題的。
因為整個香港談判過程只有使在臺灣執政的國民黨更不願與中共談判。其
理由如下：

㈠中共在談判前已先確定其所謂的原則，在談判的第一階段主要即著
　力於壓迫對方接受此一原則。在中共所提出的各項統一聲明中已一
　再明確表示要取消中華民國國號及國旗，將中華民國政府改為中共
　之特別行政區政府。國民黨政府如在中共撤回此種荒謬的原則之前，
　同意與其談判，則不啻為自尋死路。

中共所提條件完全空言

㈡中共在與英國談判的過程中，曾突然宣布必須在一九八四年九月前達成協議，否則要自行宣布接管香港之辦法。因此國民黨如果答應與中共談判統一問題，卻在談判中堅持不願接受中共所提類似強迫其投降的要求，中共也可能如法炮製，還會加上使用武力之威脅。所以從國民黨之立場看，除非準備投降，否則照中共目前所開出的條件，根本沒有談判的必要。一旦展開談判，反而可能促使中共提早用武。

㈢在中共與英國談判期間，香港發生嚴重之經濟危機，主要即因香港民眾深怕香港未來將由中共統治。如果國民黨以中共所提之條件為前提——將臺灣置於中共主權之下，實行「高度自治」——而同意談判，則臺灣人心必定大亂，而造成嚴重的政治、經濟、社會危機。

㈣中共一切所謂「寬大」的具體條件，在國民黨看來完全是一紙空言，沒有任何實質意義。因為「特別行政區」的基本法須由中共操縱之「全國人民代表大會」制定，隨時都可以修改或取消。

㈤國民黨在臺灣雖由於中共以武力威脅及在國際上打擊與孤立中華民國，而無法完全實行西方正常情況之民主；卻仍實行了相當程度的民主。因此絕大多數在臺灣的人民均不會接受中共所謂的「特別行政區」之安排。國民黨如在中共的條件下同意談判，勢必遭到大多數人民之反對。

由以上之分析可知，中共與英國在香港問題上的談判及中共所採的策略，只有使國民黨對中共更加疑慮，而更不敢與中共談判。

南海風雲　五角爭議[*]
——臺北・北平・河內・馬尼拉・吉隆坡

一、前　言

　　高雄市長蘇南成昨天赴東沙島視察，此行在南海諸島時生國際間主權爭議的背景下，甚具政治意義。

　　近年，中共與越南在南沙群島互控對方侵犯主權，我國漁船在南海不時被臨近國家如馬來西亞及菲律賓等逮捕，亦引起國內對南海諸島及其海域劃界問題的關切，本文目的在就我國對南海諸島主權主張的強弱點，參照越南及菲律賓的觀點，客觀分析，再就海洋法觀點，分析南海諸島與臨近國家的海域劃界問題。

二、東沙、西沙及中沙群島

　　東沙群島一直由我國政府派軍駐守，所以沒有任何糾紛。中沙群島全部在水面下，雖然我國與中共均主張主權，但這種主張在國際法上毫無根據，是不會被任何國家承認的。一九八二年聯合國海洋法公約（以下簡稱海洋法公約）在第一二一條第一項明訂：「島嶼是四面環水並在高潮時高於水面的自然形成的陸地區域。」由此可知所謂中沙群島根本就不能認為是島，所以無法作主權主張。

　　我國前清廣東水師提督李準曾率兵艦三艘在一九〇七年巡閱西沙各島，並在伏波島（Drummond Island，現稱晉卿島）刻石留念稱「大清光緒三十三年廣東水師提督巡閱至此。」李準巡閱回來後又請准廣東總督批准將

---

　　*原文刊載於《聯合報》，第三版、第四版，民國七十八年三月二十六日。

西沙各島重新命名。但到一九三二年法國駐越南總督下令將西沙劃入 Thua Thien 省，一九三八年三月十日保大王確認此令。我國政府提出嚴重抗議。第二次大戰時西沙為日軍佔領，戰後由國軍接受，並由內政部重新劃界命名，國軍駐守。一九五○年五月中海南島國軍撤退來臺，西沙因離臺太遠無法補給，且補給船艦中途會被中共海軍截擊，因此一併撤退。中共佔了海南島後，對西沙群島置之不理，因此南越乘機佔領，從此引起領土糾紛。

一九五一年美國在舊金山召開對日和會，因受英國從中撥弄，竟未邀請首先抗日並對擊敗日本侵略者貢獻最大的中華民國政府參加，當時曾引起海內外華人的嚴重抗議。後由美國安排日本與中華民國另大體根據金山和約締結雙邊和約，在中日談判和約之時，對於領土條款，日本認為雙邊和約中只能將與中國有關的地區列入，因此日本草案只規定臺灣澎湖的放棄，而未及西沙及南沙，我方代表胡慶育認為西沙、南沙為我國領土怎能說與中國無關，且日本曾將此等地區劃入臺灣轄區，堅持列入。日方後終接受我方意見。因此在一九五二年四月二十八日簽訂的中日和約第二條中，明文規定「日本國業已放棄對於臺灣及澎湖群島以及南沙群島及西沙群島之一切權利、權利名義與要求。」但必須注意，南越當時曾應邀參加舊金山和會，主張其對西沙、南沙群島主權。

一九五九年三月中共的海南行政區在西沙群島的永興島設立了「西、南、中沙群島辦事處」。但許多島嶼仍為南越佔領。一九六一年七月十三日南越總統將西沙劃入南越的廣南省，一九六九年十月二十一日又頒類似命令，我國政府均向南越政府提出抗議。一九七四年中共終於願意認真保衛領土，出兵驅逐南越守軍，收回全部西沙群島。

一九七五年四月南越為北越併吞而滅亡。中共曾大力支持北越南侵，並給予許多援助，照理說西沙領土糾紛應已解決，但北越不久又挑起這個領土糾紛。

據中共外交部一九八八年五月十二日發布「關於西沙群島、南沙群島問題的備忘錄」中透露，在一九五六年六月十五日越南（指北越，以下同）外交部副部長接見中共駐越大使館臨時代辦時表示：「根據越南方面的材

料，從歷史上看，西沙群島和南沙群島應當屬於中國領土。」當時越南外交部亞洲司代司長更指出：「從歷史上看，西沙群島和南沙群島早在宋朝時就已經屬於中國了。」一九五八年九月四日中共政府發表宣布領海為十二海里的聲明，其中說：「這項（關於領海寬度的）規定適用於中華人民共和國的一切領土，包括……東沙群島、西沙群島、中沙群島、南沙群島以及其他屬於中國的島嶼。」同年九月十四日北越總理范文同照會中共國務院總理周恩來說：「越南民主共和國政府承認和贊同中華人民共和國政府一九五八年九月四日關於領海決定的聲明。」（以上見中共「國務院公報」一九八八年第十二期（總五六五期），同年六月五日出版，頁三九七。）這些聲明，根據常設國際法院在東格陵蘭島法律地位一案判決中的意見，一國外交部長對外國代表回答其職權範圍內的問題，應該拘束這個外交部長的本國。國際法學家也幾乎都同意這個原則，因此在國際法上越南早已放棄了對西沙、南沙的主權要求。此外，中共又指出一九六〇年及一九七二年越南出版的世界地圖及一九七四年出版的教科書都承認西沙、南沙為中國領土。在一九八八年四月二十五日越南外交部公布的文件中也承認了上述事實，但卻解釋說越南過去之所以這樣做是出於尋求中共支持越南抗美鬥爭的需要。此種說法在國際法上是無效的。

三、南沙群島

南沙群島在越南及我國古籍中均有記載，但雙方均無證據曾將此群島正式劃入版圖，在越南稱其為團沙群島，在我國大概到一九三〇年代才有南沙群島的名稱出現，在此之前也有我國地圖用團沙群島之名稱，因此，必須注意如由古籍上來看，中越雙方理由均不甚堅強。一九三三年七月二十五日法國在政府公報上突然公告佔領南沙各島。我國政府在獲悉此事後，在同年八月四日由外交部照會法國駐華使館聲明，「中國政府在未經確實查明以前，對於法政府佔領之宣言，保留其權利。」據說其後我國政府又向法國抗議，略稱：「法方既稱有瓊崖的中國人住於該群島以從事漁業，又謂當

時島中住有華人，又謂其地有樹葉搭蓋之屋，有奉祀神人之像，又謂有由瓊州渡來的華人居住，每年有帆船載食品來島供華人食用。是九島者早有華人居住，並非無主之島，法人已代我證明矣。依照國際公法與慣例，凡新發現之島嶼，其住民係何國民，即證明其主權屬於何國，今該群島中全為華人，其主權應屬於我，自無置辯之餘地矣！」（這是根據鄭資約，《南海諸島地理誌略》，上海商務印書館，民國三十七年出版，頁八十的說法，作者曾向我國外交部查詢，未能查到此一抗議。）一九三九年日本將西沙、南沙一併佔領改為新南群島隸屬於當時日本竊據的臺灣高雄州高雄市。我國擊敗日本後由我國政府收回，在一九四七年西沙與南沙一併劃歸版圖，當時法國、越南、菲律賓等均未抗議。

由於越南，如前所述，已承認中國對西、南沙群島主權，所以其對南沙主權之主張在國際法上是毫無根據的。但因國軍在一九五〇年撤守後，中共置之不理，所以若干島嶼，包括較大的南威島，就被南越竊佔，一九五六年十月二十二日南越將南沙劃入福綏省，一九五八年三月二十日及一九五九年一月二十七日又發表類似命令，一九七三年九月南越內政部再度下令將其編入福綏省，一九七五年南越滅亡軍隊撤守時，中共又置之不理，遂為北越竊佔，不肯交回且提出其主權主張及於全部南沙。

菲律賓本來與南沙群島無關，但到一九五六年夏突有狂人克洛馬(Toma Cloma)宣稱在南海發現島嶼，要建立所謂自由邦，其實就是想竊佔我國南沙群島中的幾個島嶼。我國政府當時重申主權並立刻恢復在南沙最大之島太平島駐軍。一九六八年菲律賓將南沙群島中的南鑰島、中業島及北子礁佔去，其後又將西月島、費信島、馬歡島與楊信沙州佔去。我國與菲律賓因菲國承認中共而斷交後，一九七八年六月十一日菲總統又頒令將南沙群島中部（包括我國的太平島等）全部劃歸菲國。

馬來西亞則主張南沙群島南部之彈子礁以南各島均為其所有。

越南方面在南越敗亡後，佔據了南威島、安波沙州、南子礁、鴻庥島、景宏島等。中共到一九八七年才到永暑礁駐軍，並派船艦在附近巡邏，據說到達了華陽礁、赤瓜礁、東門礁、南薰礁、諸碧礁等地。但迄未將越南

竊佔之各島駐軍驅逐回越。

四、西沙、南沙群島與鄰近國家海域劃界問題

　　南海諸島，即使沒有菲、越、馬來西亞對我國若干島嶼提出主權主張並已實際佔領若干島嶼，在與鄰近國家海域劃界方面，有下列問題值得注意：

　　第一，我國對西沙、南沙群島的主權，在國際法上是有根據的，但我國主張的群島範圍過大，如將一些水面下的所謂暗沙也列入版圖，這在國際法上是毫無根據的。例如，我國教科書中均說最南領土是北緯四度的曾母暗沙，這是完全在水面下的海床，且位於馬來西亞沙巴地區的大陸礁層上，我國怎麼能作主權主張呢？因此我國地圖中的南海在水面下的所謂暗沙，是無法認為是我國版圖的。

　　其次，一九八二年聯合國海洋法公約第一二一條第三項規定：「不能維持人類居住或其本身的經濟生活的岩礁，不應有專屬經濟區或大陸架。」因此，南海諸島中許多小島，因為太小，所以雖仍可以主張十二浬領海，但不能主張經濟區（國內稱為經濟海域）及大陸礁層。

　　第三，在海洋法上，群島的劃界有所謂的群島主義，即可以連接群島最外線各島和各乾礁的最外緣各點的直線為群島基線，再向外劃領海或經濟區，基線內的水域是內水。這種劃界方法當然對群島有利。但一九八二年海洋法公約規定，只有完全由群島組成的國家（例如，菲律賓或印尼），才可以在劃界時主張群島主義。西沙、南沙群島只是我國的一部分，而我國並非由群島組成的國家，所以不能適用群島原則。

　　第四，一九八二年的公約在第七十四條第一項規定：「海岸相向或相鄰國家間專屬經濟區的界限，應在國際法院規約第三十八條所指國際法的基礎上以協議劃定，以便得到公平解決。」國際法院在幾個判決中，均認為公平解決的一個重要因素是要考慮到雙方海岸線的長短比例，而決定雙方海域的大小，並不當然適用等距離中線原則。西沙、南沙諸島均甚小，所以

與鄰近國家談判劃界時，無法取得很大的海域。

五、結　論

我國及中共對南海諸島的主權，除所謂中沙群島外，基本上是無問題的，但對水面下的所謂「暗沙」，我國及中共的此種主權主張在國際法上並無根據，難為鄰近國家承認。此外，我們必須要認識到，其中南沙群島中有若干小島已被越南、菲律賓及馬來西亞竊佔，而我國又與這三國沒有邦交，所以交涉收回方面恐有很大的困難。

在劃界方面，對我國不利之點已如前述，但最大困難是菲、越及馬來西亞均不承認我國政府，而承認中共為中國唯一合法政府，是否接受我國為交涉對象，是一個問題，在此方面，必須注意，我國雖已宣布設立二百浬經濟海域（即一九八二年公約中所稱的專屬經濟區），但中共迄未宣布二百浬經濟區，因此菲、越、馬等國是否承認我國之經濟海域也是一個問題。而中共所以未宣布經濟區，主要考慮據說是東海大陸礁層（聯合國譯為大陸架）問題，根據一九八二年海洋法公約第七十六條第一項的規定：「大陸架包括『沿海國』沿海以外依其陸地領土的全部自然延伸。」而東海的大陸礁層為中國大陸之自然延伸，依此規定將全為中國所有。如中日均宣布經濟區，則中國與日本之間劃界時，原本根據國際法院一九八四年美國與加拿大水面海域劃界案中的意見，不會考慮海底狀況，如此一來日本因地形關係，無法對東海大陸礁層作主張，然而現在若根據經濟區劃界原則，日本就可以染指中國的大陸礁層。因此，中共除非有其他考慮，在可預見的將來，似乎不會宣布二百浬經濟區。

目前較有可能的解決辦法，恐怕是與這些國家在爭執海域，訂立合作協定，共同捕魚。

從國際法與國際現實看外蒙問題*

　　蒙藏委員會委員長李厚高昨日指出，外蒙古事實上早已經是一個獨立國家，早非我領土。無論從國際法、國際現實及歷史背景等角度來看，李厚高的說法都是正確、務實的，外蒙確實在國際間早已是獨立國家，依國際法我國也難以認定外蒙為我國領土。

　　筆者就從一九四六年談起。

　　一九四六年一月五日我國政府正式承認外蒙。二月十三日外蒙代表蘇龍甲布在重慶與外交部長王世杰相互照會，同意建立外交關係及互派外交代表，但其後雙方均未派外交代表。八月二十九日聯合國安全理事會就外蒙申請入會一事表決是否推薦，我國投贊成票，但未獲多數（六票），因此安理會未能推薦外蒙入會。

　　我國雖已承認外蒙古獨立並支持其加入聯合國，但外蒙竟然主張我國新疆北塔山為其領土；在一九四六年六、七月大舉派兵入侵北塔山，因此八月十八日聯合國安理會再度審查外蒙入會申請時，我國投反對票，並說明外蒙侵略我國新疆，並非愛好和平，不能亦不願履行憲章之義務，並不具備會員國之資格，所以反對其申請入會。

我固有疆域應不包括外蒙

　　由於我國已承認外蒙獨立，因此並未在該地舉行制憲國民大會代表之選舉，外蒙也未參加制憲國民大會制定一九四六年十二月二十五日頒布、次年十二月二十五日施行的中華民國憲法。因此，憲法第四條所稱我國的「固有之疆域」，應不包括外蒙在內。而憲法第一百十九條所稱「蒙古各盟

　*原文刊載於《中央日報》，第二版，民國八十五年十一月十七日。

旗地方自治制度，以法律定之」，應是指居住在内蒙建省地區（熱河、察哈爾、綏遠、寧夏、興安等省）的蒙古人而言。而只對西藏地區明文在第一百二十條規定，「西藏自治制度，應予以保障。」

　　一九四七年印行的「中華民國行政區域簡表」在凡例中說明，經中央核准備案的行政區域中，不包括外蒙，而註明「蒙古地方雖經我政府於民國三十五年一月五日承認其獨立，但詳確疆界，尚待勘定。」而在「中國行政區域概述」中，也未包括外蒙古在内。此外，一九四七年一月增訂、上海大中國圖書局發行内政部審訂之「袖珍中國分省詳圖」，於蒙古地方之興圖上加印「民國三十五年一月五日我政府通知庫倫蒙古政府承認其獨立詳確疆界尚待實地勘定。」

中蘇條約廢止　領土問題起爭議

　　由上述說明可知，我國在一九四六年一月五日承認外蒙獨立後，外蒙已非我國領土。但在一九五一年二月一日聯合國大會通過決議，認定蘇聯「實未履行」一九四五年八月十四日簽訂的中蘇友好同盟條約後，我國政府於一九五三年二月二十五日宣布廢止中蘇友好同盟條約及其附件。此一廢約行為是否使外蒙恢復為我國領土，在國内是有爭議的。

　　行政院俞前院長鴻鈞在一九五五年十二月十四日向立法院作的施政報告中說：「外蒙古的獨立，是我國在特殊情況下，被迫接受的，自蘇俄助匪叛亂，侵據大陸，我國宣布廢止中蘇友好同盟條約後，我國當時同意外蒙古獨立的條件，業已不復存在。我國人民以歷史及情感的關係，都已認為外蒙古恢復為我國領土，至於外蒙古的政治地位，尚有待我們將來收復大陸後，另作處理。」其後，我國外交部也持此種立場，反對其他國家承認外蒙。

　　例如一九六七年二月二十八日澳大利亞（澳洲）政府宣布承認外蒙，三月一日我國外交部發表聲明認為：「外蒙為中華民國固有領土之一部分，所謂『蒙古人民共和國』乃係第二次世界大戰後『中蘇友好同盟條約』之

產物。自該約於民國四十二（一九五三年）年二月二十五日正式廢棄後，外蒙之法律地位自應恢復原有狀態。此乃中華民國一貫之立場，因而反對任何國家對外蒙給予外交承認。」其他不同官員之論述也多採此立場。但廢除中蘇友好同盟條約是否就使外蒙恢復為我國領土一事，是值得商榷的，分析理由如下：

第一，一九五五年十二月一至七日聯合國大會討論十八國集體入會案時，由於十八國中包括外蒙，因此我國與古巴反對；我國反對的理由是外蒙並非真正獨立的國家，而並非主張因其為我國領土而反對其入會。投票前蔣中正總統在一九五五年十一月二十二日致美國艾森豪總統的信中，說明我國反對的理由是，「外蒙為蘇俄一手製造之傀儡，無論內政外交均受蘇俄嚴厲控制，其本身絕不具備憲章所規定之會員條件」。蔣總統並未表示因外蒙是我國領土而反對其入會。

第二，我國政府在一九四六年一月五日承認外蒙獨立後，則外蒙已非我國領土。如果在中蘇友好同盟條約廢除後，又主張恢復其為我國領土，則涉及領土變更的問題；根據憲法第四條規定，必須送國民大會決議，但迄今尚未完成此種程序。

蘇聯瓦解　外蒙已非其附庸

第三，就國際現實情況來看，一九四九年十月一日中共政權成立後，在十月六日接受外蒙承認同意建交，雙方在十月十六日建立外交關係。一九五○年二月十四日中共與蘇聯關於廢除一九四五年八月十四日的中蘇友好同盟條約及關於大連與旅順的協定與承認外蒙古獨立的換文中，雙方再度確認了外蒙古的獨立。一九六一年十月二十七日外蒙加入聯合國，現已與一百一十個以上國家建立外交關係，包括俄國、美國、英國、法國、德國、日本。外蒙並已是許多國際政府間組織的會員國，包括國際原子能總署、國際電訊聯盟、世界衛生組織、世界氣象組織、國際勞工組織、世界銀行、亞洲開發銀行等；可以說已經沒有國家懷疑其為獨立國家。

　　第四，多數國際法學家認為對國家的承認，除非國家喪失其作為國家的要件，否則不得撤銷。外蒙自獨立後，並無此種情況發生，且自蘇聯在一九九一年解體後，蘇軍已自外蒙撤退，外蒙也改行民主制度舉行公平選舉，成立新政府，已非蘇聯附庸，情況已與以前不同。

　　基於上述的理由，我國在國際法上似難認為外蒙古為我國領土。將來我國在自由、民主與均富的原則之下統一後，如果外蒙古同意，自然可以恢復其為我國領土的地位，因為國際法與聯合國憲章並不禁止國家自願合併。

陸、國際法相關問題

康熙帝與國際法*

　　清道光年間林則徐到廣東禁煙時，他已了解西洋有所謂「各國律例」（即現在所謂「國際法」），因此在他辦理禁煙時，請美國醫生伯駕 (Peter Parker)，及在馬來西亞念過天主教學校及中英文學校的華人袁德輝，將瑞士人「滑達爾」(Vattel) 的國際法書中某些有關戰爭、封鎖、扣船等部分，譯為中文作參考 (譯文見魏源著《海國圖志》第八三卷)。林氏顯然根據「滑達爾」的意見，在一八三九年宣布禁煙時，同時正式致函英國女王維多利亞，要求女王下令停止鴉片貿易。其後在同治元年（一八六二年），清廷正式設立同文館，聘美國傳教士丁韙良 (W. A. P. Martin) 為總教習，丁氏在其任內將美人惠頓 (Wheaton) 的《國際法大綱》譯為中文，於同治三年出版，題名為「萬國公法」，是為我國第一本國際法的著作。

　　一直到最近，國際法學者都認為上面所述是國際法輸入中國之始，但是一九六一年在義大利出版的一本著作中，卻指出，遠在清康熙帝時，康熙帝就知道有「國際法」的存在，並曾一度適用。這本書是天主教神父西比 (Joseph Sebes) 所著，名稱是《耶穌會士與中俄尼布楚條約》（一六八九年），他的主要參考資料是當時參加尼布楚條約會商的耶穌會士彼理拉 (Thomas Pereira) 的葡萄牙文日記。現將西比神父著作中，有關康熙帝與國際法的記載，摘要敘述於下：

　　據康熙時代耶穌會士的日記中記載，康熙帝對西洋智識及技術發展，很有興趣，且當時中俄交涉期間，耶穌會士是中國方面的主要辦事人員，所以康熙帝很可能由耶穌會士那裡，得到「國際法」的知識。不過當時耶穌會士自己究竟是否了解國際法是一個值得研究的問題，因為在十七世紀

---

　　*原文刊載於《中央日報》，第十版，民國五十六年六月六日。

國際法在歐洲也是一門新的學問。據西比神父的研究，當時耶穌會士可能不了解格魯秀士（Grotius——即後人稱為「國際法之父」）的著作，因格氏係新教，他的著作是列在天主教的禁書中。但是當時也有幾位著名的天主教國際法學家，如維多利亞 (Victoria)，蘇拉 (Suares) 等，耶穌會士顯然很熟悉他們的著作，有一位神父 Martin Martini 甚至在一六四八年左右，開始將蘇拉的國際法著作，譯為中文，雖然並未完成出版。基於這些原因，西比氏認為康熙帝非常可能由耶穌會士那裡，間接地了解國際法的存在。除此以外，他又舉了幾個積極的理由，證明尼布楚條約是根據當時國際法的規則締結的，而且這種作法一定得到康熙帝的許可。

第一，西比氏認為依照傳統的中國對外關係實踐，中外關係是不平等的，但在商議尼布楚條約時，據彼理拉日記的記載，俄國使節與清廷使節的關係卻是平等的，這顯然是遵循歐洲國際法上的慣例。第二，彼氏日記中的記載顯示，當時中國很不信任俄國，因此康熙帝顯然要採用一種能夠相當拘束俄國的方式締約，所以彼氏記述中認為他所以被派去參與訂約，是因為康熙帝要使條約儘量符合國際法，才能有效拘束俄國（因俄國與其他歐洲國家的締約當然是依照當時歐洲通行的國際法規則）。第三，尼布楚條約的一切形式，似乎都與當時歐洲各國所訂的條約相同，康熙帝甚至命令中國代表團人員，依照天主教的儀式宣誓。

基於上述的理由，西比氏認為康熙帝當時一定了解有國際法存在，並且准許適用於締結尼布楚條約。不過西比氏也指出，在當時有關的中國典籍中，無從找到任何關於尼布楚條約的記載，來支持他的見解，但他認為康熙帝可能知道這種基於國際法雙方平等關係的條約，與中國傳統的對外關係不合，因此禁止當時有關人員或學者記述這個條約或其有關問題。

西比神父關於康熙帝與國際法的論述，是個很有趣的問題，國內史學家似乎可以參考清宮有關康熙時代耶穌會士及尼布楚條約的檔案，對這個問題，作深一步的研究。

我看「新加坡模式」*

　　最近關於臺灣前途有所謂「新加坡模式」的建議，本文再就這個問題作簡明分析。首先必須了解，此一模式就是「臺灣獨立」之一種方式，大體上主張臺獨之人有三種看法，一是主張暴力推翻政府；其次是主張壓迫政府自行宣告成立臺灣國；其三是採主張全面改選中央民意代表，改選地區又限於臺澎，將海外代表及大陸代表全部取消，由量變成質變，達到獨立之目的。「新加坡模式」屬於第二種模式。現將新加坡建國經過、臺灣與新加坡情況之比較、中美日關係與臺灣建國之可能性分述於下。

一、新加坡建國經過

　　一八一九年英人羅福斯爵士 (Sir Thomas Stamford Roffles) 以東印度公司代表身分到達新加坡，開始了現代新加坡的歷史，一八二四年英人買下（向土人酋長）新加坡，次年成為商港。一八三〇年新加坡、檳榔 (Penany) 及麻六甲 (Malacca) 合併成為海峽殖民地 (Straits Settlement) 並為英屬東印度公司之一部，到一八六七年海峽殖民地改為皇家殖民地 (British Crown Colony)，此一地位繼續到一九四六年。同年馬來各邦與檳榔及麻六甲合組成馬來亞聯邦，英政府鑒於新加坡華人過多，因此未將新加坡併入馬來亞聯邦而使其繼續為皇家殖民地的地位，一九五九年新加坡實行自治，一九六三年與馬來亞聯邦、沙巴 (Sabah) 及沙勞越 (Sarawak) 合組成馬來西亞 (Malaysia)。一九六五年八月九日新加坡被迫退出成為獨立國，原因是有新加坡在馬來西亞內，華人將佔多數，而李光耀的才華將使其控制整個馬來西亞。

＊原文刊載於《時報雜誌》，第八期，頁六，民國六十九年一月二十七日至二月二日。

建國以來，並無任何國家對新加坡提出領土要求，立刻獲全世界各國承認。中共對新加坡也無領土要求，但新加坡因怕中共顛覆，還未承認中共。

在內政方面，因為新加坡在回教國家包圍之中，且地小人多，因此特別重視國家安全，對境內擾亂治安之行動均嚴厲處置，選舉法因為著重政局安定，將反對派完全排除在議會之外，議員全是執政的人民行動黨。在選票方面反對派約得票百分之三十，但在議會中一席都沒有。

二、臺灣與新加坡情況之比較

臺灣自一六六二年鄭成功驅逐荷人建立漢人統治機構以來就自認是中國的一部分，鄭氏三代均以此為光復大陸重建明朝之基地，拒絕建國獨立，統治期間奉明正朔。一六八三年臺灣歸併清朝為福建省一部分，一八八五年建省，一八九五至一九四五年為日本竊佔，一九四五年十月二十五日由中華民國政府自日本收回改為行省，臺省人民並選舉代表參與中華民國憲法的制定，其後又選舉中央民意代表參與中華民國政府中央統治權的行使。

由此可知臺灣情況與新加坡不同，臺灣是中國的一部分，這點是有其歷史、文化、人種上的深厚理由，任何中國政府除非在國際戰爭中被徹底擊敗（如清被日本打敗），不可能放棄對臺灣的主權。臺灣如宣告獨立，在中國大陸的任何政權均不能坐視。

三、中美日三國關係與臺灣建國之可能性

臺灣想要獨立建國，必須有美日二國的支持，這是稍有一點常識的人都知道的。美日現正想利用中共去共同抵禦蘇聯擴張勢力，如果支持臺獨，勢必與中共鬧翻，如果中共因此又與蘇聯和好，美日立即受害。因此要想美日支持臺灣獨立恐無可能。

在日本與中共建交公報中，其中規定：「中華人民共和國政府重申：臺

灣是中華人民共和國領土不可分割的一部份。日本國政府充分理解和尊重中國政府的這一立場，並堅持遵循波茨坦公告第八條的立場。」（此條規定開羅宣言的條件必將實施。開羅宣言規定臺澎「歸還中華民國」。）此種規定完全排除支持臺灣獨立的可能性。

在美國與中共建交公報中規定：「在美國承認中共為『中國唯一合法政府』之範圍內，美國人民將與臺灣人民保持文化、商務和其他非官方關係。」此種規定也排除了支持臺灣獨立的可能性。去年二月七日美國眾院外交事務委員會關於臺灣立法的聽證會中，副國務卿克里斯多福 (Christopher) 在答覆委員會主席查不勞基 (Zablocki) 有關臺灣獨立的詢問時，明白表示臺灣獨立為不智與挑撥性的舉動，並認為中共方面將有反應。此種舉動必將對該地區之和平與安定有不良影響。(I think that would be an unwise and provocative act for them to take. And I would expect that might produce a reaction on the part of the people's Republic of China...it could have adverse consequences for peace and stability of the area.) 對查不勞基追問如中共因臺灣獨立而對臺用武美國是否與中共斷絕外交關係一事，克氏拒絕作答，僅一再表示臺灣獨立將在海峽水域造成危險之情況。（以上見 Taiwan Legislation, Hearings before the Committee on Foreign Affairs, House of Representative, 96th Congress, 1st Session, February 7 and 8, 1978, p. 43）

美日不支持臺灣獨立，其他國家自然不會冒與中共交惡之危險而來支持。另外原先承認中華民國的二十多個國家，因為臺灣獨立中華民國國際人格消失，就當然終止承認，要想其承認新成立之臺灣國，恐非易事。臺灣獨立的結果，不但不能爭取到國際地位，反而會更形孤立。

再者，中共一再揚言臺灣如宣告獨立，其將對臺用武，臺灣獨立中共自不會坐視，其武力干預不可以忽視。即使中共在臺海之戰失敗一次，臺灣仍會受害不淺，因為臺灣靠國際貿易與外人投資引進新技術而繁榮，戰火一起立即受影響，即使戰勝，經濟至少倒退十年。且失敗一次，中共可以再來，臺灣的情況無法承受持續的圍攻是人所周知的。

目前中共自己承認臺灣經濟繁榮生活水準較大陸為高，不再叫囂攻臺

「解放」，因為攻臺難以在大陸號召人心。但臺灣一旦獨立，情況立即改變，中共此時對臺用武將振振有詞——討伐漢奸。且臺灣獨立時，內部必有大批人反對而起內亂，中共更可藉口出兵平亂。

四、結論——「新加坡模式」不可行

由上可知，所謂「新加坡模式」對臺灣是有百害而無一利，臺灣的前途無法脫離整個中國來討論，其命運與整個中國密不可分，只有當所有中國人獲得自由時，臺灣的繁榮與自由才真正有永久的保障。任何想脫離祖國獨善其身之想法——如獨立，均不切實際，且將立即替臺灣招來大禍。

兩個完全不同的概念*
——「多體制國家」
與中共所謂「一個國家兩種制度」

　　日前在立法院施政總質詢中，有委員提及「多體制國家」概念的問題，認為這個概念和中共最近宣傳的「一個國家、兩種制度」的論調有相互呼應之嫌。這是嚴重的誤解，國際間一些不明就裡的人也有這種誤會。其實，「多體制國家」的概念原是政治學者為了找尋更能精確分析「分裂國家」之狀況而建構的概念，並嘗試為傳統國際法中不符現實的法人概念提供新取向，沒料到有人竟把它和中共宣傳的「一個國家、兩種制度」混為一談。本文擬指出兩者的根本歧異。

　　目前承認中共的國家有一百三十六國，而承認我國的只有二十四國。因此在國際法上如何使承認中共的國家能仍以國家的態度對待我國，是個值得研究的問題。前幾年有學者提出多體制國家的概念，希望能使已承認中共的國家，能夠仍以國家的態度對待我國一事找到理論上之基礎。

　　一九八一年六月美國喬治城大學國際及戰略研究中心與馬里蘭大學東亞法律研究計劃曾為美國國際法學會舉行一區域會議討論此事。與會中、美、英、荷、德、法六國學者中，支持我國者多認為此一理論有利我國，其理由如下：

一、不牽涉到我國及中共都反對的「兩個中國」問題。

二、雙方也不必互相承認，雙方主權重疊之主張不受影響。

三、此一理論不妨礙中國在和平方式下統一，但用武力統一，因為既然雙方均為國際法主體，任何一方使用武力就構成違反聯合國憲章禁止在國際關係上使用武力或威脅之規定。

四、一國雖已承認中共，在理論上仍可以國家之待遇對待我國。

---

　　* 原文刊載於《聯合報》，第二版，民國七十三年三月五日。

　　由於多體制國家之理論對我國有利，因此中共對於多體制國家的概念是反對的，一九八二年八月中共「羣眾出版社」出版的劉豐名著「現代國際法綱要」中，自二百三十六頁起以三頁長的篇幅，來批判反對多體制國家概念，其中說：「『多體制』的概念是妄圖誘使他國對一個虛構的『國家』加以承認，這是任何一個主權國家所不能接受的。在已與中國建交的國家中又會有那個竟敢如此無視國際公法和國際慣例的呢？」

　　在中共統戰策略上，中共提出「一個國家、兩種制度」來混淆視聽，原即希望國際上誤認為這就是「多體制國家」的概念。現在將二者不同之點分述於下：

多體制國家	中共之「一個國家二種制度」
中國統一前之情況 中華民國為國際法主體	中國統一後之情況 中華民國國際地位完全消失
中華民國在國內及國際間完全自主	臺灣變成中共之一部分，由中共「恩」准實行不同制度但隨時可以取消
第三國認為中華民國在其控制區內有完全主權	第三國必須承認中共對臺灣之完全主權，如何對待臺灣（包括取消自治等）完全是中共內政不容他國干涉

　　由以上可以知道，二者是完全不同的概念，而中共所謂「一個國家、兩種制度」，只是企圖吞併臺灣的一種過渡措施。希望在吞併過程中臺灣所有資金不外流，不混亂，以免造成對中共的負擔。在吞併後再慢慢消化，進一步完全吃掉。這點可就鄧小平對某學者的談話中看出，鄧小平說，臺灣的制度可以至少保留一百年，而未說永遠或必須經在臺灣的所有中國人同意後才可以改變，可見其對臺所謂承諾完全只是一過渡措施，就像其竊據大陸前對一些工商界人士的諾言一樣。其最近對香港的承諾，更短到只有五十年，更可以證明其「二種制度」之過渡性質。

　　目前在我國與中共長期對峙的狀況中，如何使我國國際地位找到一個理論基礎，是值得研究的問題。如果我們自己不研究確實可行之路，而堅持在國際上已不為他國接受的想法，對我國必然無利。

從國際法看中共武力恫嚇*

　　最近中共中央總書記胡耀邦對美國一個僑報的負責人說，中共在七、八年後可能對臺灣用威脅或武力來達成所謂「統一」，中共並認為此種用武為內政問題，不牽涉國際法，中共大小官員過去也一再強調這點。此種論調實不符合國際法的原則並違背聯合國憲章。

　　聯合國憲章第二條第四項規定:「各會員國在其國際關係上不得使用威脅或武力……」，第六項又規定:「本組織在維持國際和平及安全必要範圍內，應保證非聯合國會員國遵行上述原則。」有人可能認為此等規定不適用於內戰，但由聯合國對憲章之實際應用，及國際法學界觀點來看，卻非如此。首先，許多內戰均有國際背景（如一九三六至一九三九年的西班牙內戰，蘇聯、德國、義大利均介入），國際法如不能適用，勢必使某些國家利用「內戰」之藉口實際上干涉另外國家之內部情況。其次，在一九五〇年韓戰之情況，蘇聯集團認為是內戰，且韓國並非聯合國會員國，但絕大多數聯合國會員國卻認為聯合國有權干涉。第三，內戰有不同情況，國際法在某些情況應該適用，否則勢必增加國際上武力使用之情況，危害到世界和平之維持。

　　美國著名法學家摩爾教授（現任美國維吉尼亞大學國際法講座教授及美國律師公會法律與國家安全專設委員會主席）認為聯合國憲章禁止使用威脅或武力之原則，應適用於所有分裂國家之事實疆界（中國、德國、韓國）、領土糾紛（如中蘇、中印、中越、英國與阿根廷等）及海域劃界糾紛。因為這類糾紛據他估計大約有一百多個，如果不禁止使用武力或威脅，世界上將爆發許多武力爭端，危害世界和平並牴觸聯合國維持國際和平之宗旨與任務。

---

*原文刊載於《聯合報》，第二版，民國七十四年六月三十日。

　　在分裂國家之情況，事實上之疆界已存在多年，並且雙方均被某些國家認為是國際法主體，內戰早已在事實上停止，在此情況下如果認為一方可以隨時使用威脅或武力對付另一方，顯然違反聯合國維持國際和平與安全之宗旨。不過必須注意，在分裂國家之情況，國際法及聯合國憲章只禁止雙方使用威脅或武力來達成統一，並不干預雙方對統一的權利主張或以和平方式來達到統一。

　　因此中共如對臺灣使用威脅或武力，是違反國際法及聯合國憲章的，中華民國有權尋求外國援助，外國也有權援助中華民國。

　　最後有一個與此相關的問題要注意，即國際法及聯合國憲章只禁止分裂國家的任何一方使用武力或威脅對付他方；而不支持任何一方實行所謂「自決」。根據聯合國之實際作為，「自決」只適用於「殖民地」及「非自治領土」，而一個地區是否是「殖民地」或「非自治領土」也要由聯合國認定。「自決」原則更不適用於多民族國家（如中國、美國、蘇聯、印度等），否則世界上許多國家中均有少數民族，如果一一要求「自決」，必然造成混亂，進而危害國際和平與安全之維持。

抗戰時期 我國廢除不平等條約 及中國國際地位的提高*

我國傳統法制民刑法不分，在縣級之審判、檢察、警察三個任務均由縣官一人綜理，不承認律師制度，法無明文處罰的也可以引用類似條文處罰，審判時並可以用刑具迫供。這種法制與一七八九年法國大革命後西方改革後的法制格格不入（在此以前西方法制較我國壞得多），西方法制有獨立之檢察及審判系統，罪刑法定不准比照援引，被告有權請律師辯護，民刑法分開。在我國國勢強盛之時，外人來華只有接受我國法制，雖然他們認為不合理。一旦我國被外國擊敗，外人立刻就不接受此種法制，在我國犯法仍由外國管轄，這就是一般所說的領事裁判權或治外法權，對我國主權有很大的損害。不平等條約的主要內容之一就是領事裁判權，其他包括外國在華勢力範圍、在華駐軍、協定關稅、在華郵電、租借地、租界等，由於篇幅所限，因此本文以領事裁判權（治外法權）為主要討論內容。但也稍微討論改善華人在美地位及提高我國國際地位等相關問題。

要求廢除治外法權

由於西方藉口我國法制未能現代化而堅持維持在華治外法權，因此在北洋政府時代，我國認為已開始改革法制，所以在一九一九年第一次世界大戰後的巴黎和會中（我國也是戰勝國之一），要求廢除領事裁判權等不平等待遇，但遭列強拒絕只答應將提請新成立的國際聯盟理事會注意。

一九二一至一九二二年美國召集的英、美、法、義大利、日本等九國的華盛頓會議中，我國代表再度要求廢除各國在華治外法權，大會決定組織一個委員會來調查中國法制改革情況以提出建議。一九二六年調查委員

---

* 原文刊載於《聯合報》，第十四版，民國七十四年九月三日。

會在北平組成，其報告書要中國對委員會之司法方面建議實行後才能廢除領事裁判權（治外法權），此一報告為全國人民譴責，一九二七年一月二十三日當時在廣州的國民政府由其外交部發表聲明嚴予駁斥。

一九二七年四月十八日國民政府奠都南京，五月一日發表對外宣言，聲明要以正當手續廢除不平等條約，同年十一月二十三日外交部長伍朝樞再度發表宣言，強調國民政府於最短期間內將廢除不平等條約與協定。一九二八年六月十二日北伐軍進入北平，十五日國民政府對外宣言中說明將與各國「以平等及相互尊重主權之宗旨重訂新約」。

與英、美、日、法等國談判廢除領事裁判權時，甚不順利，此等國家有的主張按地區或案件廢除，有的更提出要在撤廢地區任用外國人為法官的荒謬條件。一九二九年十二月二十八日國民政府忍無可忍，宣布將自一九三○年一月一日片面廢除，這些國家才開始願意認真談判。到了一九三一年五月四日國民政府宣布「管轄在華外國人實施條例」，訂於一九三二年一月一日實施，換句話說，到時外國如不同意廢除領事裁判權，國民政府就要片面廢除。不幸同年九一八事變發生，日本侵佔東北，我國需要西方國家國際上的支援，因此未便片面廢除領事裁判權，而將上述條例暫停實施。

中美建立平等互惠

抗戰一開始，日軍侵佔上海等大城，此時此等大城之租界因是由外國管轄，日軍不能進入，所以成為我國敵後活動基地，此時當然不宜收回，以免為敵人趁機佔領。但到一九四一年十二月八日日本與英美作戰後，就沒有此種顧慮，我國在十二月九日也正式向日本宣戰，並宣布廢除中日間一切條約，日本強加於我國的不平等條約從此失效。一九四二年一月一日我國與英、美、蘇聯簽訂聯合國家宣言，其後有二十二國加入，與英美成為盟國，既為盟國，雙方自應平等相待，因此我國積極與此二國交涉廢除與此二國的不平等條約。在此之前，我國外交部長郭泰祺在太平洋戰爭爆

發前一九四一年四月至五月訪美時,已獲美方承諾在中國境內和平恢復時,談判放棄在華特權。太平洋戰爭爆發後我國認為必須立刻廢除不能等到戰後,一九四二年十月外交部長宋子文赴美訪問時,再與美方交涉,十月九日美國代理國務卿終於正式通知中國駐美大使同意談判放棄在華特權(包括領事裁判權)。十月十一日蔣委員長致電羅斯福總統表示謝意,十月二十四日美方將條約草案送交我國, 我國外交部對約文草案提出下列意見:

一、美方草案中有關在華特權之放棄均用「即予停止」,我方認為應改為「立即停止」。
二、關於保護美人在華權利等均應加「但以不違背中國法令為限」一句。
三、草約中應加入「中美兩國之關係嗣後應一本平等互惠之原則」。
四、貿易、內河航行、軍艦遊弋駐泊等特權也應經由換文。

結果雙方在一九四三年一月十一日簽字於「中美關於取消在華治外法權及處理有關問題條約」及換文二件,將美特權全部廢除,並在條約第七條中規定:「在抵抗共同敵戰事停止後,至遲六個月內進行談判,簽訂一友好通商設領條約。此項條約將以近代國際程序與中國及美利堅合眾國近年來與他國政府所締結之國際公法原則與國際慣例為基礎。」五月二條約經雙方政府批准生效。

中美恢復了平等互惠關係是為盟友,但美國仍存在有許多排華法案,禁止中國人移民、不准歸化為美國人等,此等法律與中美間之新關係不合,因此我國政府在簽訂條約後就與美方交涉廢除。平等新約簽訂後,美方邀蔣夫人訪美,美國參議員甘納第在蔣夫人預訂到參議院演講之日(二月十八日)在參院提案廢除一切排華法律,並在二月十七日先致函蔣夫人,內容譯文如下:

吾人對中國之傑出女性,亦即世界公認之偉大婦女蔣夫人竭誠予以歡迎。中國人民英勇克己,勤勞誠實亦可欽敬。在吾人昔日移殖西部之困難期間,即有華工輸入,彼時曾引起一部分國人之驚疑與嫉忌,致華工迄未

取得合法地位。自一九三〇年，吾國戶籍上亦祇得華人四六、一二九人，而數月之間則有更多數之歐洲人避難來美。余茲趁　蔣夫人光臨之日提出此案，予華人以進入美國及加入美國國籍之權利。凡與吾人共危難者，亦將與吾人共享勝利之果；凡與吾人交好博得愛敬者，必將取得吾國公民之資格，藉作是項友誼之表徵，祝中華民國萬歲。並向　蔣夫人致敬。

同年十二月十七日美國會二院通過公法七八一一九九號將排華法律全部廢除，使華人在美地位與歐洲移民完全一樣。其他歧視中國人以外亞洲人的法律到一九五二年才廢除。

英國放棄在華特權

英國政府在一九三九年一月十四日、一九四〇年七月十八日及一九四一年六月十一日公開宣布：準備在遠東軍事行動結束後與中國政府進行談判，以廢除在華治外法權。後與美國諮商後，也在一九四二年十月十日宣布願意立刻放棄在華治外法權，十一月一日提出條約草案。

英國不允談判九龍租界地，為顧全大局，我國決定先就英國同意之點簽約收回法權及取消特權後再說，一九四三年一月十一日中英簽字「關於取消英國在華治外法權及其有關特權條約」，並附換文及同意紀錄各一種。同日外交部長宋子文正式照會英國駐華大使稱：「關於交還九龍租界地問題，英國政府不以現時進行談判為宜，本代表認為憾事。一八九八年六月九日許允英國租借九龍條約之早日終止，實為中國國民素所企望，而本日簽訂條約之意義，為開二國邦交之新紀元，中國政府以為若該約能於此時終止，則新紀元之精神當更為顯著，因此之故，本代表通知閣下，中國政府保留日後重行提請討論此問題之權。」

與英美二國簽約廢除不平等條約，使我國在法律上與各國平等，但我國要在世界中有影響力，還須在國際政治上建立大國地位，與英美共居於同盟國家領導者之地位，一九四三年十月三十一日我國與英、美、蘇四國

聯銜發表莫斯科宣言，其中除了確定作戰原則外，並宣布了戰後建立一個國際組織以維持國際和平與安全。「四強」一詞從此出現，美國國務卿赫爾在十一月一日對我國駐蘇大使傅秉常表示，此一宣言已將中國提高與美、英、蘇同處於領導世界政治地位，對中國前途關係甚大。英國首相邱吉爾也在十一月十日致蔣主席電文中表示：「中國在此宣言中署名，不獨加重其分量，且使其成效更得一保證。」

　　一九四三年十一月二十三日至二十六日蔣主席與美國總統羅斯福及英國首相邱吉爾在埃及首都開羅舉行會議，擬定了處理日本戰敗後東亞局面的原則，蔣主席堅決支持韓國獨立、扶助越南獨立，並對泰國也了解其與日本結盟並非自願而須維護其獨立，對日本天皇問題表示應由日本人民決定。對日本竊佔我國之領土堅持必須完全收回。十一月二十六日擬定、十二月一日公布的開羅宣言中，正式公告世界：「日本所竊取於中國之領土，例如東北四省、臺灣、澎湖群島等，歸還中華民國……決定在相當時期，使朝鮮自由獨立。」宣言中並規定，日本必須「無條件投降」。此一會議後，美國輿論均表讚揚。

　　一九四五年七月二十六日中美英三國向日本發布了招降的波茨坦文告，說明開羅宣言的條件，必將實施，並警告日本政府，「立即宣布所有日本武裝部隊無條件投降……除此一途，日本即將迅速完全毀滅！」八月十四日日本宣布投降。

奠定國際大國地位

　　在莫斯科宣言中已說明了要在戰後建立一個國際組織來維護國際和平與安全，一九四四年五月下旬美國國務卿赫爾邀請中、英、蘇三國使節商討國際機構的籌組事項，六月十六日美總統羅斯福發表正式聲明，闡述建立國際機構的計劃。七月下旬，美國以所擬國際和平組織草案送交我國行政院副院長孔祥熙，八月上旬英國將其草案送交外交部長宋子文，八月二十二日我國則以所擬「國際組織憲章基本要點」送交英美二國。九月二十

九日至十月七日，中美英三國舉行敦巴頓橡樹園會議（蘇英美三國在八月二十一日至九月二十八日在同地先舉行會議），十月九日中美英蘇四國公布戰後國際組織草案。一九四五年三月五日以中美英蘇四國名義邀請各國參加四月二十五日在舊金山召開的國際組織會議，以制定聯合國憲章，共有五十國與會，由中美英蘇輪流擔任大會主席，六月二十六日與會國簽字於聯合國憲章，中華民國與英、美、法、蘇同為聯合國安全理事會常任理事國，擁有否決權，中國在國際政治上的大國地位從此奠定。

　　廢除不平等條約是清末以來朝野一致的主張，因此國民政府在一九二七年四月十八日奠都南京後，在五月十一日就發表對外宣言，其中強調，「本政府唯一之職責為秉承孫先生之指導；服從全國之民意，解除中國在國際上之束縛，而取得國際上之平等地位。」這個目標終於在抗日戰爭期間完成，並且進一步在國際政治上使中國取得大國地位，因此中國國際地位的提高，是國民政府領導抗戰及外交運用的結果，與中共無關。戰後中國如由中華民國政府繼續統治，以大陸資源之多，土地之廣，經濟方面一定也會遠遠超過今日臺灣之成就而成為經濟大國。不幸戰後不久，中國大陸就由中共統治，三十多年來國民所得仍是在最窮的五十個國家內，而中華民國政府統治下的臺灣，地方雖小，卻已成為經濟大國，為許多發展中國家羨慕。

外籍或雙重國籍者
任我政府公職之研究*

　　依據國際法原則一國可以拒絕外國人擔任本國公職，以往歐洲國家侵略其他非白人國家時，往往以不平等條約壓迫其他國家接受由外國人擔任某些公職。例如，在清朝海關總稅務司由英人擔任，法國人則擔任郵政會辦，國民政府成立後才廢除此種侵犯我國主權之規定。在民國十八年二月五日公布的國籍法施行條例中，第十條規定「中國人已取得外國國籍仍任中華民國公職者，由該管長官查明撤銷其公職。」依此規定公職似限於具有中華民國國籍之人。但在實踐上，國民政府及其所屬機構不時聘有外國人擔任顧問或諮議性工作。目前我國情況不同，我國為求提高科技水準，在許多方面必須借助外國專家；在科技方面的行政工作，也有時要由懂得科技專業的人才主持，才能有效推行工作，而國內此方面之科技專家或行政人才不夠，恐怕必須借重具有外國籍的華人擔任，但如此一來又會牽涉到公務員必須由中國人擔任之規定。

各國有關規定不盡相同

　　本文之目的在就此一問題，作一分析，以探求是否可以有一妥當之辦法。在本文中提到外國人時指只有單一國籍之人（不論是否有中國血統），雙重國籍人指已入外國籍但未依我國國籍法喪失國籍之人。由於目前國內討論此一問題，主要是以雙重國籍之華人為對象，因此本文較注重此一問題。

　　由於篇幅限制，因此無法就各國對雙重國籍或外國籍人擔任公職一事作廣泛之研究，所以限於韓、美、以色列及日本四國。

　　*原文刊載於《聯合報》，第二版，民國七十六年三月二日。

一、韓　國

一九四八年十二月二十日韓國公布的國籍法第十二條第四項規定，凡自願取得外國籍者喪失大韓民國國籍。

但此條是否認為入外國籍就自動喪失韓籍，不甚清楚，因為一九五一年十一月十八日總統令第五六七號又規定在第五條：「如果一個人已喪失韓籍，他應向司法部報告，並檢附喪失國籍理由的證明文件。」如果一個韓人入了外國籍而不向司法部報告，他的韓籍是否保留，一時無從查得。

在若干情況下，韓國法律似乎規定仍可有雙重國籍之可能，如因出生國外而該國採取出生地主義決定國籍時，在此情況下由於其外國籍非自願取得，依第十二條規定並不喪失韓籍。此種或其他情況下變成雙重國籍的人，依第十二條第五項規定，其喪失韓籍應得司法部批准。

至於雙重國籍或外國籍人是否可以擔任公職一事，據韓國駐紐約總領事館宋 (Son) 先生表示，國立大韓科技研究院 (Korea Science and Technology Institute)，依行政命令得聘用具有雙重國籍之韓人或外國人。但不具有單一韓籍之人，不得擔任其他公職。

二、美　國

美國不承認雙重國籍，依一九五二年移民及國籍法第三三七條(a)項(2)款規定，外國人歸化時必須在宣誓時放棄對其以前所屬國家之效忠。至於其他國家是否仍認為此人為其國民，美國並不過問，因此從我國觀點，許多已入美籍之我國籍人如未依我國國籍法放棄我國籍，仍具有中國籍而造成雙重國籍之情況。

至於外國人（包括我國認為是雙重國籍之人）能否擔任公職一事，在一九七六年 Hampton V. Mow Sun Wong 一案中，美國最高法院認為聯邦公務員委員會不准具有永久居留權的外國人參加選拔公務員的考試，違反憲法修正第五條禁止不得未經適當手續剝奪人民權利之規定。但法院認為國會或總統有權排除非公民擔任聯邦公職。

此案判決後，福特總統在一九七六年九月二日頒布行政命令一一九三五號禁止聯邦有競爭性之職位由非公民擔任，但為增進某種服務之效率之情況下（在其致國會之說明信函中，另加入國家利益一點），公務員委員會得特准僱用外國人或作臨時性的任命。在一九七八年的 Vergara et al. V. Hampton et al., 一案中，一個聯邦上訴法院判決該命令合憲，聯邦最高法院並拒絕該案再上訴。

但必須注意，基於特殊情況，國會也在立法中對僱用外國人作例外規定。例如，一九七九年公法第九五——四二九號有關財政、郵政及一般政府撥款法中，准許僱用合法入境的古巴、波蘭、南越等國人。另外國會幾乎每年通過法案，將國防部僱用外國人之限制排除。如無此規定則無法支付具有外國籍科技專才之薪水或僱用之外國特務。

三、以色列

以色列之情況特殊，因為全世界一千多萬猶太人中只有不到三百萬居住在以色列，為爭取海外猶太人之向心力及為以色列所用，其一九五二年四月八日頒布的國籍法中在第十三條(a)項規定：「除了在歸化的情況外，取得以國國籍並不以喪失前一國籍為條件。」因此，如因出生或結婚或其他原因（除了歸化）取得以國籍，並不喪失前一國籍。同條(b)項規定「就（適用）以色列法律之目的，以色列國民也是外國國民者，視為以國人。」

由於雙重國籍以人視為以國國民，因此當然可以任公職，但必須在以國登記為以國人，不得作為外僑居留而又任公職。

四、日 本

日本不承認雙重國籍，一九五○年五月四日的國籍法中，在第八條規定：「一個日本國民自願取得外國國籍者喪失日本國籍」。第九條規定如因出生外國而取得外國籍之日本人，必須依一九四七年戶籍法申請保留日本國籍，否則溯及出生時喪失日本國籍。第十條規定日本人具有外國籍者得捨棄日本國籍，捨棄時應通知總檢察長。第四條第五項規定，歸化日本以

喪失前一國籍為條件，除非是在無國籍人之情況。

在日本外國人不得擔任公職，因為日本不承認雙重國籍，因此無此類人是否可以擔任公職的問題。

我須配合需要因勢制宜

由於我國科技人才不足，而在美國已入美籍但未放棄我國國籍的科技人才達數萬人，其中有些願意回國服務，因為在美政府任職前途有限無法有大發展，且最近美方更懷疑華人會將科技祕密洩露中共，將來有高度科技祕密之事恐更不會交華人主管，不過由於我國外交上之困難，持有我國護照旅行甚為不便，且某些此等人士對臺灣將來之安全仍有顧慮，所以一面想回國服務，但又不願放棄美國籍。

在國內方面，如准具有雙重國籍者任公職，由於臺灣安全對一般人而言，仍有許多憂慮，國內對雙重國籍者任公職一事反感甚深，認為一旦有事，此輩將先行逃跑。另外對國內科技人員也有不良之影響，此點不可以不注意。

目前各國競相發展科技，楚材晉用之情況甚多，並且由於政府職權日益擴大，許多科技發展計畫均由政府直接或間接主持，為求有效提高科技水準，政府中僱用外國人似為不可避免之現象。高度科技國家如美國，也規定為了提高效率或增進國家利益，可以例外僱用外國人，在國防方面只要有用即可僱用外國人。因此在科技方面如果我國完全排除外國人或雙重國籍人擔任公職，似乎不符合國家利益。

另一方面必須考慮到僱用外國人或雙重國籍人擔任公職對國內之不良影響，我國對持用本國護照之僑民出入境手續較麻煩，而對持用外國護照之華人則出入境甚為方便，已造成不良印象，間接鼓勵國人入外國籍，有違常理及國家利益。如在公職方面，大為放寬外國人或雙重國籍人得擔任，實際上必造成鼓勵人民入外國籍，影響本國籍人之士氣。

針對現況提出六點建議

基於上述了解，茲建議如下：

一、除科技職位外，其他職位限於本國人才能擔任公職，科技之範圍由行政院院會議決後決定。

二、外國人（雙重國籍人而在中華民國持外國護照作外僑入境居留或出境者視為外國人）得經行政院院會核定後，擔任科技公職，但不得任主管。

三、雙重國籍人以中華民國護照入境並在戶籍上登記為中國人者，視同中國人，經行政院院會核定後，得擔任科技公職，包括正副主管。出境後前往有邦交國家必須持用我國護照，前往無邦交國家准用外國護照。國籍法施行條例第十條：「國籍法施行前及施行後，中國人已取得外國籍仍任中華民國公職者，由該管長官查明撤銷其公職。」應修改加入一項如下：「已取得外國籍之中國人，如未喪失中國國籍且以中華民國護照入境及居留者，得擔任科技方面之公職，其辦法由行政院定之。」此一建議是仿效以色列之辦法，但以色列之雙重國籍人不限於擔任科技公職，範圍過廣，不適合我國國情，因此建議加以限制。

四、對重要科技發展計畫，如有必要僱用外國人（包括以外國護照入境居留之雙重國籍人）擔任主管或副主管者，得經行政院院會議決後，呈請總統特准例外。其任用期限三年，必要時得延長至六年。

五、中國人已入外國籍而隱匿不報擔任公職，或在任公職期間自願取得外國籍者，一經查獲立即免職，並送公務員懲戒委員會從嚴議處，以後任何政府單位（包括公營機構及公立學校）均不得任用或聘用。

六、國防部、法務部調查局及內政部警政署為情報需要得僱用外國人或雙重國籍人，其辦法由行政院決定。

海外中央民代遴選問題

　　至於與科技無關之中央民意機關之代表是否可由雙重國籍者擔任，目前遴選海外代表辦法是根據憲法臨時條款授權而來，因此不受國籍法的限制。為了維繫及加強聯繫海外僑胞及華裔和推展國際貿易，此一辦法似有繼續之必要，但其遴選辦法必須改進，目前祕密作業之辦法各方批評甚多，必須找到妥善、公平、較客觀之方法來遴選海外中央民意代表。

以德報怨與中日和約
談判時的賠償問題*

　　《世界日報》一九八七年十二月三日所載日本公布和約時部分文件，其中指臺北以「放棄索賠權利」作談判籌碼，此點內情並非如此簡單。現根據一九六六年我國外交部有限公布供學者參考之中日和約談判紀錄，說明並摘述於下。此一紀錄是以中華民國外交問題研究會名義印行，全書稱《中日外交史料叢編》，有關中日和約部分是刊登在第八冊《金山和約與中日和約的關係》（以下簡稱《金山和約》）及第九冊《中華民國對日和約》（以下簡稱《對日和約》）。

顧維鈞杜勒斯會談內容

　　一九五一年金山對日和平條約會議美國原想邀我國參加，但英國已承認中共，反對我國參加，印度、巴基斯坦、緬甸、荷蘭等亦同，所以美國無法邀請我國參加，但保證日本將與我國單獨訂約。但美對和約內容仍與我國諮商多次，關於賠償問題一九五〇年十月二十日顧維鈞大使與杜勒斯有下列談話：

　　顧：我對日本原無報復思想。現國際情勢大變，我固不願日本重為軍國威脅我國，亦願見日本發展相當實力，俾能維持其國內秩序，不為共黨擾亂。我對賠償問題，前為表示寬大並重視合作，已有酌減之意。然以我政府與人民所受損失浩大，礙難完全放棄。在不使日本不勝負擔情況下，仍擬取得若干賠償，並期能訂立經濟互換辦法，於我有利，而於日亦不無裨益。

　　杜：美鑒於第一次世界大戰後，法比等國所爭得之德國賠償均成泡影，

* 原文刊載於《聯合報》，第二版，民國七十六年十二月十四日。

即以工業產品抵付辦法，結果亦僅與美國所給德國工業借款數額相等。日本投降以來，美所給日本資助，俾能生存，已達二十億美元。美現願以經濟直接協助對日戰爭受損各國，不願繼續援助日本，間接供付賠償。（《金山和約》，頁七）

一九五〇年十一月二十日杜勒斯將約稿原則面交顧大使，其中對賠償問題規定各國必須放棄，但可以保持在其領土內的日本資產。此外，日本應將盟國資產歸還或在不能完整歸還時，以日元補償其業經同意部分之損失價值。由於美國願給受日本侵害各國（包括我國）直接援助代替日本賠償，此種辦法較向日本索償可靠得多，我國自無反對理由；因此十二月十九日顧杜會談時，顧大使表示同意美之主張，但表示「如任何他國堅持賠款而能取得，我亦不能完全放棄。」

金山和約有關賠償規定

一九五一年九月八日對日多邊和約在金山簽字，其中第十四條規定賠償問題如下：

甲、茲承認日本應對其在戰爭中所引起之損害及痛苦，給予盟國以賠償，但亦承認如欲維持足以自存之經濟，則日本之資源，現尚不足對此等損害及痛苦，作完全之賠償而同時履行其其他義務。但

一、日本對於願意談判而其現有領土曾被日軍占領並曾遭受日本損害之盟國願即進行談判。以求利用日本人民在生產，打撈沉船及在其他工作方面，對各該盟國所作之服務，作為協助賠償各該國修復其所受損害之費用，此項辦法應避免使其他盟國增加負擔，且當需要製造原料時，應由各該盟國供給，藉免以任何外匯上之負擔，加諸日本。（下略）

在第二十六條日本承諾與非金山和約簽字國的對日作戰國家，「訂立一與本約相同或大致相同之雙邊和約，但日方之此項義務將於本約生效後屆滿三年時終止。」但日本對與我國簽和約一事，一再拖延，一九五一年十月

三十日日本首相吉田在國會竟然表示「中蘇二國，如果『表示願與日本締結和約』之願望，日本自無異議」，此事經我國轉請美國交涉後，日本首相吉田在十二月二十四日才函覆杜勒斯表示願與我國簽和約，但只適用在我國政府「控制下及將來在其控制下之全部領土。」一九五二年一月三十日日本首相吉田正式照會我國駐日代表團何世禮團長表示將派河田烈為全權特使來臺北談判和約。

對我賠償問題日有意見

一九五二年二月二十日我國政府將和約稿提交日方，其中對賠償問題規定在第十二條，其內容與上述金山和約第十四條相同。三月七日會議時，日本主張將此條刪除，日本代表木村表示：「我方主張將第十二條全條刪除，非因我方忽略賠償之責任，乃因此條之適用問題，幾全部與貴國大陸有關，目前欲加規定，尚非其時……。」

吉田首相在其致杜勒斯先生函中，曾表示中、日現所商議之和約，似難即時實施於大陸，故我方認為：有關賠償問題之規定，不宜列入中日和約之內。然此非謂：日本對於貴國主權，及於包括中國大陸在內之全部中國領土，貴國政府係屬中國正統政府兩節，尚有懷疑。其次，金山和約第二十一條特別指明中國得享有同約第十條及第十四條甲項第二款所規定之利益。吾人認為中國之利益已在金山和約內予以適當顧及，此處似無須重提。

金山和約第十四條甲項第二款明白規定：「日本放棄在貴國領土內之多種權利，此項規定所加諸日本之負擔，在日本國民觀之，已嫌過重，若中日和約復重行予以規定，自足更加深其對於日本國民之刺激。請貴方基於對日寬大之立場且為顧及中、日雙方今後合作之需要，惠允刪除該款之規定。

「日本過去因受少數軍人錯誤之領導，發動侵略戰爭，致使貴國遭受空前浩劫，日本全國上下，莫不深切痛悔，並亟求彌補其對貴國之虧負，

諒貴國定能本寬仁態度予以自新之機會。」(《對日和約》，頁九〇—九一)

　　在一九五二年三月十七日的會議中，我國葉公超部長對十二條的服務補償辦法又提出下列說明與建議如下：「以換文或議定書之方式商定：此次服務補償之辦法，應俟中國政府收復蒙受損害之任何地區之後再行議定。」但日本河田代表仍不同意，雙方對話如下：

河田烈葉公超討價還價

　　河田：關於此一問題，我方始終認為我國遺留在貴國大陸之財產，為數甚鉅，以美金計，當值數百億元，以此項鉅額財產充作賠償之用，應屬已足。今貴方若再要求服務補償，實與貴方屢屢宣示對日寬大之旨不符。且中日此次締約之應顧及將來而不究既往，已如頃間所述，貴方對服務補償之要求，適足引起日本人民對貴國之不愉快情緒，此點深望貴方慎加考慮。我方對賠償問題，已提出條文草案，仍懇貴方本寬大之旨予以採納，至條文寫法，自當有商討餘地，惟貴方所提於約文外另作補充規定一節，似無必要。

　　葉：貴代表所述意見，本人甚為明瞭。但我國在對日戰爭中，軍民死傷之多，公私財產損失之鉅，實非任何盟國所可比擬，我政府本對日寬大之旨，並不欲根據此種事實，向貴國提出更大之要求，而僅遵從金山和約之原則，要求與其他盟國之同等待遇。抑有進者，本人已提出將約稿內「迅速」(promptly) 字樣刪去，而依本人頃間所提辦法，貴國並無須立即擔負任何工作。本人認為貴國人民對戰爭所予我國人民之損害如能有充分之認識與反省，對我方關於服務補償問題之立場，當能深切了解，並對我方所提辦法，樂予接受。

幾經交涉簽訂中日和約

　　河田：我國人民固明瞭此次戰爭所予貴國之損失至為鉅大，但我國百

分之七十至百分之八十之海外資產，均在貴國。今我方已承認依照金山和
約規定將此項鉅額資產作為對貴國之賠償，已屬難能。至我國在菲律賓、
印尼等地，原未遺留任何資產，故菲、印等國想出服務補償辦法，以期獲
得補償，實則此一辦法亦難望順利實施也。又就我國遺留在貴國之資產而
言，公產姑不置論，私產之中固亦有以不正當方式得來者，但極大部分均
係以數十年之辛苦經營積聚而成，今此等善良人民之私有財產亦皆悉數充
作賠償，在國際慣例上，尚屬創舉。倘貴方再要求我方負擔服務補償之義
務，我國國民必難認為貴方寬大，此對中日將來關係，自有莫大影響，抑
服務補償之不具實際價值，頃已言及，故不應在此次和約內予以規定。

　　茲附帶說明一點，即關於賠償問題之表現方式，在我方第二次意見書
所附條文草案內，已自動表現我方承認有對貴方賠償之義務。倘此項草案
不獲貴方採納，則另由我方承認賠償義務，而由貴方自動以單獨宣言之方
式聲明貴方有權要求賠償，但同時自動放棄要求服務補償，似亦無不可。

　　葉：服務補償之第一意義，係在協助修復損害物。我返回大陸後，能
由貴方協助我方從事修復工作，自更能增進兩國人民之感情。故此一辦法
之精神，係在以友誼協助復元 (rehabilitation)，自另一角度看，並無賠償要
求之意。

　　河田：貴代表所稱友誼協助，本人認為甚屬重要，蓋我方甚願在將來
對貴國經濟有所協助也。倘貴方對服務補償一節，作如是觀，我國人民當
能了解。（《對日和約》，頁一一七至一二三）

　　由於日本對拒絕補償服務的態度甚為堅持，因此葉公超在一九五二年
三月十九日會中提議我國自動放棄「勞務補償」的要求，但以日方同意約
稿中未經商決之其他部分我方所提意見為條件（《對日和約》，頁一三一），
使我國能享有金山多邊和約各締約國的同等待遇。但日方三月二十八日送
來修正約稿竟然未接受我方條件，因此四月二日會議中，葉公超表示將暫
時擱置其三月十九日之提議。雙方再經交涉，日本始大體上均接受我國意
見，雙方在四月二十八日簽字於和約，同日金山和約生效。

以德報怨無關對日和約

　　中日和約談判時之情況對我國甚為不利，日本原來無意與我國簽約，在美國壓力下才勉強為之，另外我國失去大陸，日本恐怕答應賠償我國後，將來大陸中共政權不認賬，又要賠償，所以堅持不讓步。此外談判時我方處於不利地位，因為日本可以慢慢來，但我方必須設法在金山對日和約前簽約，否則一旦金山和約生效，美軍佔領結束，美方對日本施加壓力的能力就減少，對我國更不利。此外美國方面乃答應直接援助我國，不必自日本取償，在談判中日和約時如因賠償問題爭執不休使談判破裂，將無法為美國諒解。

　　不過我們也應注意，當時日本左傾勢力強大，吉田政府不得不考慮到此種情勢，因此影響到其對中華民國締結和約的態度。至於談到我國對日「以德報怨」之政策，主要是表現在蔣中正先生在日本投降後立刻遣返日本軍民，並宣布此一政策，與和約關係不大。許多日本人感激蔣先生主要是他當中國國勢及聲望最高，而日本國勢及聲望最低時（投降時），主動採取不念舊惡以德報怨的政策，並遣返日本軍民，與對日和約沒有什麼關係。

「一國兩府」的概念與突破外交孤立[*]

最近行政院俞院長提出「一個中國兩個對等政府」的概念，命外交部研究，以求改造國際地位及促進和平統一，現就此一概念之演變作一分析，由於此一概念主要來自美國，所以必須先自美國對華政策有關此一部分之演變說起。

美國無意支持臺灣獨立

一九五○年初中共已竊據大陸，中華民國政府遷到臺灣，美國第八十一屆國會眾院通過決議四五二號，要求國務院答覆一些有關對華政策問題，在二月九日眾院外交委員會的報告中，刊登了國務院所回答的一些問題，其中一項是關於促成「臺灣獨立」一事。國務院認為此舉將被認為是違背美國尊重中國領土完整的一貫承諾，且會被中共製造一個收回失土的爭點以號召中國人支持。在執行方面也有困難，因在臺灣的中國政府絕不會同意此點。所以對臺灣獨立一事，美國根本無意支持。一九五九年十一月一日美國參院發表康陸報告主張臺灣獨立，引起海內外華人群起反對及中共激烈反應，因此此種謬論也未能得到美國行政當局支持，一九六六年美國參院外委會舉辦聽證會研討對華政策，引起學術與輿論界對中國政策的大辯論，當時有人主張「兩個中國」，為海內外華人及中共激烈反對而無下文。

美方曾提一國兩府政策

由於「臺灣獨立」及「兩個中國」均不可行，美方策士必須另謀其他

＊原文刊載於《中國時報》，第二版，民國七十八年四月十九日。

模式解決中國問題，而美方也了解任何對華政策必須遵循「一個中國」的原則，才有可能實行。因此在一九七一年聯合國中國代表權辯論時，美方提出「一個中國雙重代表權」的提案，事實上即是「一個中國兩個政府」的政策，可惜未能通過。

在一九七二年二月二十八日美與中共簽訂的上海公報中，中共表示：「堅決反對任何旨在製造『一中一臺』、『一個中國、兩個政府』、『兩個中國』、『臺灣獨立』和鼓吹『臺灣地位未定』的活動。」美國對中共立場未作正面反應，只表示：「美國認識到，在臺灣海峽兩邊的所有中國人都認為只有一個中國，臺灣是中國的一部分。美國政府對這立場不提出異議。」中共雖表示反對「一個中國、兩個政府」，但在一九七三年卻同意在美國設立官方的聯絡處，由於當時中華民國政府與美國仍維持大使級關係，事實上造成了「一個中國，兩個政府」的情況。

臺灣關係法承認我政府

一九七九年一月一日美國與中共建交，並與中華民國斷交，但同年四月十日卡特總統簽署的臺灣關係法中，在第四條 B 項㈠款明文規定：「凡美國法律提及關於外國、外國政府或類似實體時，此等條文應包括臺灣，且此等法律應適用於臺灣。」所以實際上承認在臺灣地區的政府是事實政府。換句話說，美國實行的是「一個中國，兩個政府」的政策，中共政府是中國之合法政府，我國政府則是臺灣地區的事實政府。一九八二年八月十七日美國與中共簽訂有關臺灣軍售的公報中，美只願表示「無意執行『兩個中國』或『一中一臺』的政策。」而不提「一個中國，兩個政府」之政策，據參與談判美國官員透露，中共曾要求美方作此承諾，而遭美方拒絕。

在孫內閣時代，主要官員均了解美國之政策為「一個中國，兩個政府」，但當時的國策仍認為中共為「叛亂團體」，任何人如果提出中共是一個「政府」之說法，必然先倒楣，所以有曾做過學者之官員提出「一個中國，多個體制」之多體制國家說法，以免發生認識到中共是一個政府的問題。不過即

使是此種變通說法仍受到有些人攻擊，而胎死腹中。多體制國家之說法是主張一個中國之下有二個平等之體制，互相和平競爭最後達到和平統一之目標。中共是反對此說的，因為中共之所謂統一是消滅中華民國國際人格將臺灣置於中共統治之下。不過為了混淆國內外視聽提出「一國兩制」之統一模式，所謂一國是指中華人民共和國，在國際宣傳上發生了一些積極的作用。

對等政府有利重返國際

　　美國的「一個中國，兩個政府」政策對我國仍然不利，因為將我國政府當作事實政府與中共並不在法律上處在平等的地位。俞院長所指示的「對等政府」是雙方處於平等地位之情況，此點必須了解。這種說法的提出，是觀念上的一大突破，使我國政府真正面對現實，只有在這樣的基礎上，才有突破國際孤立的可能（但並不表示一定能突破）。目前主要關鍵在中共方面，中共最不能忍受的是我國政府主張在國際上代表整個中國，目前此一因素已除去。中共在亞銀我國席位問題上願意讓步，因素當然很多，但最主要的因素之一是我國政府自參加亞銀之始就沒有主張要代表整個中國。所以俞院長「對等政府」之說法，應有利於我國重返若干國際組織。

對等政府中共將有反應

　　任何政府在面臨一個新的情況時，必然需要一段研究與考慮的時間來研究反應與對策，在這段時間中，如有人迫不及待去問該政府的反應，所得到的答案必然是將舊政策重述一遍。所以俞院長「對等政府」的說法，一時中共不大可能馬上會有積極的反應，但不久我想會有些積極反應的。目前此一「對等政府」之說法對我國最重要的影響是使我國赴大陸參加亞銀會議一事，與我國政府將來邀請中共來臺參加國際會議一事，取得理論上的基礎，否則如否認中共是一個政府或將其視為叛亂團體，上述二事均構成與叛徒勾結而觸犯懲治叛亂條例。

立法院審議條約或
國際協定權限及範圍*

　　立法院審議條約與國際協定的權限及範圍，日前引起立委討論，本文將就此一問題，根據我國法令、外國實踐及我國之特殊國際地位情況等各方面，作一分析及建議。

條約的具體標準

　　民國三十七年十一月九日立法院第二會期第十八次會議通過，條約具體標準四項如下：

一、凡具有「條約」名稱之國際協定，不論其內容如何，均應認為條約案。

二、凡載有批准條款之國際協定，雖未採用「條約」名稱，均應認為條約案。

三、一、二兩項所稱條約案，其設有批准條款者，應先經立法院審議通過，始得咨請總統頒發批准，完成批准手續，其未設有批准條款者，其草約之主要內容，應先經立法院審議授權，始得簽訂。

四、凡未具條約名稱，亦無批准條款的國際協定，其內容如涉及國際組織，國家財政，變更現行法律，或具有特別重要性者，仍應先經立法院審議授權，始行簽訂，其無此種內容者得由政府先行簽訂，再報立法院。

　　關於條約或協定有批准條款的應送立法院審議通過才能由總統批准一點，行憲以來均未有任何爭執。但如協定中，不用批准 (Ratification) 而用核准 (Approval) 一詞，是否應送立法院審議一事，上述文件未有規定，但依我國實踐，似應送立法院審議後才可以核准。例如，民國五十四（一九

*原文刊載於《聯合報》，第四版，民國七十九年一月十五日。

六五年）年八月三十一日中美雙方簽訂的「關於在中華民國之美軍地位協定」第十九條規定：「本協定應由中華民國及美利堅合眾國各依其憲法程序予以核准；並應以換文表示此項核准，本協定應自上述換文之日起生效。」行政院將此約送立法院審議，立院在民國五十五年一月十一日通過核准，同年四月十二日中美正式換文生效。

　　自從我國被迫退出聯合國及其專門機構後，由此等國際組織主持所簽訂的國際多邊公約，我國已無法參加；為了突破此種孤立情況起見，外交部設法與某些國家以換文形式使某些國際多邊公約在兩國間施行，這當然是件值得支持與讚揚的做法，但卻牽涉到立法院的條約審議權問題。民國七十一年八月十七日及九月七日，北美事務協調委員會與美國在臺協會相互實施一九七四年海上人命安全公約換函，就是一例。我國如加入該公約，當然要經立法院審議，但現以換函方式使該約在兩國間生效就不必經立法院審議，這是說不通的。

換文形式牽涉立院條約審議權

　　因此這種換函似乎也應送立院審議才合乎憲法的規定，否則將與民國三十七年立院通過的條約具體標準之精神不符。但在實際運作方面，如每一次以換函方式使一個國際公約在我國與若干國家間生效均須經立法院審議，不但手續麻煩，且立院將不勝其煩，因此個人建議採下列方式：

一、外交部認為那些國際公約我國應該參加的，應將公約送立法院審議，由立法院授權外交部與其他國家以換函或相互原則生效（即雖無條約或協定但雙方以國內法形式適用）。

二、與某個國家以換函或相互原則生效之公約，由外交部通知立法院，在立法院公報中公布。

不必經批准的協定應請立院授權

　　至於那些不必由立法院批准或核准的協定，如牽涉到國內法律或與其牴觸，個人認為應事先請立法院授權或事後請立法院核定使其具有法律地位，才不至於發生由行政機關以國際協定變更法律之情況，侵犯立法權。此點如有爭議應送司法院大法官會議解釋。

　　我國因與許多國家均無外交關係，因此只能訂立非官方協定，事實上是相當於正式的條約的協定。此種協定的地位在美國的臺灣關係法中有明文規定：美國在臺協會所訂之協定在美國相當於行政協定，有國內法上的效力，也受到凱斯法 (Case Act) 的約束，即在簽訂後六十日須送國會查照。有些協定必須國會先授權才能簽訂，如最近中美漁業協定。但在我國方面，只要是非官方協定，幾乎全未送立法院事先授權或事後核定，因此個人認為立法院須通過決議作以下規定：

一、民國三十七年十一月九日通過的條約具體標準，均適用於非官方協定。
二、非官方協定在我國國內法上與我國簽訂之其他國際協定效力相同。
三、非官方協定必須有中文本，在簽訂後六十天內送立法院查照，並刊登於「立法院公報」，以供查閱。
四、與無邦交國家所簽協定之中文本准用公元年號。目前許多非官方協定均無中文本，因對方不允許在中文本中用中華民國年號，以免造成變相承認我國政府，與對方已承認中共的立場不符，而我方因此也不要求有中文本。

船旗國優先管轄權平議*

據外電報導加拿大警察登臨我國籍船舶杜拜輪逮捕涉嫌在公海拋棄羅馬尼亞偷渡客案件的各船員，而羅馬尼亞則要求引渡該等涉嫌船員，現就此事分析如下：

國際海洋法規定明確

首先，杜拜輪自願進入加拿大哈利法克斯港口，依國際法的規定，即在加拿大的管轄權下，這點是毫無疑問的，杜拜輪船員既已有人檢舉是有在公海棄置偷渡客的殺人罪嫌，對這種嚴重罪行，加拿大自有權偵查。

其次，加拿大對本案是否有管轄權一事，則應依一九八二年聯合國海洋法公約的規定，該約已為許多國家批准生效，且其他未批准的國家也認為該約已是國際習慣法。由於政治原因我國無法參加制定公約的聯合國海洋法會議，也不能批准該公約，但在一九八三年（民國七十二年）外交部朱前部長撫松在立法院外交委員會表示，在原則上我國同意遵守公約（見「立法院公報」，第七十二卷，第三十八期（民國七十二年五月十一日），頁一一九）。依該公約第九十二條第一項規定，「船舶航行應僅懸掛一國的旗幟，而且除國際條約或本公約明文規定的例外情形（例如海盜、販奴等），在公海上應受該國的專屬管轄。」

所以，只有我國對杜拜輪船員所涉嫌之犯罪才有管轄權的，而我國刑法也在第三條規定，「在中華民國領域之外的中華民國船艦或航空機內犯罪者，以在中華民國領域內犯罪論。」

目前我國所應做的是依照上述，國際法規定與加國交涉，將其所蒐集

---

* 原文刊載於《中央日報》，第三版，民國八十五年五月三十一日。

到的證據及嫌犯移送我國，必要時可請求其同意與由我國派外事警察到加國將嫌犯押送回國。並將我國偵查後可能起訴的罪名，告知加國。

羅馬尼亞無權引渡

加拿大是法治國家，遵守國際法，所以可能偵查後連起訴都有問題，更不大可能將其判刑。

至於羅馬尼亞要求將嫌犯引渡至該國一事，則應通知加國當局，我國引渡法的規定，引渡必須根據條約或該法的規定，而中羅之間沒有引渡條約，且我國在該地連代表機構都沒有，絕不可能引渡到該國。一九八〇年（民國六十九年）間，奧地利駐香港總領事館要求將在我國中正國際機場涉嫌持有毒品被逮捕之奧國人范克引渡到奧國（當時奧國正在調查其罪嫌），我國外交部條約司（現改為條約法律司）回信稱，中奧並無引渡條約，因此必須依引渡法第二條規定，必須在中華民國領域外犯罪之人，請求國才能要求引渡，因該犯人是在我國犯罪，所以不能引渡。（奧國來文及我國覆文見英文《中國國際法與事務年報》，第一卷，頁一四七──一四九。）

在本案的情形，杜拜輪案中，犯罪地區在我國管轄的船舶發生，涉嫌人是我國人民，依我國引渡法第四條第一項規定：「請求引渡之人犯為中華民國國民時，應拒絕引渡。」所以根本不能引渡。

以上各點，我國應由外交部條法司詳為說明，再由駐加代表處告知加國。

針對中共的「盜名」謬論*
——兩個人權公約　我應儘快批准

　　一九六六年十二月十六日聯合國大會常會決議通過〈公民政治權利國際人權盟約〉與〈經濟社會文化權利盟約〉，並開放給各國簽字、批准或加入，當時我國代表均投贊成票。而我政府亦在一九六七年十月五日簽署兩個公約。

　　但當時中共正在進行現在稱為十年大災難的「文化大革命」並不斷叫囂要以武力「解放」臺灣，所以無法解除戒嚴及終止動員戡亂，因此有戒嚴、黨禁與報禁，而與公約幾條規定不符。因此我政府簽字後迄未送立法院審議及進行批准手續。

　　到了一九七一年十月二十六日中共將我國聯合國席位佔去而我國被迫「退出」聯合國。從此聯合國主持下的一切多邊公約我國都不能參加。以前通過的聯合國主持下簽訂的公約，我國在「退出」聯合國前未完成批准及存放聯合國秘書處的手續，也不能參加，對我國的國際地位造成很大的困擾。在少數情況下，我國以雙邊協定來實施一些我國不能參加的國際多邊條約，例如，一九八二年九月七日生效的〈北美事務協調委員會〉（現改稱〈臺北經濟文化代表處〉）與美國在臺協會間相互實施一九七四年海上人命安全公約換文，但這不是很方便。

　　中共現已在一九九七年十月二十七日簽署了〈經濟社會文化權利盟約〉，但尚未完成批准手續，另外在一九九八年十月五日簽署了〈公民政治權利國際人權盟約〉，但未簽該約的〈任意議定書〉，因為該議定書第一條規定，對公民權利和政治權利公約第二十八條所設立的〈人權事務委員會〉，可以「接受並審查〔締約〕國管轄下的個人聲稱為該締約國侵害公約所載任何權利的受害人者的來文。」所以中共政權絕對不敢接受這議定書，否則就

　　* 原文刊載於《聯合報》，第十五版，民國八十七年十二月十八日。

無法在國內迫害個人及要組織政黨的個人（參照前引的公約第二十二條）。

中共如可以批准上述公約及其議定書，並確實執行則中共政權就不是獨裁國家，中國就可以在民主、自由、均富的基礎上統一，也就是進入國家統一綱領所說的「協商統一階段」——由兩岸成立統一協商機構，秉持政治民主、經濟自由、社會公平及軍隊國家化的原則，共商統一大業、研訂憲政體制，以建立民主、自由、均富的中國。

在一九九七年中共領導人江澤民先生訪美時，柯林頓總統在江到美前發表一篇重要的對華政策演說，其中說美國的政策是如何使中國「成為一個穩定、開放、不具侵略性且接納自由市場，政治多元化、法治精神並與美國合作建構安全的國際秩序。」換句話說，就是要和平轉變中共，在美國不斷的壓力之下，中共能抗拒民主的潮流嗎？

中共自己不趕快批准兩個人權公約及其議定書，還要在一九九八年十月五日在簽署公民權利和政治權利公約時，由其駐聯合國代表秦華孫發表談話來罵中華民國，他說：「臺灣當局於一九六七年十月五日盜用中國名義對這一公約所作的簽署是非法的，無效的。」針對這種謬論我國政府應立刻採取下列步驟：

一、將兩個人權公約提交立法院審議，由李總統批准後送存聯合國秘書處。中共一定會發表謬論反對，針對這種情況，再請美國參眾兩院通過決議支持中華民國批准二個公約及提交聯合國秘書處存放，必要時先召集聽證會。

二、與我有邦交國家分別在美洲國家組織，非洲國家團結組織提案支持我方立場。

三、向所有世界上的非政府間人權組織呼籲支持我方立場。

四、請歐洲議會支持我方立場。

五、請海基會向中共的海協會提議立刻商討我方參加兩個人權公約問題。

六、對海外有許多我方及中共人士組織的學會，也應將我方立場說明，請他們支持。

一點點的知識是危險的事[*]
——國際法上的國家
或政府承認問題與中共的實踐

在國際法的領域內，學者和國家實踐一般都同意構成國家的四個要素，即(1)永久人口；(2)一定範圍之領土；(3)政府；和(4)與其他國家交往的能力。然而，國際法律體系並不是中央集權，因此並沒有一個中央權威能決定那一個實體擁有上述的條件。結果，此一決定由國際社會中的個別國家經由承認制度來達成。也就是說：「確認一項情勢，並願意接受因此而產生的法律效果。」理想上，每一個國家應當將判斷實體是否為國家視為法律問題，並且依國際法上有關承認的客觀標準作決定。但是目前大多數國家的實踐顯示，承認一個實體為國家的決定往往是基於政策的考量。

國際法上有關一個被承認國家的政府是否可以在國際社會中代表該國也是一個引起爭議的問題。有些人覺得最重要的決定條件是一個政府是否能有效控制它的人民和領土。但有些人覺得必須加上額外的因素，另外該政府在其國內受支持的程度，或是它是否願意尊重國際義務。同樣地，如同國家承認問題一樣，決定一個政府是否能代表一個特定的國家，是由國際社會中的每一個個別國家經由承認制度來達成。然而，國家的實踐再一次地指出，國家往往是依政策考量而非法律原則作決定。

由以上可知，國際公法上的承認已經高度的政治化，這可以解釋為什麼國家承認或是政府承認的問題，無論在理論上或實務上都從未獲得圓滿的解決。在實務上，由於承認具有自由裁量的性質，一個國家可以合法地不承認一個具備所有國家要件的實體，或是一個事實上有效控制該國人民和土地的政府。更不用說，由於政治和法律在政府和國家承認一事上無法調和一致，已經在國際關係上造成困難和不方便。

---

[*] 原文刊載於《聯合報》，第四版，民國八十八年八月十日。

　　雖然一個符合國家要件的實體，可能會被國際社會中一個或數個國家拒絕承認，但是它不能因為欠缺承認，而被拒絕享有在國際法下應享的權利，或是擺脫應盡的義務。正如同一位發展中國家的法學家——慕格瓦（Mugerwa，烏干達人，英國劍橋大學畢業），曾任該國副檢察長所說:「一個未被承認的國家不能完全被忽視是普遍被同意的，它的領土不能被視為是無主地；未經允許不得飛越其領空；懸掛該國旗幟的船隻不能被視為是無國籍等等。」

　　而關於未被承認政府的地位，美國對外關係法的法律重述(*Restatement of Law, the Foreign Relations of the United States*) 認為，雖然一個國家「並不被要求給予另一國政府正式承認，但是它要求對待另一個國家的政府，如同一個有效控制該國的政權。」雖然沒有別的國際法律家曾經討論此一問題，但也似乎沒有人曾經建議一個未被承認的政府應當被剝奪在國際社會中的任何地位，在實務上，一個國家和一個未被承認的政府間通常是保持著非正式的關係。

　　中共學者王鐵崖主編的《國際法》(一九九五年出版)頁八〇中也說:「在一般情況下，承認的行為是由國家單獨作出的」。該書又說:「承認是建交的前提，在默示承認的情況下也是這樣。承認意味著承認國和被承認國間正常外交關係的開始，在一般情況下，承認一個新國家或新政府，隨之而來的就是建立或保持外交關係。但因為建交是承認國與被承認國或政府雙方的行為，有時承認之後並不一定就能建交或建立全面的外交關係。例如，以色列一九五〇年承認中華人民共和國中央人民政府，但並沒有建交」(但最近已與以色列建交)。

　　在實踐上中共認為一定雙方要先談判同意或認知 (acknowledge) 臺灣為其領土，才能接受對方承認並與其建交，並將建交公報刊登在〈中華人民共和國條約案〉中，其他國家如美國並不將這種公報認定是條約或協定，也不刊在其國際條約協定案中。所以主權小組中的研究人員沒有國際法的認識，也不了解中共國際法實踐是不行的。西洋人說「一點點的知識是危險的事」。不懂之事，也敢大膽亂搞危害國家重大利益。這些人不送監察院彈劾，還有道理嗎？

柒、其他

臺灣經驗與中國現代化*
——幾個值得深入研究的問題

關於將臺灣經驗適用於整個中國的現代化問題，國內外論述甚多，但有三個重要問題，卻還未見討論或較客觀的論述： 1.美援在臺灣經濟發展中的貢獻； 2.臺灣小人少而大陸大人多因此臺灣經驗不能適用於大陸； 3.臺灣現代化的成功是運氣好。這三點美國某些親中共學者及中共官方人員在許多場合，常以這幾點來說明臺灣經驗不能適用於大陸。本文在就這個問題，作一簡略之分析，希望因此引起海內外學者專家的注意，對此問題作進一步的詳盡分析與討論。

一

關於美援對臺灣經濟發展的作用，親中共人士及中共人員均特別誇大，但康乃爾大學出版的《臺灣經濟成長與結構改變：戰後中華民國的經驗》（一九七九年出版）一書中，有位著名經濟學家經詳細研究此一問題後認為作用不大，據個人分析，美援當然有其作用，但作用不大，理由是臺灣的軍費負擔與人口比例在一九五〇年超過大陸八倍，美援只不過使二者比例減為七倍，現列表分析如下：

(以一九五〇年為例)

	大 陸	臺 灣
人 口	約五億	約八百萬
平均密度	約五十人	約二百二十二人
軍 隊	約五百萬	約六十萬
平均每人負擔軍人費用	每一百人養軍隊一人	每十二點六人養軍隊一人

* 原文刊載於《中國時報》，第二版，民國七十年七月二十九日。

美援自一九五〇年至一九六五年停止共十四億，每年平均不過不到一億元，只不過相當於一百萬人的所得（每人以一百美元計），在經濟上只不過使十二點六人養軍隊一人之比例變更十五人養軍隊一人，負擔仍比大陸重七倍。因此，即使有美援臺灣發展經濟仍較大陸困難得多。

二

關於臺灣小人少而大陸大人多因此臺灣經驗不能適用於大陸之發展一點，恐甚有商榷餘地，因為此種說法將人口、資源之密度比例完全忽略，現簡單說明於下：

根據香港一九八一年《遠東經濟評論》(*Far Eastern Economic Review*) 所出《亞洲一九八一年鑑》(*Asia 1981 Yearbook*) 所載數字。

	大　陸	臺　灣
人　口	九億六千三百萬	一千七百萬
面　積	九百五十六萬零八百零八平方公里	三萬六千一百五十三平方公里
每平方公里人口密度	約一百人	四百七十二人

再以土地之可利用情況比較臺灣與大陸如下：

	大　陸	臺　灣
已開發地（Cultivated 指農地）佔總面積比例	百分之十點七約一百零二萬平方公里	百分之二十五約九千平方公里
與人口平均數	每九百六十一人有農地一平方公里	每一千八百八十八人有農地一平方公里
森林地佔總面積比例	百分之十二點七約一百二十一萬平方公里	百分之六十約二萬一千六百平方公里
與人口平均數	每七百九十五人有森林地一平方公里	約七百八十七人有森林地一平方公里

牧地佔總面積比例	百分之四十三約四百十一萬平方公里	百分之一約三百六十平方公里
與人口平均數	每二十四人有牧地一平方公里	每四萬七千二百人有牧地一平方公里

由上表可知除森林地臺灣每人平均數略同於大陸外，其他農地臺灣每人平均數只及大陸一半，牧地則臺灣幾乎是沒有。

在礦產方面臺灣更是少得可憐，與大陸更是完全不能相比。在工業基礎方面也是一樣，在日本竊佔中國領土期間，大規模的建立重工業基礎在東北如電廠、飛機製造廠、鋼廠、汽車廠，在大陸其他各地則有自清中葉到國民政府時代建立的許多輕重工業，以紡織為例，在中共竊佔大陸前中國已是世界三大紡織國之一。而臺灣幾乎什麼都沒有，唯一較可算有點規模的只有糖廠與日月潭的水力電廠。

三

所謂臺灣運氣好一點來說，從某一方面說卻不無道理。因為臺灣幸而先後有　蔣中正、蔣經國等政治領袖，又有中國人自己創出的三民主義；大陸則不幸有毛澤東、劉少奇及華國鋒等人及外國人弄出之共產主義。但就客觀所處環境來衡量，臺灣可說是全世界最倒楣的，內有共諜及臺獨作亂，外有中共武力威脅及國際孤立，並不為絕大多數國家承認，任何國際上活動都遭遇到中共多方排斥。

四

由上可知，所謂臺灣情況特殊因此其建設經驗不能適用於大陸之建設之論點，經客觀分析後，是不能成立的。以臺灣開始建設的環境來看，可說三十年前是幾乎一無所有又無資源，但因領導得人又有正確之三民主義

為方向，因此可以由無變有；反之，大陸則有優厚的環境，但因領導非人又有錯誤之共產主義為方向，因此由有變無。中華民國政府在這麼困難的環境中尚可以由無變有，如早將豐富的大陸資源交其運用當然可以獲致更大的成功。並且三十年來由於中共的不斷武力威脅，因此中華民國政府必須耗費龐大軍費，如果沒有這筆與臺灣人口不成比例之軍費支出，臺灣的進步還要快。即以一九八〇年為例，據瑞典的國際和平研究所報導，中華民國軍費為五十四億美元，每人平均要負擔三百美元，比大陸每人平均國民所得二百五十美元還高。軍費佔臺灣國民所得達百分之十六（國民所得以二千元一人計，人口以一千七百萬人計），為世界上軍費負擔最重國家之一。在正常情況，軍費不應超過國民總所得百分之五，所以如果臺灣處於正常情況，只需十七億美元軍費，另有三十四億可用於經濟發展，軍隊人數也可以減少來解決日益嚴重的勞工缺少問題。在那個情況下，臺灣經濟的成長將更加快。（註：中共軍費約四百億美元，平均每人約負擔四十多美元。）

　　臺灣所以能成功的實行現代化，據個人分析，主要在於下列人為因素：

　　第一，以理性態度處理國家重大問題，經濟發展不好高騖遠，不以執政者主觀意願去做，而尋求確實可行的方法。從農業、輕工業到重工業，一切以提高人民生活水準為前提。決定經濟政策之時，邀請中外專家多方研討才定案，然後送民意機關討論再決定，執行之時又有政府自己及民意機關的雙重監督。

　　第二，有三民主義為一切施政及全體人民言行之準繩，大家有共同的目標與思想方向。我國自漢代以來主要以儒家思想治國及為人民言行之準繩，但自受西方衝擊以來，有人認為儒家思想已不適合我國，引進一些外來思想如共產主義等，　國父詳研各國政治及社會，發現外來思想均不適合中國，而僅靠儒家思想又不能對付外來衝擊，因此創出兼收中外思想所長之三民主義。三十年來經驗證明，三民主義最適合中國人民的需要，外國研究政治思想的著名學者如加州大學的葛來格 (Gregor)、墨子刻

(Metzgh) 教授等人多年研究我國情況後，也作這種看法。

第三，根據　國父民主政治要逐漸建立的指示，不斷增加人民參與政治決策。自遷臺之日起，中華民國政府的領導人就堅持在環境許可的範圍內，儘可能實行民主憲政。臺灣經驗證明只有在民主憲政及開放社會之條件下，才有可能現代化。另外民主的建立必須是漸進的，而不是突進的，這也是　國父研究各國政治得到的結論。許多新興國家不了解這個道理，一開始就要徹底實行西方民主制度，弄得社會大亂、經濟衰退，最後造成軍人獨裁。

第四，是法治的建立，沒有法治就不能有經濟發展（中共弄了三十年無法之統治現在才稍為了解這個道理）。

第五，是軍隊國家化，任何人不得以軍隊為政爭之工具。

以上五點，個人認為是臺灣現代化成功的主要原因，這些經驗如能認真實行於大陸，大陸之現代化就有成功的希望，否則一直在三十年來已證明行不通的共產主義中打轉，現代化將永無成功的可能。

中華民國面對生存挑戰的反應*

馬里蘭州立大學教授丘宏達在美眾院外交委員會證詞

面對著美國逐漸削弱的支持，及中共隨時將併吞的巨大壓力，中華民國已採取一系列措施以因應橫阻於他們面前的生存挑戰，此刻無法對這類諸如臺灣分散武器購買來源、或擴充他們在自己土地上的武器工業等措施細節一一加以詳述，僅能將一些重要措施及問題略加探討。

須維持強大武裝嚇阻侵犯

臺灣要生存，不僅必須維持一支裝備齊全的國防軍隊，使中共的任何侵犯都會因遭受龐大損失而裹足不前，同時更必須避免任何可能觸發中共發動侵略的行動，任何在臺灣海峽上的武裝衝突，即使是中華民國得到勝利，對臺灣而言都得不償失，因為臺灣極度仰賴外貿及投資的現實，即使是一項紙面上的封鎖，或一項要求外國船隻必須先得北平同意方可駛往臺灣的命令，都將嚴重危及臺灣經濟。比如，進口及出口的保險成本勢必會顯著增加。因此，對臺灣而言，避免任何足以激起中共進行軍事或經濟侵擾的認識，是極為重要的。

中共曾數度指出，倘臺灣宣布獨立，或與蘇俄建立軍事關係，或繼續拒絕談判，則武力對付臺灣終將難以避免。中共對「臺灣獨立」尤其敏感。在一九八一年九月中旬，它曾透過其在香港的報紙警告說：「臺灣島的獨立是一樁不可忍受的發展，將迫使北平訴諸武力攻擊。」美國官員對「臺灣獨立問題」的看法亦同。在一九七九年二月眾議院外交委員會對臺灣問題所

*原文刊載於《中國時報》，第二版、第四版，民國七十二年三月二日。

作聽證會上，當時的副國務卿克里斯多福就曾說，如果臺灣宣布獨立，「可能會對該區的和平及安定產生相反的後果。」他說，「這種舉措是一種可能產生危險情勢的挑釁行為。」

基於這種情勢，中華民國政府必須採取有效措施禁止任何臺灣獨立的宣傳論調，同時繼續否認中華民國有尋求法律上與中國分離而獨立的企圖。中華民國的處境與芬蘭雷同。芬蘭承受不起任何在芬蘭境內的反蘇俄挑釁行為，因為那可能招來蘇俄的干預。很不幸地，一些在臺灣及美國的不滿團體不能洞察這種道理。

中共與臺獨具有平行利益

儘管所有證據顯示，一旦臺灣宣布獨立後果堪慮，這些團體仍然存有獨立即可獲得美國及其他國家支持的幻覺，一九八二年的「八一七公報」美國「重申它無意……追求一個『兩個中國』或『一個中國一個臺灣』的政策。」這就很清楚地暗示，這些不滿團體正追求一項可能只會帶給臺灣災難的無望虛渺理想。

從這個前提觀之，我們必須指出，雖然中共反對臺灣獨立的政策向為世人所知，然目前中共與臺獨，在搞垮中華民國政府的目標上有著一種平行的利益，因為不把中華民國政府推翻，則不僅「統一」無望，「獨立」亦無著落，比如，一些臺獨分子最近向美國國會及卡特、雷根政府當局發動信件攻勢，支持中共的抗議出售臺灣防禦性武器。

中共公開支持一些在臺不滿分子活動的理論基礎，似乎基於下述幾點：如果臺灣情勢變得混亂不可收拾，他們將可堂而皇之的干預；假定中華民國內亂，臺灣的一些團體將因擔心被臺獨分子迫害而邀請他們前來「鎮壓」；或者，中華民國的其他團體可能為中國民族主義的理想，要求中共干預，以使臺灣與大陸得以統一。

圖以人權為標榜對我施壓

中華民國政府面臨一項進退兩難的困難：如果它對於這些分子的活動不加以遏阻，則情勢可能愈演愈烈，進而威脅到它的生存。反過來說，如果它採取有效的措施以管制這些分子的活動，則在美國的親中共和「臺獨」人士則將動員美國的大眾輿論，人權團體以及部分自由派人士，指控中華民國政府違反人權，俾削減美國對臺灣的支持。其中自然包括對臺軍售在內。

基於以上的論點，我認為說「臺灣關係法」第二條(C)款中所規定，增進臺灣全體人民的人權而言，眾院提出第五九一號決議案不會是一項最明智的措施。第一，擬議中的決議案是由在美國的「臺獨」分子所捉刀的。在此草案中，沒有任何美國反對「臺灣獨立」的表示。因此，如果眾院竟然通過目前此一形式的決議案，則它將被「臺獨分子」解釋為美國支持「臺獨運動」，而大加宣傳，因而傷害到目前已經非常緊張的美國與中共間的關係。第二，在中華民國境內同情「臺獨」的反政府分子將與美國境內的「臺獨」分子一樣，對此決議案產生錯誤的瞭解。他們可能會藉助更偏激的手段來對抗中華民國政府，因而昇高臺灣的政治緊張狀況。第三，任何一個具有自尊心的政府或國家均不願接受美國的此種壓力。尤其美國國會對於其他不曾面臨生死攸關嚴重挑戰的國家均未採取任何行動，而獨厚愛於在臺灣的中華民國，這是很不公平的。而這些國家的人權紀錄並不比中華民國者為佳，且往往更壞。如果通過此一決議案，則只會使得中華民國境內的保守派人士持取更為強硬的立場，致使目前在保持國家安定的前提下，致力於締造一個更為開放自由社會的努力，遭受到很大的打擊。

戒嚴法並未干擾日常生活

說到這裡，我覺得很有必要對於在中華民國境內所實施的戒嚴法講幾

句話。此一問題於去年五月二十日在此一小組委員會的「臺灣戒嚴法和美國外交政策利益」聽證會中已經徹底地討論過了，因此我不願再重複那次聽證會上的正反兩派意見。我要在此強調的是，在中華民國境內所實施的戒嚴法與一些其他國家的「緊急情況法」很相類似，它與波蘭或菲律賓的情況完全不同。因為中華民國沒有其他的緊急立法措施以因應國家的長時期危機，因此以戒嚴法來應付此一情勢。事實上，戒嚴法只實施了其中的一小部分而已。諸如：出入境管制（這是很重要的，因為中華民國無法承擔來自中國大陸的大量難民潮），對於叛亂、匪諜以及持械搶劫嫌犯的軍法審判，以及禁止一些特定的政治活動等。因為戒嚴法的實施並未干預到國民的日常生活，因此有許多人甚至不知道有此一法律的存在或實施。此一情況與美國在一九三三年至一九七八年之間所一直存在的「緊急狀況」很類似，大部分的美國人均不知悉此一狀況的存在。

本人以上的看法並不表示美國不應該關切在中華民國的人權情況。我願於此強調的是，此種關切不應以旨在羞辱中華民國政府的激烈言辭辯論作為表達的方式。如此一來，只會造成反效果。對於中華民國境內人權的改進建議和勸告最好經由靜默外交和私人接觸洽商的管道，向中華民國政府提出。

進一步說，中華民國的學者、新聞界以及立法委員們亦經常討論戒嚴法的問題。而如果該法確如一些反政府人士所說的，如此地不受人民歡迎，則在臺灣的中華民國人民可以依據憲法第三十九條的規定，要求他們在立法院中的民選代表予以廢除。

無意與俄締結軍事關係

在與蘇俄締結軍事關係問題上，中華民國一再重申它無意這樣作。在另一方面，中華民國也絕不願意干犯蘇俄，或在亞洲其他國家與蘇俄發生任何可能的武裝衝突。為此它決定與東歐蘇俄集團國家建立商務關係，以間接表示它有意與蘇俄維持和平。與蘇俄關係問題常為中華民國學者所討

論，其現行政策似也符合其最佳國家利益，至少在可見的未來情形如此。

與中共談判問題可能是中華民國政府所面臨最感困擾的問題。中華民國政府或執政的國民黨中，有若干極端保守人士完全不顧國際與國內政治環境，反對與中共進行談判，在另一方面，大多數人民對此問題卻不這樣情緒化，這些人包括知識高又能幹的黨政官員、知識分子與若干知識高的反對派領袖等，都完全瞭解，面對中共似相當合理的和平建議，臺灣不能在國際社會中予人頑固、沒有理性與不切實際的印象。

在評估對此重大問題的二種看法時，吾人不應貿然或完全摒棄保守人士的看法。他們也有可取之處，因為任何一點表示願考慮中共對臺灣的主權，將立即使在臺灣的中國人中產生恐慌。中共宣布有意在一九九七年收回香港主權最近在香港造成的恐慌，足以證明這點。

不願在軍事威脅下談判

針對這個困境，並在與黨政開明人士的三番二次討論之後，中華民國行政院長孫運璿在一九八二年六月十日對此問題，發表了一項重要演說。孫院長指出，中華民國絕不談判它的政權存續問題，甚至不願在中共的軍事威脅下談判。孫院長說：

去年九月，中共由葉劍英出面，提出九項所謂和談建議提議中國國民黨與「中國共產黨」進行對等談判，說什麼讓中華民國治理下的臺灣，在軍事、經濟、社會各方面「維持現狀」。但是差不多就在這同時，中共就以「降低外交關係」要脅美國不得售予我國軍事裝備，同時又要求所有與中共「有邦交」的國家，不得在臺灣設立代表機構，最近中共又在國際體壇攪局，不但拒絕派隊前來臺北參加第五屆世界女壘賽，並且多方面阻撓其他國參加。這種種事實，足可證明中共一再高喊的和談建議和所謂「三通」、「四流」，實在是為了達到赤化自由中國的欺詐手段。

一九六一年一月二十日美國甘迺迪總統曾在其就職演講中說過，美國絕不恐懼談判，但絕不在恐懼中去談判。雷根總統也曾在其一九八二年的

國情咨文中說過，美國唯有居於強有力的地位始從事談判。

　　這兩位美國總統的睿智卓見，清晰地表明了一個負責的政府所應採取的立場與態度。

不能在恐懼中進行談判

　　不像中華民國領袖常在演說中套用反共術語，孫院長在演說中呼籲中共採取行動改變他的生活方式，並說統一之門是永遠開放的。他說：「只要在大陸上的政治、經濟、社會、文化等各方面與自由中國的差距不斷縮水，中國和平統一的條件，就自然會逐漸成熟，到那時候統一的障礙自然就會減少了。」

　　這篇演說受到中華民國各階層人士的大力支持，尤其是受到佔三分之二以上人口的年輕人的歡迎。不幸的，這種懷柔姿態並未得到中共的直接積極反應。它只在六月十五日透過在香港出版的《新晚報》，間接地呼籲接觸與談判，並未對孫院長在演說中所提到的重要軍售問題等，提出答覆。

　　顯然的，中共當時欲恃其壓力迫使美國停止對華軍售，從而迫使中華民國接受中共的和平建議，因此未曾積極反應中華民國的建議。在這種情況下，中華民國為了顏面乃由蔣總統經國先生於一九八二年七月二十四日接見中國學者時宣布，它絕不與中共談判。

中共迫美停止對臺軍售

　　如上所述，稍後美國同意限制對臺軍售的量與質以至完全停止，以符與中共簽署的所謂「八一七聯合公報」。受在這個問題上的外交勝利所鼓舞，中共「和平統一」的條件轉趨強硬，將其列為一九八二年十二月四日公布的「憲法」第三十一條（有如上述）。中華民國外交部長朱撫松於一九八三年一月二十五日向六十餘名國民大會代表簡報時，重申政府與中共不談判、不妥協、不接觸的立場。

　　將來除非中共提出若干可靠的和平建議，中華民國與中共間不可能有任何談判。

　　中華民國為因應求生存的挑戰，所採取的另一重要措施是加速國內政治的革新。當一個憲制政府遭遇危機時，它通常訴諸於緊急權力，俾強化其國內控制。

　　然而，由於中華民國所面臨的是長期的挑戰，若長期間一直加緊國內的控制，對於迎擊任何外來挑戰的基本先決條件的國內團結來說，不啻是一大傷害。基於此，中華民國政府自播遷臺灣以來，遂採取一連串的步驟，謀求國內的革新，並穩固政府的基礎，它所採取的一連串措施包括制定國家賠償法、修改刑事訴訟程序法，並擴增定期改選的立法委員名額（目前，立法院中有半數立法委員均係定期改選；據估計，在一九八〇年代末期，幾乎全體立委均將屬定期改選的委員）以及其他諸項措施等。

利用中共抗俄全屬夢幻

　　如果美國不從長遠觀點來看，僅短視於中共目前的現況，那麼美國與中共的「關係」誠屬穩固，但實施共產主義與獨裁主義的中共永遠不會是美國真正的盟友，冀望於利用中共來對抗蘇俄，美國終將導致幻夢覺醒的惘然後果。然而，這並不是說美國不應與中共保持「友好」的關係，中國大陸人口眾多，幅員遼闊，它是亞洲一股「強大的」力量。基本上，美國為提升其本國利益，可與中共維持「友善」或「至少不敵對」的關係。

把持原則美國不應妥協

　　但美國在與中共打交道時，絕不能為求妥協，而犧牲其本身的原則。美國在與其他國家，包括蘇俄、前納粹德國與日本等交往的過程中，從未曾作過妥協，為何對中共要例外？為何一名在美國要求政治庇護的中國人，需接受與其他國家要求庇護者不同的待遇？在道義與法律上，這是說不通的。

中（共）美「關係」中的部分障礙，是中共對美國制度誤解所導致的結果。兩「國」文化加強交流或可減少某種程度的誤解，但卻也造成了若干問題，諸如在美國要求政治庇護的中國人日漸增多了。

與中共擴展經濟與貿易上的「關係」，應有助於中（共）美關係。然而，美國在將精密科技與武器轉移給中共時，應深謀遠慮。在這方面交易的決策，必需同時顧慮到維持美蘇關係的穩定，及對中共鄰國所將產生的可能影響。

試探美對臺灣人民承諾

至於「臺灣問題」，它將繼續成為中（共）美關係上的一個難題，而且似乎無法避免觸及，除非美國已準備完全停止對臺軍售，並將自由中國一千八百萬人民的命運交諸人權紀錄在全球屬最惡劣的「政權」的中共「掌握」之下。

美國應預期中共將不時提出這個問題，以試探美國對生活在臺灣的自由中國人民的承諾。另一方面，美國應充分瞭解到，中共的「民族主義」意識，以及美國政府或國會所表示的支持「臺灣獨立」的任何行動，都將增長「中」美關係間的緊張壓力。

由於中華民國在美國外交關係上最艱困的時期——二次世界大戰、韓戰與越戰期間——均曾予以支持，加上自由中國的一千八百萬人口需要美國供應武器以維護其自由權，美國應繼續對臺供應適量的武器——只要他們不採取任何挑釁的行動（諸如宣布「獨立」，或「聯俄」等）。

中華民國應獲道義支持

最後，美國應透過平和的外交方式鼓勵中華民國政府，使其繼續改善人權狀況，並加速政治革新。一個更自由與更開放的中華民國，終將增進獲得美國人民在道義上熱烈支持的有利機會。

註：美國聯邦眾院外交委員會亞太小組委員會，日前就「上海公報」簽署十一年以來的美國與中共關係舉行聽證會。美國國務院亞太事務助理國務卿伍夫維茲及馬里蘭州立大學教授丘宏達博士等在該聽證會中提出書面證詞。本文係丘宏達教授書面證詞的摘要。丘教授的證詞全文長三十四頁，近一萬五千字，共分七個部分：一、前言；二、導致中共與美國修好的主要因素及其限制；三、美國與中共關係進一步發展的主要障礙；四、中共與美國修好對臺灣的影響及中共在臺灣問題上的談判策略；五、中共對臺灣的和平款曲；六、中華民國面對生存挑戰的反應；七、結論。本文譯自丘教授這項書面證詞的第六、七兩部分。

依據中國文化傳統析論：
三民主義、共產主義與中國現代化[*]

任何一個能夠長久存在的民族，一定有一個中心思想，在中國這個思想就是孔子的儒家思想。在春秋戰國之時有諸子百家，為什麼到後來只有儒家能成為支配中國二千多年來的思想呢？據個人看法，道家思想過於消極，法家思想過於嚴厲，墨家思想要求個人犧牲之精神陳義過高，絕大多數人無法做到；只有儒家思想較為折衷，一方面承認人性之缺點，另一方面也了解只用嚴刑峻法無法改正這些缺點，而需要用倫理、道德來感化。由於儒家思想較合實際，因此成為我國思想之主流。不過其他如道家、法家、墨家等思想仍然併存，並且對我國之政治也有相當影響，這點是必須注意到的。

儒家思想由於是二千多年前農業社會之產物，其在政治方面著重安定；在經濟方面，由於生產技術無法提高，因此著重減少或壓制個人的欲望，以免為了貪欲引起社會動亂。當中國可以閉關自守之時，這種政策確能達到安定社會之目的，但在科技方面卻較不易進步，因為整個社會之風氣並不鼓勵科技之發展。

中國在歷史上也曾幾次被外族征服，但由於外族只是在軍事上優於中國，在文化層次上卻較中國低了很多，所以最後外族本身為中國文化所同化，而成中華民族的一部分。到了清朝中葉以來，西方勢力入侵中國，在軍事上將中國擊敗。當時中國人並不了解西方人在文化上並不低於中國，仍想用傳統對付所謂化外之人的方式來處理此種挑戰，結果一再失敗，使中國人逐漸了解此次西方對中國的衝擊不只是軍事上的，其優於中國的科技、政治及經濟制度均對中國社會造成震撼。最初中國人還認為只要在軍

[*]原文刊載於《中華文化復興月刊》，第二十卷第七期，頁三七一三九，民國七十六年七月。

事、科技方面仿效西方，就可以對付此種衝擊；但在一八九四——八九五年中國竟然被日本擊敗，終使國人了解必須像日本一樣在政治、法律及經濟方面均向西方學習才能強國。後因清朝光緒皇帝變法失敗，使國人由於改革無望而傾向革命，在一九一二年革命成功，建立了中華民國。

由於傳統儒家思想無法應付此一中國所從未遭遇過之大變局，因此自清末民初以來，就有人主張捨棄傳統思想而全盤西化。其中有人主張仿效西方國家之民主政治，另一批人則傾向共產主義。此乃由於智識分子對自己所處社會的缺點感受特別敏銳，而傾向於建立一個理想社會；然而本身並無實際政治經驗，只是鑑於歐美民主政治由於是開放社會，缺點容易暴露，因此特別會傾向共產主義。

孫中山先生與當時一般智識分子不同，不但對中國傳統文化有深切之研究與認識，且對西方民主政治也作了深入的研究與觀察，加上本身從事革命及政治工作多年的實際經驗，所以其所提出解決中國問題之主張，卻是實際可行的。

在民族主義方面，中山先生觀察英國之經驗，發現尊重傳統才能維持人民之自尊心與愛國心，國家才能夠強大。在尊重傳統下的進步雖當時看來緩慢，但卻能真正生根；因此中山先生並不主張全盤西化，而建議一方面吸收西方文化之優點，一方面保留中國傳統文化中許多優良的部分。如果完全拋棄傳統文化，使人民喪失了自尊心及自信心，又如何能使中國強盛呢？因此　中山先生一再強調中國自文武周公孔子以來有一個道統，他的主義就是繼承這個道統。

然而在政治方面，中山先生認為儒家思想雖有「選賢與能」之理想，但只有考試取仕一途，國家領導人並不由人民選出；因此是人治而不是法治，缺乏民主精神，這個缺點必須自外國文化中吸收其優點來改正。中山先生觀察各國民主憲政之發展，發現凡是民主制度真正生根之國家，如英、美二國，其發展之過程均是漸進的。凡是不顧實際情況，想一日之間即實行民主之國家，如南美各國，最後往往形成獨裁。所以中山先生在民權主義中提出訓政時期之辦法，必須使人民了解選舉、罷免、創制、複決四權

之意義與行使後，再來舉行全國大選，才能達到真正的民主。

其次，儒家對經濟事務採取消極的態度，此點也必須吸取西方之優點，所以中山先生在民生主義中主張工業化，使政府對經濟事務採取積極的態度；但他也反對政府對經濟事務，過度干涉，妨害個人的自由發展及積極性。

第三，儒家因為當時婦女不能外出就業及受教育機會少，所以對婦女只在社會中給以從屬的地位，此點已與目前社會與經濟情況不合，所以中山先生主張男女平等。

由上述分析可知，中山先生之三民主義實在是最適合中國國情之主義，在臺灣施行的結果可為明證。

馬克思的共產主義理論是十九世紀中葉的產物。他根據工業革命後歐洲社會之一些不良情況，提出階級鬥爭之革命理論；並認為工業愈發達之國家，階級衝突愈厲害，將因而導致社會革命推翻現有政權，成立無產階級專政之政權。但歐洲社會日後的發展卻完全未如其所料，所謂資本主義政權反而能夠自我修正，採納部分共產主義或社會主義之改革主張，所以中山先生認為馬克思只是社會病理學家。馬克思學說雖對後來西方社會之改革有重大與積極的貢獻，然而實際上實行的結果卻是造成假共產主義之名的政治獨裁。

中共的領導人未能了解到中國的實際情況，又對西方社會沒有深切了解，因此主張在中國實行共產主義，結果是造成中國大陸目前之落後情況，其平均每人國民所得只有臺灣地區之十二分之一。臺灣地區之人口密度高於大陸五倍，土地面積只及大陸的千分之三，在這種極不公平之競爭條件下，臺灣能夠優於大陸十二倍，由此可見三民主義的優越性，及共產主義之低劣性。

中共自毛澤東死後，由華國鋒繼任，華氏了解以往閉關政策不利經濟發展，因此想大力引進外資來發展。其最初所訂計劃大而無當，企圖在一

九八五年前投資六千億美元，因此實施不到兩年就不得不停止。現在中共自稱此為「洋躍進」，與一九五八年之「大躍進」，及一九六六年至一九七六年的「文化大革命」同為三次經濟建設之大挫折。其實中共的挫折何止經濟方面，大躍進造成三千萬人餓死（中共只承認一千多萬），文革有一億人受害。為什麼在共產制度下會發生這種事情，除了其制度本身有問題外，還能有什麼合理的解釋？中共自採取開放政策以來，許多智識分子對所謂共產主義之優越性紛紛提出疑問，為什麼共產主義在各國實行之結果均變成法西斯獨裁？為什麼大陸不如臺灣？

自鄧小平掌握大權以來，為了挽救日益困難的經濟危機，因此不得不採納一些我國政府在臺灣的經建措施，如將人民公社事實上解散，將土地轉包人民，仿效我國政府之三七五減租；另外又積極引進外資，放鬆一些中央集權式之經濟控制等。這些措施實行了不過幾年，中共經濟已有相當改善，由此可見三民主義的建國路線才適合中國。不過中共的改革只限於經濟方面，其作法仍是清末「中學為體、西學為用」之模式，而不肯在民族認同與政體上作根本改革。片面之經濟改革只能延緩一個政權的危機，並不能根本解決問題，使中國真正走上富強康樂之路。這種片面之改革如果真的能徹底解決問題，清朝也就不會亡了。

中華民國政府在臺灣所以能達到今日之進步，乃由於其建設不僅只是在經濟方面，而是在民族主義與民權主義方面，在客觀環境許可之情況下，也積極推行民主政治及加強民族精神，否則不可能達到這麼高的成就。因此中共如想真正使中國走向富強之路，必須仿效在臺灣的中華民國政府，逐步實行民主。並應恢復民族之自尊心，將馬克思、列寧及史達林等思想自意識型態中徹底排除。自古以來，中國人固然不斷吸收外來文化之長處，但像中共這樣將外國人當祖宗一樣崇拜，可以說是從未有過的。許多來到海外的中國大陸之智識分子也都認為這實在是中國人的大恥辱。據中共自己的報導，目前大陸引進外資，加強與外國人接觸的結果，已造成崇洋媚外之不良風氣，其主要原因就是當初將馬列主義及史達林思想強加於中國人，使人民喪失了自尊心與自信心；所以從中共本身的利益來看，也必須

排除馬列主義及史達林思想才有前途。但中共領導人卻不願面對這個現實，仍然強調所謂「四個堅持」，其中包括一黨獨裁及史達林思想的化身毛澤東思想。海內外的人士幾乎一致再三勸告中共必須放棄「四個堅持」，才有希望實現中國現代化。中共卻至今不能接受這項忠言，反而掀起所謂「反資產階級自由化」運動。用中共自己的術語來形容，簡直是拿起石頭打自己的腳；在此情況下，其現代化的前景不可能樂觀。

由上述分析可知，如不以三民主義替代中共之馬列主義與毛澤東思想，則中國不可能現代化。中共領導人鄧小平在某種程度上也看到這點，所以提出所謂具有「中國特色之社會主義」，但其內容含糊，如果包括了「四個堅持」，則等於換湯不換藥，不會產生良好結果；如其內容包括三民主義就可以發生良性作用。

然而目前將三民主義推行到大陸卻遭遇到三個重大困難。第一，一般人，特別是學生與青年雖在校均修習過三民主義，卻不大了解三民主義，也缺乏去了解的興趣。如果在臺灣都不能使一般人對三民主義發生興趣，如何能向大陸同胞推廣呢？據個人看法，形成這個問題的一個主要原因，是在教學與研究方面將其教條化，並且有些無知的人斷章取義引用　國父有關三民主義的言論，來反對政府一些進步的措施，因此造成這種不幸現象。

我們知道任何一種政治理論都有原則與細節，細節部分是根據歷史經驗或當時情況對原則有所解釋與說明，否則理論就會淪於空洞。因此細節部分受到時間與空間的限制，並非萬年不易的，而隨時可依據原則，配合時空情況予以修正。原則部分則要經過實踐的考驗，才知道是否正確。三十多年的臺灣經驗證明三民主義的原則是正確的，否則臺灣地區今日不會有目前之安定、均富與繁榮。不幸在過去多年中，大部分對三民主義作研究與教學的人，未能分清此二者的重要區別，致使三民主義被一般人誤為教條，現加實例說明。

國父在三民主義中曾提到中國人口太少應增加，此點曾在相當長的一段期間內被少數人曲解，來反對政府推行家庭計劃。後來　國父哲嗣孫科

先生公開指出，由於現實情況不同，所以家庭計劃並不違反三民主義。國父的目標是要對付帝國主義，他當時提出中國人口太少而必須增加，是要對付白色帝國主義。但現在是要對付赤色帝國主義，其根本解決之道在消除貧窮，如不實行家庭計劃就無法達此目的，因此家庭計劃並不違反三民主義。

個人認為研究與實行三民主義必須注重其基本原則及精神而不在細節，或　國父對某些事怎麼說。特別是下列幾點值得強調：

一、三民主義之目的在維護中國文化傳統之優良部分，並吸收其他文化，優良且適合中國的部分，在此基礎上建立民主、自由、平等、均富（而不是均貧）之王道中國。

二、三民主義之精神在以理性的態度處理問題，而不訴諸情緒；並且在處理問題時以調和各方利益為目的，而不在製造各方仇恨與矛盾使執政者從中取利（如共產主義）。

三、三民主義著重可行性，不好高騖遠，針對實際情況，提出確實可行之步驟及實行方法，不以口號與教條來逃避問題。

要想推行三民主義，必須先根據上述原則，將其精華根據實際情況與臺灣經驗，用科學方法整理，確實改進三民主義在臺灣的教學與研究，提高一般人對其之興趣，才能夠進一步向大陸同胞介紹。

其次，戒嚴、黨禁、報禁在臺灣地區早期確有必要，但如今國防鞏固，經濟繁榮，社會安定，這些政治禁制已無絕對必要。但由於執政黨中某些人士之堅持，不能早日解除，致與三民主義中之民權主義產生矛盾。這些措施不僅使我國形象大受影響，且無法吸引大陸民心。所幸蔣經國總統在去年已決定解除三大禁令，只待立法院制定國家安全法後就可解禁。中央民意機關久不改選也與民權主義不合，所幸政府正在研擬辦法改進。上述幾個措施，對號召大陸人心，動搖中共極權統治將有重大影響。

第三，恐共心理使三民主義無法落實地在大陸宣揚。目前我國政府統治的地區不論政治、經濟、文化、教育均遠較大陸進步，應排除此種恐共

心理，使三民主義向大陸積極推行。

目前中共表面上人多地大，但內部有嚴重的問題。我國雖然地小人少，卻代表了進步的希望與中國現代化具體可行之模式，所以我國必須有信心、毅力與勇氣，積極向大陸發展，以謀求整個中國的現代化、自由化與民主化。

法學啟蒙叢書
——帶領您認識重要法學概念之全貌

　　在學習法律的過程中，常常因為對基本觀念似懂非懂，且忽略了法學思維的邏輯性，進而影響往後的學習。本叢書跳脫傳統法學教科書的撰寫模式，將各法領域中重要的概念，以一主題即一專書的方式呈現。希望透過淺顯易懂的說明及例題的練習與解析，幫助初學者或一般大眾理解抽象的法學觀念。

最新出版：

民法系列

- 物權基本原則　　　　　　陳月端／著
- 論共有　　　　　　　　　溫豐文／著
- 保　證　　　　　　　　　林廷機／著
- 法律行為　　　　　　　　陳榮傳／著
- 民法上權利之行使　　　　林克敬／著

刑法系列

- 刑法構成要件解析　　　　柯耀程／著

行政法系列

- 行政命令　　　　　　　　黃舒芃／著
- 地方自治法　　　　　　　蔡秀卿／著
- 行政罰法釋義與運用解說　蔡志方／著

本系列叢書陸續出版中……

法學啟蒙叢書

◎ 不當得利　楊芳賢／著

　　本書涉及民法上不當得利的規定，架構上，主要區分不當得利之構成要件與法律效果。本書，首先為教學性質之說明，於各章節開始處，以相關實例問題作引導，簡介該章節之法律概念，儘量以實務及學說上之見解詳做解析；其次，則進入進階部分，即最高法院相關判決之歸納、整理、分析與評論；最末，簡要總結相關說明。期能藉由本書之出版，讓欲學習不當得利規定及從事相關實務工作之讀者，更易掌握學習與運用法律規定之鑰。

◎ 民法上權利之行使　林克敬／著

　　本書專門討論權利之行使與義務之履行。內容不僅介紹民法中之各種權利，而且也探討如何行使權利，才不會超過權利應有的界限。司法實務上最容易產生的民法爭議主要集中於權利界限模糊的問題，本書特別論述民法的「誠實信用原則」（民法的帝王條款）與「禁止權利濫用原則」對於處理權利界限模糊所具有的特殊功能，並探討以上兩原則對於人民如何守法、國會如何立法及法院如何進行司法審判所具有之深遠影響。

◎ 刑法構成要件解析　柯耀程／著

　　本書的內容，先從構成要件的形象，以及構成要件的指導觀念，作入門式的介紹，再對構成要件所對應的具體行為事實作剖析，進而介紹構成要件在刑法體系中的定位，並就其形成的結構，以及犯罪類型作介紹。本書在各部詮釋的開頭，採取案例引導的詮釋方式，並在論述後，對於案例作一番檢討，以使學習者，能有一個較為完整的概念。期待本書能成為一個對於構成要件的理解較為順手的工具。

Civil Law Criminal Law Administrative Law　Civil Law Criminal Law Administrative Law